Der Begriff Resilienz, lat. resilire = zurückspringen, stammt aus der Biologie und bedeutet dort Spannkraft, Elastizität und Beweglichkeit. Psychologen bezeichnen damit die seelische Widerstandskraft, die uns Krisen und Niederlagen meistern lässt und Schicksalsschläge bewältigen hilft. Resilienz ist der Wille zu Überleben.

Was Eltern und Erzieher auszeichnet, die ihren Kindern Resilienz vermitteln können:

- empathisch sein
- richtig kommunizieren
- die Kinder akzeptieren
- negative Lebensskripte ändern
- Kompetenzen der Kinder fördern
- Kindern helfen, Verantwortung übernehmen zu lernen
- und Probleme lösen lernen

Robert Brooks / Sam Goldstein

Das Resilienzbuch

Kinder fürs Leben stärken

Mit einem Vorwort von Edgar Friederichs
Aus dem Amerikanischen von Ulrike Stopfel

Klett-Cotta

Klett-Cotta
www.klett-cotta.de
Die Originalausgabe erschien unter dem Titel »Raising resilient children: fostering strength, hope and optimism in your child« im Verlag Contemporary Books, Chicago u. a.

Printed in Germany
Umschlag: Weiß-Freiburg GmbH, Freiburg
Unter Verwendung eines Fotos von PeopleImages / iStock by Getty Images
Gesetzt aus der Janson von Eberl & Koesel Studio, Kempten
Gedruckt und gebunden von Friedrich Pustet GmbH & Co. KG, Regensburg
ISBN 978-3-608-98741-6

Neunte Auflage, 2023

Bibliographische Information der Deutschen Nationalbibliothek
Die Deutsche Nationalbibliothek verzeichnet diese Publikation in der Deutsche Nationalbibliographie; detaillierte bibliographische Daten sind im Internet über <http://dnb.d-nb.de> abrufbar.

INHALT

VORWORT FÜR DIE DEUTSCHE AUSGABE

Lerndefizite, Gewalt an Schulen, Jugendarbeitslosigkeit und Perspektivlosigkeit geben in letzter Zeit vermehrt Anlass, sich Gedanken zu machen über neue Ansätze für eine zukunftsorientierte Förderung unserer zum Teil überforderten Kinder und Jugendlichen. Wichtige Symptome der Überforderung sind u. a. erhöhte Gewaltbereitschaft, Drogenkonsum und erhöhte Krankheitsanfälligkeit. Angesichts einer deutlichen Zunahme psychischer Krankheiten hat in diesem Zusammenhang die Bundesärztekammer in Deutschland auf den »bedrohlichen Vormarsch« von Depressionen, Suchtkrankheiten, Essstörungen und aggressivem Verhalten aufmerksam gemacht. Insbesondere müssten weit verbreitete psychische Erkrankungen bei Kindern und Jugendlichen viel früher behandelt werden. Beeindruckende biomedizinische Erfolge verführen heutzutage zu hohen Ansprüchen und Erwartungen an die Möglichkeiten des medizinischen Versorgungssystems insgesamt. In der Medizin legen wir daher traditionell mehr Wert auf die Behandlung als auf die Prävention. Während sich die klassische Medizin also weitgehend auf die Reduzierung und Ausschaltung von Risikofaktoren von Symptomen (Krankheitsvermeidung, Früherkennung, Vermeidung von Krankheitsfolgen) konzentriert – wir nennen dies den *pathogenetischen* Ansatz –, geht es in einem sogenannten *salutogenetischen* Ansatz primär um Wirkfaktoren für die Gesundheit, so z. B. um die Frage, warum Kinder und Jugendliche trotz vielfältiger Belastungen und Stressoren gesund bleiben.

In den Vereinigten Staaten und in anderen angloamerikanischen Ländern wie Australien und Neuseeland werden schon seit Längerem Ansätze und Strategien entwickelt, junge Menschen in ihrer Entwicklung stärker zu fördern. Ziele all dieser Ansätze sind eine angemessene Gesundheitsversorgung und primärpräventive Programme zur *Resilienz*entwicklung der Jugendlichen.

Es besteht ein dringender Bedarf an Instrumenten zur Bewertung der Resilienzentwicklung. Hierzu muss auch die Kinder- und Jugendmedizin in Deutschland Konzepte entwickeln. Das Buch von Sam Goldstein und Robert Brooks versucht diese Lücken im deutschsprachigen Bereich zu schließen. Es formuliert vor allem neue Gedanken zur Prävention, insbesondere zur Primärprävention.

Das von Goldstein und Brooks in ihrem Buch beschriebene Resilienzkonzept beschäftigt sich mit Kindern und Jugendlichen, die sich trotz bedeutsamer Risiken positiv entwickeln und gesunde Erwachsene werden. Welche Faktoren sind es, die diese Kinder schützen, während andere, die vergleichbaren Belastungen und Risiken ausgesetzt sind, Probleme entwickeln?

Präventionsansätze bewegen sich in der Regel auf einer individuellen, strukturellen und sozialen Basis. Strukturelle und soziale Veränderungen können den Präventionsprozess unterstützen, aber individuelle Handlungsmöglichkeiten im familiären Bereich gibt es schon sehr viel früher. Die Autoren zeigen, wie auch im individuellen Bereich Primärprävention zu einer Resilienzentwicklung führen kann.

Der Leser erfährt, dass Resilienz im Prinzip durch drei Prädiktoren belegt ist, die a) innerhalb des Kindes, b) innerhalb der Familie und c) innerhalb der engeren Gemeinde zu finden sind. Wichtige Faktoren, die Eltern ihren Kindern auf ihrem Weg mitgeben können, sind Einfühlungsvermögen, Wege zur Konfliktlösung, wirksame Kommunikationsmethoden und das Aufzeigen individueller Kompetenzinseln. Eine resiliente Lebensorientierung zu haben heißt, Empathie (Einfühlungsvermögen) und Eigenverantwortlichkeit zu besitzen ebenso wie das Wissen um die Wirkung des eigenen Verhaltens auf andere und schließlich auch das Gefühl zu haben, wirkliche Erfolge erreichen zu können. Optimismus und Erfolg sind daher wichtige Faktoren einer resilienten Lebenseinstellung. Noch wichtiger ist es, dass Erfolg auch selbst als solcher wahrgenommen wird.

Resilienz sollte als unerlässliches Erziehungsziel angesehen werden, welches für alle Kinder anwendbar ist. Resiliente Kinder und Jugendliche sind optimistisch und haben ein hochentwickeltes Selbstwertgefühl im Gegensatz zum herrschenden Zeitgeist. Wir denken oft, wenn Kinder nicht mit Problemen in Kontakt kommen, ist es gut. Das ist falsch. Fehler bringen junge Menschen weiter und machen sie stark.

Dieses Buch macht Mut und unterstützt den Enthusiasmus, mit dem das Konzept Resilienz wirkt. Es steht für Primärprävention und Gesundheitsförderung durch frühzeitige Stärkung. Die Autoren zeigen Perspektiven und Entwicklungen auf und fordern ein Umdenken ein. In einer Zeit, in der Kritik an unserem hochtechnisierten, hochspezialisierten und wenig ganzheitlichen medizinischen Versorgungssystem lauter wird, kommt es genau zum richtigen Zeitpunkt.

Dieses Buch führt den Leser mit Hilfe einer Vielzahl unterschiedlichster Beispiele sehr illustrativ durch die theoretischen Ansätze des Resilienzkonzepts. Es vermittelt Ansätze zum Nachdenken über das eigene Tun, gibt darüber hinaus aber auch hilfreiche praktische Tipps zur Alltagsbewältigung. Es verbindet Vision mit Praxis, es bietet Eltern und all jenen, die mit Kindern und Jugendlichen arbeiten, die Chance, ein neues Feld der Gesundheitsvorsorge kennenzulernen. Den Verfassern Robert Brooks und Sam Goldstein ist zu danken, dass sie das Konzept Resilienz theoretisch beleuchten und durch viele praktische Beispiele anschaulich darstellen. Es gelingt ihnen, das Resilienzkonzept mit der Aussage »Kinder und Jugendliche sind unsere Zukunft« eindrucksvoll zu verbinden, denn die Idee der Resilienz wird nicht nur auf Kinder und Jugendliche angewandt, die aus schwierigen Verhältnissen kommen, sie wird vielmehr als ein allgemeines Entwicklungsziel für *alle* Kinder und Jugendlichen dargestellt.

Wenn Kinder unsere Zukunft sein sollen, dann muss mit diesem Anspruch eine Verpflichtung auf das Ziel ihrer resilienten Entwicklung einhergehen, d.h. Entscheidungskompetenzen und das Gefühl der Selbstwirksamkeit müssen zunehmend auf unsere Kinder übergehen. Wenn Medizin – insbesondere die Kinder- und Jugendmedizin – sich in Zukunft an diesem Ziel orientiert, dann können Kinder, Jugendliche und diejenigen, die sich mit ihnen beschäftigen, allesamt nur gewinnen. Ich wünsche diesem Buch eine große Verbreitung.

Priv.-Doz. Dr. med. Edgar Friederichs/Bamberg

VORWORT DER AUTOREN

Nach Jahren des Lebens in ihrem Versteck schrieb Anne Frank im Sommer 1944 in ihr Tagebuch:

> *Dazu kommt noch, dass ich außerordentlich viel Lebensmut habe, ich fühle mich immer so stark und imstande, viel auszuhalten, so frei und so jung! Als ich das zum ersten Mal merkte, war ich froh, denn ich glaube nicht, dass ich mich schnell unter den Schlägen beuge, die jeder aushalten muss.*

Die Worte dieses resilienten jungen Mädchens, vor mehr als sechzig Jahren niedergeschrieben, stehen für Idee und Zielsetzung dieses Buches. Resilienz – die innere Stärke und Widerstandskraft, die Anne Frank so wortgewandt schilderte – half ihr, über Jahre hinweg mit widrigsten Lebensumständen fertigzuwerden. Eine robuste Welt- und Lebensorientierung ist für die jungen Menschen von heute nicht weniger wichtig. Die Widrigkeiten des täglichen Lebens bedrohen das gegenwärtige und zukünftige Wohlbefinden vieler Millionen Kinder in aller Welt.

Fünfzig Jahre gemeinsamer klinischer Tätigkeit haben uns gelehrt, welche Bedeutung der inneren Stärke und Widerstandskraft, dem, was wir mit Resilienz bezeichnen, im Leben von Kindern zukommt. Eine resiliente Welt- und Lebensorientierung, die Fähigkeit, mit widrigen Erfahrungen fertigzuwerden und sie zu überwinden, ist kein Luxus und keine Gabe, die einigen wenigen Kindern »zuteil wird«; sie ist vielmehr von essentieller Bedeutung für alle Kinder und wird mit der dramatisch zunehmenden Komplexität unserer Welt immer wichtiger.

In diesem Buch wollen wir die Ergebnisse unserer Forschung zum Thema Resilienz und zu der Frage, warum manche Kinder mit schlimmsten Lebensumständen fertigwerden, zusammenfassen und in praktischer Form vorlegen. Nach unserer Überzeugung ist es die wichtigste Aufgabe von Eltern und Erziehern, unseren Kindern eben diese Fähigkeiten auf Dauer zu vermitteln.

Diese unsere Überzeugung hatte einen hohen Preis. Wenn wir auf die Jahre unserer klinischen Tätigkeit zurückblicken, dann erkennen wir, dass viele Kinder den falschen Weg eingeschlagen haben, weil Eltern, Erzieher und andere Fachleute ihre Zeit und Kraft darauf verwandten, Defizite zu etablieren, anstatt die Stärken der Kinder zu wecken und zu fördern.

Dass Eltern vor allem die Probleme ihres Kindes im Blick haben, ist nicht schwer zu verstehen. Sogar uns Fachleuten ist das zugegebenermaßen passiert; wir haben es nicht anders gelernt. Klinische Psychologen werden in der Regel dazu angehalten, das, was an ihren Patienten in einem negativen Sinne »anders« ist, dingfest zu machen und anschließend Interventionen anzuraten, um das Symptom bzw. das Problem möglichst zu beheben. Wir alle haben noch gelernt, dass das Defizitmodell uns bei der Beantwortung der Frage helfen kann, in welcher Weise und warum ein Kind »anders« ist, und dass es darüber hinaus Strategien vorgibt, wie wir diese Andersartigkeit bessern oder beheben sollen. Heute sind wir dagegen überzeugt, dass unsere wichtigste Aufgabe darin besteht, allen Kindern dadurch eine bessere Zukunft zu ermöglichen, dass wir ihre Stärken ausfindig machen und fördern. Das Defizitmodell ist allerdings keineswegs geeignet, uns den Weg zu diesem Ziel zu weisen. Die Symptombeseitigung hat sich ganz einfach nicht als Synonym für ein auf Dauer besseres Ergebnis erwiesen. Heute wissen wir, dass die Eigenschaften und Merkmale, die wir in diesem Buch unter dem Begriff Resilienz beschreiben und die Sie bei Ihren Kindern wecken und fördern sollten, die Zukunft der Kinder sicherlich positiv verändern werden.

Wir haben im Rahmen unserer beruflichen Tätigkeit mit zahllosen Kindern und Jugendlichen gearbeitet, die alle möglichen Probleme medizinischer, entwicklungsbedingter, emotionaler und verhaltensmäßiger Art präsentierten. Im Laufe der Jahre stellten wir fest, dass wir zunehmend mehr Zeit auf das Gespräch mit den Eltern unserer kindlichen Klienten verwandten. Wir haben an zwei bedeutenden Universitäten gelehrt, haben fünfzehn Bücher sowie Dutzende von Artikeln und Buchbeiträgen veröffentlicht und mehrere Fachzeitschriften mit herausgegeben. Unsere individuelle Erfahrung als Psychologen ist in eine gemeinsame Sicht eingegangen, die das Herzstück dieses Buches bildet.

Das Buch ist so konzipiert, dass Sie es in verschiedener Weise lesen und wiederlesen können: Wir beschreiben die wichtigsten Kennzeichen einer resilienten Welt- und Lebensorientierung von Kindern ebenso wie die Einstellung, die wir als Erwachsene haben müssen, um Optimismus und Resilienz bei unseren Kindern zu fördern. Wir präsentieren viele spezifische Ideen und Strategien, mit deren Hilfe sich eine resiliente Einstellung fördern lässt. Je nach Ihrer speziellen Interessenlage und Ihrer Familiendynamik werden Sie vielleicht der einen oder anderen hier vorgetragenen Strategie mehr Aufmerksamkeit zuwenden wollen als den übrigen. Vielleicht wollen Sie auch gleich zu einem bestimmten Kapitel vorstoßen oder aber sich mit einem Kapitel immer wieder beschäftigen. Dabei kann Ihnen der Anhang behilflich sein, der Kapitel für Kapitel aufzählt, welche Hindernisse der Ausbildung einer resilienten Welt- und Lebensorientierung entgegenstehen und durch welche Strategien sich eine solche Orientierung wecken und fördern lässt. Wie immer Sie sich dieses Buch zunutze machen wollen, wir möchten, dass Sie sich über die Bedeutung einer resilienten Lebenseinstellung klar werden und dass Sie praktische Vorstellungen entwickeln, wie Sie Ihre Kinder zu resilienten Persönlichkeiten erziehen können.

Die vielen Familien, denen Sie in diesem Buch begegnen werden, sind repräsentativ für die Population, mit der wir es in unserer klinischen Praxis zu tun haben. Manche Geschichten sind zwar Zusammenfassungen unserer Erfahrungen, aber alle Beispiele spiegeln den Gang der Ereignisse für reale Individuen und Familien.* Wir hoffen, dass die hier präsentierten Gedanken, Grundsätze und Richtlinien Ihr Leben und das Leben Ihrer Kinder in einem positiven Sinn verändern werden.

* Die einzelnen Fallgeschichten sind in einer eigenen Liste am Ende des Buches zusammengefasst, geordnet nach den Vornamen der vorgestellten Kinder.

1

DIE TRÄUME UND WUNSCHVORSTELLUNGEN DER ELTERN

Was wünschen sich Eltern in aller Regel für ihre Kinder? Glück, schulische Erfolge, Zufriedenheit mit dem Leben, dauerhafte Freundschaften – das ist es, was uns als Antwort auf diese Frage als Erstes in den Sinn kommt. Es ist wohl keine zu grobe Vereinfachung, wenn wir bei näherer Überlegung zu dem Schluss kommen, dass unsere Kinder, um diese unsere elterlichen Vorstellungen verwirklichen zu können, sich Tag für Tag kompetent und erfolgreich mit den Anforderungen und Notwendigkeiten auseinandersetzen müssen, auf die sie in ihrem Lebensumfeld treffen. Diese Bewältigungskompetenz bezeichnen wir als *Resilienz*.

Der Begriff *Resilienz* umfasst die Fähigkeit eines Kindes, mit Druck und Belastungen fertigzuwerden, die täglichen Herausforderungen zu bewältigen, sich angesichts von Enttäuschungen oder unerfreulichen und traumatischen Erfahrungen rasch wieder zu fangen, klare und realistische Zielvorstellungen zu entwickeln, Probleme zu lösen, gut mit den Mitmenschen zurechtzukommen, sich selbst und anderen mit Respekt zu begegnen. Zahlreiche wissenschaftliche Untersuchungen über Kinder in schwierigen Lebensumständen stützen das Konzept der Resilienz als eines sehr gewichtigen Faktors. Es erklärt, weshalb manche Kinder mit erschreckenden Hindernissen in ihrem Leben fertigwerden und größte Anstrengungen auf sich nehmen, um sich ihren Weg in ein erfolgreiches Erwachsenenleben zu bahnen, während andere ihren frühen Erfahrungen und Lebensumständen zum Opfer fallen.

Wir präsentieren das Resilienzkonzept in dieser Weise, weil wir uns wohl alle – unabhängig von unseren ethischen, kulturellen, religiösen oder wissenschaftlichen Überzeugungen – darin einig sind, dass wir alles tun müssen, um unsere Kinder zu lebenstüchtigen Menschen zu erziehen. Dass wir wissen, *was* getan werden muss, bedeutet allerdings noch nicht, dass wir auch wüssten, *wie* die Aufgabe zu lösen sein könnte. Viele von uns betrachten die Welt zunehmend als einen Ort, der dem Großziehen von Kindern eher feindlich gesonnen ist. Es wäre aber keine realistische Lösung, die Mauern rund um unsere Familien höherzuziehen und die Haustür zweimal abzuschließen, um eine offensichtlich toxische Lebenswelt draußenzuhalten. Die Welt um uns herum als familienfeindlich und für Kinder verderblich zu verteufeln – eine Welt, der wir in Wahrheit doch alle angehören und für deren Zustand wir in einem gewissen Umfang verantwortlich sind –, das wird uns kaum von der unguten Ahnung befreien, dass die Zukunft große Widrigkeiten für unsere Kinder bereithält.

In dieser beunruhigenden Situation sind sich wohl die meisten Eltern darin einig, dass Kinder eine kräftige Dosis Resilienz brauchen – aber sie sind sich nicht so sicher, wo sie anfangen sollen. Nach einer in den Vereinigten Staaten unter Eltern durchgeführten Umfrage ist die Ansicht weit verbreitet, es sei sehr viel schwieriger als noch vor zwanzig Jahren, Kinder zu »guten Menschen« zu erziehen (Donahue 1998): Zwei von drei der befragten Personen haben das Gefühl, ihre Sache »schlechter« zu machen; drei Viertel geben an, sie versuchten, gewisse Dinge anders zu machen, sie seien aber unsicher, was sie tun sollen oder ob das, was sie tun, letzten Endes sinnvoll ist. Viele meinen, man müsste die Welt um uns herum verändern, aber sie schrecken vor der riesigen Aufgabe zurück, Einfluss auf eine Welt zu nehmen, die sich mit Schallgeschwindigkeit bewegt. Kein Kind ist gegenüber seinem Umfeld immun. In unserer schnelllebigen und stresserfüllten Welt nimmt die Zahl der Kinder, die auf Schwierigkeiten treffen, und das Ausmaß der Schwierigkeiten, mit denen Kinder es zu tun haben, dramatisch zu. Selbst Kinder, die zu ihrem Glück gute Voraussetzungen mitbringen, erleben den Druck in ihrem Umfeld und spüren die Erwartungen, die auf ihnen ruhen.

Wir sollten also nicht alle unsere Energien auf die Veränderung der Welt um uns herum konzentrieren, sondern mit unseren Veränderungsbemühungen beim Umgang mit unseren Kindern ansetzen, wenn wir resiliente Persönlichkeiten erziehen wollen. Am Anfang muss dabei die Erkenntnis stehen, dass wir es uns nicht länger leisten können anzunehmen, dass unsere Kinder schon »prima geraten« werden, solange sie nicht auf besondere Belastungen oder Widrigkeiten stoßen.

Die Begegnung mit Tausenden von Eltern in unseren Sprechstunden und Workshops bestätigt uns immer wieder, dass das Resilienzkonzept in diesem Prozess im Mittelpunkt stehen sollte. Unsere Erfahrungen sagen uns allerdings auch, dass viele wohlmeinende und liebevolle Eltern die Praktiken entweder nicht kennen oder nicht nutzen, die dazu beitragen können, ein lebenstüchtiges Kind zu erziehen. Das Gefühl, als Eltern überfordert zu sein, belastende Einflüsse aus der Vergangenheit und Unkenntnis, was die neuesten Befunde der Entwicklungspsychologie angeht, sind nur einige von vielen Gründen, die sie daran hindern, Resilienz fördernde Praktiken anzuwenden – wobei diese sich im Grunde von selbst anbieten.

Die meisten Eltern sind sich darüber im Klaren, dass Kinder mehr Kompetenzgefühl und Selbstsicherheit entwickeln, wenn sie angesichts von Herausforderungen mit Unterstützung rechnen können. Als der zwölfjährige MICHAEL von seinen Versuchen, ein Radio aus einem Bausatz zusammenzubauen, genervt war und alles stehen und liegen ließ, reagierte sein Vater, Mr. Burton, ärgerlich: »Ich hab dir doch gleich gesagt, das wird nichts. Du hast einfach nicht die Geduld, die Bauanleitung genau durchzulesen.« Mr. Burton wusste zwar, was sein Sohn in diesem Augenblick nötig hatte – nämlich Ermutigung und Hilfe, nicht aber Kritik –, aber seine Verärgerung stand einer hilfreichen Antwort entgegen und ließ ihn in einer Weise reagieren, die Michaels Vorsatz, auch bei schwierigeren Aufgaben durchzuhalten, ins Wanken brachte.

Ein ähnlicher Fall: JANE Jones, neun Jahre alt, kam weinend aus der Schule nach Hause und erzählte ihrer Mutter unter Schluchzen, ihre Freundinnen hätten in der Mittagspause nicht mit ihr zusammensitzen wollen und ihr gesagt, sie wollten sie nicht dabei haben. Jane war ratlos und traurig und fragte ihre Mutter, was sie tun sollte. Mrs. Jones wusste, dass die Fähigkeit, Probleme selbst zu lösen – eine Grundkomponente von Resilienz – zum Wichtigsten zählt, was Kinder entwickeln müssen. Anstatt aber mit ihrer Tochter über mögliche Lösungen des Problems zu sprechen, sagte sie aus einem Gefühl der Angst heraus, Jane solle den Mädchen klarmachen, wenn sie nicht mit ihr spielen wollten, dann wolle auch sie, Jane, nicht mehr mit ihnen spielen. Dieser mütterliche Rat mag für sich genommen ganz richtig gewesen sein; dass Mrs. Jones ihrer Tochter jedoch gleich ein ganz bestimmtes Vorgehen empfahl, anstatt sie zum Nachdenken über andere Lösungsmöglichkeiten zu veranlassen, verbaute dem Kind eine Gelegenheit, seine Problemlösefähigkeiten zu verbessern.

Kinder zu resilienten Persönlichkeiten zu erziehen, ist ein Ziel, das alle Eltern einen sollte – allerdings handelt es sich hier um einen Prozess, der nirgendwo gelehrt wird und der den meisten Eltern noch bis vor ganz kurzer Zeit nicht einmal als besonders wichtig dargestellt worden ist. Dass das Resilienzkonzept uns als Richtlinie bei unseren elterlichen Praktiken einfach nicht zur Verfügung stand, hat nach unserer Überzeugung die Probleme, mit denen so viele Kinder zu kämpfen haben, noch verschärft – sie sind nicht darauf vorbereitet, künftige Herausforderungen zu meistern. Wenn Eltern vom Begriff der Resilienz nichts wissen, werden ihre Anstrengungen möglicherweise fehlschlagen oder sogar kontraproduktiv wirken. Das heißt, vernünftiges und kluges Elternverhalten kann nicht zum Zug kommen, weil es an Information fehlt oder weil die verfügbare Information nicht genutzt wird.

Unserer Überzeugung nach beschreibt das Resilienzkonzept einen erzieherischen Prozess, der unabdingbar ist, wenn wir unsere Kinder erfolgreich auf die Zukunft vorbereiten wollen. Wir sollten uns also bei allen unseren Interaktionen mit Kindern von dem Grundsatz leiten lassen, dass wir ihr Resilienzvermögen stärken müssen, so dass sie imstande sind, angesichts der Herausforderungen des Lebens überlegt, vertrauensvoll, zweckgerichtet und empathisch zu handeln.

In manchen Kreisen wird der Begriff Resilienz vor allem im Zusammenhang mit jungen Menschen verwendet, die mit großen Belastungen und Schwierigkeiten fertiggeworden sind; Resilienz sollte aber elementarer Bestandteil eines *jeden* Erziehungsprozesses sein. Alle Familien entwickeln, basierend auf unzähligen Faktoren, ihre je einmaligen Zielvorstellungen und Werte, und sie können sich in diesem Prozess von einer Reihe Resilienz fördernder Strategien leiten lassen. Die Unterweisung unserer Kinder in Fragen der Freundschaft, der Religion, des sportlichen Verhaltens, im Umgang mit Fehlern, in der Frage des Teilens mit den Geschwistern und in Fragen der Verantwortung gewinnt noch, wenn dahinter ein Verständnis der Komponenten von Resilienz steht.

Jede Interaktion mit unseren Kindern ist für uns Eltern zugleich eine Möglichkeit, ihnen zu innerer Stärke und Widerstandskraft zu verhelfen. Dabei kann das *Ergebnis* der jeweiligen Transaktion wichtig sein, noch wichtiger ist aber die *Lektion*, die sich aus der Art des Umgangs mit dem aktuellen Sachverhalt oder Problem ziehen lässt: Sie ist der Nährboden, auf dem der Same der Resilienz aufgeht und gedeiht.

Dieses Buch will Ihnen nicht vorschreiben, welche Werte oder Zielvorstellungen Sie sich und Ihrer Familie setzen sollten. Es will Ihnen vielmehr einen Gedanken nahebringen, von dem wir überzeugt sind: Wenn Sie sich das Ziel gesteckt haben, Ihr Kind zu einer resilienten Persönlichkeit zu erziehen, dann können alle Aspekte Ihrer elterlichen Bemühungen unter diesem Leitgedanken stehen – ob es darum geht, ihm Werte zu vermitteln, es zur Disziplin und zur Ausdauer bei seinen Aktivitäten zu erziehen, ob es darum geht, dass es sich einzigartig und wertgeschätzt fühlen soll, dass es lernt, Entscheidungen zu treffen und sich mit diesen Entscheidungen wohlzufühlen, oder dass Sie ihm helfen, befriedigende zwischenmenschliche Beziehungen einzugehen. In den folgenden Kapiteln beschreiben und erkunden wir die Welt- und Lebensorientierung resilienter Kinder ebenso wie die Welt- und Lebensorientierung von Eltern, die das Resilienzkonzept zum Fokus ihrer Bemühungen gemacht haben, und wir zeigen auf, dass und wie diese elterliche Orientierung in spezifische Formen des Umgangs mit den Kindern mündet.

Zuvor sollten wir allerdings noch darauf hinweisen, dass in jüngster Zeit die Rolle der Eltern als Beeinflusser des Lebens ihrer Kinder hin und wieder in Frage gestellt worden ist. Vielen sei vielleicht nicht bewusst, wie verschieden Kinder von Geburt an sind; es könne also sein, dass sie die Erfolge wie auch die Niederlagen ihrer Kinder in größerem Umfang dem eigenen Konto gutschreiben bzw. zur Last legen, als es angemessen wäre. Wir sind allerdings der Ansicht, dass die Eltern ungeachtet dieser – ob angeborenen oder milieubedingten – Unterschiede eine große Rolle in der Entwicklung ihrer Kinder spielen. Eine gut fünfzigjährige Forschungstätigkeit an Eltern und Kindern – übrigens nicht nur unserer eigenen Spezies, sondern auch anderer Arten wie der Affen – hat durchweg gezeigt, welch großen Einfluss Eltern auf die Entwicklung des Verhaltens und der Einstellungen ihrer Kinder haben.

Schon vor nahezu fünfzig Jahren hat der Experimentalpsychologe Harry Harlow dargelegt, dass Säuglinge zwar selbstverständlich Nahrung brauchen, dass sie aber, wenn sie die Wahl haben, eher Kontakt und Trost als Fütterung bei der Mutter suchen, und dies nicht nur wenn sie unter Stress stehen, sondern auch wenn sie hungrig sind. Und ein Überblick über die Erziehungsforschung hat unlängst zu dem Schluss geführt, dass *»die Ausprägung erblicher Merkmale oft in einem erheblichen Umfang von Erfahrungen wie dem spezifischen Elternverhalten abhängt«* (Collins, Maccoby et al., 2000, S. 228).

Wie wir zeigen werden, ist es jedenfalls unerlässlich, die Parameter unseres Einflusses zu kennen, damit wir für den Umgang mit unseren Kindern realistische Ziele und Erwartungen formulieren können.

Um die Welt- und Lebensorientierung einer Mutter zu verstehen, der es gelingt, das Resilienzvermögen ihrer Kinder zu wecken und zu stärken, müssen wir zudem die Orientierung oder Perspektive eines resilienten Kindes verstehen. Wir müssen fragen, welche Kennzeichen, Fähigkeiten und Fertigkeiten es im Wesentlichen sind, die zum Resilienzvermögen eines Kindes beitragen, zu seinem hoffnungs- und vertrauensvollen Blick in die Zukunft. Wenn wir uns ein Bild von der Welt- und Lebensorientierung eines resilienten Kindes machen können, steht uns eine unschätzbare Quelle der Information zur Verfügung, die uns in unseren elterlichen Praktiken und bei unseren Versuchen leiten kann, die Komponenten dieser Orientierung bei unseren eigenen Kindern zu fördern. Das einleitende Kapitel beschreibt in Kürze die Welt- und Lebensorientierung des resilienten Kindes und die der Mutter, die das Resilienzvermögen ihres Kindes fördert. Diese Grundlage wird Ihnen helfen zu verstehen, was Sie selbst als

Eltern tun können, um die Resilienz fördernden Eigenschaften und Merkmale zu hegen und zu kräftigen. Die nachfolgenden Kapitel nennen Strategien zur Förderung des Resilienzvermögens.

Die Welt- und Lebensorientierung des resilienten Kindes

Resiliente Kinder verfügen über bestimmte Eigenschaften und/oder haben ein Selbst- und Weltbild, wie wir es bei Kindern, die mit Belastungen und Herausforderungen nicht fertiggeworden sind, nicht antreffen. Sie sind imstande, diese Sicht ihrer selbst und der Welt bzw. diese Orientierung in wirksames Handeln umzusetzen. Sie sind darüber hinaus optimistisch und haben ein hochentwickeltes Selbstwertgefühl. Was trägt zu dieser von Hoffnung geprägten Einstellung und zu diesem Selbstwertgefühl bei?

Resiliente Kinder fühlen sich als die, die sie sind, und damit als etwas Besonderes, und sie wissen, dass sie wertgeschätzt werden. Sie haben gelernt, sich realistische Ziele zu setzen und realistische Erwartungen zu hegen. Sie haben die Fähigkeit zur Problemlösung und Entscheidungsfindung entwickelt und betrachten folglich Fehler, widrige Umstände und Hindernisse eher als Herausforderungen, denen man sich stellen muss, und nicht als Belastungen, denen man besser aus dem Weg gehen sollte. Sie verlassen sich auf konstruktive Bewältigungsstrategien, die ihrer Entwicklung nicht im Weg stehen, sondern sie fördern. Sie sind sich ihrer Schwächen und Verletzlichkeiten bewusst, sie kennen aber auch ihre Stärken und ihre Begabungen. In ihrem Selbstkonzept herrschen die Vorstellungen von Stärke und Kompetenz vor. Sie haben wirksame interpersonale Fertigkeiten sowohl im Verhältnis zu ihren Altersgenossen als auch im Verhältnis zu Erwachsenen entwickelt und können sich Hilfe und Unterstützung in angemessener und unaufgeregter Weise von solchen Erwachsenen holen, die eben diese Unterstützung leisten können. Und schließlich können sie diejenigen Aspekte ihres Lebens benennen, die sie beherrschen, und ihre Energien und ihre Aufmerksamkeit auf diese Faktoren richten anstatt auf andere, die sie nur begrenzt oder gar nicht beeinflussen können.

Resilienzvermögen ist das, was wir uns für alle Kinder wünschen. Ein resilientes Kind ist ein emotional gesundes Kind, das Herausforderungen mit Erfolg angehen und sich nach einem Rückschlag rasch wieder fangen kann. Ein solches Kind ist in gewisser Weise ein »Ergebnis«; es ist so geworden, wie wir unsere eigenen Kinder sehen möchten, es hat ein Selbst- und Weltbild, wie wir es uns für unsere eigenen Kinder wünschen. Wie können wir die einzelne Situation, die einzelne Interaktion mit unseren Kindern so nutzen, dass sich dieses Ergebnis einstellt? Wie und wo müssen wir ansetzen, um das Resilienzvermögen eines Kindes kontinuierlich zu steigern?

Resilienz fördernde Welt- und Lebensorientierung der Eltern

Eltern, denen es ein Anliegen ist, resiliente Kinder zu erziehen, haben manchmal eine ganz feste, manchmal auch implizite oder intuitive Vorstellung davon, was sie tun können, um die entsprechende Einstellung und die entsprechenden Verhaltensweisen bei ihren Kindern zu fördern. Solche Eltern kennen und schätzen das, was Resilienz ausmacht, und lassen sich deshalb im Umgang mit ihren Kindern von einer Kombination wichtiger Grundsätze, Vorstellungen und Handlungen leiten. Allerdings: Die Komplexitäten dieser Kombination zu begreifen, das ist ein fortlaufender Prozess von Herausforderungen, Enttäuschungen, Rückschlägen, aber auch von Erfolgen. Wie eine Mutter es ausdrückte: »Es wäre vielleicht einfacher, wenn die Kinder ein Benutzerhandbuch bzw. eine Landkarte schon mit auf die Welt brächten.«

Diese Wunschvorstellung kommt allen Eltern von Zeit zu Zeit in den Sinn. Es wäre ihnen eine Beruhigung, wenn sie an eine Gesamtheit von Handlungsrichtlinien glauben könnten, an einen schnurgeraden Weg, dem sie nur zu folgen brauchten, um ihre Kinder auf das, was vor ihnen liegt, vorzubereiten. So mancher wünscht sich den »wahren«, den garantierten, den goldenen Weg in die Zukunft, aber dieser Weg existiert nicht. Nichtsdestoweniger können wir uns mit dem Gedanken trösten, dass uns doch eine Reihe von Wegweisern zur Verfügung stehen, die uns helfen, den je individuellen Weg des einzelnen Kindes in Gedanken abzugehen und zu akzeptieren. Jeder Lebensweg steht zwar unter dem Einfluss einer Vielzahl von Faktoren, zu denen das angeborene Temperament des Kindes, der Stil und die Wertvorstellungen der Familie, die Erziehungserfahrungen und die größere Gesellschaft oder Kultur zählen, in der das Kind aufwächst; aber diese Wegweiser zeigen doch immerhin Grundsätze und Vorstellungen an, die sich auf allen Straßen anwenden lassen und uns bei unserer Aufgabe leiten können, innerlich starke und widerstandsfähige Kinder zu erziehen.

Im vorliegenden Kapitel wollen wir diese wegweisenden Überlegungen skizzieren und zeigen, dass und wie sie die Orientierung und die Handlungsweise von Eltern bestimmen. In den weiteren Kapiteln werden dann die entsprechenden Grundsätze und Vorgehensweisen im Detail unter die Lupe genommen: Sie sind es, die elterliche Praktiken und Überzeugungen bestimmen, die für alle Kinder wichtig sind, nicht nur für diejenigen, die ungewöhnlichen Härten, widrigen Lebensumständen oder traumatischen Erfahrungen ausgesetzt waren oder sind. Die in schneller Bewegung und Veränderung begriffene Welt des 21. Jahrhunderts erfordert es, dass alle Kinder sich eine von Resilienz geprägte Einstellung und entsprechende Lebensfertigkeiten zu eigen machen. Im Folgenden listen wir die zehn »Wegweiser« auf, mit deren Hilfe sich das Resilienzvermögen unserer Kinder fördern und steigern lässt. Vielleicht sehen sie im ersten Augenblick aus wie ganz selbstverständliche Praktiken, wie etwas, das sozusagen auf der Hand liegt und das die meisten vernünftigen Eltern ohnehin befolgen würden. Aber, wie schon gesagt, auch die Grundsätze und Praktiken effizienten Elternverhaltens, die »auf der Hand liegen«, müssen immer wieder überdacht und reflektiert werden, damit wir das wirklich Wichtige nicht aus den Augen verlieren. Eltern, denen das Resilienzvermögen ihrer Kinder ein Anliegen ist, haben die wegweisenden Überlegungen verinnerlicht:

- Sie üben Empathie.
- Sie äußern sich klar und hören aktiv zu.
- Sie wandeln »negative Skripts« ab.
- Sie geben ihrem Kind mit ihrer Liebe das Gefühl, als Mensch in seinem eigenen Wert geschätzt und willkommen zu sein.
- Sie akzeptieren ihr Kind so, wie es ist, und verhelfen ihm zu realistischen Erwartungen und Zielvorstellungen.
- Sie verhelfen ihrem Kind zu Erfolgserlebnissen, indem sie seine Kompetenzinseln identifizieren und stärken.
- Sie geben ihrem Kind Gelegenheit zu erkennen, dass man aus Fehlern lernen kann.
- Sie wecken Verantwortungsbewusstsein, Mitgefühl und ein soziales Gewissen bei ihrem Kind, indem sie ihm Gelegenheit geben, sich zu beteiligen.
- Sie lehren ihr Kind, Probleme zu lösen und Entscheidungen zu treffen.
- Sie setzen Regeln und Vorschriften, die das Selbstwertgefühl und die Selbstdisziplin ihres Kindes fördern.

Machen wir uns nun mit jeder dieser wegweisenden Überlegungen und mit den Grundsätzen und Vorgehensweisen vertraut, für die sie stehen.

Empathie

Empathie – Einfühlungsvermögen – ist die Basis jeder Beziehung, sei es die Eltern-Kind-Beziehung, die eheliche Beziehung oder die Lehrer-Schüler-Beziehung. In der Eltern-Kind-Beziehung ist Empathie die Fähigkeit der Eltern, sich in ihr Kind hineinzuversetzen und die Welt mit seinen Augen zu sehen. Empathie üben heißt nicht, dass man mit allem, was ein Kind tut, einverstanden ist. Es heißt vielmehr, dass man versucht, die Sichtweise des Kindes zu verstehen und für gültig zu erklären.

Viele Eltern glauben zwar, einfühlsam zu sein, die Erfahrung zeigt aber, dass diese Einfühlung uns leichterfällt, wenn unsere Kinder tun, was wir sie zu tun gebeten haben, wenn ihre Unternehmungen ihnen gelingen und wenn sie lieb und zugänglich sind. Einfühlsam zu sein ist längst nicht so leicht, wenn wir uns aufregen müssen, wenn wir wütend, verärgert oder enttäuscht über unsere Kinder sind: Dann nämlich sagen oder tun selbst wohlmeinende Eltern Dinge, die den Anstrengungen des Kindes, Resilienz zu entwickeln, gerade entgegenarbeiten.

Die beiden folgenden Beispiele machen deutlich, in welchem Maß die eigene Frustration das Einfühlungsvermögen von Eltern beeinträchtigen kann.

JOHNs Eltern, Mr. und Mrs. Kahn, konnten nicht begreifen, warum es ihrem anscheinend doch intelligenten Sohn, Schüler der siebenten Klasse, so schwerfiel, seine Hausaufgaben zu erledigen. John war ein guter Sportler, aber mit dem Lesenlernen hatte er sich von Anfang an schwergetan. Die Eltern konnten sehen, dass John sich nicht für die Schule interessierte. Sie waren der Ansicht, er könnte es schaffen, wenn er gefälligst »dran denken« würde, und ermahnten ihn immer wieder, sich mehr anzustrengen: Er würde sich doch ganz schrecklich fühlen, wenn er später nicht in das College seiner Wahl aufgenommen würde.

Mit der Absicht, ihn zu motivieren, sagten ihm die Eltern, er dürfe an keinem außerschulischen Sportereignis mehr teilnehmen – Sport war immerhin ein Gebiet, auf dem er sich auszeichnete –, wenn er nicht mindestens einen Notendurchschnitt von »Gut« erreichte. Bei ihren sicher gutgemeinten Sprüchen, er solle sich »mehr anstrengen«, dachten sie allerdings nicht daran, wie diese Worte bei John ankamen. Viele Kinder, denen immer wieder gesagt wird, sie sollten sich mehr anstrengen, empfinden diese Aufforderung nicht als hilfreich, sondern als eine Verurteilung oder Anschuldigung, und das verstärkt nur ihren schon vorhandenen Schulfrust, nicht aber ihre Motivation, sich um Erfolge zu bemühen. Die Worte, die das Ehepaar Kahn verwendete, wirkten also ihrem Ziel, John zu motivieren, gerade entgegen.

SALLY, acht Jahre alt und ein scheues Kind, wurde von ihren Eltern immer wieder gedrängt, »Guten Tag« zu sagen, wenn sie Freunde der Familie traf. Sally war aber schon als ganz kleines Kind eher ängstlich gewesen und zeigte sich von neuen Situationen leicht überfordert. In der Öffentlichkeit oder wenn irgendwelche Leute, die sie nicht kannte, zu Besuch kamen, versteckte sie sich hinter ihrer Mutter. Die Carters konnten nicht begreifen, weshalb Sally von anderen Menschen so aus der Fassung gebracht wurde, zumal sie sich selbst als liebevolle Eltern betrachteten. Sie sagten ihrer Tochter, wenn sie nicht lernte, »Guten Tag« zu sagen, dann würden andere Leute nichts mit ihr zu tun haben wollen. Sally brachte es bestenfalls fertig, mit niedergeschlagenen Augen ein »Hallo« zu flüstern.

Die Eltern, die es gerne gesehen hätten, wenn ihre Tochter mehr aus sich herausgegangen wäre, begriffen nicht, dass Sallys Schüchternheit ein angeborener Zug war und sich nicht einfach dadurch beseitigen ließ, dass man ihr sagte, sie solle anderen Leuten freundlich »Guten Tag« sagen. Wenn man schüchterne Kinder immer wieder ermahnt, »Guten Tag« zu sagen, dann kann das ihre Angst noch vergrößern und ihre Tendenz zum Rückzug – als Mittel, einer unbehaglichen Situation aus dem Weg zu gehen – sogar verstärken.

Einfühlsame Eltern überlegen sich, wie ihnen zumute wäre, wenn irgendjemand ihnen das Gleiche antäte oder das Gleiche sagte, was sie ihren Kindern gesagt oder angetan haben. Wenn wir uns nach Kräften bemühen und dennoch auf Schwierigkeiten treffen, würden wir es dann hilfreich finden, wenn jemand uns ermahnte, uns noch mehr anzustrengen? Wie viele schüchterne Erwachsene würden einen Rat wie etwa »Geh doch raus und such dir Freunde« ernst nehmen? Wenn man es mit einem schüchternen Kind zu tun hat, wird eine einfühlsame Bemerkung, begleitet von ermutigenden Worten, sehr viel eher zu Erfolg, Selbstwertgefühl und Resilienz führen.

Ein Beispiel: Ein Vater sagte seiner schüchternen Tochter, dass viele Kinder sich mit dem Guten-Tag-Sagen schwertäten und dass er tun würde, was er könnte, damit es ihr in Zukunft leichterfiele, Leute zu begrüßen. Eine solche Reaktion akzeptiert das, was das Kind erfährt, in nicht richtender Weise und weckt die Hoffnung auf Veränderung. Sie schafft ein Klima, in dem sich Resilienz entwickeln kann.

Oft werden wir gefragt, ob man die eigene Empathiefähigkeit verbessern kann. Wir glauben, dass das möglich ist. Man kann Eltern dazu anleiten, indem man ihnen bestimmte Fragen stellt, die Einfühlung sozusagen nahelegen, zum Beispiel: »Wie würde ich mir wünschen, dass mein Kind mich beschreibt?« »Wie würde mein Kind mich tatsächlich beschreiben, und wie nahe kommt diese Beschreibung derjenigen, die ich mir von ihm wünsche?« »Wenn ich mit meinem Kind spreche oder Dinge mit ihm unternehme, verhalte ich mich dann so, dass es mir wirklich gerne zuhört?« »Möchte ich, dass jemand anderes so mit mir redet, wie ich mit meinem Kind rede?« Wenn Eltern es schaffen, sich über ihren Frust oder ihren Ärger hinwegzusetzen und sich selbst solche Fragen zu stellen, praktizieren sie Empathie, eine Schlüsselkomponente für eine gelungene Welt- und Lebensorientierung.

Klare Äußerungen und aktives Zuhören

Empathie bringt Farbe in die Kommunikation mit unseren Kindern. Kommunikation hat viele Aspekte. Sie erschöpft sich nicht einfach in der Art, in der wir mit einer anderen Person sprechen. Effektives Kommunizieren heißt auch, unseren Kindern aktiv zuzuhören, es heißt ihre Mitteilungen zu verstehen und für gültig zu erklären, und es heißt so darauf einzugehen, dass Machtkämpfe vermieden werden – das heißt, wir unterbrechen sie nicht, wir sagen ihnen nicht, was sie zu denken haben, wir demütigen sie nicht, und wir unterlassen es, kategorische Vokabeln wie zum Beispiel »immer« und »nie« in einem abfälligen Sinn zu verwenden (»du hilfst ja nie«, »du bist immer frech«).

Resiliente Kinder lernen das wirksame Kommunizieren mit Unterstützung ihrer Eltern, die ihnen dabei wichtige Vorbilder sind. Mr. Burtons Reaktion auf MICHAELs vergeblichen Versuch, ein Radio zusammenzubauen (»Ich hab dir doch gesagt, das wird nichts. Du hast einfach nicht die Geduld, die Bauanleitung genau durchzulesen.«) ist ein Beispiel für eine Mitteilung, die dem Entstehen einer resilienten Welt- und Lebensorientierung gerade entgegenwirkt, weil sie einen Unterton von Anklage hat. Richtige Kommunikation hat viel zu tun mit wesentlichen Elementen von Resilienz wie z. B. zwischenmenschlicher Sensibilität, Einfühlungsvermögen, Problemlösungsfähigkeit und Entscheidungskompetenz.

Das Abwandeln »negativer Skripts«

Die Erfolglosigkeit ihrer Bemühungen über Wochen, Monate und Jahre hindert viele, auch wohlwollende Eltern nicht daran, immer dieselbe Methode bei ihren Kindern anzuwenden. Wir wissen beispielsweise von Eltern, die ihrem Kind jahrelang mit der Aufforderung zusetzten, sein Zimmer selbst aufzuräumen – was das Kind niemals befolgte. Unsere Diskussionen mit Familien haben gezeigt, dass Eltern nicht zuletzt deshalb an ihren unproduktiven Praktiken festhalten, weil sie glauben, dass es die Kinder sind, die sich ändern müssten, und nicht sie selbst. Allerdings – viele Eltern können das bezeugen – halten Kinder es in dieser Sackgasse länger aus als Erwachsene.

Wenn hingegen Eltern, die selbst eine resiliente Einstellung besitzen, feststellen müssen, dass ihre Kinder schlicht nicht tun, was sie ihnen nun schon eine ganze Zeitlang gesagt oder abverlangt haben, dann wird ihnen bewusst, dass sie das eigene Skript ändern müssen, wenn die Kinder das ihrige ändern sollen. Sie müssen die Einsicht und den Mut besitzen, sich zu überlegen, was sie anders machen könnten, um sich nicht in sinnlosen Machtkämpfen zu verfangen.

Hinter den negativen Skripts von Eltern liegen häufig »Mythen« oder eine belastende Prägung, die sie aus der eigenen Kindheit mitgebracht haben. Ein Beispiel dafür ist das, was sich in der Familie des siebenjährigen BILLY abspielte, nachdem er zum dritten Mal in einer Woche ein Glas Milch umgestoßen hatte. Die Milch lief über den Tisch und auf den Fußboden.

Mr. und Mrs. Murray, im Allgemeinen geduldige Eltern, waren verärgert. Der Vater sagte kurz angebunden: »Geht es denn nicht mal ein bisschen weniger ungeschickt? Du passt ja anscheinend überhaupt nicht auf!«

Billy war verletzt und verstört. Er hatte die Milch nicht absichtlich verschüttet; es war ganz einfach passiert. Er versprach seinen Eltern, es würde nicht wieder passieren, und er würde in Zukunft besser aufpassen. Aber am nächsten Tag verschüttete er etwas von seinem Saft.

Mrs. Murray nahm ihm den Saft weg und sagte: »Hoffentlich denkst du von jetzt an daran, dein Glas richtig zu halten!«

Wären Billys Eltern sich über die signifikanten Unterschiede im Temperament von Kindern im Klaren gewesen, dann hätten sie sein ständiges Verschütten von Getränken vielleicht nicht als Zeichen von Unaufmerksamkeit, Absicht oder Opposition gedeutet und nicht mit einer Bestrafung reagiert. Eine andere Einstellung würde es ihnen ermöglichen zu sehen, was Billy daran hinderte, sein Glas richtig zu halten, und ihren Ansatz vielleicht zu ändern – ihm also zum Beispiel ein Glas mit Deckel zu geben.

Wenn Eltern das eigene Skript ändern, dann heißt das nicht, dass sie ihrem Kind »nachgeben« oder es »verwöhnen«; vielmehr dient diese Änderung dazu, dem Kind zu zeigen, dass es auch alternative Wege der Problemlösung gibt. Auf jeden Fall sorgt sie dafür, dass das Kind allmählich lernt, verantwortlicher und vorsichtiger mit schwierigen Situationen umzugehen.

Unsere Kinder – als Menschen in ihrem eigenen Wert geschätzt und willkommen

Eine unerlässliche Voraussetzung dafür, dass ein Kind ein Resilienzvermögen ausbildet, ist die Präsenz mindestens eines Erwachsenen (wünschenswert sind mehrere), der an den Wert des Kindes glaubt. Julius Segal sprach in diesem Zusammenhang von »charismatischen Erwachsenen« – Personen, von denen ein Kind »Stärke bezieht«. Wir sollten keineswegs unterschätzen, was ein einzelner Mensch bewirken kann, um ein Kind in Richtung eines volleren, gelungeneren, befriedigenderen Lebens sozusagen umzulenken. Als Eltern müssen wir Wege finden, um unseren Kindern zu dem Gefühl zu verhelfen, dass sie Menschen mit einem eigenen Wert und uns lieb und willkommen sind, ohne sie allerdings einfach gewähren zu lassen.

Ein möglicher Weg dahin wäre die Verabredung »spezieller Zeiten«, die wir mit jedem unserer Kinder allein verbringen. So können wir dem Kind unsere ungeteilte Aufmerksamkeit schenken und es wissen lassen, dass wir ihm vertrauen. Das ist allerdings häufig schwieriger zu bewerkstelligen als man glaubt – wie am Beispiel der Familie der achtjährigen Stephanie deutlich wird.

STEPHANIEs Eltern, Mr. und Mrs. Grant, hielten sich jeden Abend eine gewisse Zeit dafür frei, ihrer Tochter vorzulesen oder mit ihr zu spielen. Stephanie mochte diese Zeiten sehr. Allerdings – wenn das Telefon klingelte, unterbrachen die Eltern ihre Beschäftigung mit der Tochter mit der Bemerkung, Telefonanrufe seien wichtig. Binnen Kurzem beschloss Stephanie, lieber fernzusehen als ständig von den Eltern enttäuscht zu werden.

Wenn wir unseren Kindern das Gefühl ihres individuellen Wertes und die Überzeugung vermitteln wollen, dass sie willkommen sind, dann müssen wir ihnen unsere Liebe bedingungslos schenken. Das bedeutet nicht etwa, dass für Disziplin und Eigenverantwortlichkeit kein Raum mehr wäre; es bedeutet vielmehr, dass wir sie lieben und akzeptieren, auch wenn sie die ihnen gesetzten Grenzen überschreiten.

Akzeptanz und Hilfe bei der Formulierung realistischer Erwartungen und Ziele

Zu den schwierigsten Aufgaben der Eltern gehört es, das angeborene und einmalige Temperament ihres Kindes zu akzeptieren. Wenn diese Akzeptanz gegeben ist, lassen sich Erwartungen und Ziele formulieren, die mit dem Temperament des Kindes im Einklang stehen. Jedes Kind ist vom Augenblick seiner Geburt an ein einmaliges Wesen. Manche Kinder kommen mit einer »einfachen« Veranlagung auf die Welt, andere sind »schwierige« Temperamente, und wieder andere sind schüchtern oder vorsichtig. Wenn die Eltern sich des angeborenen Temperaments ihres Kindes nicht bewusst sind, sagen oder tun sie unter Umständen Dinge, die befriedigenden Eltern-Kind-Beziehungen entgegenstehen, indem sie von ihrem Kind Leistungen erwarten, die es nicht erbringen kann.

Ein Beispiel: Der zehnjährige CARL hatte in der Schule so gut wie keinen Erfolg. Morgens trödelte er herum und verpasste deshalb häufig den Schulbus. Seine Eltern, Mr. und Mrs. Thomas, fühlten sich dann verpflichtet, ihn mit dem eigenen Auto in die Schule zu bringen. Eine Nachbarin riet ihnen davon ab: Wenn er an einem solchen Tag den Unterricht versäumte, dann müsste ihm das doch eine Lehre sein. Mr. und Mrs. Thomas akzeptierten ihren Rat, entdeckten aber zu ihrem Missvergnügen, dass Carl am nächsten Tag nicht besser darauf vorbereitet war, rechtzeitig zum Unterricht in der Schule zu sein. Sie wussten nicht, was sie als Nächstes tun sollten, und ihr Ärger auf Carl und seine scheinbare Verantwortungslosigkeit nahm zu. In ihrer Verzweiflung beschlossen sie, ihn ausgerechnet in den Aktivitäten zu beschneiden, an denen er Freude hatte.

Carls Eltern begriffen nicht, dass ihr Sohn nicht etwa verantwortungslos, sondern, wie so manche anderen Kinder auch, eher leicht ablenkbar war, sich häufig von anderen Aktivitäten gefangen nehmen ließ und insgesamt ein langsames Schrittmaß hatte. Statt ein solches Kind anzuschreien oder zu bestrafen, wäre es sinnvoller, sich zu sagen, dass dies eben sein Stil ist, und es in ein Gespräch darüber zu ziehen, was man seiner Meinung nach tun könnte, um das Problem zu beheben. Möglich wäre auch, eng mit der Schule zusammenzuarbeiten – dort könnte man ihm eine motivierende Aufgabe oder kleine Verpflichtung übertragen, die immer morgens vor Unterrichtsbeginn wahrzunehmen wäre. Ein Kind, mit dem wir arbeiteten, erhielt beispielsweise in seiner Schule den Job des »Verspätungswächters«, d.h. es musste morgens rechtzeitig da sein und notieren, welche Schüler zu spät kamen. Das Kind liebte diese Aufgabe und war von nun an immer pünktlich in der Schule.

Dass wir Kinder als diejenigen, die sie sind, akzeptieren und ihr jeweils unterschiedliches Temperament hinnehmen, heißt nicht, dass wir unangemessenes und inakzeptables Verhalten entschuldigen. Es heißt vielmehr, dass wir dieses Verhalten verstehen und dem Kind helfen, es so zu verändern, dass sein Selbstwertgefühl und seine Würde nicht beschädigt werden.

Erfolgserlebnisse durch Identifizierung und Stärkung von »Kompetenzinseln«

Resiliente Kinder leugnen die Probleme nicht, auf die sie treffen, sondern machen sich ihre Stärken bewusst und konzentrieren sich auf sie. Leider gibt es viele Kinder, die gering von sich und ihren Fähigkeiten denken und deshalb ohne große Hoffnung in die Zukunft blicken. Das führt häufig dazu, dass sie die eigenen Stärken herunterspielen oder nicht einmal wahrnehmen. Eltern berichten gelegentlich, dass die positiven Kommentare, die sie ihren Kindern zukommen lassen, auf »taube Ohren« stoßen – was wiederum sie, die Eltern, verärgert und die Zahl ihrer positiven Rückmeldungen an die Kinder reduziert.

Eltern müssen sich klarmachen, dass ein Kind mit einem dürftigen Selbstwertgefühl unter Umständen weniger geneigt ist, ihre positiven Rückmeldungen zu akzeptieren; sie sollten dennoch nicht aufhören, solche Rückmeldungen zu liefern. Viel wichtiger ist allerdings, dass sie sich klarmachen, dass Selbstwertgefühl, Optimismus und Resilienz von Erfolgserlebnissen des Kindes in solchen Lebensbereichen abhängen, die das Kind selbst für wichtig hält und die auch andere für wichtig halten. Das heißt, die Eltern müssen die »Kompetenzinseln« ihres Kindes ausfindig machen und stärken. Jedes Kind besitzt solche Inseln der Kompetenz, Bereiche, in denen seine Stärken liegen, und wir Eltern müssen diese Bereiche fördern, anstatt den Akzent auf die Schwächen des Kindes zu legen.

Die fünfzehnjährige LAURIE tat sich schwer im Umgang mit Gleichaltrigen, während kleine Kinder ihr nur so zuliefen. Wie ihre Eltern, Mr. und Mrs. Laramie, es ausdrückten: Sie war die »Rattenfängerin« des ganzen Quartiers. Mit diesem Stück Kompetenz bot sie sich als Babysitterin an. Mit zunehmendem Selbstvertrauen war sie dann auch eher bereit, ihren Umgang mit ihresgleichen unter die Lupe zu nehmen und etwas daran zu ändern, was ihr zu größerer Akzeptanz auch in diesem Kreis verhalf.

Wir kannten auch einen Jungen mit einer Leseschwäche, der die Entdeckung machte, dass er künstlerisch begabt war, vor allem im Zeichnen von Cartoons. Seine Eltern hängten seine Zeichnungen zuhause auf, und die Lehrerinnen stellten sie in der Schule aus. Diese ganz konkrete Mitteilung, dass er Stärken besaß, gab seinem Selbstwertgefühl einen gewaltigen Auftrieb.

Wenn Kinder ihre Stärken entdecken, sind sie eher bereit, sich auch mit Bereichen auseinanderzusetzen, die bisher problematisch für sie waren.

Aus Fehlern wird man klug

Es gibt ganz erhebliche Unterschiede in der Art, wie Kinder ihre Fehler betrachten. Resiliente Kinder sehen Fehler in der Regel als Chance, etwas zu lernen. Dagegen erfahren Kinder, die nicht sehr optimistisch in die Zukunft sehen, Fehler häufig als ein Zeichen dafür, dass sie eben Versager sind. Entsprechend dieser pessimistischen Betrachtung neigen sie dazu, sich angesichts von Herausforderungen eher zurückziehen, fühlen sich den Dingen nicht gewachsen und geben anderen die Schuld an ihren Schwierigkeiten. Wenn Eltern ihre Kinder zu resilienten Persönlichkeiten erziehen wollen, müssen sie ihnen also helfen, von klein auf eine gesunde Sicht auf die eigenen Fehler zu entwickeln.

Mr. Burton, der seinen Sohn MICHAEL kritisierte, weil dieser es nicht geschafft hatte, das Radio zusammenzubauen, und Mrs. Murray, die BILLY dafür bestrafte, dass er seine Milch verschüttet hatte, gaben beide zu verstehen (wahrscheinlich ohne es selbst wahrzunehmen), dass Fehler etwas Schreckliches seien, das Strafe verdient. Wenn Eltern dagegen eine eher positive Einstellung gegenüber Fehlern fördern wollen, tun sie gut daran sich zu überlegen, was ihre Kinder wohl auf die nachstehenden Fragen antworten würden: »Was tun deine Eltern, wenn sie einen Fehler gemacht haben?« und »Was tun deine Eltern bzw. was sagen sie, wenn du etwas falsch machst oder wenn irgendetwas nicht richtig läuft?«

Da sie frustriert sind, reagieren viele Eltern in einer Weise auf Fehler ihres Kindes, die dessen Selbst- und Weltvertrauen beeinträchtigt. Wenn Eltern das Resilienzvermögen ihres Kindes fördern wollen, dann müssen ihre Worte und Handlungen die Überzeugung vermitteln, dass man aus Fehlern lernen kann. Die Furcht, etwas falsch zu machen, ist eines der größten Lernhindernisse und mit einer resilienten Welt- und Lebensorientierung nicht zu vereinbaren.

Verantwortungsbereitschaft, Mitgefühl und soziales Gewissen

Resiliente Kinder besitzen ein Gefühl der Verantwortung. Aber wie verstärken wir dieses Gefühl bei unserem Nachwuchs? Nur zu oft sprechen wir davon, dass die Kinder »häusliche Aufgaben« übernehmen müssen, wenn wir ihre ersten kleinen Verantwortlichkeiten meinen. Nicht nur Kinder, sondern auch Erwachsene sind in aller Regel nicht gerade begeistert von der Vorstellung, solche eher langweiligen Routinearbeiten erledigen zu müssen. Fast jedes Kind aber ist schon zu einem sehr frühen Zeitpunkt in seinem Leben bereit, anderen zu helfen. Dass es diesen »Drang zum Helfen« gibt, belegen Umfragen unter Erwachsenen, die über besonders positive Momente in ihrer Schulzeit berichten sollten.

Zu den häufigsten Antworten zählten solche, in denen von irgendwelchen Hilfeleistungen berichtet wurde (sie betreuten ein jüngeres Kind bei den Hausaufgaben, sie halfen bei der Gestaltung der Wandzeitung, sie bedienten den Filmprojektor).

Eltern mit einer resilienten Welt- und Lebensorientierung wissen, dass Resilienz und Selbstwertgefühl zunehmen, wenn Kinder Gelegenheit bekommen, sich hervorzutun und sich an Erfolgen zu freuen, vor allem, wenn sich dadurch in ihrem Umfeld etwas zum Positiven verändert. Eltern, die ihre Kinder in karitative Initiativen einbinden, etwa in Anti-Hunger- oder Anti-Aids-Kampagnen oder in Aktionen zugunsten einer gesunden Ernährungsweise, sind sich auch über die Bedeutung solcher Unternehmungen für das Selbstwertgefühl und das soziale Gewissen der Kinder im Klaren.

Problemlösefähigkeit und Entscheidungskompetenz

Optimistische und resiliente Kinder mit einem ausgeprägten Selbstwertgefühl sind überzeugt, dass sie ihr Schicksal selbst gestalten und über ihr Leben selbst bestimmen können. Bestimmungsgewalt über das eigene Leben zu haben und zu behalten, ist für uns alle von größter Wichtigkeit. Wenn Eltern es ihren Kindern ermöglichen zu lernen, wie man Entscheidungen trifft und Probleme selbstständig löst, haben sie damit eine sehr wichtige Komponente im Prozess der Entwicklung dieser »Kontrolle« oder Bestimmungsgewalt geliefert. Resiliente Kinder verstehen sich darauf, Probleme zu definieren, unterschiedliche Lösungen zu erwägen, es anschließend mit der ihrer Ansicht nach aussichtsreichsten Lösung zu versuchen und am Ende aus dem Ergebnis zu lernen.

Wenn Eltern diese auf Problemlösung zielende Orientierung bei ihren Kindern fördern wollen, dann müssen sie sich davor hüten, den Kindern zu sagen, was sie zu tun haben. Sie müssen ihre Kinder im Gegenteil dazu anhalten, über mögliche Lösungen selbst nachzudenken. Um diesen Prozess in die Wege zu leiten, empfiehlt es sich, dass sie im wöchentlichen oder zweiwöchentlichen Abstand ein bestimmtes Maß an Zeit für ein »Familientreffen« reservieren, bei dem Probleme besprochen und Lösungen formuliert werden können.

Erinnern wir uns in diesem Zusammenhang daran, wie JANE, deren Klassenkameradinnen nicht mit ihr zusammensitzen wollten, ihre Mutter fragte, was sie denn tun sollte. Mrs. Jones meinte es gut mit ihr; indem sie Jane jedoch eine Lösung vorschlug, anstatt zunächst einmal das Kind aufzufordern, sich Gedanken über eine Lösung zu machen, beraubte sie ihre Tochter einer Gelegenheit, problemlösende Fertigkeiten zu entwickeln.

Ein ähnliches Beispiel: BARRY und sein älterer Bruder LEN stritten und zankten sich ständig. Sie stritten sich über alles und jedes, auch darüber, wer im Auto vorn sitzen oder welches Fernsehprogramm angesehen werden sollte. Len wurde von den Eltern immer wieder ermahnt, toleranter zu sein, weil er der Ältere war. Sie warnten ihn sogar, dass sie ihn andernfalls bestrafen würden. Lens Reaktion sah so aus, dass er sich von Barry zurückzog und nichts mehr mit ihm zusammen unternehmen wollte. Sinnvoller wäre es vermutlich gewesen, den Jungen zu sagen, sie sollten über eine Lösung ihrer ewigen Streitereien nachdenken.

Wir waren häufig angenehm überrascht und beeindruckt von der Fähigkeit von Kindern, über wirksame und realistische Formen der Problembewältigung nachzudenken. Wenn Kinder unter Anleitung ihrer Eltern eigene Handlungspläne entwickeln, dann fördert das ihr Gefühl der Eigenständigkeit und der Kontrolle über die Dinge ebenso wie ihr Resilienzvermögen.

Regeln und Vorschriften zur Förderung von Selbstdisziplin und Selbstwertgefühl

In unserer klinischen Arbeit wie auch in unseren Seminaren werden wir häufig zum Thema Disziplin befragt. Um Kinder zu resilienten Persönlichkeiten erziehen zu können, müssen die Eltern begreifen, dass es zu ihren wichtigsten Aufgaben gehört, Disziplinierer im eigentlichen Sinn dieses Wortes zu sein. Das Wort Disziplin hängt mit dem lateinischen Wort für Schüler »discipulus« zusammen, hat also mit Unterweisung zu tun. Wir müssen akzeptieren, dass wir, je nachdem, wie wir unsere Kinder »disziplinieren«, deren Selbstwertgefühl, Selbstkontrolle und Resilienz sowohl fördern als auch schwächen können.

Ziel der Erziehung zur Disziplin ist es einerseits, ein geschütztes und sicheres Umfeld zu schaffen, und andererseits, die Selbstkontrolle und Selbstdisziplin des Kindes zu fördern. Dazu gehört, dass es für sein eigenes Verhalten einsteht. Man kann sich kaum vorstellen, dass ein Kind mit einem ausgeprägten Selbstwertgefühl nicht auch über Selbstdisziplin verfügt. Familiensitzungen, wie wir sie im letzten Unterabschnitt vorgeschlagen haben, lassen sich dazu nutzen, die Kinder in vernünftigem Umfang an der Aufstellung von Regeln und der Festlegung von Konsequenzen für Regelübertretungen zu beteiligen; dann werden sie Regeln nicht mehr so schnell als Zwang betrachten.

Unsere Kinder, unsere Zukunft

Kinder kommen mit ihrer je einmaligen Veranlagung auf diese Welt; Eltern und andere Versorgerpersonen üben aber einen erheblichen Einfluss darauf aus, ob ein Kind die Eigenschaften und die Orientierung entwickeln wird, wie wir sie mit Resilienz in Verbindung bringen, oder ob es unter einem geringen Selbstwertgefühl, unter Selbstzweifeln und einem wenig hoffnungsvollen Welt- und Selbstbild leidet. Dass ein Mensch eine resiliente Welt- und Lebensorientierung ausbildet, ist kein Luxus, sondern essentieller Bestandteil einer gelingenden Zukunft.

Die folgenden Kapitel gehen der Welt- und Lebensorientierung resilienter Kinder und den zehn »Wegweisern« nach, mit denen Eltern eine solche Orientierung fördern und unterstützen können. Das zwölfte Kapitel geht über das familiäre Umfeld hinaus und befasst sich mit der Bedeutung einer engen Zusammenarbeit von Eltern und Lehrern, durch die auch das schulische Umfeld zum Resilienzvermögen der Kinder beitragen kann. Erziehung zur Resilienz muss ein Eckpfeiler im Rahmen unserer Aufgabe werden, uns und unsere Kinder auf die Zukunft vorzubereiten.

2

EMPATHIE LEHREN UND VERMITTELN

Empathie bedeutet so viel wie die Fähigkeit, sich mit den Gefühlen, Gedanken oder Einstellungen eines anderen Menschen identifizieren bzw. sie stellvertretend empfinden zu können. Empathie gegenüber unseren Kindern bedeutet also, dass wir uns »ihre Schuhe anziehen« müssen. Dass Eltern sich die Zeit nehmen, die Sichtweise ihrer Kinder zu verstehen und nachzuvollziehen, gilt als wichtige Komponente des Erziehungsverhaltens, es ist aber häufig nicht einfach zu bewerkstelligen. Warum ist das so? Wir haben im Rahmen unserer Arbeit häufig festgestellt, dass Eltern, wenn sie über die Probleme ihrer Kinder sprechen, deren eigener Sicht der Dinge so gut wie keine Aufmerksamkeit zuwenden. Wir selbst haben mit unserem professionellen Zugang diese einseitige Perspektive möglicherweise noch gefördert, wenn auch unabsichtlich.

Wenn Eltern uns wegen der Probleme ihrer Kinder ansprechen, stellen wir ihnen routinemäßig bestimmte Fragen, um uns ein Bild von Entstehung, Art und Schwere dieser Probleme machen zu können. Der Akzent lag dabei lange Zeit auf der Sicht der Eltern: »Was haben Sie bisher unternommen? Wie erfolgreich sind diese Interventionen gewesen?« Wir hatten nicht gelernt, die Eltern ganz einfach danach zu fragen, was ihre Kinder ihrer Ansicht nach dachten oder fühlten. In unserer langen klinischen Arbeit ist uns allerdings die Einseitigkeit dieses Ansatzes bewusst geworden.

Inzwischen lassen wir uns nicht nur die Vorgeschichte aus der Perspektive der Eltern berichten, sondern stellen auch Fragen, die uns ein Bild von der Empathiefähigkeit der Eltern vermitteln sollen und mit denen wir den Prozess dieser elterlichen Empathie zu fördern versuchen. Zum Beispiel sagen wir: »Stellen Sie sich vor, Sie wären Ihr Kind. Beschreiben Sie einen typischen Tag im Leben Ihres Kindes, aber aus seiner Sicht. Wie fühlt sich Ihr Kind, wenn es morgens aufsteht, wenn es in den Schulbus steigt, in der Schule ankommt, dort vielleicht eine schlechte Note bekommt, mit anderen Kindern umgeht und sich schließlich hinsetzt, um seine Hausaufgaben zu machen? Welche Worte würde Ihr Kind verwenden, wenn es Sie in Ihrer Rolle als Mutter/als Vater beschreiben sollte?« Viele Eltern sagen uns, dass diese Fragen sie nachdenklich machen und anregen, weil sie Licht auf einen Standpunkt werfen, den sie bisher als solchen überhaupt nicht zur Kenntnis genommen hatten.

Wir stellen diese Art von Fragen, weil sie unser Verständnis von Empathie reflektieren. Elterliche Empathie, die Fähigkeit, sich in das eigene Kind einzufühlen und seine Perspektive zu übernehmen, ermöglicht es ihrerseits, das Resilienzvermögen des Kindes zu fördern. Die erste Gruppe von Fragen, die wir stellen, gibt uns Fakten an die Hand. Die zweite Gruppe verschafft uns einen tieferen Einblick. Mit Hilfe dieser exploratorischen Fragen können wir uns ein Bild von der Empathiefähigkeit der Eltern machen. Zugleich zeigen diese Fragen den Eltern, wie wichtig es ist, Empathie zu praktizieren und zu lehren.

Viele Eltern sagen, dass sie noch nie darüber nachgedacht haben, wie ihr Kind sie beschreiben würde. Sie fühlen sich von dieser Frage verunsichert, und eine Antwort fällt ihnen schwer. Als Eltern sind wir durchaus bereit zuzugeben, dass wir in der Regel nicht danach fragen, was unsere Kinder über uns und unsere Handlungen sagen würden; wir halten ihre Meinung geradezu für unwichtig. Die gängige Überlegung lautet vielmehr: »Wenn ich sage, dass es jetzt Zeit zum Schlafengehen ist, dann interessiert es mich nicht wirklich, ob du mich unfair findest; ich will ganz einfach, dass du ins Bett gehst.« Es ist aber entscheidend, dass wir uns bei allen Interaktionen mit unseren Kindern bemühen, auch deren Sicht und Perspektive zu verstehen.

In diesem Kapitel befassen wir uns daher mit Empathie als einem Faktor, dem im Rahmen der Erziehung unserer Kinder zu resilienten Persönlichkeiten mit einer entsprechenden Welt- und Lebensorientierung große Bedeutung zukommt. Dabei informieren wir zum einen über die Hindernisse, die unserer Empathiefähigkeit bei vielen Interaktionen mit unseren Kindern entgegenstehen, und stellen zum anderen eine Reihe von Richtlinien dafür auf, wie wir Empathie bei uns selbst und bei unseren Kindern wecken und fördern können.

Welche Funktion hat Empathie?

Empathie wird als bedeutsame Komponente der »emotionalen Intelligenz« gepriesen. In der Tat erleichtert Empathie die Kommunikation. Sie ermöglicht es uns, negative Skripts abzuwandeln und unseren Kindern so liebevoll zu begegnen, dass sie spüren: Man hört ihnen zu und akzeptiert sie. Empathie ist der Ausgangspunkt, von dem aus wir unseren Kindern helfen können, Inseln der Kompetenz und des Erfolges in ihrem Leben zu lokalisieren und Verantwortungsbewusstsein, Mitgefühl und ein soziales Gewissen zu entwickeln. Wenn wir ihnen Empathie vorleben, fällt es ihnen leichter, aus ihren Fehlern zu lernen und sie eher als Chancen denn als Niederlagen anzusehen. Und das Wichtigste: Empathie begründet eine Beziehung zu unseren Kindern und gibt ihnen die Gewissheit, dass wir sie hören. Das bereitet den Boden dafür, dass sie uns ihrerseits zuhören und uns auch wirklich verstehen.

Je besser es uns gelingt, die Perspektive unserer Kinder einzunehmen, desto besser können wir sie verstehen, mit ihnen kommunizieren, ihnen etwas vermitteln, ja sogar sie lieben. Einfühlsame Eltern orientieren sich an Fragen wie den nachstehenden:

- Rede und handle ich so, dass meine Kinder mir so aufgeschlossen wie möglich zuhören und gerne von mir lernen?
- Würde ich mir wünschen, dass ein anderer Mensch so mit mir spricht wie ich mit meinen Kindern spreche?
- Was halten meine Kinder von den Entscheidungen, die ich für sie treffe?

Wenn Eltern sich diese Fragen stellen, wirkt sich das förderlich auf viele ihrer Erziehungsziele aus. Und umgekehrt: Wenn ihre Worte und Handlungen geeignet sind, die Kinder zu verärgern, so dass sie »abschalten« oder den Eltern in anderer Weise in die Parade fahren und damit zeigen, wie sie sich fühlen, dann schwächt das die erzieherischen Bemühungen der Eltern.

SALLY, die schüchterne Achtjährige aus dem ersten Kapitel, ist ein Beispiel dafür, dass die gutgemeinten Absichten der Eltern verpuffen, wenn dahinter nicht die Frage steht: »Würde ich mir wünschen, dass ein anderer so mit mir spricht, wie ich mit meinem Kind spreche?« Die Botschaft der Eltern, Sally solle mit ihrem Gegenüber kommunizieren und dabei auch den Augenkontakt wahren, ging in dem Ton, den sie dabei anschlugen, und in ihren Ermahnungen unter. Da es an Empathie fehlte, diente dieses Stück elterlicher Lenkung nur dazu, Sally in ihrer ängstlichen und zögernden Art zu bestärken. Wenn Mrs. Carter ebenso schüchtern wäre wie ihre Tochter, wie würde sie sich dann fühlen, wenn ihr Mann oder ihr Chef ihr kurz angebunden sagen würden, sie solle den Leuten in die Augen sehen? Würde sie aus dem harschen Ton etwas lernen? Würde sie ihrem Mann bzw. ihrem Chef für dieses tätige Interesse danken? Höchstwahrscheinlich würde sie das nicht tun. Höchstwahrscheinlich würde sie sich nach dieser Episode erst recht unsicher und unbehaglich fühlen und sich schließlich ärgern, weil ihr Gegenüber so gar kein Verständnis für sie gezeigt hatte.

GREGORY, 15 Jahre alt, dessen Zimmer mit Sicherheit nie als vorzeigewürdig in »Schöner Wohnen« abgebildet worden wäre, wurde ständig von seinen

Eltern ermahnt, endlich das Chaos zu beseitigen, das noch von den letzten Winkeln seiner vier Wände Besitz ergriffen hatte. In ihrem Frust steigerten Mr. und Mrs. Smith sich oft in eine ganze Litanei von Anliegen hinein, die beim Zustand seines Zimmers anfingen und dann rasch auch seine Art, sich anzuziehen, seine Freunde, seine unerledigten Hausaufgaben und die Lautstärke seiner Musikanlage betrafen. In dem Augenblick, in dem sie auf das zweite dieser vielen Ärgernisse zu sprechen kamen, hörte Gregory schon nicht mehr zu.

Um Empathie zu praktizieren und vorzuleben, müssen Gregorys Eltern fragen: »Wie würden wir uns fühlen, wenn wir das eine oder andere Stück Hausarbeit oder irgendeine Aufgabe am Arbeitsplatz nicht erledigt hätten und unsere Familie oder unser Chef uns dafür mit einer langen Liste unserer Versäumnisse und mit dem Vorwurf der Verantwortungslosigkeit kämen?«

Und was bekam schließlich MICHAEL zu hören, der Zwölfjährige, der mit dem Zusammenbau eines Radios nicht zurechtkam? Sein Vater sagte mit einem sarkastischen Unterton: »Ich hab dir doch gleich gesagt, das wird nichts. Du hast einfach nicht die Geduld, die Bauanleitung genau durchzulesen.« Hinter Mr. Burtons Ausbruch lagen seine Frustration ebenso wie die Sorge, welche Auswirkungen Michaels Arbeitsweise zu einem späteren Zeitpunkt in seinem Leben haben würde. Einfühlsamer wäre es gewesen, wenn er sich gefragt hätte: »Wenn ich mit einer Aufgabe nicht zurande käme, würde ich mir wünschen, dass man mir mit Verärgerung und mit einer abwertenden Bemerkung käme? Würde ich davon profitieren?« Wenn die Antwort Nein lautet, sollte man sich als Mutter oder Vater hüten, Kommentare dieser Art an sein Kind zu richten.

Selbstverständlich wollen alle Eltern, dass ihre Kinder ihnen zuhören und entsprechend reagieren. Die meisten Eltern können Ziele benennen, die sie im Umgang mit ihren Kindern zu erreichen hoffen, aber diese Zielvorstellungen werden nur zu oft dadurch sabotiert, dass sie den Standpunkt der Kinder außer Acht lassen. Wenn wir nicht empathisch vorgehen – nicht nur gegenüber unseren Kindern, sondern auch gegenüber dem Partner, den Kollegen und Nachbarn –, dann werden unsere Worte und Handlungen nur zu leicht negative Reaktionen bei unserem Gegenüber auslösen, und das wiederum mindert seine Bereitschaft, uns zuzuhören, zu antworten und mit uns zu kooperieren.

Man kann immer wieder hören, dass Kinder nicht das tun, was wir *sagen*, sondern dass sie tun, was wir *tun*. Ob es uns gefällt oder nicht, wir sind Modelle für unsere Kinder. Wenn wir nicht empathisch sind, wenn unsere Tagesgeschäfte uns blind für alles andere machen, so dass wir keinen Augenblick lang Zeit für das haben, was unsere Kinder uns sagen wollen, dann wird es *ihnen*, den Kindern, nicht leichtfallen, Empathie zu entwickeln.

Im Laufe einer familientherapeutischen Sitzung bemerkte die fünfzehnjährige LUCY, sie habe kaum Freundinnen, und niemand könne sie leiden. Ihre Mutter, Mrs. Sailor, fuhr dazwischen: »Du hast keine Freundinnen, weil du nicht weißt, wie man mit Leuten umgeht. Du glaubst, du könntest die anderen einfach herumkommandieren, und sie würden trotzdem weiterhin gern mit dir zusammen sein.«

Lucy sackte zusammen, zugleich mürrisch und ärgerlich, und murmelte: »Immer musst du mir sagen, was ich falsch mache. Nie hörst du dir an, was ich zu sagen habe. Du drehst es so, dass es aussieht, als wäre alles meine Schuld.«

Mrs. Sailor meinte es gut. Sie wollte, dass ihre Tochter wenigstens eine gewisse Verantwortung dafür übernahm, dass sie keine Freundinnen hatte. Der Ton aber, in dem sie sprach, die Worte, die sie benutzte, und der Umstand, dass sie es an Empathie fehlen ließ, entfernten sie stattdessen von ihrem Ziel und bewirkten nur, dass die Spannung zwischen ihr und Lucy noch zunahm. Hätte Mrs. Sailor sich überlegt, wie sie selbst sich in einer vergleichbaren Situation mit der Antwort gefühlt hätte: »Du kannst dich ganz einfach nicht benehmen. Du hast wirklich ein ziemliches Problem«, dann wäre sie ihrer Tochter wahrscheinlich weniger anklägerisch gekommen. Stattdessen wurde sie aggressiv, ohne zuvor wenigstens erkennen zu lassen, dass ihr Lucys Unglücksgefühl bewusst war. Sie lebte also weder Empathie vor, noch liess sie den Standpunkt ihrer Tochter gelten.

Lucys Bruder SIMON wurde von seinen Eltern häufig gerügt, weil er seine Schwester ärgerte und abfällige Bemerkungen ihr gegenüber machte, etwa: »Du machst doch nie etwas richtig. Du bist eine solche Niete. Kein Wunder, dass niemand dich gern hat.« Verständlicherweise waren Mr. und Mrs. Sailor auch darüber ziemlich verärgert, zumal sie sahen, dass ihre Tochter immer mürrischer wurde und im Verhältnis zu ihrem Bruder zunehmend auf Distanz ging. In unserer Arbeit mit dieser Familie konnten wir darüber hinaus beobachten, wie die Eltern miteinander sprachen. Gleich anfangs äußerte Mr. Sailor die Meinung, das Familienleben könne harmonischer sein, wenn seine Frau es besser verstünde, den Kindern Grenzen zu setzen, sie habe aber »nicht den Mut, das zu tun«.

Mit Tränen in den Augen stieß Mrs. Sailor heraus: »Du tust nichts anderes als mich vor den Kindern herunterzumachen. Nie sagst du etwas Positives. Du bist ein solcher Krittler.«

Woraufhin Simon ärgerlich zu seinem Vater sagte: »Und mir sagst du, ich soll nett zu Lucy sein – jetzt überleg doch mal, wie du mit der Mama redest.«

Mr. Sailor schien überrascht von dieser Bemerkung seines Sohnes. Im Begriff, sich zu verteidigen, setzte er an: »Was ich zu deiner Mutter sage…«, fing sich aber dann mitten im Satz und meinte: »Ich sollte nicht so mit deiner Mutter reden.«

Dieser dramatische Augenblick, in dem Mr. Sailor erkannte, dass Simon seine Schwester Lucy genauso behandelte wie er selbst seine Frau, wirkte wie ein Katalysator: er brachte alle Familienmitglieder dazu, Empathie aufzubringen und ihr Verhalten untereinander zu ändern.

Die Selbstverständlichkeit, mit der ein Kind in Kontakt mit anderen treten, Freundschaften schließen und Geborgenheit und Unterstützung in zwischenmenschlichen Beziehungen finden kann, ist Bestandteil seines Resilienzvermögens. Wenn Eltern Empathie praktizieren und vorleben, schaffen sie die Voraussetzung dafür, dass ihr Kind die notwendigen Fertigkeiten entwickelt, um befriedigende und beglückende interpersonale Beziehungen zu begründen. Zu diesen Fertigkeiten zählt, dass das Kind soziale Stichworte richtig interpretiert, dass es in einen gelassenen und produktiven Dialog mit anderen eintreten kann, dass es aktiv zuhören und seinerseits Ermutigung und Unterstützung bieten kann, und dass es lernt, Meinungsverschiedenheiten und Konflikte zu lösen. Jede Demonstration von Empathie seitens der Eltern gegenüber ihrem Kind, jeder Versuch, die Mitteilungen des Kindes wirklich zu verstehen und als gültig anzuerkennen, und jedes Verhindern eines Machtkampfes dadurch, dass die Eltern sich einen Augenblick Zeit nehmen, um die Perspektive des Kindes zu berücksichtigen, ist ein Meilenstein auf dem Weg zu gelungenen interpersonalen Beziehungen.

Solche Handlungen und Gesten zeigen den Kindern, dass Empathie eine tragende Rolle bei der Begründung und Wahrung von Freundschaften innehat und ein Mittel ist, um Konflikte durch Verhandeln und Kompromiss zu lösen. Handlungen, die zugleich wichtige Lektionen über den Umgang mit anderen darstellen, sollten in ihrer Bedeutung nicht unterschätzt werden. Die empathische Qualität des Elternverhaltens trägt erwiesenermaßen in signifikantem Umfang zur Anpassung der Kinder bei.

Simon könnte uns erzählen, dass die Bemühungen von Eltern, interpersonale Fertigkeiten zu vermitteln, unter Umständen durch ihren eigenen Interaktionsstil unterminiert werden, den das Kind ja beobachtet. Erwachsene nehmen häufig schlicht und einfach an, ihre Kinder hätten keine Meinung dazu, wie sie als Vater und Mutter miteinander umgehen. Das trifft allerdings ganz und gar nicht zu.

Über seine Eltern befragt, meinte JEFFREY, ein intelligenter Zehnjähriger: »Sie streiten immer. Nie hören sie sich gegenseitig zu. Immer sagt einer, dass der andere nicht recht hat. Als ob immer einer gewinnen müsste.« Und dann fügte er seiner Beschreibung sozusagen noch ein Ausrufungszeichen hinzu: »Sie halten sich nie an der Hand, und sie küssen sich auch nicht wie die Eltern von meinem Freund Manny. Wenn wir bei Manny zuhause spielen, kann ich immer sehen, dass seine Eltern freundlich zueinander sind und Späße machen.«

Dass Jeffrey zur Evaluation überwiesen worden war, hatte unter anderem damit zu tun, dass er nicht besonders gut mit seinen Altersgenossen auskam. Die Lehrerin meinte: »Er muss immer das letzte Wort haben und Auseinandersetzungen unbedingt für sich entscheiden. Er stößt seine Klassenkameraden ständig vor den Kopf.« Manchmal fällt der Apfel nicht weit vom Stamm. In diesem Fall allerdings dürfte die Ähnlichkeit zwischen Eltern und Kind das Resultat nicht etwa der Biologie oder der Genetik, sondern eher des Erziehungsstils und des beobachteten Elternverhaltens gewesen sein.

Ein Gegenbeispiel: BELINDA, ebenfalls zehn Jahre alt, erzählte uns, dass ihre Eltern »turtelten«, dass sie sich küssten und einander häufig an der Hand hielten. Typisch für eine Präadoleszente, sagte sie das mit gespielter Verlegenheit, aber es war ganz deutlich, dass sie sich mit dem »Geturtel« der Eltern durchaus wohlfühlte. Sie hatte auch erkannt, dass ihre Eltern bemüht waren, Meinungsverschiedenheiten auf freundliche Weise aus der Welt zu schaffen. »Sie behandeln sich gegenseitig mit Respekt«, sagte sie. Die Eltern unterbrachen und kränkten einander nicht. Dadurch, dass sie die Eltern beobachtete, ihnen zuhörte und auch sah, dass und wie die Eltern Empathie vorlebten, machte Belinda sich wichtige interpersonale Fertigkeiten zu eigen.

Wir sind immer wieder beeindruckt zu sehen, wie gut Kinder ihre Eltern beobachten. Erfragen Sie einmal die Meinung Ihrer Kinder über Ihren eigenen Umgangsstil – dann werden wahrscheinlich auch Sie überrascht sein.

Ohne Empathie geht es nicht!

Kommen wir nun wieder auf das zu Beginn dieses Kapitels genannte Problem zu sprechen. Wenn wir als Eltern doch wissen, dass Empathie notwendig und eine wichtige Voraussetzung dafür ist, dass unsere Kinder zu resilienten Persönlichkeiten heranwachsen – warum fällt es uns dann in vielen Fällen so schwer, Empathie aufzubringen? Je besser wir verstehen, was uns an einer empathischen Reaktion hindert, desto besser sind wir darauf vorbereitet, diese Hindernisse aus dem Weg zu räumen. Der vorliegende Abschnitt befasst sich mit vier gewichtigen Faktoren, die einer empathischen Reaktion entgegenstehen können. Anschließend zeigen wir Strategien auf, mit denen sich ein unproduktives elterliches Vorgehen verändern und eine empathische Sicht der Dinge einüben und befestigen lässt.

Erstes Hindernis: Wir praktizieren, was wir gelernt haben, oder: Die Geschichte hat die unselige Eigenschaft, sich zu wiederholen

Eltern klagen immer und immer wieder: »Ich habe mir geschworen, niemals so etwas zu meinen eigenen Kindern zu sagen, weil ich es als Kind so entsetzlich fand, wenn meine Eltern so mit mir redeten. Warum also habe ich es jetzt doch gesagt?« Wer in einer Familie aufgewachsen ist, in der Empathie keine große Rolle spielte, in der den Kindern gesagt wurde, wie sie zu denken und zu fühlen hatten, in der die Kommunikation dürftig und einseitig war und häufig in ihrer Gültigkeit negiert wurde, der hat es schwerer, den eigenen Kindern gegenüber Empathie aufzubringen und zu praktizieren. Gleichgültig worum es geht, unser aktuelles Verhalten wird jedenfalls in Teilen von unseren Erfahrungen mitbestimmt.

Dass ein Kind empathische Eltern hat, ist natürlich noch keine Gewähr dafür, dass es seinerseits Empathie entwickeln wird. Das menschliche Verhalten wird von einer Vielzahl biologischer und sozialer Faktoren bestimmt. Immerhin kann es nicht schaden, empathische Eltern zu haben.

Mr. und Mrs. Branston konsultierten uns wegen der Schwierigkeiten, die sie mit ihrem achtjährigen Sohn SETH hatten. Mrs. Branston schilderte ihn als aufsässig: »Er weiß, wie er mir zusetzen kann. Immerzu versucht er, mich in Wut zu bringen.« Vor allem regte sie sich auf, wenn Seth und seine zehnjährige Schwester aneinandergerieten. Dann schrie sie auf Seth ein und machte ihn für alle Zusammenstöße verantwortlich.

Mr. Branston wiegelte ab und meinte, seinem Eindruck nach sei Seth kooperativer als seine Frau ihn beschrieben hatte, aber sie und Seth gerieten nun einmal häufig hart aneinander. Aus seinen Worten war herauszuhören, dass seine Frau durchaus einen Anteil an Seths Verhaltensproblemen und zumal an den Zusammenstößen mit ihm hatte. Bei Mrs. Branston wiederum stellte sich allmählich der Eindruck ein, dass ihr Mann ihr nicht zu Hilfe kam und sie nicht verstand. Während einer unserer Sitzungen sagte sie wütend zu ihm: »Du würdest nicht immer Partei für ihn ergreifen, wenn du häufiger zuhause wärest und sehen könntest, wie er sich aufführt!«

Man muss Seths Eltern zugutehalten, dass sie durchaus schon selbst versucht hatten, die Dinge zu ändern. Zunächst hatten sie auf Empfehlung ihres Hausarztes an einem Elterntraining teilgenommen. Nach eigenem Bekunden hatten sie davon zwar eine Menge guter Ideen mit nach Hause genommen, aber der Trainingsleiter war ihnen zu unbeweglich erschienen. Ihr Fazit lautete, nach Auffassung des Trainingsleiters gebe es nur eine einzige richtige Art, mit Seths Verhalten umzugehen, und dieses Vorgehen vertrug sich nicht mit ihren Persönlichkeiten und ihren Überzeugungen. Als Nächstes hatte Mrs. Branston einen jener populären Ratgeber über den Umgang mit widerspenstigen und aufsässigen Kindern gelesen. Wieder war es so, dass ihr die darin empfohlenen Strategien zum Teil durchaus einleuchteten; dann hatte sie das Buch aber doch etwas ernüchtert weggelegt, weil der Autor durchblicken ließ, dass manche Kinder (und unter diesen fand sie Seth wieder) nun einmal von Natur aus schwierig seien und dass man in solchen Fällen außer dem Versuch, das Kind in seinem aktuellen Verhalten zu bändigen oder zu zügeln, kaum etwas tun könne, um den Status quo wirksam zu verändern.

Immerhin hatten Seths Eltern nun einen weiteren Fachmann aufgesucht. Es war ihnen ernsthaft an ihrem Sohn gelegen, und sie waren entschlossen, das Problem mit unserer Hilfe noch einmal aus einer anderen Perspektive zu betrachten. Wir forderten Mrs. Branston auf, sich doch einmal Gedanken über ihre Reaktionen auf ihren Sohn zu machen. Sie tat es und erkannte allmählich, dass sie angesichts seines Benehmens überreagierte und tatsächlich nicht einmal in Ansätzen empathisch auf ihn einging.

Wir fragten sie, was ihrer Ansicht nach ihrem Empathievermögen im Wege stand. Mit einem gequälten Gesichtsausdruck meinte sie: »Ich weiß es wirklich nicht.«

Immerhin zog sie schon nach wenigen Wochen eine Verbindungslinie zwischen ihrem Mangel an Empathie und ihren eigenen Kindheitserfahrungen. Sie erinnerte sich wieder, dass ihr älterer Bruder, mit dem sie jetzt als Erwachsene recht gut auskam, sie ständig verhöhnt und verspottet hatte. Wenn sie sich hilfesuchend an ihre Eltern wandte, bekam sie üblicherweise zu hören: »Du bist zu empfindlich. Du kannst doch nicht immer das kleine Kind spielen. Du musst lernen, für dich selbst zu sorgen.« Was immer die Eltern damit beabsichtigt hatten – das Kind hatte diese Antwort als Verrat empfunden. Dass seine Worte und Gefühle von den Eltern nicht verstanden oder nicht ernst genommen wurden, tat weh.

Jeder Zusammenstoß zwischen Seth und seiner Schwester rief bei Mrs. Branston Erinnerungen daran wach, dass sie als Kind von ihrem Bruder gehänselt und geärgert worden war und, wie sie meinte, keine Unterstützung bei ihren Eltern gefunden hatte. Dass die Eltern sich nicht in ihre unglückliche Lage einfühlen konnten, raubte ihr zumindest teilweise die Möglichkeit, Empathie zu erlernen, und das wiederum wirkte sich Jahre später negativ auf ihre eigenen Erziehungskünste aus. Die Schwierigkeiten traten deutlicher zutage, als sie sich in einer Situation fand, die ihrer eigenen Erfahrung parallel lief. Nachdem ihr die Zusammenhänge klar geworden waren, versuchte Mrs. Branston es dann doch mit einer Reihe von Strategien, die sie im Elterntraining erlernt bzw. in dem erwähnten Erziehungsratgeber gefunden hatte. Wochen später berichtete sie, die Dinge hätten sich für alle Familienmitglieder gebessert.

Zweites Hindernis: Empathie aufzubringen fällt schwer, wenn Sie wütend sind

Empathie aufzubringen fällt auch dann schwer, wenn man sich über jemanden geärgert hat oder sich von jemandem enttäuscht sieht. In unseren Workshops bitten wir die Teilnehmer häufig, ein Handzeichen zu geben, wenn sie sich für empathisch halten. In der Regel melden sich dann zuerst ein paar ganz Tapfere, die damit das Eis brechen; dann folgt die große Mehrheit derer, die nur auf dieses Signal gewartet haben. Nicht selten bekommen wir zu hören: »Ich versuche grundsätzlich, mich in die Situation meiner Kinder zu versetzen und die Welt mit ihren Augen zu sehen.«

Viele an ihren Kindern interessierte Eltern bezeichnen sich als empathisch. Wir haben allerdings die Erfahrung gemacht, dass Empathie meistens dann sichtbar wird, wenn die Handlungen unserer Mitmenschen unseren Präferenzen entsprechen. Es ist nicht schwer, unseren Kindern gegenüber empathisch zu sein, wenn sie tun, was wir sie zu tun auffordern, wenn sie zur richtigen Zeit und ohne Trara ins Bett gehen und aufstehen, wenn sie ihren kleinen häuslichen Pflichten nachkommen und ihre Schulaufgaben machen, ohne dass man sie daran erinnern muss, wenn sie gute Noten erhalten, wenn sie von sich aus »Guten Tag«, »bitte« und »danke« sagen: Dann können wir leicht zu der Überzeugung gelangen, dass wir als Eltern nicht nur auf ihre Handlungen, sondern auch auf ihr So-Sein stolz sind.

Empathie aufzubringen ist sehr viel mühsamer, wenn die Handlungen unserer Kinder unseren Erwartungen nicht entsprechen. Zorn und Enttäuschung haben eine hinterhältige Art, unsere Empathiefähigkeit zu schwächen und uns blind zu machen für die negative Kraft unserer Worte und Handlungen. Wir alle haben die Erfahrung gemacht, den eigenen Kindern oder anderen Menschen im Zorn etwas gesagt zu haben, das wir anschließend gerne zurückgenommen hätten. Wenn wir uns von Verärgerung leiten lassen, sind wir weniger bereit nachzudenken oder uns Gedanken um unsere Wortwahl zu machen. Wir werden eher im Blick darauf handeln, dass wir unseren Ärger abbauen, als im Blick darauf, dass wir unsere Kinder etwas lehren. Als MICHAEL, entmutigt durch seine Fehler, die Bauteile liegen ließ, reagierte sein Vater mit den Worten »Ich hab dir doch gleich gesagt, das wird nichts. Du hast einfach nicht die Geduld, die Bauanleitung aufmerksam durchzulesen.« Später erkannte der Vater, dass er damit zwar den eigenen Frust abgebaut, zugleich aber die Entschlossenheit und die Motivation seines Sohnes geschwächt hatte, sich der Aufgabe noch einmal von Neuem zuzuwenden. Er hatte sich Verärgerung und Frustration gestattet, weil Michael sein Vorhaben »geschmissen«, also etwas getan hatte, was seinen väterlichen Erwartungen nicht entsprach. Die Folge war, dass er impulsiv reagierte und sich nicht überlegte, wie Michael seine unfreundlichen Worte aufnehmen und wie sie auf ihn wirken würden.

Im Verlauf einer familientherapeutischen Sitzung erklärte die fünfzehnjährige RACHEL ihren Eltern, Mr. und Mrs. Sterling, dass sie depressiv sei. Solche Worte machen Eltern in der Regel Angst.

Mrs. Sterling konterte sofort: »Aber du hast keinen Grund, depressiv zu sein. Du bekommst doch alles von uns, was du brauchst, und wir sind eine liebevolle Familie.« Daraufhin sackte Rachel in ihrem Stuhl zusammen und erklärte grimmig, sie werde jetzt überhaupt nichts mehr sagen.

Für Mrs. Sterling war es eine belastende Vorstellung, dass ihre Tochter ein Problem haben könnte, das womöglich eine selbstzerstörerische Handlung nach sich ziehen würde. Ihre Antwort auf Rachels Mitteilung beruhte zum Teil auf dem Wunsch, sowohl ihre Tochter als auch sich selbst mit der Versicherung zu beruhigen, die Situation könnte zwar besser sein, sei aber letztlich gar nicht so schlimm – zugleich war es aber auch eine Aussage, der es an Empathie fehlte.

Mrs. Sterlings Antwort ähnelte in vieler Hinsicht der Antwort von Mrs. Sailor auf die Bemerkung ihrer Tochter Lucy, sie habe keine Freundinnen. Mrs. Sterling konnte nicht nachempfinden und nicht als gültig akzeptieren, was Rachel ihr mitzuteilen versuchte. Im Verlauf dieses familientherapeutischen Beratungsgesprächs bemerkte sie, wenn Rachel tatsächlich depressiv sei, dann müsse *sie* als Mutter etwas falsch gemacht haben. Zugleich war sie ärgerlich auf Rachel, die, so wie sie es sah, die Märtyrerin spielte, um Aufmerksamkeit zu erlangen. Alle diese Überlegungen sorgten dafür, dass von Empathie in ihren Worten nichts zu hören und nichts zu spüren war. Hier handelte es sich um ein Beziehungsproblem, das sich nicht in einer einzigen Sitzung bewältigen ließ; immerhin aber schlugen wir Mrs. Sterling vor, sich Gedanken über eine einfühlsamere Antwort auf Rachels Mitteilung zu machen, die etwa lauten könnte: »Wir wissen, dass du depressiv bist, und wir sind froh, dass du es uns sagen kannst. Deshalb sind wir ja hier; wir wollen herausfinden, was jeder von uns tun kann, um dir zu helfen.«

In einer Sitzung mit der Familie Rogers baten wir die Eltern, einen typischen Tag im Leben ihres elfjährigen Sohnes JOSHUA zu schildern, und zwar aus *seiner* Sicht.

Mr. Rogers antwortete: »Er stellt seinen Wecker auf halb sieben, schaltet das Signal aber sofort ab und schläft wieder ein. Wir müssen ihn um viertel vor sieben wecken, damit er rechtzeitig in die Schule kommt. Dann schreit er uns an: ›Raus hier. Das ist *mein* Zimmer.‹«

Mr. Rogers wollte weiter von den Schwierigkeiten seines Sohnes mit dem rechtzeitigen Aufstehen berichten. Wir unterbrachen ihn höflich und erklärten ihm, dass er die Frage, so wie wir sie gestellt hatten, nicht beantwortet hatte: Er hatte sich nicht an Joshuas Stelle versetzt, sondern unsere Frage aus seiner eigenen Perspektive beantwortet. Diese Antwort war weitgehend von seiner Verärgerung und Enttäuschung beeinflusst. Er konnte nicht verstehen, warum sein einstmals zufriedener, braver und erfolgreicher Sohn jetzt in der Schule nicht mehr gut tat, wütend und depressiv war und sich von allem zurückzog.

Es liegt in unserer menschlichen Natur, dass wir die Dinge ausschließlich von unserem eigenen Standpunkt aus betrachten. An den genannten Beispielen wird deutlich, dass es uns allen schwerfällt, empathisch zu sein, zumal wenn vorwiegend Ärger und Enttäuschung unser Verhalten bestimmen.

Drittes Hindernis: »Mein Kind hat nichts anderes im Sinn als mich zu ärgern«

Wenn wir selbst etwas falsch machen, tendieren wir dazu, es auf Faktoren zu schieben, die sich unserer Kontrolle entziehen. Wenn dagegen ein anderer Mensch den gleichen Fehler macht, sind wir schnell mit dem Hinweis bei der Hand, dass es sich um ein Beispiel der Unzulänglichkeit dieses Menschen handelt. Auch im Verhältnis von Eltern zu ihren Kindern kann das schließlich in der Bemerkung gipfeln: »Das macht er mit Absicht, um mich zu ärgern!«

Wir neigen fast automatisch zu der Annahme, unsere Kinder könnten ihr negatives Verhalten weitgehend selbst kontrollieren, »wenn sie nur wollten«. Es ist schwierig für Eltern, Empathie aufzubringen, wenn sie – mehr oder weniger grundlos – ein negatives Motiv aus dem Verhalten ihres Kindes herauslesen. JOHN zum Beispiel, der Siebtklässler aus dem ersten Kapitel, der so große Schwierigkeiten mit dem Lesen hatte, war in den Augen seiner Eltern faul und strengte sich in der Schule nicht genügend an. Im Übrigen fragten sie sich, ob John sich mit seinem Verhalten nicht einfach für die Regeln rächte, die sie für ihr Zusammenleben aufgestellt hatten. Es kann nicht überraschen, dass die Kahns, wenn sie sich Johns Verhalten auf diese Weise deuteten, den ganzen Tag lang ärgerlich auf ihren Sohn waren, ihn kritisierten und ihn immer wieder ermahnten, sich mehr anzustrengen. Tatsächlich gab es viele Situationen, in denen John sich wirklich anstrengte. Dass er, so wie es aussah, »nichts tat«, lag an seiner Frustration und an seinem Gefühl, dass ja ohnehin alles keinen Zweck hatte. Dahinter stand ein damals noch nicht diagnostiziertes Bündel von Problemen, zu dem Lernschwierigkeiten und ein ADHS-Syndrom zählten.

Solange Mr. und Mrs. Kahn ihren Sohn ganz einfach als faul betrachteten, hatten ihre Worte und der Ton, in dem sie mit ihm sprachen, etwas Anklägerisches. Von Empathie war weit und breit nichts zu spüren. Nachdem Johns Schwierigkeiten schließlich diagnostiziert worden waren, erkannten die Eltern, dass sie etwas falsch gemacht hatten, und fühlten sich, wie sie selbst sagten, »entsetzlich«.

Ein ähnlicher Fall: Mr. und Mrs. Ashlund suchten Rat, weil ihr vierjähriger Sohn ROBERT sich abends nicht ins Bett bringen lassen wollte. Wenn es Zeit war, schlafen zu gehen, rannte er durch die Wohnung; wenn seine Eltern versuchten, ihn zu bändigen, schrie und brüllte er, und das manchmal stundenlang. Das ging, wie sie berichteten, nun schon mindestens sechs Monate so. Früher hatte Robert sich ohne Schwierigkeiten ins Bett bringen lassen.

Als wir die Ashlunds fragten, wie sie sich dieses Szenario erklärten, stellte sich heraus, dass sie Roberts Verhalten unter dem Vorzeichen von Opposition sahen und meinten, er wolle ihre Aufmerksamkeit. Da sie der Ansicht waren, dass Robert den ganzen Tag lang sehr viel Aufmerksamkeit von ihnen erhielt, waren sie ärgerlich, wenn er sich weigerte, sich ins Bett bringen zu lassen. Ihre Wahrnehmung seines Verhaltens veranlasste sie häufig dazu, sein Geschrei mit lauten und zornigen Worten zu erwidern. Mehrmals hatten sie in ihrem Frust auch schon zum Mittel der körperlichen Bestrafung gegriffen. Sie waren darüber unglücklich, wie sie selbst sagten, aber in der Regel hatte das Verhauen »genützt«: Robert blieb danach wirklich in seinem Bett, und häufig weinte er sich in den Schlaf.

Da das beschriebene Verhalten sich trotz ihrer Unternehmungen Abend für Abend wiederholte, stellten wir die Frage, ob diese Methode denn wirklich sinnvoll sei und dauerhafte Ergebnisse verspreche. Dass die Eltern das Problem als ein Anzeichen von Opposition und als das ungerechtfertigte Verlangen nach Aufmerksamkeit betrachteten, vergrößerte ihren Zorn offensichtlich und schränkte ihre Empathiefähigkeit weiter ein. Es war ein *circulus vitiosus* in Gang gekommen. Die Ashlunds, mittlerweile bar jeder Empathie, konnten das Verhalten ihres Kindes nur noch unter einem einzigen Blickwinkel sehen, was bedeutete, dass es zu ihrer strafenden Attitüde keine Alternative gab. Im weiteren Verlauf unseres Gesprächs wurde deutlich, dass diese Haltung, anstatt die häuslichen Konflikte zu entschärfen, nur dazu diente, Roberts Wutanfälle zu verstärken, was wiederum ihr Empathievermögen noch weiter untergrub.

Im Gespräch mit Robert fragten wir unter anderem danach, ob er jemals »Angstträume« gehabt habe. Erstaunt fragte er: »Woher wisst ihr das?«

Wir erklärten ihm, dass viele Kinder seines Alters Alpträume haben und dass wir uns Gedanken über seine Träume gemacht hätten. Er sah erleichtert aus, als er uns von schlimmen Träumen erzählte, in denen Ungeheuer ihn und seine Familie verfolgten. Wir schlugen ihm vor, einen solchen Traum doch einmal zu malen, so dass wir das Bild seinen Eltern zeigen könnten. Auf unsere beiläufigen weiteren Fragen zu diesem Thema kam heraus, dass Robert sich vor dem Schlafengehen fürchtete, weil er dann diese »bösen« Träume haben würde.

Roberts Eltern sahen sein schlechtes Benehmen als Zeichen von Opposition und Manipuliersucht, während das, was Robert uns gegenüber äußerte, darauf deutete, dass die Probleme mit dem Schlafengehen nichts anderes waren als der Versuch dieses kleinen Kindes, der Angst im Zusammenhang mit den Alpträumen zu entgehen. Nachdem Roberts Eltern seine Zeichnung gesehen hatten, waren sie immerhin bereit, die alternative Hypothese in Erwägung zu ziehen. Dieser Wandel in ihrer Einstellung hatte rasch zur Folge, dass sie empathischer reagierten und die an Verzweiflung grenzenden Gefühle ernst nahmen, die ihr Sohn Abend für Abend gehabt hatte.

Robert selbst lieferte uns zwei Anregungen, die dazu dienen konnten, seine Angst zu verringern. Er wollte ein Nachtlämpchen, das seine Eltern ihm bis dahin nicht hatten geben wollen, und er wollte ein Foto seiner Eltern neben seinem Bett haben. Wenn er Angst hätte, meinte er, könnte er sich das Bild ansehen. Diese Vorschläge fanden die Zustimmung der Eltern. Sie versprachen auch, ihm von nun an jeden Abend noch eine Geschichte vorzulesen und die Tür seines Zimmers offen zu lassen. Damit hatten Roberts Wutanfälle und seine Weigerung, ins Bett zu gehen, ein Ende. Die Atmosphäre in der Familie besserte sich merklich, zumal zur Schlafenszeit. Wesentlichen Anteil an der Besserung des Verhaltens ihres Kindes hatte die Fähigkeit der Eltern, seine Sicht der Dinge zu verstehen und ihre eigene Sicht der Ursachen seiner Wutanfälle zu modifizieren.

Sehen wir uns schließlich noch das Verhältnis zwischen der fünfjährigen CINDY und ihrer alleinerziehenden Mutter, Mrs. Peterson, an. Nach dem, was die Mutter uns berichtete, war Cindy von Geburt an ein schwieriges Kind gewesen: »Sie ist niemals zufrieden und will immer noch mehr. Nie kann ich ihr genug geben. Sie sucht Streit, sobald sie morgens aufgestanden ist, und ihr Lieblingsspruch ist: ›Du bist nicht fair.‹ Ich habe das Gefühl, dass sie eine persönliche Fehde mit mir austrägt.«

Diese Feststellung war keineswegs ironisch gemeint. Mrs. Peterson war vielmehr offenbar überzeugt, dass ihre Tochter es »auf sie abgesehen« hatte. Gelenkt von der Idee, das Kind wolle »persönliche Rache« an ihr nehmen, betrachtete sie so gut wie alle verhaltensmäßigen Äußerungen ihrer Tochter als manipulativ und nutzte diese Interpretation dazu, ihr eigenes harsches und übermäßig strafendes Verhalten zu rechtfertigen. Empathie aufseiten der Mutter war aus dem Verhältnis der beiden schon lange verschwunden, wenn sie überhaupt jemals vorhanden gewesen war.

Wir kamen zu dem Schluss, dass wir zunächst einmal der Mutter Empathie entgegenbringen mussten, wenn diese ihre relativ enge Sicht der Hintergründe von Cindys Verhalten überhaupt verändern sollte. Wir mussten eine alternative Erklärung anbieten in der Hoffnung, dass sie bereit sein würde, sich diese Erklärung durch den Kopf gehen zu lassen. Grundsätzlich haben wir festgestellt, dass wir von Eltern nicht »mehr Empathie« für ihre Kinder erwarten können, wenn wir nicht den ersten Schritt tun, nämlich Empathie den Eltern gegenüber praktizieren. Alle Menschen hören sich neue Ideen bereitwilliger an, wenn ihnen diese respektvoll, in nicht richtender Weise und – das ist das Wichtigste – mit Empathie vorgetragen werden.

Wir sagten Mrs. Peterson, wir könnten sehr wohl verstehen, dass und warum viele Eltern Cindys Verhalten als manipulativ interpretieren würden, als etwas, das das Kind sehr wohl selbst steuern könnte – dass wir uns aber doch fragten, ob sie schon einmal an eine andere Erklärung für dieses Verhalten gedacht hätte. Das hatte sie nicht. Daraufhin erklärten wir, dass Kinder mit ihrem je eigenen Temperament auf die Welt kommen und dass dieses individuelle Temperament ihr Verhalten und die Art ihrer Reaktion auf die Erfahrungen und Ereignisse in ihrem Leben beeinflusst. Wir nannten ihr eine Reihe von einfachen Beispielen, angefangen bei Kindern, die übermäßig schüchtern, ängstlich oder aber hyperaktiv sind. Auch versorgten wir sie mit Lesestoff zum Thema Kind und Temperament.

Bei unserem nächsten Zusammentreffen war deutlich zu erkennen, dass ihr Ärger und ihre Enttäuschung über die Tochter erheblich nachgelassen hatten. Wir hatten uns kaum hingesetzt, als sie schon fragte: »Wie geht man denn als Erzieher am besten mit einem Kind mit einem schwierigen Temperament um?«

Die Informationen und Ratschläge, die wir für Mrs. Peterson zusammengetragen hatten, ließen sie die Dinge realistischer und einfühlsamer betrachten.

Sie erkannte, dass Cindy sich häufig nicht aktiv für ein bestimmtes Verhalten entschied. Um Cindys Unersättlichkeit und Inflexibilität zu mildern, schlugen wir vor, dass Mrs. Peterson jeden Abend eine bestimmte Zeitspanne nur für Cindy reservieren und ihr in ihrem Tageslauf sehr viel mehr Wahlmöglichkeiten lassen solle (z. B. was die Frage anging, was sie essen oder was sie anziehen wollte). Das neue Verständnis für Cindys Verhalten förderte Mrs. Petersons Empathiefähigkeit und machte es ihr immer öfter möglich, ihre Frustration und Verärgerung in den Griff zu bekommen. Das verbesserte nicht nur das Verhältnis von Mutter und Tochter, sondern verhalf Mrs. Peterson auch zunehmend dazu, Cindys Verhalten zu steuern.

Viertes Hindernis: Empathie und Erziehung widersprechen sich

Bei einem unserer Workshops fragte ein Vater: »Wird praktizierte Empathie mich nicht daran hindern, meinen Kindern Grenzen zu setzen? Ist das nicht lediglich eine andere Form der Empfehlung, Kinder zu verwöhnen und ihnen zuzugestehen, dass sie tun können, was sie wollen?« Das ist eine Frage, die sich die meisten Eltern stellen, und in der Tat schwingen einige sogenannte Erziehungsexperten mit dem Hinweis auf das »Verwöhnen« einen gigantischen Hammer – sie empfehlen nämlich eine einseitige Erziehung zur Disziplin, bei der Kinder nur dann reden, wenn sie angesprochen werden, und bei der die Gefühle der Kinder nicht interessieren. Empathie hat aber nichts mit Nachgiebigkeit, mit Verwöhnen oder mit dem Verzicht auf das Festlegen angemessener Grenzen zu tun. Tatsächlich sind Kinder eher bereit, Lehren anzunehmen und Grenzen zu akzeptieren, wenn wir ihnen empathisch begegnen und versuchen, ihren Standpunkt zu verstehen.

Wir können sehr wohl empathisch sein und trotzdem das, was unsere Kinder tun, missbilligen. Und wir können die Gefühle und Überzeugungen unserer Kinder als gültig anerkennen, werden sie aber nicht zwangsläufig immer bejahen. Ein Beispiel liefert der Fall der zwölfjährigen JULIE, die ihren Eltern vorwarf, sie seien unfair, weil sie ihr nicht erlaubten, mit ihren Freundinnen im Einkaufszentrum »herumzuhängen«. Anstatt ärgerlich zu reagieren, zu dozieren oder sich auf einen Machtkampf mit ihrer Tochter einzulassen, versuchten die Eltern zunächst, Julies Gefühle ernst zu nehmen, und sagten: »Wir wissen, dass du der Meinung bist, wir seien nicht fair, und wir wissen auch, dass du weiterhin dieser Meinung sein wirst, es sei denn, wir ließen dich gehen. Das bekümmert uns zwar, aber wir haben einfach keine Ruhe, wenn unsere zwölfjährige Tochter den ganzen Nachmittag in einem Einkaufszentrum herumhängt.«

Niemand würde erwarten, dass Julie es ihren Eltern danken wird, dass sie diese Grenze gezogen haben. Aber dass sie die Gefühle ihrer Tochter als gültig bestätigten, machte es Julie leichter, sich anzuhören, was die Eltern zu sagen hatten. Als Julie dann erfuhr, dass die Eltern ihrer Freundinnen ähnliche Vorbehalte gegen den Plan ihrer Kinder hatten, einen ganzen Nachmittag unbeaufsichtigt in einem Einkaufszentrum zu verbringen, dachte sie nach und entschied sich schließlich für eine andere Beschäftigung.

Ein anschauliches Beispiel für dieses Hindernis bietet auch unsere Arbeit mit dem siebenjährigen EVAN und seinem Vater: Mr. Dooley wusste sich nicht anders als mit Schlägen zu helfen, wenn Evan nicht aufhörte zu zetern, weil er eine Fernsehsendung sehen wollte, die nach Meinung seines Vaters für ein so junges Kind einfach nicht geeignet war. Auf unsere Anregung hin, sich auch einmal an Evans Stelle zu versetzen, meinte Mr. Dooley: »Es interessiert mich nicht, ob er diese Sendung sehen will; er kann sie nun mal nicht sehen! Und er muss lernen, dass ich ihm, wenn er so herumzetert, einen Grund zum Zetern geben werde!«

Aber die Reaktion dieses Vaters auf das Zetern seines Sohnes – die körperliche Bestrafung – löste das Problem nicht, sondern sorgte ganz im Gegenteil für eine angespannte Atmosphäre in der Familie. Wir erklärten Mr. Dooley, dass er Evan mit diesem Vorgehen dazu brachte, ihn, den Vater, in negativer und strafender Perspektive zu sehen, während eine empathische Reaktion ein Klima schaffen könnte, in dem sein Sohn eher bereit sein würde, ihm zuzuhören und von ihm zu lernen.

Also blieb Mr. Dooley ganz ruhig, als die beklagte Situation sich erneut einstellte, und sagte: »Ich weiß, dass du diese Sendung sehen möchtest, aber es ist nun mal keine Kindersendung. Du kannst natürlich weiterheulen, aber das wird an meiner Meinung nichts ändern. Wenn du aber fernsehen willst – es gibt da zwei andere Sendungen, unter denen du wählen kannst.«

Wenn Eltern unglücklich, frustriert oder wütend sind, fällt ihnen ein empathisches Eingehen auf ihr Kind schwer. Empathie stellt sich bei den meisten Menschen nicht mühelos oder von selbst ein. Außerdem werden auch nicht alle Probleme unserer Kinder auf wunderbare Weise verschwinden, nur weil wir empathisch sind. Vielfach reagieren Kinder auch dann weiterhin mit unerwünschtem Verhalten, wenn die Eltern ihnen Empathie entgegenbringen. Nichtsdestoweniger ist Empathie die beste Voraussetzung dafür, dass sich das Verhalten unserer Kinder zum Besseren verändert, dass wir zu verlässlichen Eltern-Kind-Beziehungen kommen und das Resilienzvermögen unserer Kinder fördern und stärken. Mit Sicherheit ist die empathische Reaktion ein Weg, der mehr verspricht als die Alternative: die Eskalation von Stress und Ärger in der Familie.

Umschalten auf eine empathische Sicht der Dinge

Eltern müssen sich vornehmen, immer empathisch zu reagieren, in guten wie in schwierigen Zeiten. Bemühen Sie sich – eingedenk der Tatsache, dass es bei einer resilienzorientierten Erziehung entscheidend auf die Empathiefähigkeit der Erziehenden ankommt –, immer mit der Perspektive Ihres Kindes zu beginnen. Wie Sie bereits erkannt haben, setzt Empathiefähigkeit sowohl Reflexion als auch die feste Überzeugung voraus, dass wir, um gehört und verstanden zu werden, zunächst selbst zuhören und uns um Verständnis bemühen müssen. Die hier in der Form von drei Richtlinien folgenden Überlegungen werden Ihnen helfen, diesen Prozess zu fördern und in Gang zu halten.

Erste Richtlinie: Beginnen Sie mit Empathie

Empathie ist mehr als eine Augenblickslaune oder ein gerade modischer pädagogischer Ansatz. Eltern werden heute geradezu bombardiert mit neuen und häufig widersprüchlichen Vorstellungen der ›Experten‹ darüber, wie sie ihre Kinder erziehen sollten. Wir sind der Ansicht, dass diese Methoden nicht gut dafür geeignet sind, unsere Kinder auf ihr weiteres Leben vorzubereiten. Da gibt es zum Beispiel die Empfehlung, Kinder sollten sich ruhig auch einmal in den Schlaf weinen »dürfen« – als Gewähr dafür, dass sie nicht verwöhnt werden –, und es gibt die entsprechenden Gegenstimmen. Der eine rät vielleicht dazu, ein Kind unter Umständen auch einmal zu schlagen, um es zur Disziplin zu erziehen, während ein anderer dagegenhält, Schläge seien gleichbedeutend mit Kindesmisshandlung. Der eine betrachtet jede Form von Konkurrenz als schädlich für die Psyche des Kindes, der andere setzt auf die Vorteile des Konkurrierens und des zunehmend souveränen Umgangs mit Erfolgs- und Versagenserfahrungen.

Eltern haben uns wiederholt gesagt: »Jede neue Veröffentlichung über Kindererziehung, die ich lese, macht mich nur noch unsicherer als ich vorher schon war.« Wir können also unsere Befürchtung nicht ganz unterdrücken, dass Ihre Reaktion auf die hier angestellten Überlegungen lauten könnte: »Schon wieder zwei Kinderexperten, die uns mit ihren individuellen Ansichten noch weiter verunsichern.«

Es gibt ernsthafte Meinungsunterschiede unter denen, die sich lernend und lehrend mit dem Thema Kindererziehung befassen. Sie alle, die dieses Buch lesen, dürften allerdings unsere Überzeugung teilen, dass dem Resilienzkonzept ein besonderer Stellenwert im Rahmen der Erziehung unserer Kinder und ihrer Vorbereitung auf die Zukunft eingeräumt werden muss. Empathie spielt in diesem Kontext eine zentrale Rolle.

Wenn Sie an Ihrer Empathiefähigkeit arbeiten wollen, sollten Sie zunächst den Gedanken akzeptieren, dass Empathie in jedem Aspekt Ihrer Beziehung zu Ihren Kindern eine Rolle spielen muss, und das wiederum heißt, dass Sie sich über die Definition von Empathie im Klaren sein müssen. Verwechseln Sie Empathie nicht mit Nachgiebigkeit, nicht mit Verwöhnung und nicht mit einer unentschlossenen Haltung. Empathie muss als die Grundlage wirksamer Kommunikation verstanden werden. Dadurch dass Sie wirksam mit Ihren Kindern kommunizieren, formen und stärken Sie deren Resilienz und sorgen zugleich dafür, dass Empathie zu einem natürlichen Bestandteil Ihres pädagogischen Repertoires wird.

Zweite Richtlinie: Lassen Sie sich von Ihrer Erfahrung leiten

Wie weiter oben schon erwähnt, stellen viele Eltern frustriert fest, dass sie, wenn Schwierigkeiten mit den Kindern auftauchen, häufig genauso – und genauso erfolglos – reden wie ihre eigenen Eltern eine Generation zuvor. Strategien und Ratschläge zur Veränderung solcher negativen Skripts finden Sie im vierten Kapitel. Hier möchten wir schon einmal die nachstehende Empathie-Übung vorstellen, die darin besteht, dass Sie über Ihre Kindheitserfahrungen nachdenken und sie als Leitlinie für den Umgang mit den eigenen Kindern einsetzen.

Auch wenn viele Eltern sich dieses Hilfsmittel nicht zunutze machen – Sie sollten es gewinnbringend einsetzen. Dass wir uns unsere frühen Erfahrungen wieder ins Gedächtnis rufen, kommt unserer Empathiefähigkeit zugute, denn es bedeutet, dass wir uns in die eigene Kindheit zurückversetzen und die entsprechenden Erinnerungen anschließend dazu nutzen, uns »die Schuhe unseres Kindes anzuziehen«.

Stellen Sie sich also die folgenden Fragen:

- An welche ganz besonders schöne Episode mit meiner Mutter erinnere ich mich? An welche ganz besonders schöne Episode mit meinem Vater erinnere ich mich?
- Eine Episode, die ich meiner Mutter sehr verübelt habe? Eine Episode, die ich meinem Vater sehr verübelt habe?
- Wie reagierten meine Eltern, wenn ich als Kind etwas falsch gemacht hatte?

Die Beschäftigung mit diesen Fragen bringt Eltern dazu, ihren Kindheitserinnerungen nachzugehen und sie als Leitlinien bei der Erziehung ihrer eigenen Kinder zu nutzen. Es handelt sich dabei nicht nur um »Wegweiser« in Richtung des einen oder anderen Verhaltens, sondern um Geländekarten, die dazu dienen können, Verhalten zu modifizieren und zu lenken. Das Nachdenken über solche Fragen fördert die Fähigkeit, sich in die eigenen Kinder einzufühlen, und löst seinerseits die Frage danach aus, wie unsere Kinder uns, die Eltern, erleben.

Die dreizehnjährige MARY Brewster beschwerte sich darüber, dass ihre Eltern sie allzu sehr mit der Forderung nach guten Noten bedrängten. Wie sie weiter sagte, kritisierten die Eltern sie zwar häufig, gaben ihr andererseits aber kaum positive Rückmeldungen und hatten insgesamt so gut wie keine Zeit für sie. Wir baten die Brewsters, über ihre – positiven und negativen – Erinnerungen an ihre eigenen Eltern nachzudenken, woraufhin Mrs. Brewster von ähnlichen Erfahrungen mit ihren Eltern berichtete: Sie hatte als Kind häufig das Gefühl gehabt, die Eltern interessierten sich für nichts anderes als für ihre Zensuren. Als positiv zählte sie aber gleich darauf eine ganze Reihe denkwürdiger Episoden auf, darunter einen Brief, den ihre Mutter ihr einmal zum Geburtstag geschrieben hatte und aus dem hervorging, wie sehr ihre Eltern sie liebten und wie gerne sie etwas zusammen mit ihr unternahmen.

Die Brewsters nutzten nun die eigenen Erinnerungen dazu, allmählich anders mit Mary umzugehen: Sie machten sich nicht mehr so viele Gedanken über Marys Hausaufgaben und ließen sie stattdessen auch einmal schriftlich wissen, wie viel sie ihnen bedeutete. Anfangs betrachtete Mary diese Veranstaltungen mit Misstrauen, woraufhin die Eltern ihr einmal sagten: »Manchmal vergessen wir, dir zu sagen, wie viel uns an dir gelegen ist und wie gern wir dich haben.« Mrs. Brewster fing an, Mary stärker in ihre eigenen Aktivitäten einzubeziehen, zum Beispiel in die Sammeltätigkeit für einen wohltätigen Zweck. Folglich verbrachten sie nun auch mehr Zeit miteinander, was Mary sehr gefiel. Die gewachsene Empathiefähigkeit der Eltern sorgte für eine spürbare Verbesserung der Beziehungen in dieser Familie.

Dritte Richtlinie: Setzen Sie Ihre Empathie in die Tat um

Am Beginn dieses Kapitels stellten wir die Frage: »Welche Worte würde Ihr Kind verwenden, wenn es Sie in Ihrer Rolle als Mutter/als Vater beschreiben sollte?« Nehmen Sie sich jetzt einen Augenblick Zeit, um zu überlegen, wie Sie die folgenden Fragen beantworten würden:

- Beschreiben Sie Ihre Mutter.
- Beschreiben Sie Ihren Vater.
- Wie hätte Ihre Mutter Sie damals, als Sie ein Kind waren, beschrieben?
- Wie hätte Ihr Vater Sie damals beschrieben?
- Wenn Sie Ihre Mutter in irgendeinem Punkt hätten ändern können – was hätten Sie an ihr verändert?
- Was hätten Sie an Ihrem Vater verändert?

Eines sollten Sie bei der Beantwortung dieser Fragen keineswegs vergessen: So wie Sie bestimmte Worte und Bilder haben, um Ihre Eltern zu beschreiben, so haben auch Ihre Kinder Worte und Bilder, um Sie – die Mutter und den Vater – zu beschreiben. Immer wenn Sie Ihren Kindern in die Augen sehen, immer wenn Sie mit ihnen sprechen und umgehen, formen die Kinder Gedanken und Bilder, die Sie beschreiben. Wenn wir unsere Kinder zu resilienten Persönlichkeiten erziehen wollen, müssen wir uns überlegen, wie die Beschreibung lauten sollte, die wir uns von ihnen erhoffen.

Nehmen Sie vor dem Hintergrund dieser Überlegungen ein Blatt Papier und unterteilen Sie es in zwei Hälften. Notieren Sie nun auf der einen Hälfte alle Worte, von denen Sie *hoffen*, dass Ihre Kinder sie zu Ihrer Beschreibung verwenden würden. Überlegen Sie sich, warum Sie gerade diese Worte gewählt haben. Überlegen Sie sich auch, welche Verhaltenselemente auf Ihrer Seite dazu beitragen könnten, dass Ihre Kinder eben diese Beschreibung von Ihnen geben. Wenn Sie mit dieser Liste fertig sind, notieren Sie auf der anderen Hälfte des Blattes alle Worte, von denen Sie meinen, dass Ihre Kinder sie *tatsächlich* zu Ihrer Beschreibung verwenden würden. Welche Erfahrungen könnten es sein, die Ihre Kinder veranlassen, diese Worte zu verwenden? Vergleichen Sie nun die beiden Listen. Wie nahe kommen sie einander? Je weiter sie auseinander liegen, desto mehr Arbeit liegt vor Ihnen. In vielen Fällen regen wir übrigens an, dass die Kinder die entsprechende Liste zu sehen bekommen.

Wenn wir ernsthaft darüber nachdenken, wie unsere Kinder uns beschreiben würden, dann üben wir Empathie. Eine Bestätigung dafür, dass es gut ist, die eigene Empathiefähigkeit zu steigern, lieferte uns ein Vater, der in einer Sitzung sagte: »Ich spreche jetzt anders mit meinen Kindern. Der Akzent liegt sehr viel eher auf dem Positiven als auf dem Negativen, und selbst wenn ich etwas zu tadeln habe, mache ich das so, dass sie mir wirklich zuhören.« Seine Frau saß neben ihm, und er fügte amüsiert hinzu: »Ich denke jetzt sogar gründlicher über das nach, was ich zu meiner Frau sage.«

Wir beenden diesen Abschnitt mit der Geschichte des vierzehnjährigen JAY, der eine sehr angespannte Beziehung zu seinem Vater, Mr. Parsons, unterhielt. Als wir Mr. Parsons aufforderten, seine eigenen Eltern zu beschreiben und sich zu überlegen, wie sie seiner Meinung nach ihn, ihr Kind, beschrieben hätten, wand und zierte er sich.

Eine Woche später, nachdem er Zeit gehabt hatte, sich die Dinge durch den Kopf gehen zu lassen, berichtete Mr. Parsons: »Diese Fragen haben viele Emotionen ausgelöst.« Er hatte inzwischen darüber nachgedacht, wie er seinen eigenen Vater beschreiben würde, und die Attribute, die ihm dabei in den Sinn gekommen waren, lauteten »starr«, »übermäßig anspruchsvoll«, »rechthaberisch«, »selten positiv«. Sein Vater war ein schlechter Zuhörer gewesen und hatte es niemals fertiggebracht, dem Sohn zu sagen, dass er ihn liebte. Schließlich sagte Mr. Parsons: »Als ich in Jays Alter war, hätte mein Vater wahrscheinlich von mir gesagt, dass ich dickköpfig und stur sei und das Wort Nein nicht gelten lasse.« Dann fuhr er fort: »Inzwischen ist mir klar geworden: Die Geschichte hat sich in meiner Familie wiederholt. Ich würde Jay ganz genauso beschreiben wie mein Vater mich beschrieben hätte, und ich wette, dass Jay die gleichen Worte zu meiner Beschreibung verwenden würde, mit denen ich *meinen* Vater beschrieben hätte.« Seiner Stimme war eine gewisse Traurigkeit anzumerken, und sein Unbehagen war ganz eindeutig. »Ich möchte nicht, dass die Geschichte sich weiterhin wiederholt.«

Das war ein Wendepunkt in seiner Beziehung zu Jay. In der Folge dachten wir darüber nach, welche Schritte die Familienmitglieder unternehmen könnten, um die vorhandenen negativen Skripts abzuwandeln und umzuschreiben. Im Rahmen unserer familientherapeutischen Sitzungen erkundeten und stärkten wir die Empathiefähigkeit aller Beteiligten. Jay, seine Schwester und beide Eltern bemühten sich, ihre Beziehungen untereinander zu verbessern. Als wichtiger Anstoß dazu diente ihnen die Empathieübung.

Der heilsame Einfluss der Empathie

Das Familienleben verläuft reibungsloser, die Kommunikation verbessert sich, und die Kinder zeigen ein höheres Maß an Resilienz, wenn alle Beteiligten sich in ihrem täglichen Miteinander um Empathie bemühen. Ein erster Schritt, das vage Unbehagen vor einer unbekannten Zukunft positiv zu beeinflussen, besteht darin, dass wir im Umgang mit unseren Kindern, mit Nachbarn, Kollegen und anderen Empathie walten lassen. Die Zeit und Mühe, die wir als Eltern aufwenden, um unsere Empathiefähigkeit zu steigern, werden sich vielfach auszahlen. Sie werden uns dazu dienen, eine lebenslange positive Beziehung zu unseren

Kindern aufzubauen, und sie werden uns bei unseren Bemühungen leiten, das Resilienzvermögen der Kinder zu wecken und zu stärken. Und falls es gelingt, eine Generation empathischer Individuen hervorzubringen, könnte das eine spürbare Wirkung auf unser aller Zukunft haben.

3

WIRKSAMES KOMMUNIZIEREN

Zuhören – Lernen und Verstehen – Einfluss nehmen

Die Fragen und Bemerkungen, die Eltern am Ende unserer Workshops an uns richten, drehen sich immer um Themen, die auf Probleme in der Eltern-Kind-Kommunikation verweisen. In einem Workshop fragte einer der anwesenden Väter: »Wie kriege ich meinen Sohn dazu, dass er mir zuhört? Er schaltet ab, wenn ich ihm etwas sage.«

Ein anderer hatte ein ähnliches Anliegen: »Wenn ich meinen Sohn etwas frage, kommt immer die gleiche Antwort: Weiß ich nicht! Wie bringe ich ihn dazu, mit mir zu reden?«

Wieder jemand anderes meinte: »Meine Tochter behauptet, dass ich ihr immer nur sage, was sie falsch macht, dass ich aber nie ein Wort über all das verliere, was sie richtig macht.«

Und auch diese Frage kam: »Ist Einsilbigkeit vielleicht ein Kennzeichen der Adoleszenz?«

Allen diesen Eltern gegenüber unterstrichen wir die Bedeutung des Kommunizierens. Am Ende stand eine mutige Mutter auf und sagte halb im Scherz: »Wenn ich jetzt noch einen weiteren Erziehungsfachmann das Wort *Kommunikation* aussprechen höre, fange ich an zu schreien! Ich kommuniziere weiß Gott, aber mein Kind tut es nicht!«

Was müssen wir tun, um die Treppe zur effektiven Kommunikation mit unseren Kindern hinaufzusteigen? Wie können wir ihnen helfen, besser zu kommunizieren? Warum haben wir so oft das Gefühl, dass *wir* sehr wohl kommunizieren, die Kinder aber nicht?

Wenn Eltern uns um Rat fragen, weil sie Schwierigkeiten mit ihren Kindern haben, verweisen wir immer wieder und mit Nachdruck darauf, wie wichtig es ist, dass sie mit ihren Kindern kommunizieren. Über wirksame Kommunikation lässt sich leicht reden – sehr viel schwieriger ist es, sie tatsächlich zu praktizieren, denn wissen, was zu tun ist, ist nicht das Gleiche wie dieses Wissen umzusetzen. Um effektiv zu kommunizieren, müssen wir die Kluft zwischen unserem Wissen und Handeln verkleinern.

Kinder haben es im Laufe der Jahre mit Abertausenden verbaler und nonverbaler Botschaften ihrer Eltern, ihrer Lehrer, anderer Erwachsener, ihrer Geschwister und ihrer Altersgenossen zu tun. Wie wir die Kommunikationen unserer Kinder hören und darauf eingehen, das ist von entscheidender Bedeutung für die Entwicklung ihres Resilienzvermögens. Dieses Kapitel befasst sich mit dem Thema Kommunikation, mit den Hindernissen, die einer wirksamen Kommunikation entgegenstehen, und mit dem, was wir tun müssen, um unser theoretisches Wissen in den täglichen Umgang mit unseren Kindern einzubringen.

Kommunikation und eine resiliente Welt- und Lebensorientierung

Nur selten haben Teilnehmer an unseren Eltern-Workshops sich über die wunderbare Qualität der Kommunikation mit ihren Kindern geäußert. Das kann nicht überraschen, wenn man bedenkt, dass viele Eltern ja deshalb an Workshops teilnehmen, weil sie Schwierigkeiten mit ihren Kindern haben. Wirksame kommunikative Fertigkeiten zu entwickeln ist allerdings mühsamer als nur über die Probleme zu kommunizieren, die wir mit unseren Kindern haben; es schließt die Qualität unserer Kommunikation von Minute zu Minute, von Stunde zu Stunde, von Tag zu Tag und über alle Arten von Situationen hinweg ein. Es ist diese tägliche Kommunikation, die Resilienz entstehen und wachsen lässt.

Wenn wir eine klare Vorstellung davon haben, was die Welt- und Lebensorientierung resilienter Kinder ausmacht, dann können wir uns bei allen Interaktionen mit unseren Kindern von dem Ziel leiten lassen, diese Orientierung zu stärken. Wir können unsere Kommunikationen mit ihnen dazu nutzen, Resilienzmerkmale wie Empathie, Hoffnung, Optimismus, Problemlösungs- und Bewältigungskompetenz, Reflexionsbereitschaft, Gelassenheit in interpersonalen Situationen, Selbstwertgefühl, angemessene Risikobereitschaft und eine internale Kontrollüberzeugung vorzuleben und zu verstärken. Kommunikation ist eine Voraussetzung dafür, dass alle diese Eigenschaften sich entwickeln und stärken lassen.

Wie schon im Zusammenhang mit dem Thema Empathie im vorangegangenen Kapitel betont, sollten Eltern sich bei der Kommunikation mit ihren Kindern von Fragen leiten lassen wie z. B.: »Spreche oder handle ich so, dass meine Kinder mir möglichst bereitwillig zuhören und möglichst bereitwillig von mir lernen?« und »Würde ich mir wünschen, dass ein anderer Mensch so mit mir spricht, wie ich mit meinen Kindern spreche?«

Aus allen möglichen Gründen kommunizieren selbst viele wohlmeinende Eltern in einer Weise mit ihren Kindern, die im besten Fall wenig geeignet ist, Resilienz zu wecken und zu stärken, und im schlimmsten Fall der resilienten Orientierung eines Kindes sogar Abbruch tut. Ein Beispiel für dieses letztgenannte Resultat ist der Fall von JANE: Ihre Mutter kam sofort mit der Anweisung, wie Jane sich gegenüber den anderen Mädchen, die nicht mit ihr zusammensitzen wollten, verhalten sollte; statt ihrer Tochter Mut zu machen und ihr bei der Suche nach einer eigenen Lösung des Problems zu helfen, kommunizierte sie also in einer Weise, die eine resiliente Orientierung gerade negierte. Und GREGORY, der Fünfzehnjährige mit dem chaotischen Zimmer, schaltete einfach ab, wenn seine frustrierten Eltern nicht aufhörten, sich zu beklagen. Ihre Botschaft traf also auf taube Ohren.

Das Ziel im Auge zu behalten und gleichzeitig wirksam zu kommunizieren, frei von den Emotionen, die so häufig im Spiel sind, wenn wir Probleme mit unseren Kindern haben – das ist eine Aufgabe, die einem Angst machen kann. Wenn wir frustriert sind, kann unsere Prägung durch unsere eigene Vergangenheit zur Belastung für die aktuelle Situation werden. Andererseits: Je besser wir unsere Ziele und Motive kennen und je genauer wir im Auge behalten, ob die Mittel, mit denen wir kommunizieren, diese Ziele fördern oder behindern, desto eher wird es uns gelingen, Resilienz bei unseren Kindern zu wecken und zu fördern.

Wir sollten uns also, wenn wir kommunizieren, immer wieder fragen:

- Lassen meine Botschaften Respekt erkennen, und werden sie meine Kinder lehren, Respekt zu üben?
- Fördere ich realistische Erwartungen bei meinen Kindern?
- Fördere ich die Lernfähigkeit meiner Kinder, was das Problemlösen angeht?
- Lebe ich meinen Kindern Empathie und Mitgefühl vor?
- Fördere ich die Selbstdisziplin und Selbstkontrolle meiner Kinder?
- Lege ich Grenzen in einer Weise fest, die es den Kindern ermöglicht, von mir zu lernen, anstatt mir mein Vorgehen zu verübeln?
- Höre ich meinen Kindern wirklich zu, und wäge ich ernsthaft ab, was sie sagen?
- Wissen meine Kinder, dass ich ihren Beitrag würdige?
- Wissen meine Kinder, was sie mir bedeuten?
- Helfe ich meinen Kindern zu erkennen und zu akzeptieren, dass Fehler ein Teil des Lernprozesses sind?
- Kann ich eigene Fehler gelassen zugeben und mich für sie entschuldigen?

Geleitet von dieser Art von Fragen wollen wir jetzt überlegen, ob die Eltern von Jane und Gregory vielleicht anders – und gegebenenfalls wie – kommuniziert hätten, wenn ihnen klar gewesen wäre, dass die Lösung eines spezifischen Problems in ihren Folgen weit über den unmittelbaren Sachverhalt hinausreichen, nämlich die Fähigkeit zur Problemlösung ganz allgemein fördern kann. Mit diesen Beispielen kommt nun auch das Konzept der Abwandlung oder Neufassung negativer Skripts ins Spiel, also der Gedanke, dass wir durch die Veränderung unseres Kommunikations- und Interaktionsstils die Beziehung zu unseren Kindern festigen und ihr Resilienzvermögen fördern können. Im nächsten Kapitel werden wir uns näher mit der Frage befassen, wie diese Strategie umgesetzt werden kann. Denken Sie bei der Lektüre der hier folgenden, gut nachvollziehbaren Dialoge auch daran, dass es in der Hitze des Augenblicks natürlich sehr viel schwieriger ist, den Kurs zu halten und das, was man weiß, in die Praxis umzusetzen.

Auf zum Mittagessen!

JANE kam ins Haus gestürmt, wobei sie die Tür mit Gewalt aufstieß und krachend wieder zufallen ließ. Sie warf ihre Schultasche zu Boden und stieß unter Tränen aus: »Ich hasse sie! Sie sind so gemein! Sie wollten mich beim Mittagessen nicht dabeihaben!«

Ihre Mutter kam eilig die Treppe herunter, besorgt, dass Jane sich irgendwie verletzt haben könnte. Erleichtert zu sehen, dass ihrer Tochter äußerlich nichts geschehen war, rief sie impulsiv: »Schmeiß doch die Tür nicht so zu!« Dann fuhr sie fort: »Du hast mich ja fast zu Tode erschreckt. Was ist los? Wen musst du hassen? Wer wollte dich denn nicht dabeihaben?« Variationen dieses Austauschs hatte es schon früher gegeben. Mrs. Jones fand, dass Jane ganz einfach zu empfindlich war und sich ihre Probleme häufig selbst machte.

»Ich hab gedacht, sie wären meine Freundinnen«, schluchzte Jane.

»Hör auf zu weinen!«, sagte Mrs. Jones.

Jane schluchzte noch einen Augenblick vor sich hin, während ihre Mutter wartete. Dann erklärte sie: »Lily, Allyson und Abby. Ich dachte, sie wären meine Freundinnen. Ich weiß nicht, warum sie so gemein zu mir sind. Ich hab ihnen überhaupt nichts getan.«

Jetzt verstand Mrs. Jones, dass Jane zwar nicht körperlich, wohl aber emotional verletzt war. Dabei spielte es kaum eine Rolle, dass es sich in den Augen von Mrs. Jones um eine banale Episode handelte; für Jane war es ein schwerwiegendes Erlebnis. Mrs. Jones beschloss, es auf andere Weise zu versuchen, und antwortete: »Ja, das tut weh, wenn die Freundinnen nicht wollen, dass man sich zu ihnen setzt. Was meinst du, was da passiert ist?«

Jane sah ihre Mutter an. Ihre Tränen waren inzwischen versiegt. In der Regel sagte ihre Mutter ihr sofort, was sie tun sollte. Die heutige Reaktion ließ sie aufhorchen.

»Keine Ahnung«, sagte Jane. »Ich bin an den Tisch gekommen, und da sagten sie, es wäre schon alles besetzt. Ich sagte, da ist doch noch Platz, aber sie sagten, Marsha würde auch noch kommen und sich auf den freien Platz setzen. Sie haben mich ganz böse angesehen. Dabei hab ich ihnen überhaupt nichts getan.« Jane sah gequält aus.

»Du kannst dir nicht denken, warum sie sich so benommen haben?«

»Nein. Ich kam mir so doof vor. Ich bin dann eben weggegangen. Ich hasse sie. Was soll ich nur machen?«

Mrs. Jones setzte bereits zu einer Antwort an, wie sie es schon so oft getan hatte, aber in diesem Augenblick fiel ihr ein, dass es Janes soziale Beziehungen wohl kaum verbessern würde, wenn sie, die Mutter, ihr jetzt sagte, was sie angesichts des Problems mit ihren Freundinnen tun sollte. Ad hoc beschloss sie daher, bei der Suche nach einer Lösung des Problems Janes Hilfe in Anspruch zu nehmen. Wenn Jane Resilienz entwickeln sollte, so überlegte sie, dann musste sie Gelegenheit haben zu lernen, wie man mit Schwierigkeiten fertigwird. Folgerichtig sagte sie also: »Da gibt es wahrscheinlich mehrere Möglichkeiten. Aber zuerst möchte ich doch genau wissen, was du dir vorgestellt hast, als du dich zu ihnen an den Tisch setzen wolltest. Und was ich auch wissen möchte – ob du irgendeine Vorstellung hast, was du jetzt tun willst.«

»Ich weiß nicht. Ich bin ganz einfach wütend«, sagte Jane. »Ich kam mir so doof vor.«

Mrs. Jones war bemüht, sowohl Janes Gefühle ernst zu nehmen als auch ihr zu verstehen zu geben, dass sie ja durchaus imstande war, selbst über eine Lösung nachzudenken: »Das geht uns ja allen so, dass wir wütend und verletzt sind, wenn man uns zurückweist. Ich weiß, dass du noch nicht so genau sagen kannst, was du tun willst, aber wir könnten ja gemeinsam darüber nachdenken.«

»Vielleicht sollte ich morgen ganz einfach wieder an diesen Tisch gehen und sehen, was passiert«, sagte Jane.

»Das ist eine Möglichkeit, damit umzugehen«, antwortete ihre Mutter. »Vielleicht klappt es, aber was ist, wenn sie es wieder so machen wie heute?« Mit dieser Antwort wollte sie Jane nicht nur helfen, sich einen Plan zurechtzulegen, sondern sie wollte sie auch zum Nachdenken darüber veranlassen, dass die Sache ja so oder so ausgehen konnte.

»Ja, wenn sie es wieder so machen wie heute, dann würde ich mir so richtig dumm vorkommen, und dann ist es ganz schwer, irgendetwas zu sagen, wenn noch andere in der Nähe sind.«

»Also, was könntest du sonst noch tun, Jane?«

»Vielleicht heute Abend mal Allyson anrufen. Die ist ja eigentlich meine beste Freundin. Vielleicht kann ich sie fragen, warum sie mich nicht an ihrem Tisch haben wollten. Ich kann ihr ja sagen, dass mich das gekränkt hat. Aber wenn sie dann sagt, dass sie mich alle nicht mehr als Freundin wollen? Das könnte ich nicht aushalten. Dann würde ich überhaupt nicht mehr in die Schule gehen.«

»Angenommen, sie sagt so etwas. Könntest du sie dann in aller Ruhe fragen, warum sie nicht deine Freundin sein will?«

»Da bin ich mir nicht sicher«, antwortete Jane. «Na ja, vielleicht. Sie ist ja immer nett zu mir gewesen.«

»Würdest du lieber heute Abend Allyson anrufen oder morgen Mittag die Mädchen alle miteinander fragen?«

»Ich glaube, ich telefoniere lieber heute Abend mit Allyson«, meinte Jane. »Ich käme mir wirklich dumm vor, wenn ich sie morgen alle miteinander frage und sie dann vielleicht sagen, dass doch gar kein Platz frei war, oder überhaupt nicht mit mir reden wollen.«

»Das ist vernünftig«, sagte Mrs. Jones. Und um ihre Tochter zum Nachdenken über die möglichen Reaktionen der Freundin zu bringen und so auf das Telefongespräch vorzubereiten, setzte sie nach: »Und wenn Allyson nun am Telefon sagt, dass an dem Tisch doch gar kein Platz mehr für dich war?«

»Ich glaube, ich sage es lieber Allyson allein am Telefon und nicht denen allen an dem großen Tisch, dass der Platz letzte Woche doch für uns alle gereicht hat und weshalb er jetzt plötzlich nicht mehr ausreichen soll. Oder«, fuhr Jane fort, »ich frage sie, warum sie Marsha dabeihaben wollten und mich nicht.«

Mrs. Jones legte den Arm um ihre Tochter. Jetzt ging es ihr darum, Jane in ihrem Entschluss zu bestärken und ihr zu der Erkenntnis zu verhelfen, dass man, wenn die erste Idee sich als nicht brauchbar erweist, daraus lernen und über eine andere Lösungsmöglichkeit nachdenken kann. Also sagte sie: »Das klingt sehr vernünftig. Du solltest es versuchen, und wenn es nicht klappt, können wir uns überlegen, was man sonst noch tun könnte.«

Es mag Eltern geben, denen dieser Interaktionsstil gekünstelt vorkommt. Andere halten es vielleicht mit dem Grundsatz: Wenn Kinder fragen, was sie tun sollen, dann sollte man es ihnen sagen: »Dazu sind die Eltern doch da; sie haben schließlich mehr Erfahrung als ihre Kinder.«

Unser Fazit lautet, dass Eltern solche Gespräche mit ihren Kindern führen können, ohne dass die Diskussion gekünstelt klingt. Im Übrigen gibt es natürlich viele Situationen, in denen wir unseren Kindern zu diesem oder jenem Vorgehen raten sollten, vor allem wenn es um ihre Sicherheit geht. Besser dienen wir ihrer Entwicklung und ihrem Resilienzvermögen allerdings, wenn wir unser Wissen und unsere Erfahrung dazu nutzen, sie zum Nachdenken zu bringen und zur Suche nach eigenen Lösungen zu ermutigen. Diese Art der Ermutigung fördert ihre Problemlösekompetenz, ihre Eigenverantwortung und ihre Kontrollüberzeugung – unerlässliche Komponenten einer resilienten Welt- und Lebensorientierung.

Kontrollmöglichkeiten wahrnehmen

Wir wollen diese Überlegungen jetzt auf eine hypothetische Kommunikation zwischen GREGORY und seinen Eltern anwenden. Die Eltern, denen die Unordnung und Schlamperei ihres Sohnes sehr zu schaffen machten, hatten in ihrem Ärger lange Zeit immer wieder die gleichen Klagen heruntergebetet. Ihrer Ansicht nach war Gregory sehr wohl Herr über sein Verhalten, und folglich warfen sie ihm Eigensinnigkeit und Sturheit vor. Allerdings litt Gregory, wie an anderer Stelle schon erwähnt, an einer Lern- und Aufmerksamkeitsstörung, die seine Unorganisiertheit mit bedingte. Mit der Zeit schaltete Gregory ganz einfach ab, wenn seine Eltern mit ihm sprachen, weil er den Inhalt ihrer Mitteilungen satt hatte. Die Eltern hatten sich zum Ziel gesetzt, ihren Sohn zu einem verantwortungsbewussteren und ordentlicheren Menschen zu machen, dessen Zimmer einigermaßen sauber und aufgeräumt sein sollte, so dass »das Gesundheitsamt es nicht beanstanden« würde.

Mr. und Mrs. Smith wussten zwar ganz genau, was sie erreichen wollten, verschwendeten aber keinen Gedanken an die Kluft, die zwischen ihren Zielvorstellungen und ihren Versuchen bestand, diese Ziele zu erreichen. Sie fragten nicht danach, ob ihr Umgang mit Gregory ein Klima schaffen konnte, in dem er ihnen überhaupt bereitwillig zuhören und antworten würde.

Es folgt das Beispiel eines denkbaren Dialogs zwischen Gregory und seinen Eltern, der eher geeignet wäre, beiden Seiten einen Erfolg zu bescheren.

Mr. und Mrs. Smith hatten eingesehen, dass ihre Diskussionen mit Gregory über Verantwortungsbewusstsein, Ordnung und den Zustand seines Zimmers zumeist von der Hitze des Augenblicks geprägt waren, weil sein Benehmen und seine Handlungen sie ärgerten, frustrierten und in Rage brachten. Sie beschlossen daher, es mit einer anderen Methode zu versuchen. Bei einem Fahrradausflug, den sie mit Gregory unternahmen, brachten sie während einer Rast das Gespräch auf die schwelenden Probleme.

»Wir möchten etwas Wichtiges mit dir besprechen, Gregory«, sagte Mrs. Smith, während sie ihrem Sohn ein Sandwich und die Wasserflasche reichte.

Gregory, in der Meinung, es gäbe vielleicht ein ernsthaftes Familienproblem, blickte besorgt.

»Papa und ich haben das Gefühl, dass wir in letzter Zeit ziemlich an dir herumgenörgelt haben«, fuhr Mrs. Smith fort. Diese Einleitung, so hoffte sie, würde vielleicht die Gefahr verringern, dass er sich sofort in die Defensive zurückzog. Immerhin ließ sie damit ja ihre Bereitschaft erkennen, eine gewisse Verantwortung für die gespannte Atmosphäre in der Familie auf sich zu nehmen.

Gregory sah erleichtert aus und antwortete in leicht sarkastischem Ton: »Na, da bin ich aber froh, dass ihr endlich gemerkt habt, dass ihr immerzu hinter mir her seid.«

Mr. Smith gab sich alle Mühe, sich von Gregorys Sarkasmus nicht anstecken zu lassen. Früher hatten derartige Bemerkungen seines Sohnes ihn häufig zu einer ebenso sarkastischen Erwiderung veranlasst. Diesmal lächelte er und sagte: »Eigentlich wollen wir ja gar nicht hinter dir her sein, aber manchmal haben wir das Gefühl, nicht anders zu können.«

»Aber warum hört ihr nicht auf, wegen allem und jedem an mir herumzunörgeln?«

»Natürlich würden wir dich lieber nicht ständig an irgendetwas erinnern«, meinte Mrs. Smith, »aber wir meinen, dass wir doch alle bestimmte Verpflichtungen haben. Wenn du deinen Teil nicht erfüllst, erinnern wir dich daran, und das kommt dann rasch als Nörgelei 'rüber.«

»Das kann man wohl sagen!«

»Wir möchten überlegen, wie wir alle zusammenarbeiten können, um diese Gefechte zu vermeiden«, sagte Mr. Smith. »Vielleicht sollten wir uns mal auf ein paar wichtige Dinge im Haushalt konzentrieren, von denen wir gerne hätten, dass sie erledigt werden, und einen Plan machen, wie sie erledigt werden könnten. Dazu gehört auch das, was du für unsere Verpflichtungen hältst.«

Mit seinem Versuch, Gregory in den Problemlösungsprozess einzubinden und den bisher passiven zu einem aktiven Teilnehmer zu machen, verband Mr. Smith die Hoffnung, seinen Sohn in der Überzeugung zu bestärken, dass er doch eine gewisse Kontrolle über die Abläufe in seinem Leben hatte. Das ist ein wichtiger Faktor und ein Merkmal einer resilienten Welt- und Lebensorientierung. Und indem er sich und seine Frau zu Komponenten des Problemlösungsprozesses machte, hoffte er überdies, die Spannungen in der Familie abzubauen.

»Was glaubst du, was die wichtigsten Dinge sind?«, fragte Gregory, der sich aufgesetzt hatte und seine Eltern ansah.

»Gibt es Dinge, von denen du dir wünschen würdest, dass Papa und ich sie anders machen?«, fragte Mrs. Smith.

»Ja – hört auf, ständig hinter mir her zu sein.«

»Also gut, das werden wir tun«, antwortete Mr. Smith, »aber das bedeutet, dass auch du die Verantwortung für gewisse Dinge übernehmen musst.«

Das Gespräch ging weiter. Gregory hörte sich jetzt bereitwilliger an, was seine Eltern zu sagen hatten, da sie ihre Anliegen in anderer Weise als bisher deutlich machten. Ihre Botschaften waren jetzt in Worte gekleidet, die auf eine eher lösungsorientierte Haltung deuteten. Sie klangen weder richtend noch anklägerisch. Wenn eine solche Haltung einmal etabliert ist, sind unsere Kinder eher bereit, sich auf einen Resilienz fördernden Prozess einzulassen. Im hier beschriebenen Fall ermöglichte dieser Prozess es dem Jungen, eine Reihe von Optionen zu durchdenken, zusammen mit seinen Eltern einen Aktionsplan aufzustellen und am Ende Erfolge zu verzeichnen.

Hindernisse auf dem holprigen Weg zur erfolgreichen Kommunikation

Es sind vor allem drei Hindernisse, die auch wohlmeinenden Eltern die wirksame Kommunikation mit ihren Kindern verbauen können. Sie folgen dem gleichen Muster wie die Hindernisse, die einer empathischen Reaktion entgegenstehen und über die wir im zweiten Kapitel gesprochen haben. Wir wollen sie im Einzelnen betrachten.

Erstes Hindernis: Wir setzen ein, was wir gelernt haben

Unsere Vergangenheit, die guten ebenso wie die schlechten Erfahrungen, prägt unser Verhalten. Wer in einer Familie aufgewachsen ist, deren Kommunikationsstil nicht Resilienz fördernd war, tut sich als Vater oder Mutter in der Regel schwerer, spontan und in einer Weise mit den eigenen Kindern zu kommunizieren, die deren Resilienz stärkt; unmöglich muss das aber keinesfalls sein.

Mr. Roy bat uns um Beratung wegen der Auseinandersetzungen, die er mit seinem neunjährigen Sohn DANNY hatte. In den Sitzungen mit dieser Familie erlebten wir einen Vater, der mit strenger Stimme sprach, vor allem auf den

Fehlern seines Sohnes herumritt und es an positiven Rückmeldungen fehlen ließ, wenn Danny einmal etwas richtig machte. Mr. Roy erwartete ganz einfach korrektes Betragen, und seiner Ansicht nach war es nicht nötig, ein solches Verhalten etwa zu verstärken.

In einer Einzelsitzung baten wir Mr. Roy, seinen Vater zu beschreiben. Er sagte, in den Erinnerungen an seinen Vater seien zumeist Verärgerung und Geschrei präsent, und das Schreien habe häufig ihm, dem Sohn, gegolten. Auf die Frage, ob der Vater ihm jemals durch Worte oder Gesten seine Zuneigung bezeigt habe, dachte Mr. Roy einen Augenblick nach, wobei ihm die Tränen in die Augen stiegen.

»Als er starb«, antwortete er, »sprach er von seiner Liebe zu mir. Ich war einerseits froh darüber, andererseits fragte ich mich, ob er mir das nicht längst hätte sagen können.« Dann fügte er hinzu: »Ich weiß auch noch, dass er pausenlos den Finger in meine Richtung stieß, wenn er mit mir sprach. Es war fast, als wollte er mich erstechen.«

Mr. Roy begann zu erkennen, dass ein Großteil seiner Kommunikation mit Danny dem einstigen Austausch zwischen ihm und seinem eigenen Vater parallel lief – es waren von Ärger geprägte Dialoge, und von Herzlichkeit war nichts zu spüren. Diese Erkenntnis trug zu seiner Bereitschaft bei, die Perspektive zu wechseln und an seiner Empathiefähigkeit zu arbeiten, was sich in dem Ton niederschlug, in dem er mit seinem Sohn sprach. Er bemühte sich, weniger streng zu sein, dem Sohn positiver zu begegnen und ihm Verstärkungen zu geben. Anfangs tat er sich schwer damit, da er als Kind ja kaum positive Kommunikationen erlebt hatte. Aber er war entschlossen, der Vergangenheit nicht zu gestatten, sich an seinem Sohn zu wiederholen.

Diese Situation trifft man im Bereich des Sports immer wieder. ZACHS Vater, sein Leben lang ein aktiver Sportler, war vom Gedanken des Wettstreits geradezu besessen. Zwar lobte er seinen Sohn in vielen Situationen, aber wenn er als sein Trainer fungierte, war er streng und häufig ärgerlich und anklägerisch. Das war der Ton, in dem auch sein eigener Vater mit ihm umgegangen war. Er erinnerte sich, dass ihm das gar nicht gefallen hatte, war aber der Meinung, dass es ihn zu einem besseren Sportler gemacht hatte. Auf seinen Sohn hatte dieser Ton unglücklicherweise genau die entgegengesetzte Wirkung: Zach zog sich allmählich aus sportlichen Aktivitäten zurück, bei denen sein Vater als Freiwilliger oder als Coach fungierte. Der Vater erkannte nur langsam, dass das, was bei ihm damals allem Anschein nach funktioniert hatte, bei seinem Sohn nicht klappte, und dass er deshalb anders als bisher vorgehen musste.

Zweites Hindernis: Ärger trübt die Kommunikation

In der besten aller denkbaren Welten gäbe es einen Automatismus, der, wenn wir ärgerlich werden oder die Fassung verlieren, unsere ausgefeiltesten Kommunikationskünste ins Spiel bringen und damit unsere Gefühle ausschalten und unsere Aufmerksamkeit auf die Suche nach einer vernünftigen Lösung lenken würde. Wären wir mit dieser Fähigkeit begabt, dann würde das die Machtkämpfe mit unseren Kindern auf ein Minimum reduzieren. Unglücklicherweise sind unsere kommunikativen Fähigkeiten, die ihrerseits eng mit Empathiefähigkeit und Problemlösungsgeschick – weiteren Komponenten unseres Resilienzvermögens – zusammenhängen, ausgerechnet dann erheblich geschwächt, wenn wir wütend oder frustriert sind. Der daraus resultierende gereizte Kommunikationsstil verschlimmert eine problematische Situation häufig noch, anstatt sie zu entschärfen.

Die sarkastischen Bemerkungen von MICHAELS Vater, der sah, dass sein Sohn es resigniert aufgab, das Radio zusammenzubauen, fachten das Feuer nur noch weiter an. Ein aufmunterndes Wort des Vaters hätte dagegen ganz anders gewirkt. Und die erste Reaktion von EVANS Vater darauf, dass sein siebenjähriger Sohn heulte, weil er eine bestimmte Sendung nicht sehen durfte, war ein Klaps auf den Hintern. Dem Resilienzvermögen eines weinenden Kindes wird mit Sicherheit nicht damit gedient, dass man es schlägt. Vielleicht hört das Kind auf zu weinen, aber damit ist das Problem nicht gelöst. Wie der Vater in der Folge erkannte, ist es viel wirksamer, wenn man in einem solchen Fall in ruhigem Ton etwa sagt: »Ich weiß, dass du diese Sendung sehen möchtest, aber es ist nun mal keine Kindersendung. Du kannst natürlich weiterheulen, aber das wird an meiner Ansicht nichts ändern. Wenn du allerdings fernsehen willst – es gibt da zwei andere Sendungen, von denen du dir eine aussuchen kannst.« Auf diese Weise wird es sehr viel eher gelingen, die Wut des Kindes zu besänftigen und es in dem Gedanken zu bestärken, dass das Leben Optionen und Wahlmöglichkeiten bietet, von denen viele ihm Erfolg und Zufriedenheit eintragen werden.

Wenn es uns ernst ist mit dem Ziel, unseren Kindern eine resiliente Welt- und Lebensorientierung mitzugeben, dann lässt sich jede Interaktion mit ihnen unter diesen Leitgedanken stellen.

Drittes Hindernis: Wollen unsere Kinder uns »fertigmachen«?

Alle Kinder stellen ihre Eltern gelegentlich auf die Probe. Zu unseren elterlichen Aufgaben gehört es, den Kindern gewisse Erwartungen verständlich zu machen und gewisse Grenzen zu setzen. Mit Sicherheit wird ihre Antwort darauf nicht etwa lauten: »Ich bin ja so froh, dass ihr mir diese Grenzen setzt, ihr lieben Eltern, denn das zeigt mir, dass euch an mir gelegen ist.« Wenn über Grenzen und Zielvorstellungen aber in einer Atmosphäre gesprochen wird, die frei von Ärger und Spannungen ist, werden die Kinder sich beschützt und sicher fühlen. Wenn wir allerdings den Umstand, dass die Kinder unsere Autorität auf die Probe stellen, als Beweis dafür ansehen, dass sie »persönliche Rache« an uns nehmen wollen, wie die Mutter der fünfjährigen CINDY es tat, dann werden unsere Kommunikationen diese negative Wahrnehmung spiegeln und verstärken und Machtkämpfe zur Folge haben.

Eben diese Dynamik wurde in den Auseinandersetzungen zwischen der dreizehnjährigen ALICIA und ihren Eltern sichtbar. Mr. und Mrs. Grimes waren beide streng erzogen worden; sie hatten als Kinder kaum Gelegenheit gehabt, ihre Meinung ins Gespräch zu bringen oder etwa mit ihren Eltern zu diskutieren. Beide hatten diesen Erziehungsstil für die eigene Elternrolle übernommen und interpretierten dementsprechend jede abweichende Meinung, die Alicia zum Ausdruck brachte, als einen Versuch der Tochter, sie beide irgendwie zu steuern bzw. sie zu ärgern. Folglich gingen sie bei allen ihren Kommunikationen davon aus, dass sie Alicia unbedingt zu verstehen geben mussten, dass schließlich sie, die Eltern, das Sagen hatten – eine Einstellung, die in ihren ärgerlichen Kommentaren zum Ausdruck kam (»Du wirst tun, was ich sage – schließlich bin ich deine Mutter«; »Immer willst du deinen Kopf durchsetzen; Respekt hast du noch nie gezeigt«).

Da Mr. und Mrs. Grimes immer schon von vornherein mit Alicias Widerspenstigkeit rechneten, äußerten sie sich ihr gegenüber nur selten positiv. Ihre zumeist negativen Bemerkungen und der Umstand, dass sie die Tochter kaum jemals zu irgendetwas ermutigten, erzeugten eine zunehmend angespannte, häufig explosive Familienatmosphäre.

Zehn Schritte zur wirksamen Kommunikation: Zuhören – lernen und verstehen – Einfluss nehmen

Wir werden unsere Kinder sehr viel eher positiv beeinflussen können, wenn wir uns ihre Sicht der Dinge anhören, nachvollziehen können und schließlich verstehen; wenn wir uns über die eigenen Zielvorstellungen und Prioritäten im Klaren sind, und wenn wir gelernt haben, wirksam zu kommunizieren. Zur wirksamen Kommunikation gelangen wir mit Hilfe einer Reihe von Strategien, die es uns ermöglichen, unseren Kindern zuzuhören, ihre Mitteilungen ernst zu nehmen und ihnen ehrlich, schlüssig und »proaktiv« bzw. handlungsorientiert zu antworten.

Schritt Eins: Fangen Sie mit dem Augenblick der Geburt Ihres Kindes an

Kann der Stil, in dem wir vom Augenblick ihrer Geburt an mit unseren Kindern reden, tatsächlich die Weichen für eine wirksame Kommunikation stellen? Ja! Auch wenn es dem einen oder anderen nicht ohne weiteres einleuchtet – es bewahrheitet sich rasch, wenn Eltern zum Beispiel vor der Notwendigkeit stehen, mit der mittlerweile vierzehnjährigen Tochter über so wichtige Themen wie Sex und Drogen zu reden, nachdem sie sich jahrelang keine Zeit für ein Gespräch mit dem Kind genommen haben. Nie hat sich in solchen Familien eine Atmosphäre der unaufgeregten Kommunikation – schon gar nicht über wichtige Themen – entwickeln können.

Solche Eltern fühlen sich oft unbehaglich, wenn sie »ein Gespräch« mit ihren Kindern suchen. Keine der beiden Seiten hat irgendwelche Erfahrungen damit – also fühlen beide Seiten sich unbehaglich. Eine Mutter erzählte uns: »Es war eine unnatürliche Situation. Mir war nicht wohl dabei, und meiner Tochter war nicht wohl dabei. Wir haben abwechselnd geschwiegen, uns gegenseitig unterbrochen oder den Satz zu Ende geführt, den die andere angefangen hatte. Am Ende hatten wir beide den Wunsch, die Sache so schnell wie möglich hinter uns zu bringen. Viel ist jedenfalls nicht dabei herausgekommen.«

Ohne die solide Basis eines jahrelangen Austauschs mit unseren Kindern über alle möglichen Dinge gleicht der Versuch, nun plötzlich in eine Diskussion über ein ernsthaftes Thema einzutreten, dem Entschluss, ohne jede Übung von jetzt an jeden Tag zu joggen und dabei schon am ersten Tag acht Kilometer zurückzulegen: Der Jogger wird wahrscheinlich sehr rasch erschöpft sein oder sogar zusammenbrechen. Neulinge tun gut daran, ihre Fitness in der Weise aufzubauen, dass sie zunächst eine erheblich kürzere Strecke laufen und sich allmählich auf die angepeilten acht Kilometer steigern. Ein vergleichbares Vorgehen ist notwendig, wenn wir eine gute und vernünftige Form der Kommunikation mit unseren Kindern aufbauen wollen.

Ziehen Sie daraus aber nicht den Schluss, dass diese Kommunikation, auch wenn sie in den ersten Jahren vielleicht nicht ideal war, sich nicht ausbauen und verbessern ließe. Allerdings: Wenn wir unsere Kommunikationsmuster schon möglichst fein schleifen, solange unsere Kinder noch klein sind, dann werden sie über die Jahre hinweg eher bereit sein, mit uns zu reden und uns anzuhören. Schon bevor sie sich die Sprache zu eigen gemacht haben, stehen uns ungezählte Möglichkeiten zur Verfügung, auf verbalem wie nonverbalem Weg mit ihnen zu kommunizieren. Das Knuddeln und Drücken, das Spielen und das Reden mit ihnen, das Eingehen auf ihre ersten Laute und das Fragen – das alles schafft ein

Klima, in dem die Saat wirksamer Kommunikation schon früh gelegt und gehegt wird.

Schritt Zwei: Gehen Sie handlungsorientiert (proaktiv) vor

In unserer hektischen und schnelllebigen Zeit haben viele Familien einen reaktiven Kommunikationsstil entwickelt. Die Familienmitglieder begegnen einander zwischen Tür und Angel und finden nur selten Zeit, über all die wichtigen Dinge zu diskutieren, mit denen sie es als Familie zu tun haben, geschweige denn sich hinzusetzen und freundlich miteinander zu reden. Wir alle müssen uns um einen proaktiven Stil bemühen. Dabei sollten wir nicht nur die Augenblicke nutzen, die sich spontan für die wechselseitige Kommunikation ergeben, sondern auch bestimmte »Familienzeiten« festlegen. Wenn die Kinder noch klein sind, heißt das zum Beispiel, dass wir für Gelegenheiten sorgen müssen, mit ihnen zu spielen und ihnen vorzulesen. Das liefert uns nicht nur einen wunderbaren Anlass, eine Fülle von Mitteilungen weiterzugeben, sie wissen zu lassen, wie sehr wir sie lieben, oder sie an imaginären Abenteuern mit den Figuren im jeweiligen Buch teilhaben zu lassen – solche Augenblicke sprechen auch ihre sprachlichen und kognitiven Kapazitäten an und fordern ihre Fähigkeit heraus, sich neue Bewältigungsmuster und neue Formen der Problemlösung zu eigen zu machen.

Wichtig ist, dass Familien mit Kindern feste wöchentliche Zeitspannen etablieren, in denen Familienangelegenheiten und -probleme sowie deren mögliche Lösung besprochen werden. Wir haben einmal mit einer Familie – Eltern mit zwei Söhnen – gearbeitet, die sich dafür eine halbe Stunde pro Woche und, wenn es nötig war, auch mehr Zeit reservierte. Häufig stellten sie vorher sogar eine Art Tagesordnung auf. Das mag zwar etwas formal erscheinen, aber für diese Familie war es richtig. Beide Söhne entwickelten ein besseres Gespür für das, was sie selbst tun konnten, da ihre Anliegen das gleiche Gewicht hatten wie diejenigen ihrer Eltern.

Bedenken Sie aber, dass die Kommunikation nicht auf ein festgelegtes wöchentliches Zusammentreffen beschränkt bleiben sollte. Eltern sollten jeden Tag mit ihren Kindern kommunizieren. Sie sollten auch alles daransetzen, dass die ganze Familie mindestens eine Mahlzeit am Tag gemeinsam einnimmt. So kann jedes Familienmitglied sein Anliegen ins Gespräch bringen, und alle anderen hören zu.

Und schließlich bedeutet proaktives Vorgehen, dass wir bewusst dazu bereit sind, wichtige Themen mit unseren Kindern zu besprechen, *bevor* sie zu Problemen werden können. Viele Eltern vermeiden das Gespräch über Drogen- und

Alkoholkonsum, bis sie die Sorge beschleicht, ihr Kind könnte insofern gefährdet sein. Wiederholt haben Eltern uns gesagt, dass sie eigentlich den Wunsch haben, mit ihren Kindern über solche Dinge zu sprechen, dass sie aber nicht wissen, was sie sagen sollen. Andere fürchten, dass ihre Kinder vielleicht neugierig werden, wenn das eine oder andere Thema erst einmal zur Sprache gekommen ist, und unter Umständen experimentieren könnten. Die verrückte Logik hinter dieser letztgenannten Position lautet: Wenn wir das Problem nicht zur Sprache bringen, dann existiert es nicht!

Schritt Drei: Hören Sie aktiv zu

In engem Zusammenhang mit Empathie steht die Kunst des aktiven Zuhörens. Wenn wir an »wirksame Kommunikation« denken, dann meinen wir nur zu oft die beste Art, uns selbst zum Ausdruck zu bringen. Sicherlich ist eine ausdrucksvolle Sprache eine wesentliche Komponente von Kommunikation; wie Stephen Covey anmahnt, müssen wir aber zunächst sicherstellen, dass wir verstehen, bevor wir uns darum bemühen, verstanden zu werden (Covey 1989). Es ist schwierig, wenn nicht unmöglich, in eine wirksame Kommunikation mit unseren Kindern einzutreten, wenn wir nicht zuerst auf das hören, was sie zu sagen haben.

Wenn wir aktive Zuhörer sein wollen, dann bedeutet das, dass wir ohne alle Vorannahmen beginnen. Wir versuchen also ernsthaft, die verbalen und nonverbalen Botschaften unserer Kinder zu verstehen, und wir nehmen die Gefühle, Gedanken und Überzeugungen wahr, die sie uns übermitteln. Was wir dabei nicht zulassen dürfen: dass unsere eigene Agenda bzw. unser Wunsch, ein eigenes Anliegen anzumelden, etwa mit unserer Fähigkeit interferiert, das als gültig anzuerkennen, was unsere Kinder uns zu sagen versuchen. Aktive Zuhörer sind sich überdies darüber im Klaren, dass zusammen mit dem gesprochenen Wort häufig auch unausgesprochene Botschaften oder Bedeutungen übermittelt werden. Aktives Zuhören schließt das Bemühen ein, diese Bedeutungen zu verstehen, bevor man selbst sich darum bemüht, verstanden zu werden.

Im zweiten Kapitel war die Rede von dem vierjährigen ROBERT, der Schwierigkeiten mit dem Schlafengehen hatte und stattdessen durch die Wohnung rannte. Seine Eltern reagierten darauf, indem sie ihn unter Druck setzten, ausschimpften und schließlich auch einen gewissen Zwang ausübten. Als wir dann mit Robert sprachen, erkannten wir, dass seine Schwierigkeiten mit dem Schlafengehen von seinen erschreckenden Träumen herrührten, und als wir schließlich ganz genau und aktiv auf das hörten, was er zu sagen hatte, als wir ihm empathisch begegneten, war selbst dieser Vierjährige imstande, sich an der

Suche nach einer Lösung seines Problems zu beteiligen. Er tat das mit einem bemerkenswerten Gespür, indem er um ein Nachtlämpchen und um ein Foto seiner Eltern bat, das neben seinem Bett plaziert wurde.

Als Robert Brooks' älterer Sohn RICH sieben Jahre alt war, stand ein Flug nach Florida auf dem Programm, wo die Familie ihre Ferien verbringen wollte. Rich war schon mehrfach geflogen, und trotzdem kam er am Tag vor der Abreise zu seinem Vater und fragte mit einer gewissen Angst in der Stimme: »Was passiert, wenn mir im Flugzeug schlecht wird?«

Glücklicherweise war Bob zu diesem Zeitpunkt weder zu beschäftigt noch allzu sehr von anderen Dingen eingenommen und gab folglich keine unüberlegte, dem Anschein nach beruhigende Antwort wie etwa: »Keine Sorge; es gibt da vor jedem Sitzplatz so eine Tüte, falls es jemandem schlecht wird und er sich übergeben muss.«

Stattdessen machte er deutlich, dass er die Angst *hinter* der Frage verstand: »Hast du Angst, dass etwas passiert, wenn wir nach Florida fliegen?«

Damit öffneten sich die Schleusen. Rich berichtete, dass er in den Fernsehnachrichten soeben eine Reportage über einen Flugzeugabsturz gesehen hatte. Bob bestätigte, dass Flugzeuge abstürzen können und dass das ein schrecklicher Gedanke ist, dass es aber selten passiert. Er fügte hinzu, das Fliegen sei sogar eine sehr sichere Art der Fortbewegung, zumal es Leute gibt, die jeden Flieger sehr genau inspizieren, bevor er startet, und Piloten, die eine langjährige Erfahrung im Fliegen haben. Dieses Gespräch hatte zur Folge, dass Richs Ängste merklich nachließen.

In diesem Fall machte sein aktives Zuhören es dem Vater möglich, sich über die erklärte Sorge des Kindes hinaus, es könne ihm schlecht werden, an das heranzutasten, was es in Wahrheit beunruhigte – der Gedanke an einen möglichen Absturz. Mit seiner Reaktion verstärkte er die Komponenten einer resilienten Welt- und Lebensorientierung bei seinem Sohn – Empathie, Problemlösefähigkeit und Kontrollüberzeugung.

Schritt Vier: Sagen Sie unbedingt: »Ich habe dich gehört«

Es genügt nicht, einfach nur zuzuhören. Sie müssen das, was Ihre Kinder sagen, als gültig bestätigen, und Sie müssen den Kindern versichern, dass sie gehört worden sind. Effektive Kommunikation kann nicht zustande kommen, wenn wir es versäumen, die Worte unserer Kinder zu bestätigen. Dabei bedeutet Bestätigung nicht, dass wir allem zustimmen, was sie denken oder glauben; vielmehr heißt es, dass wir ihre Perspektive anerkennen. Bestätigung verhilft ihnen zu der

Überzeugung, dass die Erwachsenen ihnen zuhören und ihre Ansichten respektieren. Das schafft ein Klima, in dem Kommunikation fortbestehen kann.

Wenn wir den Kindern dagegen sofort erklären, so dürften sie aber wirklich nicht denken, dann bereiten wir der Kommunikation garantiert ein Ende. Wir geben ihnen damit zu verstehen, dass uns das, was sie zu sagen haben, nicht interessiert. Das erlebte die fünfzehnjährige RACHEL, nachdem sie in der familientherapeutischen Sitzung erwähnt hatte, dass sie depressiv sei. Anstatt diese Feststellung als solche für gültig zu erklären, antwortete Rachels Mutter sofort: »Aber du hast keinen Grund, depressiv zu sein. Du bekommst doch alles von uns, was du brauchst, und wir sind eine liebevolle Familie.«

Ganz sicher hatte Mrs. Sterling die Absicht, Rachels Traurigkeit zu lindern, aber ihre eigene Angst und Unsicherheit veranlassten sie zu einer Bemerkung, die nur dazu führte, dass Rachel sich noch stärker zurückzog. Die Chance, Empathie zu üben und nach Wegen zum Verständnis und zur Linderung von Rachels Traurigkeit zu suchen, war vertan, und dem Resilienzvermögen der Tochter war auf diese Weise auch nicht gedient.

Bei einem unserer Workshops meldete sich die Mutter eines Zehnjährigen zu Wort, der an einem Aufmerksamkeitsdefizit und an Hyperaktivität litt und ständig seine Überzeugung verkündete, er sei »blöd, dumm und eine richtige Niete«. Sie versuchte, ihm das auszureden, indem sie sagte, er sei nicht blöd, nicht dumm und auch keine Niete und solle nicht so von sich denken. Es war ihr unverständlich, dass ihr Sohn auf diese Bemerkung hin in der Regel erst recht aus der Fassung geriet, zornig wurde und sie stehen ließ.

Weinend sagte sie: »Ich versuche halt, ihm zu helfen. Mein Sohn hat so viele Stärken, aber er will sie einfach nicht wahrhaben. Was kann ich denn nur tun?«

Zunächst rieten wir dieser Mutter, aktiv zuzuhören, wenn ihr Sohn etwas sagte, und das, was er über seine Gefühle mitteilte, ernst zu nehmen. Wir wiesen darauf hin, dass seine Bereitschaft, sich über sein Unbehagen zu äußern, ein positives Zeichen war. An zweiter Stelle schärften wir ihr ein, alles für gültig zu erklären, was sie ihn würde sagen hören. Wenn ihr Sohn also beispielsweise solche negativen Überzeugungen zur Sprache brächte, dann sollte sie antworten: »Ich weiß, dass du dir blöd und dumm vorkommst. Ich bin froh, dass du mir das sagen kannst, auch wenn ich die Dinge anders sehe. Ich weiß, es gibt Dinge, die dir nicht gelingen. Aber ich wette, dass wir gemeinsam herausfinden können, was dir helfen könnte, besser von dir selbst zu denken.«

Wenn Eltern die Gefühle ihrer Kinder bestätigen, sind diese eher bereit, nach Wegen der Zusammenarbeit zu suchen und so vielleicht auf Möglichkeiten der

Verbesserung einer problematischen Situation zu stoßen. Als letztes Beispiel dafür, dass wir Eltern die Mitteilungen unserer Kinder häufig eben *nicht* bestätigen, wollen wir uns noch einmal den Fall von LUCY ansehen, der Fünfzehnjährigen, die wir im vorangegangenen Kapitel kennengelernt haben. In der familientherapeutischen Sitzung sagte Lucy: »Niemand mag mich.«

Lucys Mutter bemerkte daraufhin: »Du hast keine Freundinnen, weil du nicht weißt, wie man mit Leuten umgeht.« Und in anklägerischem Ton fuhr sie fort: »Du glaubst, du könntest die anderen einfach herumkommandieren, und sie würden trotzdem weiterhin gern mit dir zusammen sein.«

»Immer musst du mir sagen, was ich falsch mache«, antworte Lucy wütend. »Nie hörst du dir an, was ich zu sagen habe. Du drehst es so, dass alles meine Schuld ist.«

Nach den Intentionen der Mutter – die allerdings in ihrer eigenen Frustration gefangen war – sollte Lucy mehr Verantwortung für das übernehmen, was sich in ihrem Leben abspielte. Verantwortungsbereitschaft, die wir unseren Kindern ja vermitteln wollen, ist eine bedeutende Komponente von Resilienz; wenn wir allerdings versuchen, sie unseren Kindern in einem Augenblick abzuverlangen, in dem sie traurig und daher verletzlich sind, wird das ihr Resilienzvermögen nicht steigern. Mrs. Sailors Kommunikationsstil machte Lucy zornig und lief der guten Absicht zuwider.

Was hätte Mrs. Sailor stattdessen sagen können? Denkbar wäre zum Beispiel die folgende Antwort: »Es ist nicht einfach, wenn einen niemand mag. Es kann sehr schlimm sein, keine Freundinnen zu haben. Vielleicht können wir gemeinsam darüber nachdenken, warum das bei dir so ist und wie wir die Dinge zum Besseren verändern können.« Eine solche Antwort würde es Lucy ermöglichen, über ihren Anteil an dem Problem nachzudenken, ohne sich so stark in der Defensive zu fühlen.

Bestätigen Sie mit Ihrem Kommunikationsstil die Wahrnehmungen Ihrer Kinder? Oder ist es eher so, dass Sie mit dem, was die Kinder sagen, nicht übereinstimmen und stattdessen Ihre eigenen Ansichten zum Besten geben, was bei den Kindern für Verärgerung sorgt? Wenn wir wollen, dass unsere Kinder von uns lernen, dann müssen wir einen Kommunikationsstil befolgen, unter dem sie sich beschützt, sicher und in ihren Ansichten ernst genommen fühlen.

Schritt Fünf: Ein fairer Ton

Von unseren Mitmenschen wünschen und erwarten wir, dass sie uns mit Respekt behandeln, dass sie verständlich kommunizieren und freundlich auf uns eingehen. In der Hitze des Augenblicks behandeln wir selbst allerdings die anderen nicht immer so, wie wir uns das von ihnen erhoffen.

JOELs Eltern, Mr. und Mrs. Castle, baten uns um Beratung, weil Joel jedes Mal resignierte, wenn ihm eine Aufgabe zu schwer wurde. Sie kamen mit einer ganzen Liste von Beispielen für den Rückzug ihres Sohnes aus Aktivitäten, denen er jeweils nur kurze Zeit nachgegangen war – sei es Baseball, Fußball, Malen oder Klavierspielen. Das Muster war immer das gleiche: Joel ließ großes Interesse an der jeweiligen Tätigkeit erkennen, äußerte sich aber angesichts von Schwierigkeiten – sei es, dass er ein Tor verfehlte oder dass es ihm mit seinen Fortschritten in der Malklasse nicht rasch genug voranging – schon sehr bald sehr negativ darüber und weigerte sich weiterzumachen. Mr. und Mrs. Castle waren schließlich mit ihrer Weisheit am Ende.

Deutlich wurde das, als Joel eines Tages sagte, er würde gern Eishockey spielen. Seine Mutter antwortete: »Warum sollten wir dir eine Eishockey-Ausrüstung kaufen, wenn du alles, was du anfängst, gleich wieder aufgibst? Du glaubst ja anscheinend, dass du es einfach bleibenlassen kannst, wenn du nicht perfekt bist. Auf diese Weise kann kein Mensch etwas lernen!«

Und wie Mr. Castle uns berichtete, hatte ihn eines Tages der Ärger gepackt, und er hatte seinem Sohn gesagt, er bringe aber auch rein gar nichts zustande. Im gleichen Augenblick hatte er gewünscht, er könnte seine Worte zurücknehmen.

Die Eltern kamen zu dem Schluss, dass ihre Bemühungen fehlgeschlagen waren. Sie konnten sich nicht erklären, weshalb Joel es bei keiner Beschäftigung lange aushielt. Wir sprachen mit ihnen über den großen Einfluss der elterlichen Empathie auf das Ergebnis der Kommunikation mit den Kindern, und sie räumten ein, dass sie sich nicht empathisch gezeigt hatten. Dagegen beteuerten sie: »Aber *wir* geben nicht ständig auf – *er* tut es.«

Wir versicherten den Castles, dass wir ihre Gefühle verstehen und ihre Bestürzung nachvollziehen könnten. Für Eltern ist es enttäuschend und schmerzlich zu beobachten, dass ihr Kind zunächst Anlass zu großen Erwartungen gibt und ihre Hoffnungen anschließend zunichtemacht, indem es jedes Vorhaben rasch wieder aufgibt. Mit Blick auf ihr Anliegen, Joel zum Durchhalten zu bewegen, so dass er die schöne Erfahrung des Bewältigens machen konnte, wiesen wir zunächst darauf hin, dass Ausdauer eine bedeutsame Komponente einer resilienten Welt- und Lebensorientierung ist.

Dann redeten wir den Castles zu, sich Gedanken über einen Kommunikationsstil zu machen, der Joels Bereitschaft fördern könnte, auch angesichts von Schwierigkeiten durchzuhalten. Wir machten sie mit den elementaren Grundsätzen des wirksamen Kommunizierens bekannt und bereiteten sie so auf das erste Gespräch mit ihrem Sohn über das Thema Ausdauer vor. Lange mussten sie darauf nicht warten. Die Gelegenheit ergab sich schon nach wenigen Tagen, als Joel seinen Eltern mitteilte, er wolle gern Saxophon-Unterricht nehmen.

Bisher hätten die Castles auf eine solche Bitte zunächst mit einer sarkastischen Bemerkung reagiert – etwa mit dem Hinweis, dass Joel das Klavierspielen ja auch gleich wieder aufgegeben hatte – und ihm sein Ansinnen anschließend abgeschlagen. Diesmal versuchten sie, mit ihm in ein Gespräch nicht nur über seinen neuesten Wunsch, sondern – was wichtiger war – auch über die Frage zu kommen, was sich für ihn mit dem Begriff des Erfolges verband.

»Wir freuen uns, dass du Saxophon spielen möchtest«, sagte Mrs. Castle. »Bevor wir allerdings gemeinsam etwas beschließen, halten wir es für wichtig, über gewisse Dinge zu reden.«

Joel sah ärgerlich aus. »Nicht schon wieder eine Predigt!«

Mrs. Castle blieb ruhig. »Ich hoffe, es kommt nicht als Predigt bei dir an. Wenn es trotzdem passiert, dann sag es uns.«

Mit dieser einfachen Bemerkung hoffte Mrs. Castle, den Weg zur wirksameren Kommunikation zu ebnen. Sie ging weder in die Defensive noch reagierte sie ärgerlich auf Joels Provokation; stattdessen forderte sie ihn auf, es ihnen zu sagen, falls sie etwa »predigen« sollten.

»Das werde ich bestimmt tun«, antwortete Joel, der seine Überraschung nicht ganz verbergen konnte.

»Papa und ich befürworten es, dass du Saxophon-Unterricht nehmen willst«, sagte Mrs. Castle. »Aber bevor wir Ja sagen, wollen wir etwas besprechen, was uns umtreibt.«

»Ich kann mir denken, was es ist«, fiel Joel ein.

»Und was glaubst du, was es ist?« fragte Mr. Castle.

»Du hast ja gesagt, dass ich nichts zustande bringe«, sagte Joel, während er seinem Vater ins Gesicht sah. »Du denkst, dass ich es gleich wieder aufgebe.«

Mr. Castle antwortete: »Ich weiß, dass ich das gesagt habe, Joel, und es tut mir leid. Ich war ganz einfach frustriert, dass du so viele Dinge mit den größten Erwartungen anfängst und dann, wenn es schwierig wird, wieder aufgibst. Aber jedenfalls hast du recht – es ist genau das, was uns Sorgen macht.«

»Also, das Saxophon werde ich nicht aufgeben.«

»Das glauben wir dir«, sagte Mrs. Castle. »Wir wissen, dass du nicht von vornherein vorhast aufzugeben, aber manchmal, wenn du das Gefühl hast, dass es nicht schnell genug vorwärts geht, dann scheint das für dich die einzige Möglichkeit zu sein, auch wenn du anfangs nicht vorhattest, die Dinge hinzuschmeißen. Dann regen Papa und ich uns auf und fangen an zu schreien, und dann dauert es nicht lange, bis wir alle wütend aufeinander sind.«

»Weiß ich doch«, sagte Joel. »Dann schreit halt nicht.«

»Das ist etwas, woran wir beide, Papa und ich, arbeiten müssen. Aber wir meinen, dass auch du gewisse Pflichten hast. Wenn wir uns darauf festlegen, dass wir ein Saxophon mieten oder kaufen, dann musst du dich darauf festlegen, dass du dabei bleibst, auch wenn dein Ehrgeiz enttäuscht wird.«

»Na ja – es kommt halt vor, dass man seine Meinung ändert.«

»Da stimmen wir dir zu«, sagte Mr. Castle, »allerdings beunruhigt es uns, dass du deine Meinung allzu häufig änderst und dir keine Chance gibst, etwas Neues zu lernen.« Damit hoffte er nicht nur Joels Standpunkt zu validieren, sondern allmählich auch das Problem zu definieren und damit den Boden für seine Lösung vorzubereiten.

»Ich lerne doch Neues«, insistierte Joel. »Aber ich weiß es eben auch, wenn mir etwas keinen Spaß macht.«

»Wir wissen, dass du, wenn du sagst, dass du etwas nicht länger tun willst, keinen Spaß daran hast«, antwortete Mrs. Castle. »Unser Punkt ist, dass du dir selbst keine Chance einräumst abzuwarten, ob es dir nicht vielleicht doch Spaß macht und du Fortschritte machen könntest.«

Ruhiger und weniger defensiv als zuvor fragte Joel: »Und wenn ich nun sage, dass ich am Saxophon festhalten werde?«

»Dann wäre es leichter für Papa und mich zu sagen: Also gut, wir mieten ein Saxophon und übernehmen die Kosten für den Unterricht«, sagte Mrs. Castle. »Aber eine Frage musst du mir schon erlauben: Was ist, wenn du nach ein paar Wochen zu dem Schluss kommst, dass du lieber aufhören möchtest?« Das war ein Versuch, ihren Sohn zum Nachdenken darüber zu bewegen, welche Optionen es gab, welche Konsequenzen damit verbunden wären und was er diesmal anders machen könnte als bisher.

»Ich werde nicht aufhören«, insistierte Joel.

»Gut. Was hältst du dann davon, dass wir eine Absprache treffen?«, fragte Mr. Castle. »Deine Mutter und ich kommen für die Kosten auf, vorausgesetzt, dass du eine gewisse Zeit lang Unterricht nimmst und übst.«

»Wie lange?«

»Was würdest du meinen?« fragte Mr. Castle. Er wollte es Joel überlassen, ein Limit festzulegen, weil er hoffte, auf diese Weise die Eigenverantwortung seines

Sohnes – eine wichtige Komponente des Resilienzvermögens – zu stärken. Sollten ihm Joels zeitliche Vorstellungen überhaupt nicht zusagen, könnten sie immer noch verhandeln.

»Vielleicht dieses laufende Schuljahr hindurch?«, schlug Joel vor.

»Das klingt fair«, sagte Mrs. Castle. »Ich hoffe, dass dir das Saxophon-Spielen Freude macht. Aber auch wenn es dir letzten Endes doch nicht so viel Spaß macht wie du gedacht hattest, musst du mindestens bis zum Ende des Schuljahres dranbleiben, und das bedeutet Stunden zu nehmen und zu üben. Du könntest auch im Schulorchester mitspielen. Unser Part besteht darin, dass wir das Instrument für dich mieten und für den Unterricht aufkommen.«

Lächelnd und mit einem Handzeichen in Richtung seines Vaters antwortete Joel: »Ich mache es.«

»Das freut mich zu hören«, sagte Mr. Castle.

Natürlich endet nicht jede Interaktion mit unseren Kindern so positiv wie diese. Wir können die Erfolgsaussichten aber steigern, wenn wir Empathie üben und das Gespräch so führen, dass die Abwehrhaltung des Kindes schwindet und alle Beteiligten einander zuhören können. Eine solche Atmosphäre begünstigt den Versuch der Problemlösung.

Schritt Sechs: Äußern Sie sich nicht wie ein Richter oder Ankläger

Dieser Schritt schließt eine empathische und bestätigende Haltung ein. Mehrere junge Erwachsene, die wir im Rahmen unserer Resilienzforschungen befragten, berichteten uns von Eltern und Lehrern, die sich wie Staatsanwälte gebärdet hatten. »Ich hatte immer das Gefühl, dass meine Eltern nur darauf warteten, mich bei einer Lüge oder einer Übertretung zu ertappen. Immer war ich in der Defensive, und um sie mir vom Hals zu schaffen, nahm ich es dann irgendwann nicht mehr so genau mit der Wahrheit. Das war nicht richtig, ich weiß. Es führte nur dazu, dass sie mir noch weniger trauten als vorher. Aber ich wusste einfach nicht, was ich sonst hätte tun können. Bestärken oder ermutigen – das taten sie einfach nicht. Sie fühlten sich wohl berufen, meine Fehler und Mängel aufzudecken.«

Wenn wir uns über unsere Kinder ärgern, fallen wir leicht in eine anklägerische Haltung und stellen Vermutungen über ihr Verhalten an, die uns dann zu Äußerungen oder Handlungen veranlassen, welche von den Kindern als kritisch und richtend empfunden werden. Viele der in diesem Kapitel beschriebenen Kinder und Eltern stellen die zerstörerischen Wirkungen eines anklägerischen und richtenden Kommunikationsstils zur Schau. Wenn wir möchten, dass unsere Kinder von uns lernen, anstatt uns unsere Bemühungen zu verübeln, dann müssen wir anklägerische Botschaften auf ein Minimum zurückfahren. Die Alternativen, die wir hier vorschlagen, tun unserer Autorität als Eltern keinen Abbruch – sie erhöhen vielmehr die Wahrscheinlichkeit, dass die Kinder sich anhören werden, was wir zu sagen haben.

Es ist schwierig, eine resiliente Orientierung der Kinder zu fördern, wenn die häusliche Atmosphäre von Spannungen, Ärger und Misstrauen geprägt ist. Wie in den folgenden Kapiteln ausgeführt wird, müssen wir, um eine negative Atmosphäre aufzulösen, unseren Kindern eine Fülle positiver Kommentare zukommen lassen. Dazu zählt auch, dass wir sie wissen lassen, wie viel uns an ihnen gelegen ist und wie lieb sie uns sind.

Schritt Sieben: Äußern Sie sich kurz und verständlich

Nicht wenige Eltern wollen so viele Dinge auf einmal mitteilen, dass es *jedem* vernünftigen Menschen auf der Empfängerseite, nicht nur einem Kind, einfach zu viel werden *muss*. Unsere routinemäßigen Kommunikationen an die Adresse unserer Kinder sollten kurz und treffend sein. Kommunikation ist ein lebenslanger Prozess; es muss nicht alles in einem einzigen Gespräch erledigt werden. Wenn einem Kind zu viel Information auf einmal vermittelt wird, fühlt es sich unter Umständen überrollt und kann nichts davon verarbeiten. Das trifft besonders dann zu, wenn der Inhalt von negativen Kommentaren begleitet wird.

Was ist in diesem Zusammenhang mit »Kürze« gemeint? Wie viele Sachverhalte sollten wir auf einmal besprechen? Auf diese Fragen gibt es keine unverrückbaren Antworten. Grundsätzlich sollte unsere Botschaft umso einfacher sein, je jünger das Kind ist, an das sie sich richtet. Auch Teenager sind allerdings keineswegs begeistert, wenn sie feststellen, dass wir die gleichen Sachverhalte immer wieder diskutieren. Nehmen Sie die Stichworte auf, die Ihre Kinder Ihnen geben: Wenn ein Gespräch immer weniger Wirkung zeigt, wenn das gleiche Problem immer wieder aufs Tapet kommt, wenn das Problem nicht gelöst, die Atmosphäre aber immer gespannter und anklägerischer wird, dann ist das ein Zeichen dafür, dass man eine Pause einlegen muss.

In solchen Fällen raten wir dazu, den Kindern zu sagen: »Inzwischen sind wir doch alle ziemlich ärgerlich, und erreicht haben wir gar nichts. Das ist kein guter Augenblick, um das Gespräch weiterzuführen. Wir brauchen alle eine Unterbrechung.« Überlegen Sie sich während dieser Pause, wie Sie Ihr Skript ändern können, damit die Diskussion anschließend besser verläuft.

Schritt Acht: Seien Sie ein Vorbild für Würde und Ehrlichkeit

Eltern machen ihren Kindern gegenüber gelegentlich Umschweife und äußern sich nicht geradeheraus. Wir empfehlen hier keineswegs, dass Sie über Sachverhalte sprechen sollten, die das emotionale oder das kognitive Fassungsvermögen Ihres Kindes übersteigen oder die hochgradig persönlich sind; Tatsache ist aber, dass Kinder extrem hellhörig sind, wenn ihre Eltern etwas vor ihnen verbergen oder die Wahrheit verdrehen wollen. Sie müssen nach bestem Wissen und Gewissen entscheiden, was Sie Ihren Kindern sagen und was Sie ihnen nicht sagen wollen. Es geschieht allerdings nur zu oft, dass Eltern es mit dem Schleier des Geheimnisses übertreiben, den sie über gewisse Familienangelegenheiten breiten.

Ein Beispiel dafür lieferten Mr. und Mrs. Foster, die Eltern der achtjährigen Zwillingsschwestern STACY und CHARLOTTE. Bei der Großmutter mütterlicherseits war unlängst eine Ovarialgeschwulst diagnostiziert worden, und die Ärzte äußerten sich zurückhaltend, was die Prognose anging. Die Eltern hielten sich den beiden Mädchen gegenüber mit Bemerkungen zurück, weil eine Verwandte gemeint hatte, die Kinder seien noch zu jung, um die Wahrheit zu erfahren, die sie allzu sehr aufregen würde. Die Mädchen spürten, dass ihre Mutter traurig war und dass irgendetwas nicht stimmte, aber auf ihre Fragen wurde ihnen nur gesagt, dass die Großmutter sich nicht wohlfühlte. Mr. und Mrs. Foster wurden immer unsicherer, was sie sagen sollten, zumal die Kinder nun intensiver nachfragten.

Schließlich baten die Fosters um Beratung, und es stellte sich schnell heraus, dass es sich um zärtliche und liebevolle Eltern handelte. Sie wollten ihre Sache so gut wie möglich machen, wussten in diesem Fall aber nicht, was sie tun sollten.

Bei unserem Zusammentreffen mit den Fosters legten wir den Akzent auf die Ehrlichkeit gegenüber den Töchtern – eine Ehrlichkeit, die sie verstehen konnten. Dabei stellten wir das Thema Ehrlichkeit in den größeren Zusammenhang des Resilienzvermögens: Wenn wir ehrlich sind, fällt es unseren Kindern leichter, uns Fragen zu stellen und uns auf diese Weise Einblick in ihre Gefühle und Befürchtungen zu gewähren, und dann wiederum können wir ihnen helfen, mit ihrem Unbehagen fertigzuwerden. Wenn wir dagegen versuchen, die Realität einer schwierigen Situation zu verschleiern oder kleinzureden, dann spüren die Kinder, dass wir ihnen die Bewältigung der Situation nicht zutrauen und dass sie uns deshalb lieber nicht darauf ansprechen sollten. Damit berauben wir sie der Möglichkeit, ein Stück Kontrollüberzeugung auszubilden, sich Bewältigungstechniken anzueignen und sich mit schmerzlichen Gefühlen auseinanderzusetzen.

Mr. und Mrs. Foster nahmen unsere Empfehlungen gut auf. Sie sagten ihren Töchtern, dass die Großmutter schwer krank war. Sofort fragte Stacy, ob sie denn an der Krankheit sterben würde. Die Eltern antworteten ehrlich, dass die Ärzte ihr Bestes täten, der Zustand der Großmutter sich aber nicht mehr bessern werde. Sie äußerten ihre Trauer darüber, und dabei flossen auch Tränen. Indem sie ihre Trauer verbalisierten und offen vorlebten, machten sie es den Töchtern möglich, nun auch über die eigenen Ängste und weitergehenden Befürchtungen zu sprechen, zum Beispiel zu fragen, ob auch Vater oder Mutter sterben könnten, wie es mit dem Großvater weitergehen würde, wenn er dann ganz allein wäre, und ob die Krankheit der Großmutter ansteckend sei.

Mr. und Mrs. Foster beantworteten diese Fragen geschickt und stellten fest, dass die angespannte Stimmung in der Familie verflog. Mrs. Foster sagte: »Nachdem wir unseren Kummer angesprochen und benannt hatten, war es, als ob eine unheimliche Wolke, die uns alle bedroht hatte, sich auflöste.« In den folgenden Wochen halfen beide Eltern ihren Töchtern, aktiv etwas gegen ihre Ängste und ihre Trauer zu unternehmen; sie ließen sie zum Beispiel Bilder malen und eine Karte mit guten Wünschen für die Großmutter gestalten. Indem sie die Töchter auf diese Weise mit dem Gedanken an den bevorstehenden Tod eines geliebten Menschen vertraut machten, förderten sie zugleich ihre Resilienz. Mit ihrem feinfühligen und ehrlichen Kommunikationsstil lebten sie Mitgefühl, Bewältigungskompetenz und den Gedanken vor, dass es auch angesichts schmerzlicher Aussichten möglich ist, einen Zustand der Gelassenheit zu erreichen.

Wir leben Ehrlichkeit auch dann vor, wenn wir auf die Fragen unserer Kinder keine Antwort wissen und deshalb sagen: »Das ist eine gute Frage. Ich weiß nicht so recht, was ich darauf antworten soll, aber wir wollen doch mal überlegen, ob wir eine Antwort finden können.« Ehrlichkeit wird auch sichtbar, wenn wir einen Fehler gemacht oder etwas Fragwürdiges getan haben und es fertigbringen, dies vor unseren Kindern zuzugeben und zu bedauern. Fehler sind Lektionen – Episoden, aus denen man lernen kann.

Schritt Neun: Bleiben Sie geduldig, wenn Ihre Kinder die gleiche Frage mehrmals stellen

Kommunikation ist ein fortdauernder Prozess. Manche Kinder müssen eine Botschaft viele Male hören, bevor sie sie verstehen und in ihr Denken einordnen. Das mag theoretisch einleuchten, aber aus den Bemerkungen auch wohlmeinender Eltern geht doch häufig hervor, dass sie von der Wichtigkeit der Wiederholung nicht wirklich überzeugt sind. Bei einem unserer Workshops zum Thema Sexualerziehung erzählte eine Mutter: »Meine vierjährige Tochter fragte mich nach den Unterschieden zwischen Jungen und Mädchen. Sie wollte wissen, ob Mädchen mit einem Penis geboren werden, der ihnen später weggenommen wird. Ich erklärte ihr, dass Mädchen nicht mit einem Penis geboren werden. Sie schien damit zufrieden, fragte aber zwei Tage später, ob Mädchen vielleicht mit einem Penis geboren werden. Ich erklärte es ihr ein weiteres Mal, und nach wieder ein paar Tagen kam sie zum dritten Mal mit der gleichen Frage. Habe ich bei meiner Erklärung etwas falsch gemacht? Warum hat meine Tochter sie nicht verstanden?«

Aus dem Bericht dieser Frau ging hervor, dass sie die Fragen ihrer Tochter sehr gut beantwortet hatte. Wir erinnerten sie daran, dass es doch sehr häufig so ist, dass wir ein neues Stück Information mehrmals hören müssen, bevor es sich in unserem Denken festsetzt, und dass dies erst recht für kleine Kinder gilt. Selbst als Erwachsene neigen wir dazu, die gleiche Frage mehrmals zu stellen.

Eltern müssen bereit sein, eine und dieselbe Frage ihres Kindes mehrmals zu beantworten. Fragen sind Versuche der Kinder, ihre Welt zu verstehen, Bewältigungskompetenz zu entwickeln, Wissen zu erwerben und Probleme zu lösen. Alle diese Fertigkeiten stehen in engem Zusammenhang mit dem Resilienzvermögen. Überdies kann es sein, dass die scheinbar gleiche Frage für ein inzwischen älteres Kind, dessen kognitive Fähigkeiten sich weiterentwickelt haben, nun eine andere Bedeutung hat. Wenn eine Siebenjährige zum Beispiel danach fragt, wie sie auf die Welt gekommen ist, dann wird die Antwort in der Regel (häufig zum Unbehagen der Mutter oder des Vaters) differenzierter ausfallen müssen, als wenn die Frage von einer Vierjährigen kommt.

Wenn wir unsere Kinder zu Resilienz erziehen wollen, müssen unsere Worte und Handlungen ihnen die Überzeugung vermitteln, dass keine ihrer Fragen albern oder irrelevant ist. Wir müssen die Wissbegierde unserer Kinder aktiv fördern, indem wir etwa sagen: »Das ist eine sehr gute Frage.« Wenn sie die gleiche Frage mehrmals stellen, können wir sagen: »Ich bin froh, dass du nochmal danach fragst. Manche Dinge lernt man nicht so schnell.« Wenn die Kinder das Gefühl haben, ihre Fragen und Kommentare seien albern oder lästig, dann werden sie irgendwann aufhören zu fragen und folglich Lernmöglichkeiten einbüßen.

Genau das berichtete uns eine Mutter. Sie hatte viele Jahre zuvor als Erstklässlerin ihre Lehrerin etwas gefragt, worauf die Lehrerin antwortete: »Du hast wohl nicht zugehört? Gerade eben habe ich diese Frage beantwortet.«

Die Frau fügte hinzu: »Nachdem meine Lehrerin das gesagt hatte, habe ich in der Schule nie wieder eine Frage gestellt.«

Schritt Zehn: Würzen Sie Ihre Kommunikation mit Humor

Spaß und Humor sind wichtige Komponenten des Kommunikationsprozesses. Manchen Eltern ist es eher als anderen gegeben, die Dinge mit einer gewissen Leichtigkeit zu handhaben. Vergessen wir aber nicht: Je besser wir es verstehen, zu gegebener Zeit unseren Humor spielen zu lassen, desto leichter wird uns das Kommunizieren fallen. Viele von uns erinnern sich an Augenblicke im persönlichen und beruflichen Leben, in denen ein Lachen uns half, aus der Defensive herauszukommen, und uns in der Bereitschaft bestärkte, zuzuhören und zu lernen. Die Fähigkeit, Humor einzusetzen und darauf anzusprechen, ist ebenfalls eine Komponente einer resilienten inneren Verfassung; wenn wir also Gebrauch von unserem Humor machen, kann das dazu beitragen, diese Komponente auch bei unseren Kindern zu stärken.

Zahlreiche Studien, die in der ganzen Welt unternommen wurden, kommen zu dem Schluss, dass Humor den Kindern hilft, mit widrigen Lebensumständen fertigzuwerden. Sam Goldstein zapft das Humorpotential an, um »das Eis zu brechen«; er begrüßt nämlich die Kinder, die zum Evaluationsgespräch kommen, mit der Bemerkung: »Ich weiß, dass du nicht hergekommen bist, um herauszufinden, was mit dir nicht stimmt. Du bist hergekommen, um herauszufinden, was mit dir stimmt und mit *allen anderen* nicht stimmt! Wir müssen jedem und damit auch dir helfen, die eigenen Stärken zu erkennen. Es ist doch so: Wenn du mit der Schule fertig bist, wird man dich nicht fragen, in welchem Fach du am *schlechtesten* warst, und dir dann einen Job in diesem Fach geben.« Mit diesem leichten Ton lassen sich die Ängste eines Kindes, das »dem Therapeuten vorgestellt« wird, rasch abbauen.

Eine Vorsichtsmaßnahme: Prüfen Sie immer, wie Humor auf der Empfängerseite ankommen wird. Wenn wir ärgerlich auf unsere Kinder und unsere Kinder ärgerlich auf uns sind, kann eine scherzhafte Bemerkung leicht als sarkastisch empfunden werden. Humor sollte dazu dienen, ein freundlich-sympathisches Umfeld zu erschaffen, in dem Eltern und Kinder sich wohlfühlen und die Kinder bereitwilliger von ihren Eltern lernen.

Robert Brooks erinnert sich an seine Reaktion, wenn seine beiden Söhne laut miteinander stritten. Er sagte ihnen, er wisse, dass Brüder miteinander streiten, er habe ja schließlich selbst Brüder gehabt und deshalb einschlägige Erfahrungen aus den Jahren des Heranwachsens. Er finde allerdings, dass ihr Streit zu laut geworden sei, und dass sie zum Streiten doch bitte hinter das Haus gehen und dort draußen weiterstreiten sollten. Dann fügte er hinzu: »Aber nennt euch dabei nicht beim Namen; ich will nicht, dass die Nachbarn wissen, wessen Kinder sich da anschreien. Es könnte meinen Ruf als Psychologe beschädigen.« Diese Dosis Humor reduzierte die Intensität der Emotionen, die im Spiel waren, was auch dem Streit zwischen seinen Söhnen weitgehend die Schärfe nahm.

Kommunikation und Resilienz

Wenn wir zuhören und lernen, können wir Einfluss nehmen. Wenn wir andererseits kaum Zeit für die Kommunikation mit unseren Kindern aufwenden, wenn wir es zulassen, dass Diskussionen in der Regel nur als Reaktion auf einen Ernstfall stattfinden, dann werden die Dinge kaum verbessert werden, und was als Kommunikation abläuft, wird die Probleme häufig noch vergrößern.

Die Art und Weise unserer Kommunikation mit unseren Kindern bildet das Ausgangsmaterial für die folgenden Kapitel. Behalten Sie die hier abgehandelten Überlegungen im Gedächtnis, wenn Sie nun weiterlesen.

4

ERZIEHUNGSAUFTRAG UND WORTWAHL

Die Neufassung negativer Skripts

Wir sind die Autoren unseres Lebens. Unsere Worte und unser Verhalten gegenüber unseren Kindern, in annähernd gleichen Situationen in gleicher Weise und mit voraussagbarer Wirkung wie ein Echo wiederkehrend, werden zum Skript, an das wir uns bei unserem Erziehungsauftrag halten. Wenn das Ergebnis positiv ist, sollten wir uns weiter an dieses erfolgreiche Skript halten. Ist das Ergebnis dagegen nicht gut, dann muss das »negative Skript« abgewandelt oder ganz aufgegeben werden. In vielen Fällen geschieht das allerdings nicht. Negative Skripts werden im Gegenteil oft zum Eckpfeiler der Bemühungen vieler wohlmeinender Eltern, ihre Kinder zu resilienten Persönlichkeiten zu erziehen. Obwohl wir doch wünschen, dass unsere Kinder flexibel, nachdenklich und für neue Ideen und Methoden empfänglich sein sollen, versäumen wir es oft, solche Eigenschaften vorzuleben, und tappen in die einladende Falle negativer Skripts.

Viele Eltern stellen fest, dass die Worte, mit denen sie sich doch wochen-, monate-, ja in manchen Fällen jahrelang an ihre Kinder wenden, einfach nicht die erwünschte Wirkung haben, und halten dennoch weiterhin an ihrem Skript fest, manchmal sogar noch verbissener als zuvor. Man kann sogar aus der Befolgung eines negativen Skripts in der Gegenwart mit einiger Wahrscheinlichkeit schließen, dass es auch in Zukunft befolgt werden wird. Beharrlichkeit hat zweifellos ihre Vorzüge, aber warum fällt es uns eigentlich so schwer, unsere Vorgehensweise zu ändern?

Negative Skripts schließen elterliche Worte und Handlungen ein, die, anstatt das Resilienzvermögen der Kinder zu fördern, eher geeignet sind, die Konflikte zwischen den Familienmitgliedern noch zu verschärfen. Das vorliegende Kapitel wird Ihnen helfen, die falschen Gedanken, Vorstellungen und Zuschreibungen zu identifizieren und zu verstehen, die häufig zur Befolgung solcher Skripts führen. Es enthält zudem eine Reihe von Leitsätzen, die es Ihnen ermöglichen, andere Worte zu wählen und positive Skripts abzufassen. Das Abwandeln negativer Skripts ist ein Eckpfeiler der Bemühung, Kinder zu resilienten Persönlichkeiten zu erziehen. Wenn Sie lernen, sich im Rahmen Ihres Erziehungsauftrags anders auszudrücken als bisher, dann werden Sie an Ihrem Vorhaben festhalten können, Ihr Kind zu einem guten Problemlöser zu machen: Es wird dann nämlich, wenn es auf Schwierigkeiten trifft, zunächst nachdenken, die Situation analysieren und schließlich auf eine konstruktive Lösung hinarbeiten.

Beharrlichkeit und Voraussagbarkeit: Gute, schlechte und untaugliche Skripts

Warum halten Eltern auch angesichts wiederkehrender negativer Ergebnisse an ihrem Vorgehen fest? Draußen, in ihrem außerfamiliären Leben, tun sie das in der Regel doch auch nicht! Wenn unser Automechaniker nicht herausfindet, was mit unserem Auto nicht stimmt, dann suchen wir eine andere Werkstatt auf. Wenn wir mit einem Verkäufer nicht klarkommen, gehen wir mit unserem Kaufwunsch in ein anderes Geschäft. Nur in unserem persönlichen Leben, im Umgang mit Freunden und Familienangehörigen, sind wir nicht immer so flexibel. Dabei scheint das Abwandeln eines negativen Skripts immer noch etwas leichter zu sein, wenn wir es mit einem Freund und nicht mit einem Familienmitglied zu tun haben; am allerschwierigsten ist diese Aufgabe offensichtlich dann, wenn das negative Skript dem Umgang mit unseren Kindern gilt.

Voraussagbarkeit kann als Element unserer Erziehungsarbeit insofern eine Tugend sein, als sie den Kindern den Eindruck von Sicherheit und Beständigkeit vermittelt; sie kann unsere Sicht aber auch einengen und einem kreativen Umgang mit Schwierigkeiten im Weg stehen. Wenn Voraussagbarkeit an Unbeweglichkeit grenzt, wenn sie uns auf einen schmalen Pfad nötigt, der für alle Beteiligten in Stress und Unglück endet, und wenn wir auf diesem Pfad weitergehen, ohne uns Gedanken über eine andere Route zu machen, dann wird sie zu einer selbstschädigenden Haltung. In den meisten Familien kann man in der Tat sehr genau voraussagen, wie die Reaktionen der Eltern auf ihre Kinder und die der Kinder auf ihre Eltern aussehen werden. Es ist fast, als ob die Familienmitglieder im Laufe der Zeit die Rollen von Schauspielern übernähmen, die sich an ein sorgfältig komponiertes Skript halten, in dem wenig Raum für Improvisationen bleibt.

Im Rahmen unserer beratenden Tätigkeit erleben wir es immer wieder, dass Eltern selbst angesichts lange bestehender Verhaltensprobleme ihrer Kinder weiter an ihren Skripts festhalten, in der Hoffnung, dass die Kinder sich doch noch »irgendwie« ändern werden. Diese Skripts und die zugehörigen Szenen werden immer wieder aufgeführt, leider mit nur minimalem Erfolg. Wenn Kinder ihre negativen Skripts ändern sollen, müssen zunächst die Eltern so viel Einsicht und Mut besitzen, ihre eigenen Skripts umzuschreiben. Wenn wir bei unseren Workshops emphatisch feststellen, dass »unsere Kinder es länger aushalten werden als wir, wenn wir ihnen die Gelegenheit dazu geben«, lächeln alle Anwesenden zustimmend. Alle Mütter und Väter können Beispiele dafür nennen, dass sie ihr Kind wiederholt aufgefordert oder vielleicht auch angenörgelt haben, dieses oder jenes zu tun oder zu lassen, und das Kind daraufhin nur vage positiv – wenn überhaupt – reagierte. Für einen außenstehenden Beobachter dürfte erkennbar sein, dass sich hier ein negatives Muster wiederholt – für den betroffenen Vater bzw. die Mutter ist das alles andere als offensichtlich.

Wir selbst sind zwar Fachleute, aber auch wir sind Eltern. Robert Brooks erinnert sich nicht ohne Amüsement (wenn die Jahre vergehen, bekommen solche Geschichten immer etwas Amüsantes), dass er als Kliniker ratsuchenden Eltern empfahl, nicht so »voraussagbar« zu sein, sondern sich aktiv um die Abwandlung der untauglichen und negativen Skripts zu bemühen, die sie im Rahmen ihrer Erziehungsarbeit immer wieder befolgten. Aber hielt er sich auch selbst an diesen Rat? Natürlich nicht. Als sein älterer Sohn über Jahre hinweg ungenügende schulische Leistungen zeigte und nur das Allernötigste tat, um gerade noch so durchzukommen, zementierte sich ein negatives Skript:

Jeden Abend, wenn Robert von der Arbeit nach Hause kam, fragte er seinen Sohn vor jeder freundlicheren Begrüßung: »Hast du deine Hausaufgaben schon gemacht?«

Ohne Zögern antwortete der Sohn jedes Mal mit »Ja«, obwohl das in der Regel nicht stimmte. Selbst als wirklich nicht mehr zu übersehen war, dass er hinter seinen Klassenkameraden zurückgeblieben war, wurde dieses Skript wieder und wieder durchgespielt.

Warum stellte jemand, der es doch besser wusste – in diesem Fall ein professioneller Erziehungsberater – über vier Jahre hinweg immer wieder die gleiche untaugliche Frage? Es hätte mit Sicherheit bessere und weniger aufdringliche Möglichkeiten gegeben, das Problem mit den Hausaufgaben in den Griff zu bekommen. Roberts Unbeweglichkeit war zu einem großen Teil seiner Enttäuschung und seinem Ärger geschuldet, die sich ihrerseits in einer Frage an sich selbst manifestierten: Wie kommt ein bekannter Fachmann, der Workshops zum Thema Schülermotivation hält – die übrigens auch von vielen Lehrern seiner Kinder besucht werden –, zu einem Sohn, der seine Hausaufgaben nicht macht? Das sah in der Tat nicht gut aus für Roberts Reputation.

Ärger vernebelt unser Denken. Robert war der irrigen Ansicht, dass es sich um ein Problem seines Sohnes handele und dass es der Sohn sei, der sich ändern müsse, nicht der Vater. Im Rückblick ist ihm allerdings klar, dass auch er in gewissem Umfang für die angespannte Atmosphäre in der Familie verantwortlich war, weil er nämlich jedes Mal überreagierte, wenn sein Sohn nicht mit einem »Sehr gut« oder wenigstens einem »Gut« nach Hause kam. Natürlich ist es im Nachhinein immer einfacher, sich zu einer Verantwortung zu bekennen, zumal der Sohn sein Studium mit großem Erfolg abschloss und heute ein eigenes Geschäft führt. Es hat etwas von Ironie an sich, dass die Anfänge seines Erfolges zeitlich mit Roberts Abwandlung seines negativen Skripts zusammenfielen – Robert hörte nämlich auf zu nörgeln und entdeckte stattdessen eine Fülle von Möglichkeiten, die vielen Stärken seines Sohnes zu fördern.

Ein weiteres Beispiel lieferte uns eine Mutter, die an einem unserer Erziehungsworkshops teilnahm. Gleich am folgenden Tag rief sie an und teilte mit, dank unserer Ausführungen sei ihr endlich klar geworden, dass sie in der Tat voraussagbare, negative Skripts verfasst und sich ihren beiden heranwachsenden Söhnen gegenüber täglich an diese Skripts gehalten habe. Von früh bis abends habe sie sich vermutlich angehört wie eine zerbrochene Schallplatte: Immer wieder ödete sie ihre Söhne an, sich nur ja rechtzeitig auf den Schulweg zu machen, immer wieder kritisierte sie die Essmanieren der beiden, immer wieder setzte sie ihnen zu, weil sie ihre Betten nicht machten. Lange hatte sie geglaubt, es könnte doch harmonischer in der Familie zugehen, wenn nur die Söhne täten, was sie von ihnen verlangte. Sie konnte sich nicht erklären, wie diese Skripts zustande gekommen waren und warum sie sich hielten, obwohl sie doch ganz untauglich waren. Immerhin aber war ihr klar, dass sie das, was sie die ganze Zeit über getan hatte, »umschreiben« musste. Sie verwendete dieses Wort sowohl im übertragenen wie auch im buchstäblichen Sinn: Noch am gleichen Abend setzte sie sich hin und schrieb jedem ihrer Söhne einen persönlichen Brief, in dem sie versicherte, dass sie beide ihr lieb und teuer seien und sie sich bemühen wolle, nicht mehr so viel zu »nörgeln«. Lachend berichtete sie uns von der Reaktion ihrer Söhne am nächsten Morgen: Sie hatten sie freundlich gefragt: »Bist du vielleicht auf ein schönes Geschenk zum Muttertag aus?«

Nach ihren Worten hatte sie schon lange nicht mehr so viel Spaß mit ihren Söhnen gehabt und sich schon lange nicht mehr so gut gefühlt wie an jenem Morgen. Wie viele andere Eltern fragte auch sie sich: »Warum habe ich nicht schon vor Monaten oder vor Jahren daran gedacht, so etwas zu tun? Warum war ich so blind gegenüber Dingen, die doch eigentlich auf der Hand liegen?«

Das sind Fragen, die zum Nachdenken anregen. Wie kamen wir dazu, solche negativen Skripts zu verfassen? Warum halten wir an kontraproduktiven Erziehungspraktiken fest? Können wir im Rahmen unserer elterlichen Aufgabe andere Worte finden, und wie können wir unsere negativen Skripts abwandeln? Bevor wir uns diesen Fragen nähern, müssen wir uns klarmachen, dass es zwei gewichtige Gründe dafür gibt, die Verantwortung für die Neufassung dieser Skripts bei den Eltern anzusiedeln:

Erstens ist es Aufgabe der Eltern, eine häusliche Atmosphäre zu schaffen, in der die Kinder sich bereitwillig anhören, was sie, die Eltern, zu sagen haben. Wenn eine solche Atmosphäre nicht gegeben ist, wenn mangelnder Respekt das Vertrauen, die Bereitschaft zur Zusammenarbeit und in manchen Fällen auch die Liebe ausgehöhlt hat, dann werden die Kinder kaum einen Anreiz dafür sehen, ihre eigenen Skripts zu ändern. Denken wir daran: Auch kleine Veränderungen aufseiten der Eltern können sich sehr positiv auf die Beziehungen zu den Kindern auswirken. Die Eltern müssen als die erwachsenen Mitglieder der Familie den Weg zur emotionalen und interpersonalen Entwicklung ebnen. Wenn sie darauf warten, dass ihre Kinder sagen: »Ich sehe Licht am Ende des Tunnels – eure Nörgelei, euer Sarkasmus, euer Drängeln haben sich ausgezahlt. Von jetzt an werde ich tun, worum ihr mich gebeten habt. Ich werde mein Verhalten ändern«, dann werden sie sehr lange warten müssen.

Zweitens: Eltern, die bereit sind, sowohl sinnvolle und zweckdienliche Veränderungen am Wortlaut dessen vorzunehmen, was sie im Rahmen ihres Erziehungsauftrags zu ihren Kindern sagen, als auch negative Skripts umzuschreiben, demonstrieren damit ihre Problemlösungs- und Entscheidungskompetenz und zeigen ihren Kindern, dass es gut ist, harte Zusammenstöße und Machtkämpfe zu vermeiden, Probleme durch Verhandeln zu lösen und die eigenen Energien nicht an relativ unwichtige Themen zu verschwenden.

Kinder sind wache Beobachter. Sie tun nicht immer, was wir sagen, aber sie tun in der Regel das, was auch wir tun. Mit Ihrer Weigerung, etwas am Umgang mit Ihrem Kind zu verändern, verbauen Sie ihm eine Vielzahl von Gelegenheiten, sein eigenes Skript – für heute und für sein ganzes Leben – abzuwandeln.

Wie kommen negative Skripts zustande, und warum wiederholen wir missglückte Abläufe immer wieder?

Die Gründe für das Zustandekommen negativer Skripts erscheinen zugleich als Hindernisse, die einer Modifizierung der Worte und Handlungen von Eltern entgegenstehen. Sie nehmen sozusagen ein zweites Leben an – als Blockaden, die ihrerseits schuld sind an der Perpetuierung fruchtloser elterlicher Praktiken. Von Eltern werden sie häufig – bewusst oder unbewusst – als eine Art Dogma genutzt, um negative Skripts beizubehalten. Wenn es Ihnen also gelingt zu verstehen, woher die Blockade kommt, werden Sie auch eher verstehen, wie die negativen Skripts in Ihrer eigenen Familie zustande kommen, und Sie werden sie überwinden und Ihren Weg fortsetzen können.

Wir sind besetzt von einem Konglomerat aus Mythen, falschen Vorstellungen und der Last unserer eigenen Geschichte, die wir mitbringen, beginnend mit Beobachtungen, die wir als Kinder in unseren Herkunftsfamilien gemacht haben. Dieses Konglomerat ist schuld daran, dass wir als Eltern zögern, Stil und Ton des Umgangs mit unseren Kindern zu verändern. Im Folgenden wollen wir diese insgesamt sechs Hindernisse, die einer anderen elterlichen Ausdrucksweise entgegenstehen, Revue passieren lassen.

Erstes Hindernis: Eine Größe passt allen; Kinder sind im Grunde alle gleich

Diese falsche Vorstellung lässt viele negative Skripts entstehen und hindert Eltern daran, ihre fruchtlosen Praktiken zu ändern. Wenn Eltern glauben, dass Kinder zumindest bei ihrer Geburt im Grunde alle gleich sind und dass Praktiken, die bei dem einen Kind funktionieren, bei allen anderen Kindern ebenfalls funktionieren werden, dann befinden sie sich im Irrtum. Wir haben diesen Gedanken schon im ersten Kapitel eingeführt und werden ihn ausführlicher im sechsten Kapitel behandeln, wo es um die Ausbildung realistischer Erwartungen und Zielvorstellungen bei gleichzeitiger Beachtung der Individualität des betreffenden Kindes geht.

Der Mythos von der *einen* Größe, die allen passt, wirkt auf vielen Ebenen: z. B. kommt es manchen Eltern nicht in den Sinn, dass das Alter ihres Kindes, sein Entwicklungsstand, sein Lernverhalten und sein Temperament von Einfluss darauf sein können, wie das Kind ihnen begegnet. Das wird besonders deutlich, wenn man es mit Kindern mit einem schwierigen Temperament zu tun hat. So vertreten zum Beispiel viele Eltern hyperaktiver Kinder den Standpunkt, solche Kinder seien sehr wohl imstande, ihr Verhalten zu ändern, weigern sich aber, das zu tun. Das mangelnde Verständnis dafür, dass dieses spezielle Kind vielleicht weiß, was von ihm erwartet wird, dass es aber schlicht nicht imstande ist, sich konsequent daran zu halten, sorgt dafür, dass das negative Skript immer und immer wieder befolgt wird – z. B. in Form des ständigen Zuredens, doch bitte während der Mahlzeiten an seinem Platz sitzen zu bleiben.

Erinnern Sie sich an SALLY, die schüchterne Achtjährige, die sich nicht durchsetzen konnte? Ihre Mutter ermahnte sie jeden Morgen als Erstes, sich doch eine Freundin zu suchen, und fragte sie jeden Abend: »Hast du heute mit anderen Kindern gesprochen? Hat dich jemand zu sich nach Hause eingeladen? Hast du dir jemanden zu uns eingeladen?« Mrs. Carter war zwar klug genug, ihre beiden Kinder nicht offen miteinander zu vergleichen, aber sie dachte oft über ihren siebenjährigen Sohn nach, den sie aus Spaß mit »Strahlemann« anredete, und begriff nicht, warum ihre Tochter nicht imstande oder nicht willens war, sich um Kontakte zu Schulkameraden zu bemühen. Mrs. Carter meinte es zweifellos gut, aber ihre Frustration hinderte sie daran, die Erklärung in den erheblichen Temperamentsunterschieden zwischen ihren beiden Kindern zu suchen. Unbeschwert von jeder in diese Richtung zielenden Erkenntnis meinte sie, Sally würde sich schon irgendwann Freundinnen suchen, wenn sie, die Mutter, ihr weiterhin damit in den Ohren läge, dass Freundschaften doch so wichtig sind. Das Skript dieser Mutter war mühelos voraussagbar und leider sehr unproduktiv. Als sie endlich aufhörte davon zu reden, dass ihre Tochter keine Freundinnen hatte, und stattdessen – nicht ohne Unterstützung – »hinter den Kulissen« dafür sorgte, dass ein anderes Kind zum Spielen zu Sally kam, besserte sich die Situation.

Zweites Hindernis: Wenn ich plötzlich anders mit meinem Kind spreche, verziehe ich es

Manche Eltern sind der Ansicht, dass eine Änderung des Skripts – das zwar nicht funktioniert hat, an das sie sich aber bisher gehalten haben – gleichbedeutend damit wäre, dass sie »nachgeben« oder ihr Kind »verziehen«. Anders gesagt, sie befürchten, dass eine Änderung ihres üblichen Vorgehens von ihren Kindern als Zeichen der Schwäche gedeutet wird und die Kinder folglich nicht lernen, Verantwortung zu übernehmen. In diesen Zusammenhang gehört der Fall des zehnjährigen CARL, den wir im ersten Kapitel kennengelernt haben. Carl tat sich schwer mit regelmäßigen, mühsamen Notwendigkeiten wie zum Beispiel damit, sich morgens rechtzeitig auf den Schulweg zu machen. Es fiel ihm auch schwer, beim Abendessen ruhig am Tisch sitzen zu bleiben. Sein Vater schimpfte mit ihm – wenn Carl vom Stuhl herunterrutschte, wenn er kniend zu essen versuchte oder seine Gabel zu Boden fallen ließ – und wurde im Verlauf der Mahlzeit immer lauter. Dieses Szenario wiederholte sich Tag für Tag. Das Abendessen, immerhin eine Gelegenheit, zu der alle Familienmitglieder zusammenkommen und erzählen, was der Tag ihnen gebracht hat, wurde zu einem Programmpunkt, den die anderen allmählich zu meiden suchten.

Mr. Thomas war nicht bereit, von seinen Erwartungen oder von seinem negativen Skript abzurücken. Er meinte: »Carl muss lernen, beim gemeinsamen

Essen auf seinem Stuhl sitzen zu bleiben. Wenn wir ihm erlauben, vom Tisch aufzustehen, bevor alle fertig sind, dann sagt ihm das, dass er tun und lassen kann, was er will – und seine Geschwister übrigens auch. Und dann werden die Forderungen immer größer.«

Dass sein negatives Skript schon seit Jahren erfolglos nachgespielt wurde, schien in Mr. Thomas' Gleichung keine große Rolle zu spielen. Er wollte auch nicht wahrhaben, dass die unerfreuliche Atmosphäre, die durch dieses Skript entstanden war, die Familie zusätzlich belastete.

Es ist sehr wichtig, dass Eltern erkennen: Wenn die Atmosphäre schon lange gespannt ist, wenn die Kinder ihre Eltern nicht anders als nörgelnd oder dozierend erleben und deshalb allmählich abschalten, dann bedeutet ein Abweichen vom bisherigen Vorgehen nicht, dass die Kinder »verzogen« würden. Es bedeutet auch nicht, dass nun alle Regeln und alle Erwartungen über Bord geworfen würden; Eltern haben das Recht und die Pflicht, eine unmissverständliche und nicht verhandelbare Gesamtheit von Regeln festzulegen, vor allem was die Themen von Schutz und Sicherheit angeht (unter welchen Bedingungen darf das Fahrrad benützt werden; wann soll das Kind spätestens wieder zuhause sein etc.). Negative Skripts sollen abgewandelt werden, damit das Maß an Ärger und Ressentiment in der Familie zurückgeht, damit die Eltern-Kind-Beziehung sich bessert, damit das Kind sich ermutigt sieht, sein Verhalten zu ändern, und damit alle Beteiligten sich ihrer Verantwortung deutlicher bewusst werden.

Wir sind nur dann in Gefahr, unsere Kinder zu »verziehen«, wenn wir unsere sämtlichen Erwartungen aufgeben und den Kindern erlauben zu tun, was sie wollen. Ein negatives Skript zu ändern bedeutet nicht, dass wir uns von unserer elterlichen Verantwortung verabschieden.

Kommen wir noch einmal auf die Familie Thomas zurück. Der Vater hatte die Sorge, dass Carl, wenn er vor Ende der Mahlzeit vom Tisch aufstehen durfte, dies als einen Freibrief betrachten würde, von nun an nur noch seinen Launen nachzugeben. Es fiel ihm schwer, diese Sorge gegen den Umstand abzuwägen, dass das Vorgehen, das er seit Jahren befolgte, sich als kontraproduktiv erwiesen hatte: Es hatte nicht bewirkt, was er sich vorgestellt hatte, und überdies für eine gespannte Atmosphäre in der Familie gesorgt. In der Hitze des Augenblicks konnte Mr. Thomas aber nicht erkennen, was unbeteiligten Personen vielleicht ohne weiteres einsichtig gewesen wäre. Für ihn sah die Sache so aus, dass die Botschaft bei seinem Sohn »am Ende schon noch ankommen« würde, wenn er, der Vater, seinen Kurs beharrlich weiterverfolgte.

Mr. Thomas verstand ganz einfach nicht, wie die Dinge sich für Carl darstellten: Dass Carl *wusste*, was er nach dem Willen seiner Eltern tun sollte, führte nicht automatisch dazu, dass er dieses Wissen *in die Tat umsetzte*. Selbst wenn die Botschaft ihn erreichte, war bei seiner Hyperaktivität kaum damit zu rechnen, dass es ihm gelingen würde, während der ganzen Mahlzeit an seinem Platz zu bleiben, ohne herumzuzappeln, Dinge fallen zu lassen oder immer wieder den Versuch zu machen, aufzustehen und im Zimmer herumzulaufen. Wichtig war in diesem Fall, ein Verantwortungsgefühl bei Carl zu wecken; und parallel dazu mussten wir darauf hinarbeiten, dass die Atmosphäre in dieser Familie sich entspannte.

Wir erklärten dem Vater, dass es viele Möglichkeiten gäbe, diese Ziele zu erreichen. Zunächst halfen wir ihm, Carls Temperament zu verstehen und einzusehen, dass Carl Schwierigkeiten hatte, sich an die Familienregeln zu halten. Dann brachten wir den Gedanken an eine Abwandlung des negativen Skripts ins Spiel, indem wir ihm empfahlen, Carl sinngemäß etwa Folgendes zu sagen: »Mir ist klar, dass es schwierig für dich ist, während der ganzen Mahlzeit am Tisch sitzen zu bleiben. Wenn du also das Gefühl hast, du musst aufstehen, dann könnte ich das akzeptieren, wenn es nicht in chaotischer Form vor sich geht. Dein Teller würde an deinem Platz stehen bleiben, bis der Tisch ohnehin abgeräumt wird.«

Mr. Thomas beschloss außerdem, Carl seine Anerkennung zu zeigen, falls dieser an seinem Platz bleiben und anständig essen würde. Damit verlagerte sich seine Aufmerksamkeit auf das, was Carl richtig machte, anstatt dass er weiter darauf achtete, was er falsch machte. Als Mr. Thomas das Wort Fairness ins Spiel brachte, schlugen wir ihm vor, das gleiche Angebot – gegebenenfalls vom Tisch aufzustehen – auch Carls älteren Geschwistern zu machen, die beide keinerlei Schwierigkeiten damit hatten, während der Mahlzeiten an ihrem Platz zu bleiben. Im Übrigen rieten wir ihm dringend, Empathie zu üben und dieses eher stützende Verhalten auch Carls Geschwistern vorzuleben, die auf diese Weise ebenfalls mehr Verständnis sowohl für Carls Schwierigkeiten als auch für seine Stärken entwickeln würden.

Zunächst zögerte Mr. Thomas, diese Kurskorrektur vorzunehmen. Wir konnten ihm aber klarmachen, dass er mit seiner Überlegung, ein anderer Ansatz wäre gleichbedeutend mit einem »Nachgeben« gegenüber seinem Sohn, den Umstand außer Acht ließ, dass sein immer gleiches Vorgehen ja offensichtlich nicht funktioniert hatte. Sehr zu seiner Überraschung nahmen die Spannungen am Esstisch ab, nachdem er begonnen hatte, sich Carl gegenüber verständnisvoller und flexibler zu verhalten. Mrs. Thomas bemerkte die Veränderung sofort. Carl musste jetzt in der Regel nur noch einmal kurz aufstehen, kam dann zurück an den Tisch und aß zu Ende. Seine Geschwister machten so gut wie nie

Gebrauch von dem Angebot, ebenfalls während der Mahlzeiten aufstehen zu dürfen. Wie Mr. und Mrs. Thomas berichteten, entspannte sich die Atmosphäre am Esstisch; das Abendessen wurde zu einem erfreulichen Teil des Familienlebens.

Diese neue Atmosphäre ließ sich unmittelbar auf die Veränderungen zurückführen, die Mr. Thomas an seinem negativen Skript vorgenommen hatte – Veränderungen, die entgegen seinen anfänglichen Befürchtungen nicht dazu führten, dass Carl die »Schwäche« des Vaters ausnutzte.

Drittes Hindernis: Für mich war es gut genug, oder: Aus mir ist ja schließlich auch etwas geworden

Ein dritter Mythos oder Irrglaube, der dafür sorgt, dass negative Skripts sich halten, lautet wie folgt: »So haben mich meine Eltern auch erzogen, und für mich war das gut. Ihr seht ja, was aus mir geworden ist.« Dieses Fazit bekommen wir häufig zu hören, wenn es um die Erziehung zur Disziplin oder um das Festlegen von Regeln geht.

Der Siebtklässler JOHN – gut im Sport, aber schlecht in der Schule –, den wir auch schon getroffen haben, war in einem negativen Skript dieser Art mit seinem Vater befangen. Nach Ansicht von Mr. Kahn rührten die Schwierigkeiten daher, dass John im Grunde eine härtere Hand brauchte, weshalb er sich immer häufiger für die körperliche Bestrafung seines Sohnes entschied, um ihn auf diese Weise zu »belehren«. Mr. Kahn hatte sehr starre und extrem hohe Erwartungen und pflegte seinen Sohn sofort auf das anzusprechen, was er falsch gemacht hatte, während er sich mit Lob für das, was John gut gelungen war, lieber zurückhielt, weil der Junge sich sonst vielleicht »etwas einbilden« würde.

Dieser Erziehungsstil ähnelte sehr stark der Art, wie Mr. Kahn seinerseits erzogen worden war. Jetzt fiel es ihm schwer, »vor lauter Bäumen den Wald noch zu sehen«. Es wollte ihm nicht einleuchten, dass dieser Stil seine Persönlichkeit geprägt hatte und nun auf seinen eigenen Umgang mit Angehörigen, Freunden und Mitarbeitern durchschlug. Er hatte nur *einen* elterlichen Stil kennengelernt und hielt sich folglich an Verhaltensweisen, denen er seinerzeit ausgesetzt gewesen war und mit denen er sich auskannte. Er weigerte sich, es mit anderen Methoden zu versuchen, denn er war überzeugt, die wirksamste Erziehungsform überhaupt zu praktizieren, und meinte, all die »Erziehungsexperten« hätten ja sowieso keine Ahnung.

Wenn seine Frau ihm vorwarf, er sei zu negativ oder zu streng, tat er ihre Bemerkungen ärgerlich ab, indem er etwa sagte: »Diese Sache wäre gar nicht so schlimm wie sie ist, wenn du konsequenter und entschiedener wärest.«

Mr. und Mrs. Kahn baten uns um Beratung, nachdem Johns Lehrer die Vermutung geäußert hatten, die zunehmenden Klagen über Johns schlechtes Betragen in der Schule, nicht zuletzt über seine Wutanfälle, wenn er eine Arbeit verhauen hatte, könnten auf eine noch nicht diagnostizierte Lernschwierigkeit zurückgehen. Eine eingehende Beurteilung erbrachte dann in der Tat, dass John, obwohl er nicht dumm war, seine Gedanken nicht rasch formulieren und zu Papier bringen konnte. Mit den in den mittleren Schuljahren zunehmenden schulischen Anforderungen, zumal was schriftliche Arbeiten anging, nahmen auch Johns Schwierigkeiten zu.

Im Zuge einer Reihe von Beratungsgesprächen entspannte sich Mr. Kahn und rückte etwas von seiner defensiven Art ab. In einer unserer Sitzungen äußerte er spontan, er habe sich als Kind möglicherweise mit genau den gleichen Lernschwierigkeiten herumgeschlagen wie John. Er erinnerte sich schmerzlich daran, dass nicht nur sein Problem damals unerkannt geblieben war, sondern dass sein Vater ihn überdies wiederholt der Faulheit beschuldigt hatte und immer härter gegen dieses Übel eingeschritten war.

Dann bat Mr. Kahn um eine Einzelsitzung. Bei diesem privaten Zusammentreffen erzählte er, wie er aufgewachsen war, und sprach dabei auch von der emotionalen Mauer, die er um sich errichtet hatte, um sein schmerzliches Kinderleben zu ertragen. Insbesondere erwähnte er die Schläge, die er von seinem Vater bekommen hatte, und die Wut, die sie bei ihm hervorgerufen hatten, wobei er sich nicht der Täuschung überließ, dass diese Schläge ihn etwa zu einem besseren Menschen gemacht hätten. Er sagte auch, er habe sich sehnlich gewünscht, sein Vater möge seine Leistungen anerkennen; stattdessen war er aber mit Kritik geradezu überhäuft worden. Nachdem er den Mut aufgebracht hatte, sich der Vergangenheit zu stellen, konnte er anfangen, sein Verhalten gegenüber seinem Sohn zu ändern, ihm Mut zu machen und ihm positive Rückmeldungen zu geben.

Allerdings fiel es ihm nicht leicht, sein negatives Skript zu ändern. John hatte sich so an die abfälligen Bemerkungen seines Vaters gewöhnt, dass er dessen nunmehr positive Kommentare zunächst gar nicht wahrnahm. Glücklicherweise ließ Mr. Kahn sich davon allerdings nicht beirren, und mit der Zeit wurde John empfänglicher für lobende Äußerungen seines Vaters. Von der körperlichen Bestrafung rückte man in dieser Familie ab. Im Übrigen achtete Mr. Kahn darauf, dass sein Sohn jeweils abends mit Zufriedenheit rekapitulierte, welche – wenn auch zum Teil kleinen – schulischen Erfolge er an diesem Tag errungen hatte.

Die Kombination aus Nachhilfeunterricht und der Neufassung eines negativen Skripts – weg von Strenge, Sarkasmus und Ärger und hin zu Empathie und positiver Verstärkung – kam Johns Beziehung zu seinem Vater zugute und sorgte dafür, dass er in der Schule aufholte und sehr viel optimistischer in die Zukunft blickte.

Viertes Hindernis: Unsere Kinder wissen unsere harte Arbeit und unsere elterlichen Bemühungen nicht genügend zu schätzen

Dieser Mythos ist sehr weitgehend schuld daran, dass Eltern zu ihren negativen Skripts zurückkehren, wenn sie mit ihren ersten Bemühungen, die Dinge zu ändern, nicht gleich Erfolg haben. Denken wir in diesem Zusammenhang an die Familie Kahn: Als Mr. Kahn sich daran machte, sein negatives Skript abzuwandeln, ging John nicht gleich positiv darauf ein. Er war weiterhin ärgerlich und trotzig, ja, er nahm die Anstrengungen seines Vaters überhaupt nicht wahr. Hier haben wir es wohl mit einem Aspekt der Elternrolle zu tun, den wir akzeptieren müssen: Kinder halten sich nicht lange damit auf, sich für das wunderbare Leben zu bedanken, das ihre Eltern ihnen ermöglichen.

Viele Eltern berichten, dass das Verhalten ihrer Kinder auch dann gleich bleibt, wenn sie versuchen, ihren Erziehungsstil zu ändern, indem sie negative Skripts abwandeln. Eltern müssen nicht nur Mut aufbringen, wenn sie etwas verändern wollen, sondern auch große Mühen auf sich nehmen und viel Energie einsetzen. Wenn dieser Aufwand an Kraft und Energie anfangs nur geringe oder gar keine Zeichen der Veränderung oder auch nur der Würdigung aufseiten der Kinder bewirkt, dann klagen viele Eltern: »Sehen Sie, es funktioniert nicht. Sie wollen einfach keinerlei Verantwortung auf sich nehmen.« Sind diese Ressentiments erst einmal geweckt, werden die Eltern wahrscheinlich zu ihren altgewohnten Skripts zurückkehren und von nun an noch weniger bereit sein, irgendetwas zu verändern.

Wir sagen uns und den Familien, mit denen wir arbeiten, immer wieder, dass Veränderungen Zeit brauchen. Ob es sich um einen Schlag beim Golfspiel, um Ernährungsgewohnheiten oder um ein negatives Skript handelt – wenn ein Verhaltensmuster über Jahre hinweg geübt worden ist, wenn ein negatives Skript immer und immer wieder befolgt wird, dann braucht es Zeit, etwas daran zu ändern. Manche Kinder und Heranwachsende reagieren rasch und positiv auf Nuancen im Skript ihrer Eltern, viele andere tun dies aber nicht. Häufig ist es nicht einfach, die Reaktion des Kindes vorauszusehen. Eine Skriptänderung der Eltern, die darin besteht, dass sie Konsequenzen jetzt verlässlicher durchziehen, kann in manchen Fällen zur Folge haben, dass das Kind sich zunächst schlechter benimmt, um die Entschlossenheit der Eltern auf die Probe zu stellen. Wenn es sich dann davon überzeugt hat, dass die Eltern sich an die neue Ordnung halten werden, beginnt sein Verhalten sich zu bessern.

In der Verhaltenstheorie spricht man im Zusammenhang mit diesem Test auf die Entschlossenheit von *Extinktion* oder *Löschung*. Unabhängig vom Alter reagieren wir alle auf eine Art und Weise, an die wir uns gewöhnt haben, und wir reagieren zunächst gewohnheitsmäßig weiter in dieser Art, auch wenn sich das Umfeld ändert. Mit der Zeit wird die Gewohnheit allerdings schwächer, und die individuelle Reaktion ändert sich.

Wenn die Skriptänderung sich auf den Bereich der Emotionen oder der Aufmerksamkeit bezieht – wenn die Eltern also zum Beispiel mehr Zeit mit den Kindern verbringen, wenn sie ihnen zu verstehen geben, dass sie sie lieben, oder wenn sie ihre Gefühle deutlicher zum Ausdruck bringen –, dann kann es sein, dass die Kinder nicht wissen, wie sie darauf reagieren sollen. Manche werden solche Bemühungen gar nicht groß registrieren; andere würdigen sie vielleicht nicht oder fragen sich sogar, ob ihre Eltern ein weitergehendes Motiv haben. Wichtig ist, dass wir nicht schon nach ein paar Tagen aufgeben. Es braucht Jahre, bis Verhaltensmuster und negative Skripts sich etabliert haben. Schön wäre es, wenn unsere Kinder schneller zu der Überzeugung kommen könnten, dass die Dinge sich in der Tat ändern können.

Fünftes Hindernis: Ich bestimme, was ein realistisches Ziel ist

Eltern verfangen sich häufig in negativen Skripts, wenn ihre Hoffnungen unrealistisch waren oder die erwünschten Veränderungen sich nicht gleich erreichen lassen. Dieses Szenario hätte beinahe die Familie Garner getroffen.

Finanziell ging es den Garners gut, aber der Vater, ein Geschäftsmann mit einem großen eigenen Betrieb, hatte einen langen Arbeitstag, und seine drei Kinder klagten darüber, dass sie ihn nur selten zu Gesicht bekamen. Wenn sie morgens aufwachten, war er schon zur Arbeit gefahren, und an manchen Abenden kam er erst nach Hause, wenn sie schon schliefen. An schulischen und sportlichen Ereignissen konnte er häufig nicht teilnehmen.

Mrs. Garner sagte mit einer gewissen Verärgerung: »Zum Abendessen sind wir als Familie fast nie vollzählig. Häufig muss ich die Kinder allein ins Bett bringen. Zeit zum Reden haben wir nie.«

Ihr Ehemann konterte: »Ich tue mein Bestes, um dir und den Kindern ein schönes Leben zu bereiten. Dabei weiß ich natürlich, dass ich mehr Zeit mit euch allen verbringen müsste.«

In der sich anschließenden Diskussion versprach Mr. Garner, er wolle versuchen, von nun an abends immer schon um sechs Uhr zuhause zu sein, damit sie alle miteinander zu Abend essen könnten. Seine Frau sah ihn ungläubig an. Anstatt zu sagen, das sei eine großartige Idee, wiegelte sie ab und sagte, eine so drastische und rasche Änderung seines Zeitplans würde größere Probleme und Ressentiments nach sich ziehen. Zunächst widersprach Mr. Garner, dann stimmte er ihr zögernd zu. Schließlich einigten sie sich darauf, dass Mr. Garner in einem ersten Schritt seinen Zeitplan und seine Verpflichtungen so arrangieren sollte, dass er jeden Mittwoch am gemeinsamen Abendessen teilnehmen konnte.

Selbst dieses Arrangement – ein einziger Abend pro Woche, an dem die Familie zuverlässig mit seiner Anwesenheit rechnen konnte – gestaltete sich weit schwieriger als er gedacht hatte, aber er konnte es durchziehen. Nach diesem anfänglichen Erfolg richtete er einen weiteren Abend mit der Familie ein und arrangierte seine Termine überdies so, dass er an zwei oder drei Tagen in der Woche morgens später zur Arbeit fahren und folglich noch mit den Kindern frühstücken konnte. Hätte er versucht, unvermittelt solche drastischen Veränderungen seines Tageslaufs einzuführen, dann hätten wir uns der Voraussage seiner Frau angeschlossen: Der Fehlschlag wäre programmiert gewesen.

Wir alle wissen, dass es klug ist, sich nicht allzu viel auf einmal vorzunehmen – wenn auch viele von uns das weiterhin tun. Es ist uns vielleicht klar, dass Veränderungen notwendig sind, aber manchmal unterschätzen wir den Aufwand an Zeit, Mühe und Geld, der notwendig ist, um eine sinnvolle und dauerhafte Veränderung einzuführen. Leider sind die Entscheidungen, vor denen wir hin und wieder stehen, in den wenigsten Fällen von der Art, dass sie nur positive Resultate und keinerlei neue Abhängigkeiten nach sich ziehen. Wenn wir unrealistische Erwartungen hegen, die sich aus eben diesem Grunde unmöglich erfüllen können, bewegen wir uns eher von unserem Ziel – der Abwandlung negativer Skripts – weg als auf dieses Ziel hin.

Sechstes Hindernis: Das Übergepäck aus der Vergangenheit

Bei den meisten Fluggesellschaften dürfen die Passagiere inzwischen nicht mehr als zwei Bordcases mit sich führen. Das könnte auch eine gute Lebensregel sein.

Wie wir weiter oben schon sagten, bringen wir unsere gesamte Lebenserfahrung in unsere Elternrolle mit ein. Auch wenn unser Verhalten sicher von unseren Genen geprägt ist – die Entscheidungen, die wir treffen, und die Skripts, die wir im erzieherischen Umgang mit unseren Kindern abfassen, stehen auch unter dem Einfluss unserer täglichen Erfahrungen. Wenn wir Glück haben, verhilft uns der Großteil dieser Erfahrungen zu positiven, Resilienz fördernden Interaktionen mit unseren Kindern. Viele Eltern schleppen aber auch Erfahrungen mit sich, die nicht nur ihre elterlichen Praktiken negativ beeinflussen und ihre negativen Skripts verstärken, sondern auch dafür sorgen, dass sie diese Skripts gar nicht erkennen und folglich auch nicht abwandeln.

Mr. Kahn zum Beispiel hatte, um JOHN zur Disziplin zu erziehen, immer auf die körperliche Bestrafung gesetzt und es an positiven Rückmeldungen fehlen lassen. Seine Überzeugung – die kurzgefasst etwa lautete: »So haben mich meine Eltern erzogen, und für mich war das gut. Ihr seht ja, was aus mir geworden ist« – kennzeichnete einen Mann, der seinen unverarbeiteten Zorn und Schmerz in die Beziehung zu seinem Sohn hineingetragen hatte. Sein Übergepäck wirkte sich negativ auf seine Sicht der schulischen Probleme und der Verhaltensschwierigkeiten seines Kindes und auf seine Reaktion darauf aus. Diese Haltung ging in einen engen und starren Erziehungsstil ein, der es ihm unmöglich machte, etwa einen Schritt zurück zu tun, seine negativen Skripts zu erkennen, sich empathischer zu geben und sich zu überlegen, welche anderen Methoden sich im Umgang mit seinem Sohn etwa empfahlen. Das Problem war in seinen Augen ein Problem seines Sohnes, nicht sein eigenes; folglich war es sein Sohn, der sich ändern musste.

SALLYS Mutter, Mrs. Carter, kämpfte mit den Tränen, als sie uns nach einem unserer Workshops ansprach. Sie war erstaunt gewesen zu hören, dass Kinder von Geburt an mit ihrem je eigenen Temperament ausgestattet sind (ein Thema, das im sechsten Kapitel näher ausgeführt werden soll). Das war eine wichtige Erkenntnis für Mrs. Carter, die der irrigen Meinung gewesen war, dass zwar Verhaltensprobleme wie die Hyperaktivität von den Genen und vom Temperament herrühren können, nicht aber Schüchternheit. Der Gedanke, dass manche Kinder als schüchterne und vorsichtige Wesen geboren werden und in vieler Hinsicht Opfer ihrer zögernden Haltung sind, machte großen Eindruck auf sie. Nach ihren eigenen Worten »ruinierte« sie das Leben ihrer Tochter, wenn sie im Beisein anderer ständig von ihr verlangte, doch »Guten Tag« zu sagen, höflicher zu sein, den Leuten ins Gesicht zu sehen usw.

Ihr Unbehagen war ihr anzumerken, als sie sagte: »Ich konnte nicht verstehen, warum ich ein schüchternes Kind haben sollte. Ich selbst war als Kind sehr schüchtern, und ich habe mir vorgenommen, dass es meiner Tochter einmal nicht so gehen sollte. Deshalb habe ich ihr von Anfang an gesagt, dass sie nicht schüchtern sein soll, und mich fast überschlagen mit meinen Ermahnungen, wenn sie es dann eben doch war.«

Sallys Schüchternheit war in ihrem Temperament begründet. Es war ihr gewissermaßen von Geburt an bestimmt, in dieser Weise auf ihr Umfeld zu reagieren. Das Problem wurde allerdings verschärft durch Mrs. Carters Kindheitsgespenster. Ihre Versuche, eine an der Außenwelt interessierte, kontaktfreudige Tochter zu erziehen, bewirkten im Gegenteil, dass Sallys Ängste in sozialen Situationen noch zunahmen.

Mrs. Carter schöpfte wieder Mut, als wir den bekannten Kinderpsychiater John Werry mit der Bemerkung zitierten, dass »die Biologie kein Schicksal« ist. Allerdings hat sie einen Einfluss auf die Wahrscheinlichkeit. Von seiner genetischen Ausstattung her wird ein Kind wie Sally auf ein gegebenes Umfeld eher scheu und zurückhaltend reagieren; das bedeutet aber nicht, dass es nicht lernen kann, sich deutlicher darzustellen und auf die Mitmenschen zuzugehen. Mrs. Carter nahm unseren Hinweis auf einen Kindertherapeuten dankbar auf. Einige Monate später rief sie an, um zu berichten, dass die Situation sich sehr gebessert hatte: Sie und ihre Tochter erlernten Strategien der Angstbewältigung, und ihr Verhältnis zueinander hatte sich spürbar entspannt. Und was noch wichtiger war: Die Lehrerinnen hatten beobachtet, dass Sally in letzter Zeit auch selbstverständlicher mit ihren Klassenkameradinnen umging.

Es mag schmerzlich sein, hier von den Hintergründen negativer Skripts und von den Hindernissen zu lesen, die ihrer Abwandlung im Wege stehen. Allerdings haben wir in unserem professionellen wie im privaten Leben noch keine Elternperson getroffen, die nicht in der Lage wäre, zumindest einen dieser Hintergründe bzw. eines dieser Hindernisse zu benennen, die hinter der Abfassung negativer Skripts stehen. Dass wir den Akzent hier auf die Mythen, die falschen Vorstellungen und das »Übergepäck« aus der Vergangenheit legen, ist nicht als Kritik an den Eltern gemeint; es besagt ganz einfach, dass Eltern eben Menschen und als Menschen nicht vollkommen sind. Es liegt nicht in unserer Absicht, Zorn oder Scham, Schuldgefühle oder Schuldzuweisungen aufzurühren. Vielmehr wollen wir allen Interessierten helfen zu verstehen, wie negative Skripts zustande kommen und welche Hindernisse ihrer Abwandlung im Weg stehen. Dieses Verständnis steht am Beginn der Bemühungen, negative elterliche Skripts durch einen positiven Erziehungsstil zu ersetzen.

Bevor Sie weiterlesen, versuchen Sie, sich drei negative Skripts ins Gedächtnis zu rufen, die Sie im Umgang mit Ihren Kindern befolgen. Sie wissen ja: Negative Skripts erscheinen als Äußerungen, die immer wieder fallen, die aber ungeeignet sind, das erwünschte Verhalten auszulösen, und häufig den Stress und die Spannungen in der Familie noch steigern und die Beziehungen beeinträchtigen. Sie können »Ihre« drei Skripts einfach als Überschriften oder

Themen formulieren (z. B. »das Esstischproblem«) oder, wenn Sie entsprechend motiviert sind, den gesamten verbalen Austausch niederschreiben. Im Fall von CARL, der immer vom Esstisch weglief, könnte sich das zum Beispiel so lesen:

Mr. Thomas: Setz dich hin, Carl.
Carl: Ich bin gleich wieder da.
Mr. Thomas: Carl, komm jetzt her!
Carl: Ich komme ja schon!
Mrs. Thomas: Schrei nicht so!

Wenn wir irgendwann feststellen, dass wir immer und immer wieder die gleichen Dinge sagen und tun, aber so gut wie nichts damit erreichen, werden wir uns unserer negativen Skripts bewusst. Versuchen Sie, anhand der drei Beispiele, die Sie gefunden haben, etwas an Ihren elterlichen Worten und Handlungen zu ändern.

Fünf Leitsätze für die Abfassung positiver Skripts

Was auf den ersten Blick so aussehen mag wie der direkte Weg hin zu wirksameren elterlichen Praktiken, in diesem Fall zur Abfassung positiver Skripts, ist häufig übersät mit Stolpersteinen. Ein wichtiger erster Schritt besteht darin, dass Sie sich über die Hintergründe Ihrer negativen Skripts und über die Hindernisse klarwerden, die ihrer Umwandlung im Weg stehen. Wenn Sie diesen Schritt getan haben, können Sie anfangen, Ihre Skripts umzuschreiben. Der Weg mag sich als schwierig erweisen; Sie sollten sich deshalb bei der Abfassung positiver Skripts an bestimmte Leitsätze halten. Diese Leitsätze, die ein elementares Modell von Problemlösung darstellen, werden Ihnen zu einer konstruktiven Einstellung verhelfen. Wir gehen hier davon aus, dass Eltern, die ihre Kinder zu resilienten Persönlichkeiten erziehen wollen, die entsprechende innere Orientierung durch ihr eigenes Verhalten vorleben müssen. Dieses Modell erscheint erneut im zehnten Kapitel im Zusammenhang mit der Vermittlung von Problemlösefähigkeiten und Entscheidungskompetenz.

Erster Leitsatz: Akzeptieren Sie den Gedanken, dass Sie sich ändern müssen

Wir haben schon betont, wie wichtig es ist, dass Eltern sich überlegen, was sie anders machen können, wenn sie Schwierigkeiten mit ihren Kindern haben. Eltern, die mit einer resilienten Welt- und Lebensorientierung ausgestattet sind, werden zu dem Schluss kommen, dass sie zunächst danach fragen müssen, was sie bei sich selbst verändern können, bevor sie erwarten, dass ihre Kinder sich ändern. Konstruktive Veränderungen aufseiten der Eltern werden es den Kindern leichter machen, auch ihrerseits entsprechende Veränderungen vorzunehmen. Mit anderen Worten, Eltern sollten sich angesichts eines Problems als Erstes fragen: »Was habe ich getan oder nicht getan, das zu diesem negativen Skript geführt hat, und was kann ich tun, um das Problem zu reduzieren?«

Der Akzent liegt auf dem, was die Eltern tun können. Auch das mag unmittelbar einleuchten, aber viele Eltern schlagen eben doch den falschen Weg ein, wenn sie sich diesen Aspekt nicht klarmachen. Wenn Eltern von vornherein annehmen, dass es ihr Kind ist, das sich ändern muss, stehen die Chancen für einen Wandel erheblich schlechter.

Lassen Sie jetzt die drei negativen Skripts, die Sie als Ihre persönlichen Beispiele identifiziert haben, noch einmal Revue passieren, und wählen Sie eines als Bezugspunkt im Zusammenhang mit diesen fünf Leitsätzen aus. Können Sie den Gedanken akzeptieren, dass Sie sich zunächst einmal fragen müssen, was Sie selbst anders machen könnten, wenn Sie dieses negative Skript verändern wollen? Ist Ihnen klar, wie dieses Skript zustande kommen konnte, und durchschauen Sie die Hindernisse, die es Ihnen bisher verwehrt haben zu erkennen, dass Sie etwas verändern müssen? Wenn nicht, nehmen Sie sich Zeit, um diesen Fragen nachzugehen. Wenn Sie sie bejahen können, sind Sie bereit zur Veränderung.

Zweiter Leitsatz: Das Problem kennen – Das Ziel kennen

Dieser Leitsatz ist komplexer als es auf den ersten Blick scheinen mag. An erster Stelle muss eine Definition der Art des Problems Ihres Kindes in überprüfbaren Begriffen stehen. Damit soll die Notwendigkeit der Frage nach den *Wurzeln* des Problems nicht kleingeredet werden. Allerdings haben die Bemühungen im Zusammenhang mit der Frage, wodurch das Problem des Kindes »verursacht« worden ist, einen Haken: Sie können sehr wohl auch zu falschen Annahmen führen, die dann dafür sorgen, dass Sie sich von der Definition und der Lösung des Problems abhalten lassen.

Das ergiebigste Vorgehen sieht so aus, dass man zunächst in konkreten Begriffen formuliert, worin das Problem besteht, und dann versucht zu verstehen, was es am Leben hält. Feststellungen wie »Unser Kind ist verstockt, deshalb hört es uns nie zu« oder »Unser Sohn ist faul, und deshalb bleibt er nie lange bei einer Sache« spiegeln nur die *Wahrnehmung* der Eltern davon, was das Problem verursacht oder begünstigt; für seine Lösung sind sie aber nicht besonders hilfreich.

Dass in dieser Weise auf der »gefühlten« Ursache herumgeritten wird, statt dass die Eltern eine Definition des Problems versuchen, bedeutet für das Kind häufig ein Ärgernis. Das gilt ganz besonders dann, wenn wir wütend und ungeduldig sind, so dass wir aussprechen, was unserer Ansicht nach die Ursache seiner Schwierigkeiten ist: »Du bist ganz einfach faul!« Bei Kindern kommen solche Bemerkungen verständlicherweise oft als Verurteilung an. Eine Mutter erzählte uns, ihr Sohn habe ihr auf ihren Vorwurf, dass er morgens zu lange herumtrödele und deshalb den Schulbus natürlich nicht mehr erreichen könne, zur Antwort gegeben: »Du lässt mir ja auch nicht genügend Zeit.« Hier hatte der Umstand, dass die Mutter sich auf die vermutete Ursache einschoss, anstatt das Problem zu definieren – »Du bist nicht fertig, wenn du fertig sein müsstest« –, den Konflikt nur noch angeheizt. Die unmissverständliche, nicht richtende Definition des Problems als ein erster Schritt muss nicht Ärger und Ressentiments nach sich ziehen – sie ist vielmehr ein Appell an das Kind, sich auf problemlösende Schritte einzulassen.

Dieser zweite Leitsatz erfordert auch die Kenntnis des Ziels, das ebenfalls in operationalen, praktischen Begriffen formuliert sein sollte, zum Beispiel: »Wir möchten, dass unser Sohn das, was er angefangen hat, innerhalb einer angemessenen Zeitspanne zu Ende bringt« oder »Wir wollen, dass unsere Tochter antwortet, wenn wir sie etwas fragen«.

Anfangs mag es schwierig sein, sich ein zusammenhängendes Bild sowohl des Problems als auch des angestrebten Zieles zu verschaffen, wenn Sie aber erst einmal die innere Bereitschaft dazu entwickelt haben, wird Übung den Prozess zunehmend automatisieren. Wenn das Problem und das Ziel definiert sind, ist es wichtig, dass Sie sich Fragen stellen wie zum Beispiel: Wie lange besteht das Problem schon? Wie schwer wiegt sein Einfluss auf unsere Familie? Wie weit interferiert es mit unserem täglichen Leben? Wie hat es sich bis zu seinem gegenwärtigen Stand entwickelt?

Wenn Sie sich diesen Fragen ehrlich stellen, werden Sie sich über den Status des Problems Ihres Kindes klar werden und können dann überlegen, wodurch das Problem eigentlich am Leben gehalten wird. Vielleicht kommen Sie sogar zu dem Ergebnis, dass es eher in Ihrer Wahrnehmung als in der Realität besteht. Dafür ein Beispiel: Eltern, die überreagieren, wenn ihr Kind mehrmals die Note »befriedigend« nach Hause bringt, haben das Kind mit ihren Erwartungen vermutlich allzu stark unter Druck gesetzt. In anderen Fällen stellt sich unter Umständen heraus, dass die scheinbar so großen Schwierigkeiten des Kindes unter entwicklungspsychologischem Aspekt »angemessen« sind und, die elterliche Unterstützung vorausgesetzt, von kurzer Dauer sein werden.

Ein Beispiel dafür liefert die Familie Vance. Die Mutter rief uns an, weil ihr vierjähriger Sohn ADAM in letzter Zeit Alpträume hatte. Während dieser Phasen schien er sehr verzweifelt und war nur schwer aufzuwecken. Am nächsten Morgen konnte er sich nicht mehr an seinen schrecklichen Traum erinnern. Mrs. Vance meinte, er müsse so etwas wie ein Trauma erlebt haben, das diese schrecklichen nächtlichen Bilder hervorrief. Allerdings war von einem traumatischen Erlebnis nicht die Rede gewesen, und Adams sonstiges Verhalten hatte sich nicht verändert.

Wir erklärten ihr, dass viele Kinder dieses Alters Angstträume haben. In der Regel ist das eine Begleiterscheinung des Schlafs und nicht durch ein Trauma oder eine schlimme Erfahrung verursacht, und gewöhnlich dauert ein solcher Traum nicht sehr lange. Wir rieten ihr davon ab, jetzt ein negatives Skript aufzustellen – etwa verzweifelt nach Adams »Trauma« zu suchen und ihn in diesem Zusammenhang tagsüber immer wieder auszufragen. Lieber sollten sie und ihr Ehemann dem Kind gelassen und geduldig zu Hilfe kommen, wenn es nachts aus einem Alptraum erwachte, und es beruhigen, bis es wieder einschlafen würde. Im Übrigen sollten sie es vermeiden, mit Adam über das Thema zu sprechen.

Die rasche Identifizierung des Problems erlaubte es, seine Existenz, sein Gewicht und seine Wirkung auf das Familienleben klar einzukreisen. Es wurde als normale Entwicklungserscheinung und Begleitfaktor des Schlafs definiert. Das Ziel lautete, Adam je nach Bedarf zur Seite zu stehen und zugleich dafür zu sorgen, dass das Problem keine größere Bedeutung annahm als ihm zustand.

Zu Beginn dieses Kapitels haben wir aufgezeigt, dass Eltern unter Umständen ein Verhalten ihres Kindes – zum Beispiel das Weglaufen vom Esstisch oder die große Schüchternheit – zum Problem hochreden, und dies aus der Sorge heraus, dass das beklagte Verhalten schlimme Folgen für das weitere Leben des Kindes haben kann, wenn man ihm nicht beizeiten einen Riegel vorschiebt. Tatsächlich ist es diese Furcht vor späteren Konsequenzen, die viele Eltern veranlasst, uns aufzusuchen. Sie kommen zwar mit einer Liste aktueller Schwierigkeiten, aber ihre größte Sorge wird rasch erkennbar: anstatt diese Episoden im größeren Kontext von Kinderleben und Kindererziehung zu sehen, fürchten sie, dass die aktuelle Situation auf böse Folgen in der Zukunft deuten könnte. Wir sagen es noch einmal: Damit sollen nicht *die Probleme als solche* geleugnet werden; vielmehr wollen wir die Aufmerksamkeit auf das Gewicht der elterlichen *Reaktionen* auf die Probleme lenken.

Wenn wir unseren Kindern mit Empathie begegnen und ihnen zuhören, fällt es uns leichter zu verstehen, wie ein bestimmtes Problem sich überhaupt entwickeln und wie das entsprechende negative Skript zustande kommen konnte. Verhaltensschwierigkeiten von Kindern und Jugendlichen sind in vielen Fällen nichts anderes als ein Versuch, mit Druck und Belastung fertigzuwerden. Tatsächlich können sie ein Signal an die Eltern sein, einmal »dahinter«, nämlich auf die zugrundeliegende Belastung zu blicken, die das eigentliche Problem darstellt.

Die dreizehnjährige JENNIFER war überdurchschnittlich intelligent und fix, konnte aber überhaupt keine Ordnung halten. Ihr Zimmer und ihr Platz im Klassenraum, die ganze dreidimensionale Welt um sie herum bildeten ein einziges Chaos. Da sie so eine gute Schülerin war, sahen die Lehrerinnen in den ersten Jahren häufig über dieses Organisationsproblem hinweg, während sie sie für ihre Leistungen lobten und sie anspornten, so weiterzumachen. Mit dem Beginn der Mittelstufe nahmen dann allerdings die Anforderungen, was Organisation, Planung und allein schon den schieren Umfang der Aufgaben betraf, erheblich zu, und mit diesen Aspekten hatte Jennifer ungeachtet ihrer Intelligenz und ihrer Leistungen große Schwierigkeiten. Mit der Zeit kamen Verwarnungen von ihren Lehrerinnen hinzu, weil sie Aufgaben nicht vorgelegt, schlampig gearbeitet oder sich schlecht vorbereitet hatte. Nach einem klärenden Gespräch mit der Schulpsychologin erkannten Jennifers Eltern, dass die Lösung des Problems nicht darin bestehen konnte, Jennifer stärker zum Lernen anzuhalten. Sie mussten ihr vielmehr dabei helfen, ihre Arbeit besser zu organisieren und gestellte Aufgaben zu Ende zu bringen.

Eine ähnliche »Erfolgsstory« erlebten wir mit einer Familie, deren zehnjähriger Sohn erhebliche gesundheitliche Schwierigkeiten hatte. Seine Eltern mussten ihm in vielen Dingen helfen und dafür entsprechend viel Zeit aufwenden. Seine dreizehnjährige Schwester war anfangs eine sehr gute Schülerin gewesen, hatte inzwischen aber zunehmende Schwierigkeiten in der Schule. Die Eltern sprachen sie darauf an, dass ihre Noten immer schlechter wurden, und hörten aus dem Gespräch eine ganz klare Botschaft heraus, die etwa lautete: »Vielleicht bekomme ich jetzt auch mal etwas Aufmerksamkeit von euch.«

Natürlich können Eltern sich fragen, warum ihre Tochter den Umweg über schlechter werdende Noten wählt, um etwas von der Aufmerksamkeit für sich zu gewinnen, mit der ihr Bruder bedacht wird, und warum sie ihnen nicht direkt gesagt hat, dass sie sich übergangen fühlt. Beim hier behandelten Leitsatz geht es allerdings darum, das Problem und das Ziel zu definieren. In diesem Fall war das Problem nicht die dürftige schulische Leistung, sondern der Eindruck der Tochter, nur in einem begrenzten Umfang von ihrer Familie akzeptiert zu werden und nicht so richtig dazuzugehören. Auch das Ziel war klar. Die Eltern nahmen sich von nun an jeden Abend Zeit für ihre Tochter und machten ihr auf liebevolle und humorige Weise klar, dass sie keine schlechten Noten nach Hause bringen musste, um beachtet und geliebt zu werden.

Und nun zu Ihrem eigenen negativen Skript: Können Sie das Problem, das Ihre Situation bestimmt, deutlich definieren? Haben Sie sich ein erklärtes Ziel gesetzt? Ist Ihnen klar, wie und warum das Problem entstehen und das negative Skript zustande kommen konnte? Können Sie dieses Problem in einen realistischen Zusammenhang mit den Auswirkungen bringen, die es auf Ihre Familie und auf Ihre Beziehung zu Ihrem Kind hatte und hat? Stellen Sie sicher, dass Sie diese Fragen eindeutig beantworten können, bevor Sie sich mit dem nächsten Leitsatz befassen.

Dritter Leitsatz: Machen Sie sich klar, was Sie bisher getan haben und warum es nicht funktioniert hat

Nachdem wir das Problem und das Ziel definiert haben, müssen wir klären, warum unser bisheriges Vorgehen unwirksam geblieben ist. Das bedeutet, dass wir unsere aktuellen elterlichen Skripts unter die Lupe nehmen müssen.

Irgendwann beschlossen CARLs Eltern angesichts der Tatsache, dass er so große Schwierigkeiten hatte, sich rechtzeitig auf den Schulweg zu machen, ihn von nun an eine halbe Stunde früher zu wecken. Aber durch dieses frühere Wecken besserte sich nichts. Carl vertrödelte und verspielte die Zeit und war auch jetzt nicht fertig, wenn der Schulbus kam. Dennoch blieben die Eltern dabei, ihn zeitiger zu wecken, und wenn das nichts brachte, maßregelten sie ihn und machten den Frühstückstisch zum Austragungsort heftiger Auseinandersetzungen. Ganz offensichtlich funktionierte dieses Skript nicht.

Unglücklich über NATASCHAs schlechtes Abschneiden in der Schule strichen die Eltern, Mr. und Mrs. Eastman, ihrer Tochter ein Privileg nach dem anderen. Natascha reagierte darauf immer rebellischer. Schließlich hatten sie Natascha so viele Dinge weggenommen (ihre Stereoanlage, ihr Telefon, ihre sozialen Kontakte), bis in ihrem Zimmer praktisch nichts mehr stand außer ihrem Bett. Die Eltern erkannten, dass ihr Vorgehen keine positive Wirkung auf Natascha ausübte und dass die Spannungen zwischen ihnen und ihrer Tochter immer weiter zunahmen. Also beschlossen sie nun, in einem nicht anklägerischen Ton mit ihr darüber zu sprechen, dass und warum es wichtig war, dass sie ihre Arbeit für die Schule erledigte, und bereiteten damit den Boden für die aktive Mithilfe ihrer Tochter bei der Suche nach einer Lösung.

Mr. und Mrs. Whitman waren der Ansicht, ihr Sohn TYLER sei in seinen Ansprüchen an ihre Zeit unersättlich. Wenn sie sich 59 Minuten lang mit ihm beschäftigt hatten, forderte er auch noch die letzte Minute der vollen Stunde ein. Ihr negatives Skript entstand in dem Bemühen, ihrem Sohn klarzumachen, wie viel Zeit sie tatsächlich mit ihm verbrachten. Trotzdem war er nie zufrieden. Wenn die Whitmans erwartet hatten, ihr Sohn werde ihnen ihre Bemerkungen über all die mit ihm verbrachte Zeit danken, dann wurden sie enttäuscht. Er warf ihnen ganz im Gegenteil vor, sie interessierten sich ja nicht für ihn. Das wiederum führte nur dazu, dass ihr Groll gegen ihn noch zunahm.

Wie viele andere Eltern waren auch die Whitmans der Ansicht, dass sie alles versucht hatten und dass es jetzt an ihrem Sohn war, seine Wahrnehmung der Dinge zu ändern. Wie wir immer wieder gesehen haben, führt eine solche Einstellung zum Entstehen eines negativen Skripts, das dann immer wieder befolgt wird. Wenn unsere Kinder ihre Sicht auf die Welt modifizieren sollen, wenn sie ihre eigenen kontraproduktiven Skripts aufgeben sollen, dann müssen zuerst *wir* neue Skripts formulieren, die es ihnen leichter machen, etwas zu verändern. Flexibilität unsererseits weckt häufig Flexibilität und Problemlösefähigkeiten bei unseren Kindern, was wiederum ihrer resilienten Orientierung zugutekommt.

Mr. und Mrs. Whitman erkannten schließlich, dass das Problem nicht etwa Tylers mangelnde Fairness war, sondern dass er ganz einfach ein starkes Bedürfnis nach Aufmerksamkeit hatte. Es waren die negativen Auswirkungen dieses Bedürfnisses auf die Familie, die das eigentliche Problem darstellten. Das Ziel musste also lauten, Tyler zu helfen, diesem Aufmerksamkeitsbedürfnis auf funktionale Weise Genüge zu tun. Statt ihm immer wieder vorzuhalten, wie viel Zeit sie doch mit verbrachten, banden die Eltern ihren Sohn allmählich in außerfamiliäre Aktivitäten ein, so dass er sich wichtig und »gebraucht« vorkam. Sie organisierten auch Zeiten, in denen jeder von ihnen dem Sohn allein zur Verfügung stand.

Damit Sie Ihr eigenes negatives Skript im Licht dieses Leitsatzes kritisch betrachten können, legen Sie am besten eine Liste an, aus der hervorgeht, was Sie alles versucht haben, um das Problem zu lösen. Je nachdem, wie erfolgreich die »Lösung« im Einzelfall aussah, geben Sie sich dann Noten. Ist ein bestimmtes Vorgehen erfolgreicher gewesen als andere Methoden? Lässt sich das eine oder andere Vorgehen modifizieren, damit es bessere Ergebnisse erbringt?

Vierter Leitsatz: Suchet, so werdet ihr finden – Für jedes Problem gibt es eine befriedigende Lösung

Eine *positive* Lösung nimmt ihren Anfang als *mögliche* Lösung. Wir wandeln das negative Skript ab, indem wir das Problem definieren und uns ein Ziel setzen. Wenn wir von Schuldzuweisungen und eigenen Schuldgefühlen abrücken, wenn wir erkennen, dass die Abwandlung *unserer* Skripts unsere Kinder zur Abwandlung *ihrer* Skripts veranlassen wird, dann sind wir möglichen Lösungen schon auf der Spur und werden am Ende eine positive Lösung finden. Eltern sollten immer daran denken, dass durchaus etwas Gutes dabei herauskommen kann, wenn sie bereit sind, es mit neuen Skripts zu versuchen, selbst wenn sie bisher der Ansicht waren, sie hätten schon sämtliche Möglichkeiten durchprobiert. Viele Eltern empfinden die Befolgung eines neuen Skripts geradezu als belebend, weil damit realistische Hoffnungen und kreative Lösungen an die Stelle von Verzweiflung und stagnierenden Perspektiven treten.

Der Familie Thomas zum Beispiel schlugen wir vor, ihrem Sohn CARL mit mehr Empathie zu begegnen und es hinzunehmen, dass es ihm bei seiner Veranlagung schwerfiel, »fertig« zu sein, unabhängig davon, wie viel Zeit ihm jeweils zur Verfügung stand. Wir verwiesen auch darauf, dass wir alle doch besser arbeiten und unsere Arbeit schneller zu Ende bringen, wenn wir uns dabei auf etwas freuen können. Es könnte also sein, dass es Carl leichterfallen würde, sich für die Schule fertigzumachen, wenn er morgens dort einen kleinen Dienst zu versehen hätte oder im Unterricht mehr Erfolg hätte.

Mr. und Mrs. Thomas sprachen Carls Lehrerin darauf an, ob sich vielleicht eine motivierende Aufgabe finden ließe, die er morgens in der Schule übernehmen könnte. Wie die meisten Kinder hatte auch Carl Freude daran, anderen zu helfen. Man sagte ihm, er könne morgens ein paar Minuten früher kommen und der Sekretärin im Schulbüro helfen. Das war eine höchst motivierende Aufgabe, die ihn mit so viel Energie erfüllte, dass er sich von nun an morgens immer rechtzeitig auf den Weg machte. Der kleine Dienst war im Übrigen auch geeignet, sein Selbstwertgefühl zu erhöhen. Mit der Zeit stellte er fest, dass die Schule ein Ort war, an dem seine Stärken ins richtige Licht rückten. Sein Verhältnis zum Schulleiter war schließlich so gut, dass dieser ihm den Titel eines »Assistenten des Rektors« verlieh und eine entsprechende Urkunde ausstellte, die Carl stolz nach Hause brachte und in seinem Zimmer aufhängte.

Die Lösung dieses Falles ging allein darauf zurück, dass die Eltern ein unwirksames Skript – den ständigen Versuch, ihren Sohn zur Eile anzutreiben – aufgegeben hatten und stattdessen nun ein Skript befolgten, das Carls Selbstwertgefühl stärkte und dafür sorgte, dass er sich hochmotiviert auf den Schulweg machte.

Der Fall TYLERs, des »unersättlichen« Kindes, das seinen Eltern noch die *eine* Minute vorhielt, in der sie ihm einmal nicht zur Verfügung standen, ist eine weitere praktische Lektion für das Abwandeln eines untauglichen elterlichen Skripts. Seine Unersättlichkeit verlor ihren problematischen Charakter in dem Augenblick, in dem seine Eltern sie als einen Aspekt seines Temperaments akzeptierten. Es war nicht etwa so, dass die Whitmans ihm nicht genug Liebe entgegengebracht und nicht genug Zeit gewidmet hätten, vielmehr hatte Tyler ihre Handlungen nicht in diesem Sinne *wahrgenommen*. Wir erinnern uns: Mr. und Mrs. Whitman hatten sich nicht nur überlegt, was Tyler außerhalb der Familie unternehmen könnte, um das Gefühl zu haben, dass man ihn brauchte und akzeptierte; sie hatten sich auch auf bestimmte Zeiten verständigt, in denen jeweils nur einer von ihnen mit Carl zusammen war. Sie gaben diesen Stunden noch einen besonderen Anstrich, indem sie sagten: »Diese Zeit gehört nur uns beiden, und deshalb werde ich auch kein Telefongespräch annehmen. Das kann der Anrufbeantworter erledigen.« Auch ältere Kinder lieben solche Zeiten des Beisammenseins mit Mutter oder Vater bzw. mit beiden Eltern, sei es, dass man einmal pro Woche zum Essen miteinander ausgeht, ein Sportereignis besucht oder gemeinsam joggt.

Diese Tête-à-Têtes mit nur *einem* Kind schließen selbstverständlich gemeinsame Unternehmungen der ganzen Familie nicht aus. Wir dürfen nicht vergessen, dass die Dynamik von Fall zu Fall wieder eine andere ist. Eine feste Zeit, von Mutter oder Vater für das Zusammensein mit nur diesem *einen* Kind reserviert, dient mehreren Zwecken: Eine solche Abmachung unterstreicht, dass das Kind seiner Mutter bzw. seinem Vater wichtig ist; sie ist für Mutter oder Vater eine Gelegenheit, dieses Kind noch besser kennenzulernen, ohne dass die Geschwister für Ablenkung sorgen; und sie kann die Befürchtungen des Kindes, etwa nicht genügend Aufmerksamkeit und Liebe zu erhalten, weitgehend zerstreuen.

Kommen wir jetzt zu dem Problem, an das *Sie* im Zusammenhang mit diesem Abschnitt gedacht haben: Versuchen Sie, sich drei mögliche Lösungen auszudenken. Es sollte sich um Ansätze handeln, mit denen Sie es noch nicht versucht haben. Wählen Sie diejenige Variante aus, die Ihnen am meisten zusagt, und entwerfen Sie im Geist ein positives Skript, das Ihnen helfen könnte, diese Variante einzuführen und im Umgang mit Ihrem Kind anzuwenden.

Fünfter Leitsatz: Wenn Sie beim ersten Mal keinen Erfolg sehen, versuchen Sie es erneut

Es wäre unrealistisch anzunehmen, dass die Lösung, für die Sie sich entschieden haben, und das neue Skript, das Sie sorgfältig geplant haben, in jedem Fall zum Erfolg führen müssten. Wenn Ihr neues Skript kein positives Ergebnis erbringt, dann seien Sie nicht deprimiert, werden Sie nicht ärgerlich – und gestatten Sie sich schon gar nicht das Gefühl der Hilflosigkeit. Wenn die Situation sich nicht bessert – was häufig der Fall ist –, kann die wiedererwachte Hoffnung, die Sie in das neue Skript gesetzt hatten, in der Tat in Enttäuschung und Pessimismus umschlagen. In dieser Situation zucken viele Eltern mit den Schultern und sagen: »Wir haben alles versucht, auch das, was Sie uns vorgeschlagen haben – und nichts hat genützt.«

Aus eben diesem Grund müssen wir den Leitsatz akzeptieren, dass ein weiterer Versuch unternommen werden muss, wenn das neue Skript nicht funktioniert. Es ist nun einmal so, dass manche Ideen, die auf dem Reißbrett narrensicher zu sein scheinen, wie ein Kartenhaus zusammenfallen, wenn man versucht, sie umzusetzen. Um den Versagensgefühlen, die sich in einem solchen Fall einstellen können, etwas entgegenzusetzen, empfiehlt es sich, von vornherein zu fragen: »Und was ist, wenn es nicht klappt? Was ist unser Ersatzplan?« Dass wir uns diese Fragen stellen, ist nicht gleichbedeutend mit der Voraussage eines Fehlschlags, der daraufhin folgerichtig eintreten müsste. Wir gehen zunächst davon aus, dass das neue Vorgehen *funktionieren wird*, aber für den Fall, dass es das nicht tut, ist es klug, die eine oder andere Ersatzstrategie parat zu haben. Eben deshalb haben wir weiter oben vorgeschlagen, dass Sie über *drei* Lösungsansätze für Ihr spezielles Problem nachdenken.

Wenn wir unseren Kindern vermitteln wollen, dass man aus Misserfolgen und Fehlern lernen kann, dann müssen wir ihnen diese Überzeugung vorleben. Zu den herausragenden Kennzeichen einer resilienten Welt- und Lebensorientierung zählt die Erkenntnis, dass Fehler Erfahrungen sind, aus denen wir etwas lernen können. Im achten Kapitel geht es um die Frage, wie wir unseren Kindern helfen können, diese entscheidend wichtige Einstellung zu entwickeln.

Wir *schreiben* die Skripts, also können wir sie auch *umformulieren*

So gut wie alle Theorien, in denen es um die Entstehung eines gesunden Selbstwertgefühls und einer resilienten Welt- und Lebensorientierung geht, legen den Akzent auf die Forderung, dass wir uns als Individuen auf das konzentrieren sollten, was wirklich in unserer Macht steht. Wenn wir viel Zeit und Energie auf den Versuch verwenden, Umstände zu verändern, die außerhalb unserer Einflussmöglichkeiten liegen, werden wir am Ende frustriert die Hoffnung aufgeben.

Das Umformulieren negativer Skripts ist untrennbar mit diesem Gedanken der persönlichen Einflussnahme verbunden. Wenn wir die Wirksamkeit dessen, was wir uns in unser Skript geschrieben haben, einschätzen können – und im Umgang mit unseren Kindern ist das in vielen Fällen möglich –, dann können wir uns vorwärtsbewegen. Wir können damit beginnen, dass wir zwischen den produktiven und den fruchtlosen Verhaltensweisen unterscheiden. Wir können dann die letzteren, die fruchtlosen, in den Blick nehmen, indem wir danach fragen, wie sie entstanden sind und welche Hindernisse ihrer Veränderung im Weg stehen. Anhand einer Reihe von Leitlinien können wir dann Probleme präzise definieren, uns realistische Ziele setzen und unser Skript umformulieren.

Wir sind die Autoren unseres Lebens. Wenn uns das Skript nicht gefällt, sind wir nicht dazu verdammt, es zu befolgen. Das Umformulieren negativer Skripts ist unerlässlich, wenn wir unseren Kindern zu einer resilienten Welt- und Lebensorientierung verhelfen wollen. Wir sollten unser Glück als Familie nicht dadurch zu erreichen suchen, dass wir die Kinder zur Abwandlung *ihrer* Skripts veranlassen. Stattdessen können wir das Wissen umsetzen, dass wir als Autoren unseres Lebens am meisten gewinnen, wenn wir danach fragen, was *wir* anders machen können. Das Abfassen neuer Skripts beginnt mit der Suche nach *möglichen* Lösungen, die, wenn alles gut geht, zu *positiven* Lösungen werden. Diese Skripts werden unsere Kinder anregen, auch ihre eigenen Skripts umzuschreiben.

Vielen von uns fällt es nicht leicht einzusehen, dass wir »die Kontrolle« nur über eine einzige Person haben: über uns selbst. Wir sollten nicht versuchen, unsere Kindern »zu kontrollieren«; wir können sie aber leiten und lehren, wenn wir mutig genug sind, unsere Worte und Handlungen zu verändern. In dieser Weise dienen wir ihnen als Vorbilder an Resilienz und Optimismus.

5

LIEBE UND WERTSCHÄTZUNG

Schon seit Tausenden von Jahren befassen sich Dichter und Denker mit der Frage nach der Bedeutung der Liebe. Manche haben diese Frage zu ihrem Lebensthema gemacht. Wissenschaftler studieren die Hormone der Liebe. Entwicklungspsychologen befassen sich mit den Bindungen der Liebe. Ehe-Experten untersuchen den Prozess der Liebe. Dabei herrscht ein durchgehender Konsens darüber, dass es zu den wichtigsten Aufgaben von Eltern gehört, ihre Kinder zu lieben. Ein Kind, das weiß, dass es bedingungslos geliebt wird und dass seine Eltern ihm einen ganz besonderen Platz in ihrem Herzen eingeräumt haben, besitzt eine Kraftquelle, mit der es die täglichen Anforderungen bewältigen und Resilienz entwickeln kann.

Wir wissen zwar, dass es wichtig ist, unsere Kinder zu lieben und ihnen das Gefühl zu geben, dass sie besondere Menschen mit eigenem Wert, dass sie uns lieb und willkommen sind. Trotzdem hält uns manchmal etwas davon ab, ihnen diese Liebe zu vermitteln. Die Frage lautet nicht: »Lieben wir sie genug?« Vielmehr geht es darum, ihnen unsere Liebe in einer Weise zu vermitteln, die ihrerseits als Gerüst für die Ausbildung einer resilienten Welt- und Lebensorientierung dienen kann. Sind es unsere Worte, ist es die ständige Wiederholung dieser Worte, ist es der Ton, in dem wir mit ihnen reden, oder ist es die physische Nähe, was unseren Kindern unmissverständlich bestätigt, dass wir sie lieben?

In einem Park beobachteten wir unlängst eine Mutter und ihren dreijährigen Sohn. Sie spielten ein Spiel, das sie offensichtlich schon viele Male gespielt hatten:

Die Mutter, lächelnd, fragte immer wieder: »Wie lieb habe ich dich?«

Das Kind antwortete jedes Mal anders: Zuerst breitete es die Arme aus und sagte: »So sehr«; und auf jede weitere Frage kam dann eine Antwort, die spürbar aus früheren Interaktionen zwischen Mutter und Kind entstanden war. »Mehr als alle Sterne am Himmel«, sagte das Kind.

Die Mutter beugte sich vor und umarmte ihren Sohn. Dieses Kind fühlte sich zweifellos geliebt.

Ist Liebe also ein Produkt, das Endergebnis unseres tagtäglichen Umgangs mit unseren Kindern, oder ist Liebe ein Prozess, durch den wir sie an jedem Tag ihres Lebens mit Halt und Hilfe umgeben? Dieses Kapitel soll zeigen, dass Liebe das letztere ist. Das Gefühl, geliebt zu werden, ist ein Prozess. Liebe ist eine Form des Umgangs, die wir unseren Kindern gegenüber ständig üben. Wir vermitteln ihnen unsere Liebe, indem wir ihnen empathisch begegnen, negative Skripts abwandeln und sie lehren, wirksam zu kommunizieren. Unsere angemessene Reaktion auf ihre emotionalen Bedürfnisse sorgt dafür, dass sie sich sicher, beschützt und geliebt fühlen. Wir helfen ihnen, sich ihrer Erfolge bewusst zu werden, wir stärken ihr Verantwortungsgefühl, wir erziehen sie in konsequenter und angemessener Weise zur Disziplin, wir lehren sie, mit widrigen Umständen und Geschehnissen fertigzuwerden – und mit all dem demonstrieren wir, wie sehr wir unsere Kinder lieben.

In diesem Kapitel zeigen wir, dass und wie der Prozess der Liebe im täglichen Umgang mit unseren Kindern Gestalt annimmt. Wir gehen hier davon aus, dass Eltern ihre Kinder lieben. Selbst wenn Eltern abscheuliche Handlungen an ihren Kindern begehen oder sich ambivalent über sie äußern, ist nach unserer Überzeugung wenigstens der Keim der Liebe irgendwann gelegt worden. Unseligerweise erhielt er keine Nahrung, konnte sich folglich nicht entfalten oder wurde sogar zertrampelt. Manchen Eltern läuft der Prozess der Liebe aus dem Ruder – dann nämlich, wenn sie es zulassen, dass das Verhalten ihrer Kinder mit ihrer elterlichen Aufgabe interferiert, den Kindern das Gefühl des Besonderseins und des Geliebtwerdens zu vermitteln. Gerade in solchen Situationen aber, in Zeiten der Belastung, sind unsere Kinder ganz besonders auf das Gefühl angewiesen, geliebt und akzeptiert zu werden, und zwar um ihrer selbst willen und nicht etwa wegen eines Wunschbildes, das wir von ihnen haben.

Das Gefühl, geliebt zu werden

Was schließt das Gefühl des Geliebtwerdens ein? In dem großartigen Musical »Anatevka« fragt Tevje seine Frau nach 25 Ehejahren, ob sie ihn liebt. Als Antwort zählt sie auf, was sie beide im Laufe der Jahre alles miteinander erlebt haben, die Geburt der Kinder und die Arbeit Seite an Seite. Sie fragt, wie er sie, die 25 Jahre lang für ihn gekocht und geputzt hat, so etwas überhaupt fragen kann. Am Ende singt Tevje: »Ich lieb dich, Golde – immerzu.«

Tevje stellt eine wichtige Frage: Wie kann ein Mensch wissen, dass ein anderer ihn liebt? Im Verhalten und in den Kommentaren von Kindern, die sich geliebt und akzeptiert fühlen, lassen sich Gemeinsamkeiten beobachten. Die Akzeptanz vonseiten ihrer Eltern gibt ihnen den Mut, Neues zu erproben und sich mit Hilfe der Eltern an die Entdeckung ihrer Identität zu machen. Der Prozess der Liebe erlaubt es den Eltern, ihren Kindern diese Akzeptanz zu vermitteln, und zwar ohne sie einzuschüchtern oder zu demütigen.

Das Gefühl, geliebt zu werden, hat nichts mit dem zu tun, was zumeist als »bedingte Liebe« oder »Liebe mit Vorbehalt« bezeichnet wird. Diese Liebe wird »zugeteilt«, wenn die Kinder den von den Eltern proklamierten Standards und Verhaltensweisen entsprechen. SALLYs Angst in sozialen Situationen und ihr Unvermögen, sich deutlich darzustellen, veranlasste ihre Eltern zu der ständigen Forderung, sie solle den Leuten doch »Guten Tag« sagen; bei Sally kam diese Forderung als die Botschaft an, dass die Eltern sie mehr lieben würden, wenn sie kontaktfreudig und gesprächig wäre. Eben das aber fiel ihr aufgrund ihres Temperaments schwer. MARYs Eltern drängten auf gute Noten, wobei einmal die Bemerkung fiel, wenn Mary sie liebte, dann würde sie mehr für die Schule tun. Damit wurde Mary vermittelt, dass die Liebe und Akzeptanz ihrer Eltern von ihrer Leistung abhängig sei.

Wenn Kinder sich geliebt und akzeptiert wissen, dann haben sie auch ein Gefühl ihres eigenen Wertes. Sie sind überzeugt davon, dass sie einen ganz besonderen Platz in den Herzen und Hirnen ihrer Eltern haben, und sie spüren, dass die Eltern gern mit ihnen zusammen sind und sie schätzen. Dieses Gefühl des Besonderen, des Eigenwertes, das nichts mit Egozentrik zu tun hat, ist eine wichtige Voraussetzung dafür, dass Kinder zu der Überzeugung gelangen, liebenswerte und geschätzte Mitmenschen zu sein.

Eine Zehnjährige brachte das uns gegenüber perfekt auf den Punkt: »Ich weiß, dass meine Eltern viel zu tun haben, aber sie finden immer Zeit für mich und meine Schwester. Wenn ich Schwierigkeiten mit den Hausaufgaben habe, ist immer einer von ihnen in der Nähe und hilft mir. Sie sind geduldig und erklären die Dinge genau, wenn ich mal Probleme habe. Wir streiten zwar manchmal, aber ich weiß ja, dass sie mich lieben und mir wirklich zuhören.« Von diesem Mädchen können wir etwas Wichtiges lernen: Das Gefühl, geliebt zu werden, ist ein Prozess, den wir unseren Kindern von Tag zu Tag vermitteln.

Liebe und der »charismatische Erwachsene«

Vor einigen Jahren hatten wir Gelegenheit, einen Jungen zu interviewen, der uns überwiesen worden war, weil er an Depressionen, Angstzuständen und einer Lernbehinderung litt. Im Gespräch mit ihm stellte sich heraus, dass Angst und Hoffnungslosigkeit sich tief in sein Inneres hineingefressen hatten.

Seine schulischen Leistungen waren seit sieben Jahren dürftig, und trotz der Nachhilfe, die er inzwischen erhielt, hinkte er in den Grundfächern weit hinter seinen Klassenkameraden her. Dabei schien er eher mutlos als depressiv. Er hatte nur wenige Freunde, und seiner Ansicht nach gab es kaum etwas, worin er wirklich gut war.

Wir kamen auf seine Zukunftsvorstellungen zu sprechen und stellten ihm eine Standardfrage: Wenn du die Möglichkeit hättest, einen Tag lang jemand anderes zu sein, wer würdest du dann gerne sein? (Häufig wird in solchen Fällen der Name eines berühmten Sportlers, Filmschauspielers etc. genannt.) Die Antwort soll eine gewisse Vorstellung davon vermitteln, was das Kind sich von der Zukunft erhofft und erwartet und ob und wie es meint, den bewunderten Status irgendwann einmal selbst zu erringen.

»Mein Vater«, antwortete der junge Mann ohne zu zögern.

Überrascht fragten wir nach: »Warum würdest du gern dein Vater sein?«

Er sah uns an und antwortete: »Sie müssten meinen Vater halt kennen. Er liebt mich wirklich.«

Das Bild des Vaters, das dieser junge Mann in Herz und Hirn bewahrte, entspricht unserer gängigen Definition des »charismatischen Erwachsenen«. Dieser Begriff stammt, wie wir im ersten Kapitel, S. 33, schon sagten, von dem Psychologen Julius Segal. Charismatische Erwachsene müssen nicht notwendigerweise die Eltern sein. Es sind Menschen, die einem Kind gegenüber Liebe und Akzeptanz erkennen lassen und dem Kind ein Gefühl seines eigenen und besonderen Wertes vermitteln. Bei dem soeben vorgestellten Jugendlichen hatten die Liebe, die sein Vater ihm Tag für Tag bezeigte, und die starke Vater-Sohn-Beziehung ungeachtet der beschriebenen Schwierigkeiten ein Gefühl der Sicherheit und Zugehörigkeit ebenso wie einen gewissen Zukunftsoptimismus wachsen lassen.

Der charismatische Erwachsene im Leben von Kindern ist laut Segal ein Mensch, »mit dem sie sich identifizieren und von dem sie Stärke beziehen«. Segals Überlegungen finden Bestätigung in mehreren Studien, die sich mit risikoreichen Kindheitsverläufen vor dem Hintergrund von Misshandlung, Vernachlässigung und Schulversagen befassen. Die Forscher kamen zu dem Ergebnis, dass einige der von ihnen befragten Jugendlichen über ihre einst widrigen Lebensumstände hinausgewachsen waren; sie hatten erhebliche Herausforderungen gemeistert und führten mittlerweile privat wie beruflich ein erfolgreiches und befriedigendes Leben. Alle führten diesen Erfolg zu einem großen Teil darauf zurück, dass es in ihrem Kinderleben zumindest *einen* Erwachsenen gegeben hatte, der sich um sie kümmerte, dem an ihnen gelegen war und der sie liebte. Mindestens *ein* solcher Erwachsener hatte ihre Belange vertreten, zumal in Zeiten der Bedrängnis. Das ist ein Befund, der über die Kontinente hinweg in Individualgesellschaften immer wieder angetroffen wird.

Segals Bild des Kindes, das »Stärke bezieht«, wirft interessante Fragen auf, was unsere Wirkung auf unsere Kinder angeht. Haben Sie sich bei Ihren Interaktionen mit Ihren Kindern schon einmal gefragt, ob sie aus Ihren Worten und Handlungen Stärke beziehen? Denken Sie, wenn Sie Ihre Kinder abends zu Bett bringen, darüber nach, ob das, was Sie heute gesagt oder getan haben, die Kinder zu stärkeren Menschen macht? Haben die Kinder heute Stärke von Ihnen bezogen, die ihr Eigenwertgefühl und ihre Resilienz steigern? Oder, was schlimm wäre, sind sie schwächer geworden? Diese Fragen führen unweigerlich dazu, dass wir über unsere Beziehung zu unseren Kindern, über den Prozess der Liebe und darüber nachdenken, wie wir ihnen helfen können, innere Stärke zu entwickeln.

Unlängst trafen wir mit Mr. und Mrs. Rawley zusammen, die Sorgen mit ihrem älteren Sohn hatten, dem vierjährigen AUSTIN. Sie hatten noch ein weiteres Kind, das jetzt sechs Monate alt war und ein sehr ausgeglichenes Temperament besaß. Von Austin konnten sie das leider nicht sagen. Sie liebten ihn zärtlich, aber sie waren auch sehr frustriert, weil sie es offensichtlich nicht schafften, sein Verhalten zu deichseln und zu »formen«. Austin war zärtlich und liebevoll, aber extrem hyperaktiv. Aus der einen Vorschule hatte man ihn bereits hinauskomplimentiert; in einer zweiten hatte er soeben angefangen. Seine Eltern fühlten sich dem allem keineswegs gewachsen, nicht allein deshalb, weil sie bei ihren täglichen Bemühungen, ihn zu zügeln, die Verlierer waren, sondern auch weil die Reaktion Dritter auf sein Benehmen sie schmerzte. Manche Familien in der Nachbarschaft wollten nicht, dass Austin zu ihnen ins Haus kam. Auch die ehemalige Vorschullehrerin war verärgert, nachdem sie ein Jahr lang vergeblich versucht hatte, ihn zu einem anderen Verhalten zu bewegen und ihn in die Gruppe zu integrieren.

Austin selbst spürte die Konsequenzen »seiner Probleme« ebenfalls. Er hatte seinen Eltern schon mehrfach gesagt, dass die anderen Kinder ihn nicht mochten und dass ihn seine Lehrerin nicht für besonders klug hielt. Wenn er abends ins Bett ging, hatte er sehr häufig sein »Tageskonto überzogen«, nämlich sehr viel mehr Ärger und Kritik als Unterstützung und Ermutigung von seiner Umgebung verbucht. Er bezog keine Stärke von den wichtigen Erwachsenenfiguren in seinem Leben.

Wir überlegten zusammen mit Mr. und Mrs. Rawley, was wohl aus einem Kind werden würde, das über viele Jahre hinweg Tag für Tag auf Verärgerung und Kritik aus seinem Umfeld trifft. Was Austin dringend brauchte, so sagten wir ihnen, war ihre beständige, bedingungslose Liebe und Unterstützung ungeachtet seines schwierigen Verhaltens.

Interessant war, dass Austin sich in unserem Spielzimmer zwar impulsiv und ruhelos, tatsächlich aber sehr normal benahm. Das Gleiche galt für seine emotionale Reaktion: Am Ende der Sitzung umarmte er uns ohne Zögern. Das war kein »schlimmes« Kind, sondern ein Kind, dem aufgrund seines schwierigen Temperaments der Ärger sozusagen in die Wiege gelegt worden war.

CARLs Eltern standen vor einer ähnlichen Situation. Wir erinnern uns: Carl brachte es nicht fertig, sich morgens rechtzeitig auf den Schulweg zu machen und beim Essen ruhig auf seinem Stuhl sitzen zu bleiben. Mr. Thomas schaffte es, sein negatives Skript, was diesen Sohn betraf, abzuwandeln: Er verstand, dass Carls Probleme eine Folge seines Temperaments waren und er als Vater sein Vorgehen modifizieren konnte, ohne dem Kind »nachzugeben«.

Unser Gespräch darüber, wie wichtig ein charismatischer Erwachsener für ein Kind ist, machte diesem Vater Mut, sein Vorgehen spürbar zu verändern. Wir sagten ihm, er solle sich doch einmal überlegen, ob Carl wirklich Kraft von ihm bezog und – seine Reaktion vor Augen – sich positiv entwickelte.

Sinngemäß die gleiche Frage stellten wir auch SALLYs Eltern: Bauten ihre Reaktionen auf Sallys Schüchternheit das Kind auf, oder hemmten sie es nicht gerade noch mehr? Erst als diese Eltern erkannten, dass der Versuch, ihren Kindern zu helfen, fehlschlagen musste, solange er nicht von einem Prozess der Liebe begleitet war, konnten sie in der Tat zu Quellen der Kraft für ihre Kinder werden.

Wir wollen uns jetzt dem achtjährigen ALAN zuwenden, dessen Eltern, Mr. und Mrs. Norton, ihn ebenfalls zärtlich liebten. Alans Schwächen reichten bis in seine sozialen Beziehungen hinein. So wie er Schwierigkeiten hatte, Gedrucktes zu lesen, fiel es ihm auch schwer, die verbalen und nonverbalen Zeichen anderer Menschen zu »lesen« und ihren Sinn zu verstehen. Er war nicht schüchtern, aber seine Versuche, sich in die Gruppe einzubringen, stießen auf wenig Gegenliebe. Alan konnte oft nicht aufhören zu reden und hatte Schwierigkeiten, auch mal jemand anderen »dranzulassen«. Häufig führte er sich albern auf, um die Aufmerksamkeit auf sich zu ziehen. Er selbst war zwar der Ansicht, mit seinen Aktionen so zu sein wie alle anderen auch, aber die meisten seiner Schulkameraden mieden ihn, und manche machten sich über ihn lustig. Alan begriff nicht, welchen Anteil sein Verhalten an diesem Stand der Dinge hatte – er war ganz einfach traurig und fühlte sich schlecht behandelt. In den Gesprächen, die seine Eltern mit ihm führten, war sein Umgang mit anderen ein häufiges Thema.

Beunruhigt darüber, dass er auf diesem Feld anscheinend »nicht weiterkam«, meldeten sie sich mit ihm zur Beratung an.

Alan war ganz elektrisiert, als ein Klassenkamerad ihn zu seinem Geburtstag einlud. Seit Kindergartenzeiten war er zu keiner Geburtstagsparty mehr gebeten worden. Aufgekratzt berichtete er seiner Mutter: »Jetzt endlich finden sie mich nett.« Er wusste nicht, dass alle Kinder seiner Klasse zu der Geburtstagsfeier eingeladen waren, aber auch wenn er es gewusst hätte – seinen Enthusiasmus hätte das wohl kaum gedämpft. Er war ganz aufgeregt, als seine Mutter ihn hinbrachte. In eher abwiegelndem Ton ermahnte ihn Mrs. Norton noch einmal, sich als einer unter vielen entsprechend zu verhalten, auch die anderen zu Wort kommen zu lassen, nicht herumzuprahlen und ganz generell freundlich zu seinen Kameraden zu sein.

Nachdem die Mutter des Geburtstagskindes ihn begrüßt hatte, fand Alan sich allein. Er versuchte, sich einer Gruppe von Jungen anzuschließen, die auf dem Trampolin herumhüpften, aber es war, als wäre er unsichtbar. Als er versuchte, auch einmal zu springen, sagten sie, er sei noch nicht an der Reihe. Irgendwann verzogen sie sich, und er hatte das Trampolin für sich allein.

Im Laufe des Nachmittags sagten mehrere der aggressiveren Jungen zu Alan, er hätte eigentlich gar nicht eingeladen werden dürfen. Dann – so Alans Schilderung – rutschte einer seiner Klassenkameraden mit einem Stück Kuchen in der Hand aus, und der Kuchen landete auf Alans Kopf. Einige Kinder lachten darüber, anderen tat Alan leid. Zwei seiner Klassenkameradinnen halfen ihm, den Kuchen aus dem Haar zu bekommen. Alle seine Hoffnungen, endlich akzeptiert zu sein, fielen in sich zusammen, während er sich die Kuchenreste aus dem Gesicht wischte und sich anschließend in den Flur zurückzog, um neben der Eingangstür auf seine Mutter zu warten.

Als Mrs. Norton ankam und sah, dass Alan ganz allein dort saß, wusste sie intuitiv, dass etwas passiert war, aber sie war so frustriert über seine anhaltenden Schwierigkeiten und seinen offensichtlichen Widerstand gegen jede »Besserung«, dass ihr Kummer und ihr Ärger mit ihr durchgingen. Sie sagte etwas, das sie später nur zu gern zurückgenommen hätte: »Kein Wunder, dass du keine Freunde hast, wenn du bloß dasitzt und muffelst. Wie willst du denn je zu einem Freund kommen, wenn du dich so abkapselst?« Alan sah seine Mutter an, fing an zu weinen und lief aus dem Haus.

Im Laufe unseres Gesprächs über charismatische Erwachsene räumte Mrs. Norton ein: »Ich war alles andere als charismatisch, als ich das zu Alan sagte. Wenn ich überhaupt etwas war, dann das genaue Gegenteil. Ich habe ihm noch das bisschen Würde genommen, das ihm vielleicht geblieben war.« Was

Alan in jenem Augenblick am dringendsten gebraucht hätte, war die bedingungslose Liebe und Achtung vonseiten seiner Mutter.

Unter dem Eindruck der Gespräche, die wir miteinander führten, gelang es Alans Mutter, ihre Gefühle und Erwartungen unter Kontrolle zu halten und sich darauf zu konzentrieren, dass sie ihrem Sohn helfen musste, Kraft von ihr zu beziehen. Gemeinsam ließen wir das Geschehen während der Geburtstagsparty noch einmal Revue passieren und überlegten, wie Mrs. Norton ihr Skript so hätte abwandeln können, dass es Alan möglich gewesen wäre, aus der erlittenen Demütigung zu lernen und Kraft zu beziehen.

»Was er dringend von mir hätte hören müssen, waren nicht mein Ärger und meine Kritik«, schloss Mrs. Norton. »Er war so niedergeschlagen, dass er ein paar ermutigende Worte gebraucht hätte, ein bisschen Hoffnung, dass uns vielleicht etwas einfallen würde, wie er mit den Kindern zurechtkommen und was er ihnen sagen könnte, wenn sie ihm so etwas antun. Was er gebraucht hätte, war das Gefühl, geliebt zu werden.«

Denken Sie an Ihren täglichen Umgang mit Ihren Kindern. Versetzen Sie sich an die Stelle Ihrer Kinder und fragen Sie sich: Wenn jemand so mit mir umginge wie ich mit meinen Kindern umgehe – würde ich mich nach einer solchen Episode stärker fühlen, würde ich mich geliebt fühlen, hätte ich an Resilienz zugelegt, oder wäre ich vielleicht erst recht am Boden zerstört? Die Antwort definiert den Prozess der Liebe zu unseren Kindern.

Resilienz und das Gefühl, geliebt zu werden

Das Gefühl, als Mensch in seinem eigenen Wert geliebt und bestätigt zu sein, ist ein Eckpfeiler einer resilienten Welt- und Lebensorientierung. Resiliente Kinder betrachten das Leben hoffnungsvoll und haben ein ausgeprägtes Selbstwertgefühl. Sie sind in ihren Zielen und Erwartungen realistisch, und dies sowohl für die eigene Person als auch für ihr personales Umfeld. Sie lernen, Probleme zu lösen und Fehler als Erfahrungen zu betrachten, aus denen sie etwas lernen können. Resiliente Kinder gehen widrige Gegebenheiten konstruktiv an. Sie leugnen ihre Schwächen nicht, aber sie sind imstande, sich ihre Stärken zunutze zu machen. Sie lernen den erfolgreichen Umgang mit anderen, sie scheuen sich nicht, Hilfe zu erbitten, und – was das Wichtigste ist – sie lernen, sich auf das zu konzentrieren, was sie steuern und bewältigen können, und nicht auf Dinge, die sich ihrem Einfluss entziehen.

Diese Kennzeichen erfahren im Kontext der Beziehung zu einer charismatischen erwachsenen Person noch eine deutliche Förderung und Verstärkung.

Eine solche Person vermittelt dem Kind Akzeptanz und Liebe und schafft ein Klima, in dem es sich die Einstellungen und Fertigkeiten zu eigen machen kann, die zu den Kernelementen einer resilienten Welt- und Lebensorientierung zählen. Ein Kind, dem bedingungslose Liebe entgegengebracht wird, verhält sich weniger abwehrend und ist eher bereit, anderen zuzuhören und von ihnen zu lernen. Im Kontext einer geschützten und sicheren Eltern-Kind-Beziehung sind beide Seiten eher geneigt, sich realistische Ziele zu setzen, Probleme zu lösen, Entscheidungen zu treffen, angemessene Risiken einzugehen und, wenn nötig, um Hilfe zu bitten.

Es ist schwer vorstellbar, dass ein resilientes Kind diese Art der liebevollen Beziehung nicht erfahren hat. Anders ausgedrückt: Es kann nicht verwundern, dass Menschen, die in ihrer Kindheit mit widrigen Lebensumständen fertigwerden mussten, ihren Erfolg bereitwillig zumindest *einem* Erwachsenen zuschreiben, der in den Jahren des Heranwachsens für sie da war. Wir möchten allen Kindern wünschen, in ihrem Leben vielen charismatischen Erwachsenen – neben ihren Eltern – zu begegnen; wir sind aber zugleich beeindruckt zu sehen, wie viel schon eine einzige solche Person – Elternperson oder nicht – dazu tun kann, dass ein Kind eine optimistische und resiliente Welt- und Lebensorientierung ausbildet.

Lieben ist schwer, wenn man selbst keine Liebe empfangen hat

Vielen Eltern fällt es außerordentlich schwer, bedingungslose Liebe zu zeigen und deutlich zu machen, dass ihre Kinder etwas ganz Besonderes für sie sind. Die Familie Lake liefert ein Beispiel für etwas, was wir immer wieder beobachten können: Eltern sehen sich durch ihre persönlichen Erfahrungen in ihrer Fähigkeit beeinträchtigt, sich offen auf den Prozess der Liebe zu ihren Kindern einzulassen. Wenn Liebe in der Familie selten gezeigt bzw. verbalisiert wird, wenn die Kinder selten das Gefühl haben, dass sie in den Augen ihrer Eltern etwas Besonderes sind, wenn sie keine Zärtlichkeit zwischen den Eltern wahrnehmen und auch selbst nicht Empfänger solcher Sympathiebeweise sind, dann werden sie später Schwierigkeiten haben, sich als Eltern ihrer eigenen Kinder auf den Prozess der Liebe einzulassen. Das heißt nicht, dass die Dinge sich nicht ändern ließen; es heißt nur, dass der Satz »Wir neigen dazu, unsere Kinder so zu erziehen, wie wir selbst erzogen wurden« breitere Geltung hat als wir gerne wahrhaben möchten. Eltern, die ihren Kindern mühelos ihre Liebe und Zärtlichkeit demonstrieren können, liefern ihnen zugleich ein Vorbild dafür, wie die Kinder es ihrerseits später mit ihren eigenen Kindern halten sollten.

Mr. und Mrs. Lake konsultierten uns wegen ihres dreizehnjährigen Sohnes BRIAN, der schon immer Verhaltensprobleme gezeigt hatte und sich in letzter Zeit zuhause immer chaotischer aufführte. Sie schilderten Brian als »egoistisch, egozentrisch, nicht bereit, im Haushalt mit anzupacken, und immer darauf aus, dass die anderen die Dinge für ihn erledigen«. Ihre Frustration und ihr Zorn waren schon in dem Augenblick, in dem sie unser Sprechzimmer betraten, deutlich erkennbar.

Im Zuge der Anamnese dieses Falles fragten wir die Lakes, welche Worte Brian wohl wählen würde, um seine Eltern zu beschreiben.

Mr. Lake meinte: »Brian würde sagen, dass ich ihm ständig im Nacken sitze. Das liegt aber einzig und allein daran, dass er so aufsässig und so überhaupt nicht kooperativ ist.« Zorn und Enttäuschung standen ihm ins Gesicht geschrieben, als er fortfuhr: »Wenn ich nicht hinter ihm her wäre, würde er überhaupt nichts anderes tun als Videospiele zu spielen und mit seinen Freunden zu telefonieren.«

Mrs. Lake sagte: »Als er noch klein war, fand ich nichts dabei, Dinge für ihn zu erledigen, zum Beispiel sein Bett zu machen oder ihn morgens zu wecken. Aber jetzt ist er alt genug und sollte nicht länger erwarten, dass wir diese Dinge auch weiterhin für ihn tun.«

Das war die erste persönliche Bemerkung, die Mrs. Lake im Verlauf des Interviews machte. Die meiste Zeit über fügte sie sich ihrem Mann, indem sie ihn den größten Teil der Geschichte erzählen ließ. Um etwas von der ausgesprochen negativen Konzentration auf Brian abzurücken, baten wir die Lakes, sich in Gedanken in Brians Alter zurückzuversetzen und ihr Gedächtnis nach etwaigen positiven Kommentaren zu durchforsten, die sie damals von ihren Eltern gehört hatten. Diese Aufforderung überraschte sie, aber sie waren bereit, es zu versuchen. Was dann kam, war erhellend.

Mr. Lake sagte: »Meine Eltern waren nicht die Leute, die mir zärtlich begegnet wären oder mich gelobt hätten, aber ich wusste, dass ihnen an mir gelegen war.«

»Woher konnten Sie das wissen?«, fragten wir. »In welcher Weise haben sie ihr Interesse denn gezeigt?«

»Ich wusste es einfach«, antwortete er.

»Und wie war das bei Ihnen, Mrs. Lake?«

Mrs. Lake antwortete, ihre Mutter sei etwas distanziert gewesen – aus Gründen, die sie, die Tochter, nie ganz begriffen hatte. In Bezug auf ihren Vater sagte sie: »Er hatte mir immer etwas Freundliches zu sagen. Wenn er von der Arbeit nach Hause kam, gab er mir einen Kuss und sagte, ich sei ein Schatz.« Dann erzählte sie mit Tränen in den Augen, dass ihr Vater erst kürzlich gestorben war. »Wenn ich im Haushalt half, hat er sich immer bedankt.«

Mr. Lake ergänzte rasch: »Aber Brian hilft nie.«

Angesichts dieser Schilderung hatten wir den Eindruck, dass die Unfähigkeit der Lakes, ihrem Sohn ihre Liebe zu zeigen, zumindest zu dem von ihnen beklagten Problem beitrug. Wir beschlossen, uns zunächst der Bemerkung des Vaters zuzuwenden, Brian sei niemals bereit zu kooperieren oder zu helfen – was nach unserem Eindruck wiederum seinen Grund in Brians Erfahrungen mit seinen Eltern hatte. Also fragten wir: »Es sieht in der Tat so aus, als ob Brian niemals hilft. Aber können Sie sich vielleicht an die eine oder andere Episode erinnern, bei der er mitgemacht hat?«

»Ja, aber das waren keine großen Sachen«, sagte Mr. Lake rasch. »Mal hat er sein Zimmer geputzt, und mal hat er seinem Bruder bei einem Projekt im Rahmen des Kunstunterrichtes geholfen. Ich *erwarte* aber, dass er sein Zimmer selbst sauber hält und seinem Bruder hilft. Meine Frau und ich haben ihm beigebracht, was Verantwortung bedeutet und wie wichtig sie ist. Und außerdem hilft er fast nie.«

»Was würde passieren«, fragten wir, »wenn einer von Ihnen etwas Positives zu Brian sagen würde, nachdem er diesen Erwartungen nachgekommen wäre, also zum Beispiel sein Zimmer aufgeräumt oder Ihnen bei irgendeiner Sache geholfen hätte?«

Wieder war es Mr. Lake, der unsere Frage beantwortete. »Ich glaube nicht, dass das irgendetwas bringen würde. Er ist wirklich ein egoistisches Kind.«

Wir hakten nach: »Und was meinen Sie, Mrs. Lake?«

In Gedanken noch bei den Erinnerungen an ihren Vater, antwortete sie: »Ich weiß noch, wie toll ich mich fühlte, wenn mein Vater mir etwas Freundliches sagte. Auch wenn es nur um Kleinigkeiten ging. Einmal, ich war neun oder zehn, kam er auf mich zu und umarmte mich ganz fest, nachdem ich meine Spielsachen weggeräumt hatte. Das ist mir noch heute ganz lebhaft in Erinnerung.«

Mr. Lakes negative Skripts waren allerdings wirklich festgeschrieben. Er sagte, vielmehr er brüllte: »Aber Liebes, Brian hilft uns doch nicht!«

Wir fragten weiter: »Wäre Brian eher bereit zu helfen, wenn er eine positive Bemerkung zu hören bekäme?«

Aus irgendeinem Grund – vielleicht angesichts unserer Geduld oder weil er den Eindruck hatte, dass wir ihm seine Frustration wirklich nachfühlen konnten – antwortete Mr. Lake: »Das weiß ich nicht.«

»Haben Sie sich je gewünscht, etwas Positives, ein paar ermutigende Worte von Ihren Eltern zu hören?«, fragten wir ihn.

Seine Antwort war knapp. »Mit solchen Dingen hatten sie es überhaupt nicht.«

Wir hakten weiter nach: »Ja – nach dem, was Sie uns erzählt haben, ist uns das schon klar. Aber haben Sie sich jemals *gewünscht*, dass Ihre Eltern Sie zu etwas ermutigen oder Ihnen sagen würden, wie gern sie Sie hatten?«

»Darüber habe ich nie nachgedacht«, antwortete Mr. Lake. »Ich weiß nicht. Ich weiß nicht, ob Brian oder die Kinder von heute ganz allgemein sehr viel anders wären, wenn wir ihnen erzählen würden, wie viel uns an ihnen gelegen ist. Ich weiß ganz einfach nicht, ob es wirklich so viel ausmacht, wenn die Leute einem irgendwelche Komplimente machen.«

Mr. Lakes Worte und der Umstand, dass er es einfach nicht für wichtig hielt, das eigene Kind zu ermutigen und ihm seine Zuneigung zu bezeigen, sind kein Einzelfall. Dass das so ist, mag vielfältige Gründe haben. Bedauerlicherweise gibt es viele Menschen wie Mr. Lake, die nicht das Glück hatten, dass ihre Eltern ihnen Ermutigung und Liebe vorlebten, und die sich folglich als Erwachsene nicht darauf verstehen, den eigenen Kindern gegenüber positive Gefühle, bedingungslose Liebe und Unterstützung zum Ausdruck zu bringen. Um ihm Gelegenheit zu geben, sich selbst als Empfänger positiver Aufmerksamkeit zu sehen und zu mehr Gelassenheit im Umgang mit Brian zu finden, fragten wir ihn, ob er in jüngster Zeit vielleicht zu irgendetwas beglückwünscht worden sei.

Er lächelte und sagte: »Das ist ausgerechnet heute passiert. Ich war für die Planung eines neuen Produkts zuständig, und wir konnten unsere Konzeption schon ein paar Tage früher vorlegen und sind sogar noch unter dem zunächst angesetzten Preis geblieben. Mein Chef ist extra deswegen zu mir hereingekommen und hat sich bedankt.«

An diesem Punkt brachten wir eine Prise Humor ins Spiel, um ihm auf die Sprünge zu helfen:

»Und Sie haben Ihrem Chef selbstverständlich gesagt, ›Oh, bitte, keine Komplimente; ich habe ja nur meinen Job gemacht.‹«

Er lachte und meinte: »Tatsächlich hat es mich gefreut.« Dann wagte er sich vor: »Vielleicht hat es mich sogar mehr gefreut als manchen anderen, weil ich als Kind nie ein solches Kompliment gehört habe. Na also – Sie haben erreicht, was Sie wollten.«

Mr. Lake erklärte, er werde versuchen, Brian etwas mehr anzufeuern und ihm positive Rückmeldungen zu geben, und sei es auch für ganz alltägliche Aktivitäten. Seine Frau bestärkte ihn in dieser Absicht.

Bei einer weiteren denkwürdigen Zusammenkunft berichtete Mr. Lake: »Ich habe Brian etwas gesagt, was ich ihm schon längst sagen wollte. Es ist etwas, das ich liebend gern wenigstens ein einziges Mal von meinen Eltern gehört hätte: Ich sagte ihm, dass ich ihn trotzdem liebe, auch wenn er sein Zimmer nicht aufräumt.« Dann fügte er hinzu: »Ich glaube, er war verdattert. Er hat mich angesehen, als käme ich von einem anderen Stern. Aber ich konnte sehen, dass es wichtig für ihn war.«

Mit einem gewissen Maß an Unterstützung war Mr. Lake jetzt imstande, seinem Sohn vorzuleben, was ihm seinerzeit nicht vorgelebt worden war: die gelungene Botschaft, dass Brian für ihn etwas ganz Besonderes war und dass er ihn liebte. Für alles, was wir tun, gilt, dass wir es durch Übung immer noch verbessern können. Die positiven Gefühle, die sein neues Vorgehen ihm eintrug, waren Mr. Lake bis dahin noch nicht sehr häufig zuteil geworden; sie wirkten beinahe berauschend auf ihn und motivierten ihn, seine Anstrengungen zu verdoppeln, um sich ein gutes Verhältnis zu seinem Sohn zu bewahren.

Liebe oder Schlendrian?

Die Angst, das eigene Kind zu verwöhnen, steht in einem Bezug zu mehreren der in diesem Buch behandelten Themen. Häufig beruht sie auf der irrigen Annahme, dass Eltern, die zu viel Liebe zeigen, ihre Kinder zu egoistischen und narzisstischen Persönlichkeiten erziehen. Diese Annahme mündet in den falschen Schluss, dass wir, wenn wir Zärtlichkeit und Liebe offen zeigen, in Wahrheit schon auf dem Weg sind, unsere Kinder zu verziehen. Dabei scheint das genaue Gegenteil zuzutreffen: Kinder sind eher bereit, Grenzen zu akzeptieren, Mitgefühl zu entwickeln und Verantwortung zu übernehmen, wenn sie sich von ihren Eltern geliebt und respektiert fühlen. Umgekehrt sind Kinder, die sich ungeliebt fühlen, weniger geneigt zuzuhören und eher bereit, Front gegen die Eltern zu machen. Wenn Eltern mehr Energie auf die Kontrolle ihrer Kinder verwenden als darauf, sie zu lieben, dann werden sie nicht etwa auf weniger, sondern im Gegenteil auf mehr Schwierigkeiten stoßen.

Mr. und Mrs. Holt berichteten uns, dass ihre neunjährige Tochter MIMI seit dem ersten Augenblick ihres Lebens schwer zufriedenzustellen gewesen war. Mimi war überempfindlich gegenüber Berührungen und Geräuschen. Von Anfang an hatte sie es offensichtlich nicht gemocht, getragen zu werden; ihr ganzer Körper verspannte sich dabei. Als Kleinkind zeigte sie einen »starken Willen« und schrie, wenn sie nicht bekam, was sie wollte. Als sie dann anfing zu sprechen, waren diese Ausbrüche begleitet von Anschuldigungen, in denen es darum ging, dass ihre Eltern sie nicht liebten, weil sie nicht auf ihre Forderungen eingingen. Nach Aussagen von Mr. und Mrs. Holt steigerten sich diese Forderungen noch, sobald sie Mimis Wünschen nachgaben.

Mrs. Holt sagte halb weinend, halb wütend: »Mimi ist unersättlich. Wir geben ihr Liebe, und sie nutzt das aus.«

Nach dem neunjährigen Erziehungsabenteuer mit einer Tochter, die ein schwieriges Temperament besaß, überlegten sich die Holts, dass Mimi ihre elterlichen Versuche, sie zu lieben, vielleicht mit Verwöhnen oder Verziehen gleichsetzte. Sie hielten sich daher von nun an mit Äußerungen ihrer Liebe und Zuneigung zurück, was Mimis Gefühl, ein ungeliebtes Kind zu sein, nur noch verstärkte. Wenn sie sich abgelehnt fühlte, verhielt sie sich noch anspruchsvoller als sonst. Die Beziehung der Holts zu ihrer Tochter war durch ein negatives Skript und einen destruktiven Kreislauf gekennzeichnet.

Wir sprachen mit den Holts über die höchst mühsame Aufgabe, ein anscheinend »unersättliches« Kind zu erziehen. Mimis Temperament war nicht einfach zu verstehen und zu lenken. Oft waren die Holts angesichts ihres Verhaltens wütend, bestürzt und vollkommen erledigt, und das wäre allen Eltern in dieser Situation so ergangen. Sie konnten sich eine positive emotionale Kommunikation mit ihrer Tochter schon fast nicht mehr wünschen.

Wir sagten den Holts, dass ihre Versuche, Mimi zufriedenzustellen und zu lieben, sehr wohl alle Aspekte eines Drahtseilaktes annehmen könnten. Mit anderen Worten, sie mussten Wege finden, um ihrer Tochter zum einen ihre Liebe zu beweisen und ihr zum anderen Grenzen zu setzen, und sie durften ihrerseits nicht aus dem Gleichgewicht geraten, wenn Mimi wütend reagieren würde. Wir machten deutlich, dass Mimis anspruchsvolles Verhalten in ihrem Temperament begründet lag und nicht auf ein Versagen der Eltern zurückging. Zugleich empfahlen wir ihnen, Abend für Abend eine gewisse Zeit für Mimi zu reservieren und in diesem Zusammenhang ruhig von »Extras« zu sprechen. Anfangs reagierten sie skeptisch.

Mr. Holt, der sich von den unvernünftigen Forderungen seiner Tochter ausgebrannt fühlte, meinte: »Wenn wir ihr eine weitere halbe Stunde lang unsere ungeteilte Aufmerksamkeit schenken, wird sie drei Stunden verlangen. Sie wird sich noch schlechter und egoistischer benehmen als jetzt schon.«

Wir sagten ihm, dass »Extra«-Zeiten unserer Erfahrung nach so wirken, dass ein solches Kind seine Ansprüche sogar herunterschraubt. Das konkrete Potential einer festen Zeitspanne reduziert in vielen Fällen das Gefühl des Kindes, dass es nicht genügend Zeit und Liebe von seinen Eltern empfängt. Mimis Eltern äußerten zwar vage Vorbehalte, erkannten aber auch, dass das, was sie bisher getan hatten, nicht funktionierte und dass sie sich eben deshalb zunehmend über ihre Tochter ärgerten und ihr immer seltener positiv begegneten.

Wir erhofften uns von unserem Vorschlag, dass die Holts während dieser »Extra«-Zeiten Gelegenheit haben würden, Mimi ihre Liebe bedingungslos zu zeigen. Die Holts sagten Mimi, sie wollten auf jeden Fall dafür sorgen, dass einer von ihnen abends Zeit hätte, sich mit ihr zusammenzusetzen. Das würde eine Zeit sein, in der sie miteinander spielen oder etwas anderes tun könnten, auf das beide Seiten sich zuvor verständigen würden.

Es gab noch ein jüngeres Kind in der Familie, das sich den Erwartungen der Eltern sehr viel leichter fügte und dem sie ohne Schwierigkeiten vermitteln konnten, dass sie es liebten und ihm zur Seite standen. Wir drängten sie, auch für dieses zweite Kind eine »Extra«-Zeit einzurichten, um etwaige Eifersüchteleien der Geschwister untereinander so gering wie möglich zu halten.

Zur Überraschung der Holts reagierte Mimi positiv auf ihre Extra-Zeiten. Das Arrangement führte nicht etwa zu weiteren Ansprüchen an die Zeit der Eltern, sondern diente in der Tat dazu, Mimis Unersättlichkeit zu reduzieren. Mimis Verhaltensprobleme waren zwar durch ihr kleinkindliches Temperament noch verstärkt worden; im Wesentlichen waren es aber die Gedanken und Überzeugungen, die sie im Laufe der Jahre bezüglich der eigenen Person und der Welt um sie herum ausgebildet hatte, die ihr alltägliches Verhalten und insbesondere ihre Ansicht geprägt hatten, dass sie von ihren Eltern nicht wertgeschätzt wurde.

Dass ihr jetzt regelmäßige Elternzeiten eingeräumt waren, befreite sie anscheinend von dem Gefühl, die Eltern liebten sie nicht oder wollten sie nicht haben. Mehr als einmal versuchte sie, diese Extra-Zeiten zu verlängern, oder verlangte nach weiteren Spielsachen, aber die Holts stellten zugleich fest, dass sie jetzt vernünftiger als früher reagierte, wenn sie ihr etwas abschlugen. Mit der Zeit kam ein positiver Kreislauf in Gang: Mimis akzeptableres Verhalten machte es den Holts leichter, ihr ihre Zuneigung zu zeigen. Das bestärkte Mimi in dem Gefühl, geliebt zu werden, und hatte wiederum Rückwirkungen auf ihr Verhalten.

Insgesamt lässt sich sagen, dass die »Extra-Zeiten« eine Veränderung der Situation möglich machten; den eigentlichen Anstoß zu dieser Veränderung gaben aber die Holts, indem sie den Mut aufbrachten, ihr bisheriges Erziehungsverhalten unter die Lupe zu nehmen und sich für ein anderes Vorgehen zu entscheiden.

Wie Sie Ihren Kindern das Gefühl vermitteln können, dass sie geliebt und als sie selbst geschätzt sind – Sechs Schritte

Jede Interaktion mit Ihren Kindern ist eine Gelegenheit, sich auf den Prozess der Liebe einzulassen, eine Gelegenheit, den Kindern das Gefühl zu vermitteln, dass sie in ihrer Eigenart wertvoll sind und um ihrer selbst willen geschätzt werden. In manchen Situationen ist das sicherlich schwieriger als in anderen, aber das sind genau die Situationen, in denen es ganz besonders darauf ankommt, das Resilienzvermögen Ihrer Kinder zu stärken. Unabhängig davon, ob Sie Ihre eigenen Bemühungen um dieses wichtige Ziel als gut oder vielleicht nur als mittelmäßig ansehen, werden Ihnen die nachfolgend skizzierten sechs Schritte helfen, Ihr Vorhaben noch entschiedener anzugehen und Ihr Erziehungsverhalten zu modifizieren.

Schritt Eins: Lassen Sie sich von den Erinnerungen an Ihre eigene Kindheit leiten

In unseren Workshops und im Rahmen unserer klinischen Tätigkeit fordern wir ratsuchende Eltern auf, sich an eine Kindheitsepisode zu erinnern, aus der sie das Gefühl mitnahmen, dass sie in den Augen ihrer Eltern etwas Besonderes waren und von den Eltern geliebt und geschätzt wurden. Ebenso bitten wir sie, über ein Erlebnis nachzudenken, das ihnen das Gefühl vermittelte, sie seien nicht geschätzt oder nicht willkommen. Eltern müssen jene eigenen Kindheitserfahrungen, die ihnen das Gefühl vermittelten, geliebt zu werden und »etwas Besonderes« zu sein, in die eigenen Erziehungspraktiken einbauen und andere Erfahrungen, die diese Wirkung gerade nicht hatten, zu verstehen suchen. Und sie sollten Äußerungen und Handlungen ihrer eigenen Eltern, die *sie* veranlassten – und häufig auch heute noch veranlassen –, sich weniger wertgeschätzt und weniger geliebt zu fühlen, den eigenen Kindern gegenüber nach Möglichkeit vermeiden. Des Weiteren regen wir unsere Klienten dazu an, sich über die eigene Familie hinaus an andere erwachsene Personen zu erinnern, die ihnen, den damaligen Kindern, ebenfalls das Gefühl vermittelten, um ihrer selbst willen geschätzt zu sein.

Wenn Eltern uns von Geschehnissen berichten, die ihnen eben dieses Gefühl eintrugen, dann sind das oft Begebenheiten, die erstaunlich »unerheblich« scheinen. Und doch hatten diese scheinbar banalen Geschehnisse eine große Wirkung auf die Erzähler. Manchmal geht es dabei um Eltern, die sich etwas mehr Zeit für ihre Kinder nahmen, die ihnen einen Brief schrieben, die ihnen abends vorlasen. Eine Mutter sagte in diesem Zusammenhang: »Es war nicht eine bestimmte Gelegenheit; es war das grundsätzliche Gefühl, dass, wenn wir zusammen waren, die Aufmerksamkeit meiner Eltern sich voll auf das richtete, was ich tat. Wenn sie mit mir sprachen, waren sie niemals abgelenkt, indem sie etwa zugleich Radio gehört, ferngesehen oder die Zeitung gelesen hätten. Ihre ungeteilte Aufmerksamkeit zu haben und ihr Lob zu hören, das gab mir das Gefühl, dass ich für sie wirklich etwas Besonderes war.«

An dieser Schilderung wird deutlich, wie wichtig es ist, dass wir unsere Kinder anspornen und loben. Unglücklicherweise erleben viele Kinder das, was in der Psychologie als Lobdefizit bezeichnet wird. Wir alle vergessen nur zu oft, die Menschen, die uns am nächsten stehen, also den Partner und die Kinder, zu bestätigen und ihnen unsere Wertschätzung zu verstehen zu geben. Haben Ihre Kinder ein Lobdefizit zu beklagen? Äußern Sie sich Ihren Kindern gegenüber im Tagesverlauf insgesamt eher negativ als positiv?

Die Kindheitserinnerungen des Erstautors waren für ihn ein starker Anstoß, dieses Buch zu schreiben: Roberts Eltern, beide Immigranten mit dürftiger Schulbildung, legten für ihn und seine drei Brüder jeweils eine »Akte« an, die sie vom Zeitpunkt der Geburt der Kinder bis in ihr Erwachsenenleben hinein weiterführten. Sie wussten, dass man Kindern das Gefühl geben muss, als Menschen in ihrem eigenen Wert geliebt zu werden, und sie taten das unter anderem in der Weise, dass sie diese Akten führten.

Robert pflegt den Zuhörern zu sagen: »In die Akten wanderte einfach alles. Geburtstagspost, Zeugnisse, selbst meine Kinderzeichnungen. Es klingt vielleicht ein bisschen verrückt, aber als ich heranwuchs, fühlte ich mich eben wegen dieser Aufzeichnungen als etwas Eigenes und Besonderes. Ich hatte keine Ahnung, ob irgendjemand in unserer Nachbarschaft in Brooklyn eine solche Akte hatte, aber von mir wusste ich es, und meine Brüder wussten es von sich ebenfalls. Ich hatte das Gefühl, dass mein Leben auf diesen Seiten versammelt war und dass meine Eltern Freude daran hatten, sie zusammenzustellen. Es war ein wunderbares Gefühl.«

Roberts Mutter starb vor nahezu zwanzig Jahren. Nach ihrem Tod sagte der Vater zu ihm: »Ich weiß, dass dieser Ordner deiner Mutter sehr wichtig war, aber mir ist er genauso wichtig. Wenn du also nichts dagegen hast, würde ich ihn gern zu ihrem Gedächtnis weiterführen.«

Robert erinnert sich: »Mir kamen die Tränen. Da saß dieser alte Mann von 76 Jahren und sagte seinen Söhnen, sie seien ihm noch immer wichtig, und er wolle diese Ordner weiterführen. Er verstand es wunderbar, uns das Gefühl zu geben, dass wir in seinen Augen etwas ganz Besonderes waren.«

Fast auf den Tag genau zehn Jahre nach dem Tod der Mutter starb auch Roberts Vater. Kurz vor seinem Tod hatten Robert und seine Frau ihn noch in Florida besucht. Am Tag, an dem sie nach Boston zurückfliegen mussten, umarmte und küsste der Vater seinen Sohn, wie er es immer tat, und sagte dann etwas, das so einfach klang und doch so gewichtig war.

Robert schilderte uns diesen Abschied und bemerkte dazu: »Ich hoffe, dass alle Menschen zumindest einmal erleben, dass ihr Vater ihnen so etwas sagt, wie mein Vater es zu mir sagte. An jenem Tag, auf dem Rückflug nach Boston, war ich so bewegt, dass ich mir bestimmt hundertmal vorsagte: ›Es ist ein solches Glück, dass er mein Vater ist. Wirklich ein Glück und ein wahrer Segen.‹«

Es gab dann kein weiteres Gespräch mehr zwischen Robert und seinem Vater. Wenige Tage nach Roberts Rückkehr nach Boston erkrankte der Vater schwer. Robert flog erneut nach Florida und fand den Vater im Koma. Es war nicht damit zu rechnen, dass er die Nacht überleben würde. Bob verabschiedete sich von ihm. Er ist überzeugt, dass der Vater hörte, was er ihm sagte. Am nächsten Morgen starb der Vater friedlich.

Was hatte der Vater seinem Sohn kurz vor dessen Abreise gesagt – Worte, von denen er nicht wissen konnte, dass es seine letzten Worte an den Sohn sein sollten? Er hatte gesagt: »Bob, denk daran, wenn du wieder in Boston bist – wenn du irgendetwas hast, was du mir für die Aufzeichnungen schicken kannst, dann schick es. Es freut mich immer, von dir zu hören und etwas von dir zu bekommen. Du bist so großartig. Ich liebe dich sehr.« Bis in seine letzten Lebenstage hinein bewirkte der Vater mit seinen Worten und Gesten, dass Bob sich »besonders« und geliebt fühlte. Es war ein wunderbares Geschenk, das dieser Vater seinen Söhnen machte.

Schritt Zwei: Schaffen Sie Traditionen und »Extra-Zeiten«

Traditionen zu begründen und jeden Tag, jede Woche, jeden Monat ein Maß an Zeit für unsere Kinder zu reservieren – das schafft eine Atmosphäre, in der sie sich geliebt und wertgeschätzt fühlen. Wenn wir ihnen solche Momente als ganz besondere Zeiten kenntlich machen, übermitteln wir ihnen die Botschaft, dass sie uns wichtig sind, dass wir gerne mit ihnen zusammen sind und dass wir dieses Zusammensein nicht unterbrochen wissen wollen. Dabei sollten wir alles daransetzen, das einmal festgelegte Schema einzuhalten. Das soll natürlich nicht heißen, dass es nicht spontan zu weiteren »Extra-Zeiten« kommen könnte, und andererseits können auch einmal Umstände eintreten, die es erfordern, dass die »Extra-Zeit« verschoben wird. Wie immer wir es arrangieren, die Zeit, die wir jede Woche für alle unsere Kinder zusammen und für jedes einzelne von ihnen allein reservieren, signalisiert ihnen, dass sie uns wichtig sind und dass wir sie lieben.

Manche Familien finden leider auch in recht banalen Anlässen schon einen Grund, eine solche »Extra-Zeit« zu verschieben. Auch wohlmeinende Eltern lassen es geschehen, dass andere Anforderungen das Zusammensein mit den Kindern gefährden. Wir beobachteten das in der Familie Grant. Mr. und Mrs. Grant hatten feste Spielzeiten mit ihrer Tochter STEPHANIE eingeplant, aber dieses Zusammensein wurde ständig von ankommenden Telefonanrufen unterbrochen. Stephanie schloss aus dem Verhalten ihrer Eltern, dass diese Anrufe wichtiger waren als sie, die Tochter. Solche Unterbrechungen im festgelegten Schema lösen bei den Kindern häufig Enttäuschung, Verärgerung und Wut aus.

Viele Eltern arrangieren solche »Extra-Zeiten« dann, wenn alle Familienmitglieder präsent sind; sie erstrecken sich dann also über die Zeit des gemeinsamen Essens oder eines Familienausflugs. Zeit, die für das einzelne Kind allein reserviert wird, dürfte allerdings die eindrucksvollste Form sein, dem Kind mitzuteilen, das es uns lieb und wert ist. Es ist ein verbreiteter Mythos, dass sich Nähe und Vertrautheit unter den Familienmitgliedern schon einstellen werden, wenn sie einander räumlich nahe sind. Zu diesem Punkt fallen uns die Eltern ein, die, kaum dass man zu einem Familienausflug aufgebrochen war, wieder anhielten und drohten, das Ganze abzubrechen, weil die Kinder ja doch nur stritten. Eines der Kinder sagte daraufhin: »Auch gut. Wir haben zuhause ganz prima gespielt, bis ihr gekommen seid und gesagt habt, wir sollten jetzt aber mal etwas als Familie unternehmen.«

Wenn die Kinder noch klein sind, sieht das Miteinander häufig so aus, dass man mit ihnen auf den Spielplatz geht oder ihnen abends vor dem Schlafengehen noch etwas vorliest. Eltern sehen so etwas vielleicht schon als »Extra-Zeit« an, viele Kinder betrachten es aber nicht so. Um diesen Eindruck zu korrigieren, kann man darauf hinweisen, wie wichtig dieser Punkt im Tageslauf ist, indem man dem Kind sagt: »Wenn ich dir etwas vorlese, dann sind das so wichtige und besondere Augenblicke, dass ich nicht einmal ans Telefon gehen würde, wenn es klingelt.«

Ein sechsjähriger Junge erklärte uns erfreut und begeistert: »Ich weiß, dass meine Eltern mich liebhaben.« Wir fragten ihn, wie er das wissen könne, und er antwortete: »Wenn sie mir vorlesen und das Telefon klingelt, dann lassen sie den Anrufbeantworter antworten.« Manchmal sind es die einfachsten Gesten, die weitreichende Ergebnisse nach sich ziehen.

Rich, der Sohn des Erstautors, war drei Jahre alt, als sein Bruder Doug auf die Welt kam. Damit änderte sich sein Status; er war nicht länger das einzige Kind seiner Eltern. Um dem Kind zu verstehen zu geben, dass es ihm lieb und teuer war, führte Robert einen wöchentlichen Restaurantbesuch mit ihm ein. Beide Eltern sorgten immer auch für weitere »Extra-Zeiten« mit Rich, zum Beispiel indem sie ihm abends noch etwas vorlasen, ein Spiel mit ihm spielten oder ihn zu Besorgungen mitnahmen. Das wöchentliche Essengehen war für Rich allerdings eines der stärksten Signale dafür, dass sein Vater ihn liebte und schätzte.

Diese Tradition hielt auch noch an, als Rich und Doug schon im Teenageralter waren. Robert ging abwechselnd mit jedem seiner Söhne essen und genoss es sehr, die ungeteilte Aufmerksamkeit des Kindes zu haben. »Extra-Zeit« muss nicht notwendig heißen, dass man ausgeht, aber Robert fand, es sei doch erfreulich, die gewohnte Routine einmal abzuwandeln und etwas außerhalb der Grenzen der vier Wände zu unternehmen. Der zweite Autor und sein Sohn Ryan fingen an, jeden Abend Ping-Pong miteinander zu spielen – und tun das inzwischen schon seit acht Jahren.

Nach unserer Erfahrung begrenzen solche festen Zeiten, die jedem Kind eingeräumt werden, auch die Rivalität unter den Geschwistern. Für das Kind ist es eine großartige Sache, dass es die Mama oder den Papa eine Zeitlang für sich allein hat. Wenn es noch klein ist, könnte man einen Kalender aufstellen, auf dem der vorgesehene Tag bzw. die Uhrzeit mit einem starkfarbigen Aufkleber gekennzeichnet ist.

MARK war fünf Jahre alt und von überschäumendem Temperament, als seine Eltern ihn vorstellten, weil »er nicht auf das hört, was wir ihm sagen«. Marks Ausgelassenheit grenzte an eine schon gefährliche Impulsivität. Er dachte häufig nicht über das nach, was er tat, sondern zeigte seine Wissbegierde, indem er Geräte auseinandernahm, vom Tisch aufstand, sich von seinen Eltern, die ihn irgendwohin mitgenommen hatten, entfernte oder einfach aus dem Haus und auf die Straße lief.

Wir waren einigermaßen überrascht, als Mark in einer unserer ersten Sitzungen mitteilte: »Ich glaube, mein Vater kann mich nicht leiden.«

Wir fragten ihn, wie er darauf gekommen sei.

Und dieses noch junge Kind gab uns eine ebenso klare wie aufschlussreiche Antwort: »Er kriegt immerzu die Wut auf mich.«

Mark hatte die Dinge sehr wohl durchschaut. Sein Vater, Mr. Stanton, Leiter eines großen Unternehmens, räumte ein, dass er seinen Sohn bei vielen Gelegenheiten »nicht mochte«. Dagegen machte es ihm Freude, mit Marks achtjähriger Schwester Susie zusammen zu sein, denn »Susie hat Spaß an den Dingen, die wir gemeinsam tun. Mit ihr zusammen zu sein ist schön.« Und dann fügte er hinzu: »Ich habe in der Firma mehr als 300 Leute, die mir zuhören. Mein eigener Sohn tut es nicht. Ich finde das Zusammensein mit ihm schwierig.«

Er sagte das zwar auch mit einem Anflug von Humor, aber zugleich war seinem Ton anzumerken, dass er frustriert und traurig war.

Diese Traurigkeit kam deutlicher zum Vorschein, als Mr. Stanton sagte: »Ich habe das Gefühl, mich mehr und mehr von Mark zu entfernen, und dabei ist er doch erst fünf Jahre alt.«

Wir ließen Mr. Stanton unsere Anteilnahme spüren, erwähnten aber auch Marks Bemerkung, er wisse, dass sein Vater manchmal nicht mit ihm zusammen sein wolle. Wir überlegten, wie er dem Kind zu dem Gefühl verhelfen könnte, in den Augen seines Vaters etwas Besonderes zu sein, und rieten ihm zu festen Zweierzeiten – etwas, das Vater und Sohn bisher noch nicht gehabt hatten. Um Susie das Gefühl des Übergangenwerdens zu ersparen, empfahlen wir dem Vater solche Zweierzeiten auch mit ihr. Mr. Stanton rätselte, wie er die Zeit mit Mark stressfrei gestalten könnte. Wir empfahlen ihm, sich für eine Unternehmung zu entscheiden, die nicht allzu lange dauern müsste, die man aber im Erfolgsfall auch verlängern könnte.

Einige Wochen später berichtete Marks Vater, dass seine kleine Investition in seinen Sohn ein großartiger Erfolg geworden war. Mark sagte beim Eintreten in unser Sprechzimmer sehr aufgeregt und mit einem breiten Lächeln: »Wissen Sie *was*? Ich und mein Papa, wir haben jetzt jede Woche Privatzeit. Niemand sonst, nur ich und mein Papa.«

»Und was macht ihr denn in dieser Zeit, die nur euch beiden gehört?«, fragten wir ihn.

»Jeden Freitag vor der Schule gehen wir in ein Dunkin'-Donuts-Restaurant – nur ich und mein Papa.«

Marks Vater ließ erkennen, dass diese Ausflüge immer nur etwa zwanzig Minuten dauerten und dass es ihm Spaß machte, nur mit seinem Sohn zusammen zu sein. In diesen zwanzig Minuten, in denen er Gebäck aß und Milch dazu trank, hatte Mark sein Verhalten einigermaßen in der Hand. Die Zweierzeit im Dunkin'-Donuts-Restaurant war nicht die einzige Ursache der Verbesserung, die im Verhältnis von Vater und Sohn eingetreten war (die Stantons beteiligten sich auch beide aktiv an einem Elterntraining); sie hatte die Dinge aber jedenfalls in Gang gebracht.

Nach einigen Monaten meinte Marks Vater: »Nachdem ich gelernt hatte, Marks Art zu akzeptieren und mich so gut wie möglich auf ihn einzustellen, war es ein Vergnügen, mit ihm zusammen zu sein. Manchmal kann er einen rasend machen, aber dann hat man auch wieder sehr viel Spaß mit ihm.«

Zweier- oder »Extra«-Zeiten ermöglichen es den Eltern nicht nur, ungestört mit dem einzelnen Kind zusammen zu sein, frei von den üblichen Ablenkungen, sondern lassen sie das Kind auch in ein positiveres Licht rücken. So lässt sich eine solide Eltern-Kind-Beziehung aufbauen. Diese Extrazeiten stärken das Gefühl des Kindes, geliebt und wertgeschätzt zu sein.

Schritt Drei: Lassen Sie bedeutsame Anlässe nicht ungenutzt verstreichen

Dieser Schritt hat Ähnlichkeit mit dem vorangegangenen – der Einrichtung von »Extra-Zeiten« beziehungsweise der Begründung von Traditionen. Allerdings gibt es auch Unterschiede zwischen beiden. Ein Vater, mit dem wir sprachen, sagte zur Erklärung der Tatsache, dass er noch immer ärgerlich und wütend auf seinen eigenen Vater war: »In der Zeit zwischen meinem fünften und meinem dreizehnten Geburtstag war mein Vater nur zweimal an meinem Geburtstag zuhause. Er musste in seinem Beruf viel reisen, aber ich kann nicht verstehen, warum er es nicht einrichten konnte, an meinem Geburtstag zuhause zu sein.« Die Tränen stiegen ihm in die Augen, als er uns anvertraute: »Ich hatte nie das Gefühl, dass ihm etwas an mir lag.«

Wenn wir bei den wichtigen Anlässen im Leben unserer Kinder nicht präsent sind, dürften sie darüber genauso denken wie dieser Mann. Gerade in unserer schnelllebigen Welt, in der oft beide Eltern arbeiten, müssen wir uns Zeit für unsere Kinder nehmen, wenn wir sie zu resilienten Persönlichkeiten erziehen wollen. Gelegentlich hört man auch mit Bezug auf die von Eltern und Kindern gemeinsam verbrachte Zeit den Spruch »Qualität geht vor Quantität«; tatsächlich ist aber auch die Qualität sehr stark gefährdet, wenn wir nur in begrenztem Umfang Zeit für unsere Kinder haben und bei bedeutsamen Anlässen wie zum Beispiel Kindergeburtstagen, ersten sportlichen Wettkämpfen, dem ersten Klaviervorspiel oder dem ersten Schultag nicht präsent sind.

Bei einem unserer Workshops sagte ein Vater erwachsener Kinder traurig: »Die Arbeit hat einen so großen Teil meiner Zeit in Anspruch genommen, dass ich an vielen Unternehmungen meiner Kinder gar nicht teilnehmen konnte. Als beide dann aufs College gingen, kam ich mir ihnen gegenüber vor wie ein Fremder.« Und in Erinnerung an »Cat's in the Cradle«*, ein Lied, das Harry Chapin

* Harry Chapin singt von einem Vater, der permanent in die Sorgen des beruflichen Alltags verstrickt ist und deswegen nie einen wirklichen Bezug zu seinem kleinen, heranwachsenden Sohn entwickelt: Gehen- und Sprechenlernen, Schulbeginn, der zehnte Geburtstag, Schulwechsel … alles geschieht, ohne dass der Vater daran Anteil nehmen würde. Der Wunsch seines Sohnes: »Wenn ich groß bin, will ich so sein wie du, Papa« bedeutet diesem Vater nichts; erst als er alt geworden ist und sein Berufsleben hinter sich gelassen hat, sehnt er sich nach größerer Nähe zu seinem Sohn. Der allerdings hat jetzt mit seinen beruflichen und privaten Angelegenheiten so viel zu tun, dass er für seinen Vater, der nie Zeit für ihn hatte, selbst keine Zeit mehr hat. Der Wunsch des Sohns hat sich also erfüllt: Er ist geworden wie sein Vater. (Vgl. den lesenswerten Gesamttext des Songs unter http://www.harrychapin.com/music/cats.shtml.)

sang, sinnierte er: »Jetzt, da sie älter sind, haben sie offenbar auch keine Zeit für mich.«

Die Zeit, die wir auf unsere Kinder »verwenden«, wird sich auch später noch auszahlen – in der Weise nämlich, dass sie, die mittlerweile Erwachsenen, wiederum Zeit in uns »investieren« und uns so Gelegenheit geben, an ihrem Erwachsenenleben teilzuhaben.

Schritt Vier: Zeigen Sie offen, dass Sie Ihr Kind lieben

Manchen Eltern fällt es schwer, ihre Zuneigung offen zu zeigen. Vielleicht wurde ihnen nur wenig oder überhaupt keine Zuneigung entgegengebracht, als sie selbst noch Kinder waren, oder sie fühlen sich aufgrund ihres Temperaments unbehaglich, wenn sie herzliche Gefühle offen zeigen sollen. Wenn Sie zu diesem Elterntyp gehören, sollten Sie sich unbedingt um mehr Gelassenheit bemühen, wenn es darum geht, Ihre Kinder zu umarmen, sie bei der Hand zu halten, beim Fernsehen dicht neben ihnen zu sitzen oder sie liebevoll anzureden. Wenn Sie es nicht gewöhnt sind, solche Gesten zu zeigen, wird sich eine Veränderung vermutlich nicht schlagartig einstellen. Legen Sie ein Veränderungstempo fest, mit dem Sie sich wohlfühlen, und fangen Sie mit Aktivitäten an, die Ihnen Freude machen. Wenn Sie versuchen, Ihr Skript zu rasch oder zu prononciert zu ändern, droht Ihnen ein Fehlschlag.

Mr. und Mrs. Lozen suchten uns wegen ihrer beiden Kinder auf, der achtjährigen LANA und des fünfjährigen JUSTIN. Mr. Lozen erklärte, für sein Gefühl seien die Kinder »sehr anspruchsvoll«. Als Beispiel führte er an, dass sie ihn und seine Frau unterbrächen, wenn sie gerade telefonierten, oder dass sie sich ihm auf den Schoß setzten, wenn er sich auf die Fernsehnachrichten konzentrieren wollte. »Sie können wirklich lästig sein, wenn ich versuche, etwas zu tun.«

Zu unserer Überraschung sagte Mrs. Lozen zu ihrem Mann: »Vielleicht wollen sie einfach mit dir zusammen sein und ein Zeichen von dir haben, dass du sie liebst. Du nimmst sie doch so gut wie nie in den Arm. Und auch wenn du ihnen einen Kuss gibst, dann tust du das so, als wäre es eine Pflicht und nicht etwa eine Freude.«

Mr. Lozen ging in die Defensive: »Die Kinder müssten doch wissen, dass ich sie liebe. Ich weiß nicht, warum es so wichtig sein sollte, dass ich sie immerzu umarme und küsse. Ich bin nun mal nicht der Typ, der seine Gefühle so vor sich herträgt.«

Mrs. Lozen parierte: »Es ist mir schon klar, dass du Schwierigkeiten hast, mir oder irgendjemandem in der Familie deine Zuneigung zu zeigen.«

Frustriert meinte Mr. Lozen: »Ich bin sicher, die Kinder wissen genauso gut wie du, dass ich sie liebe. Und dich liebe ich doch auch.«

»Und woher, meinen Sie, dass Ihre Kinder das wissen sollten?«, fragten wir.

Mr. Lozen antwortete aufrichtig, das wisse er auch nicht so genau. Wir erklärten daraufhin, dass es sicher nicht einfach ist, Zuneigung plötzlich anders als bisher zu zeigen. Er solle sich aber einmal überlegen, was wohl geschehen würde, wenn er von nun an seine Kinder häufiger in den Arm nähme. »Wir wollen nicht, dass Sie irgendetwas tun, bei dem Sie sich unbehaglich fühlen. Vielleicht könnten Sie aber über einen ersten kleinen Schritt nachdenken«, sagten wir.

Mr. Lozen dachte nach und sagte dann: »Es macht mir Freude, den Kindern vor dem Schlafengehen etwas vorzulesen.« Anstatt es sich dabei bequem zu machen und auch in physischen Kontakt mit den Kindern zu treten, saß er seinen eigenen Worten zufolge in der Regel auf dem Bettrand. Schließlich sagte er: »Ich glaube, ich würde es schön finden, wenn sie sich an mich lehnten, während ich ihnen vorlese.«

In den folgenden Sitzungen beobachteten wir eine deutliche Veränderung in Mr. Lozens Gesichtsausdruck und seiner Haltung, wenn er von seinen Unternehmungen mit Lana und Justin sprach. Bei unserer ersten Begegnung hatte er einen ärgerlichen und auch etwas distanzierten Eindruck auf uns gemacht. Aber jetzt, als er die Kinder neben sich bzw. auf dem Schoß sitzen hatte, während er ihnen vorlas, oder auf dem Fußboden ausgestreckt ein Brettspiel mit ihnen spielte und auch den Gutenachtkuss nicht mehr so gedankenlos hinter sich brachte, war seine Freude an den Kindern durchaus erkennbar. Das Wort »lästig« hörten wir nicht mehr von ihm. Lana und Justin waren anfangs etwas irritiert wegen seines Verhaltens, waren aber sehr bald angetan von ihrem »neuen« Vater. Sie spürten jetzt deutlicher, dass er sie liebte, und sie wussten nun, dass er Zeit für sie hatte. Damit nahm auch das ab, was ihm als ihre »Anspruchshaltung« erschienen war. Kinder, die wissen, dass sie die Liebe und Wertschätzung ihrer Eltern haben, sind kaum jemals »anspruchsvoll«.

Wie war es möglich, dass ein offensichtlich intelligenter Mann wie Mr. Lozen so wenig Gespür dafür hatte, dass man den eigenen Kindern seine Zuneigung zeigen muss? Je mehr wir über Mr. Lozens eigene Kindheit erfuhren, desto deutlicher zeichnete sich die Antwort ab. Er berichtete, dass seine Eltern ihn nur selten einmal in die Arme genommen und kaum mit ihm gespielt hatten. Sätze wie »Ich hab dich lieb« waren in ihrem Repertoire einfach nicht vorgekommen. Obwohl er sich seinen eigenen Kindern gegenüber genau an dieses Skript gehalten hatte, das schon seine Eltern ihm gegenüber befolgt hatten, war doch deutlich, dass ein Teil seiner Persönlichkeit auf eine Änderung drängte. Nach einigen wenigen »Coaching«-Sitzungen änderte sich sein Umgang mit den Kindern. Lächelnd meinte Mrs. Lozen, ihr Mann sei inzwischen auch ihr gegenüber offener mit seinen Gefühlen. Dieser Prozess des Bekundens von Zuneigung ließ ein neues Skript entstehen, das Mr. Lozen seiner Familie gegenüber befolgte, ein Skript, das eine resiliente Welt- und Lebensorientierung förderte und festigte.

Schritt Fünf: Aufbauen, nicht wegmeißeln

Eine schöne Statue lässt sich entweder in der Weise erschaffen, dass man sich einen großen Marmorblock nimmt und ihn mit dem Meißel bearbeitet, das heißt Teile davon wegschlägt; oder aber indem man mit einem Klumpen Ton beginnt und diesen aufbaut. Im Bereich der Kunst kann man mit beiden Methoden ein schönes Ergebnis erreichen, im Bereich der Erziehung ist das Meißeln dagegen eine unproduktive Methode. Manche Eltern berichten frustriert, dass sie »so viel Energie« in die Erziehung ihrer Kinder gesteckt haben. Unglücklicherweise aber war der Großteil ihrer Energie auf das Wegmeißeln gerichtet, auf den Versuch also, das Kind in eine Form zu bringen, die ihnen als die wünschenswerte erschien. Was wir empfehlen, ist dagegen das umgekehrte Modell: Nicht wegschlagen, sondern aufbauen. Unsere Kinder müssen am Ende eines jeden Tages feststellen können, dass ihr emotionales Konto »im Plus« ist. Sie müssen nach dem Unterricht täglich das Gefühl haben, wieder etwas dazugelernt zu haben. Und sie müssen sich jeden Abend beim Schlafengehen daran erinnern können, dass sie Worte der Liebe, der Ermutigung und des Beistands gehört haben, Worte, die nicht wegmeißeln, sondern aufbauen.

In diesem Buch sind viele Beispiele eines wegmeißelnden Erziehungsstils vorgestellt worden. MICHAELs Vater wurde laut und machte abschätzige Bemerkungen, als sein Sohn es aufgab, ein Radio zusammenzubauen. DANNYs Vater hielt sich ausgiebig bei den schwachen Seiten seines Sohnes auf und ließ ihm kaum jemals positive Rückmeldungen zukommen – ein Stil, den er seinerseits von seinem Vater übernommen hatte. MARYs Mutter drängte ihre Tochter, gute Noten nach Hause zu bringen, was bei Mary die Überzeugung auslöste, sie werde kritisiert und nicht geschätzt. GREGORYs Eltern, verärgert über seine Unordnung und Desorganisiertheit, ergingen sich in Salven von Beschwerden, anstatt es mit anspornenden Kommentaren zu versuchen. SALLYs Eltern versuchten, die Schüchternheit ihrer Tochter dadurch zu »kurieren«, dass sie sie drängten, anderen Leuten »Guten Tag« zu sagen.

Als Eltern verfallen wir routinemäßig in diesen Prozess des Wegmeißelns, ohne es überhaupt wahrzunehmen. Wir verbreiten uns über das, was unsere Kinder falsch machen, anstatt zu verkünden, was ihnen gelingt. Wir korrigieren, anstatt zu lehren und vorzuleben. Wenn die Mehrzahl unserer Botschaften an unsere Kinder negativ klingt, wenn wir den Standpunkt vertreten, dass »es niemals besser werden wird, wenn wir ihnen nicht sagen, was sie falsch machen«, dann werden sie uns das verübeln und gerade *nicht* von uns lernen. Wenn wir wegmeißeln, arbeiten wir am Abbau – oder zumindest nicht am Aufbau – einer resilienten Welt- und Lebensorientierung. Selbstwertgefühl, Sicherheit und Vertrauen werden sich kaum entwickeln können, wenn ein Kind es mit Menschen zu tun hat, die es nicht schätzen und anerkennen.

Das Wegmeißeln, selbst wenn es in liebevollem Ton geschieht, birgt mit großer Wahrscheinlichkeit mehr Risiken als positive Resultate. Unsere Kinder werden sich kaum geliebt fühlen, wenn sie sehen, dass wir den Meißel schon in der Hand haben – bereit, kurzerhand ihre Würde und ihre Selbstachtung zu attackieren. Eltern, die den Meißel regelmäßig einsetzen, schwächen das, was an Vertrauen bei ihren Kindern vielleicht noch vorhanden ist. Dagegen legen Eltern, die aufbauen und positive Kommentare liefern, mit ihrer Liebe einen tragfähigen Grundstein, auf dem sich Resilienz entwickeln kann.

Schritt Sechs: Akzeptieren Sie Ihr Kind um seiner selbst willen

Kinder akzeptieren, so wie sie sind – das ist eines der großen Themen dieses Buches und der Gegenstand des sechsten Kapitels. Bei den vorangegangenen Fallbeispielen hatten wir es häufig mit durchaus wohlmeinenden Eltern zu tun, die allerdings ein Verhalten von ihren Kindern erwarteten, das die Kinder nicht einlösen konnten. Fragen Sie sich selbst: »Bin ich bereit, mein Kind zu akzeptieren?« Akzeptanz bedeutet nicht, dass man einem Kind jedes Verhalten durchgehen lässt, das ihm gerade gefällt, dass man es nicht zur Disziplin erzieht oder nicht zur Verantwortung anhält. Akzeptanz bedeutet vielmehr, dass man die einmaligen Eigenschaften des Kindes zur Kenntnis nimmt und würdigt und das Kind nicht für Verhaltensweisen oder Emotionen schilt, die unter Umständen Teil seines einmaligen Temperaments sind und sich häufig seiner Kontrolle entziehen.

Wenn wir unseren Kindern helfen wollen, sich von selbstschädigenden Verhaltensweisen bzw. von solchen Verhaltensweisen zu trennen, die sich nicht gut in unsere heutige Welt einfügen, dann gelingt uns das am besten dadurch, dass wir eine Atmosphäre schaffen, in der sie sich sicher und beschützt fühlen. In einem solchen Klima können sie erkennen, dass das, was wir ihnen vermitteln wollen, auf unserer bedingungslosen elterlichen Liebe gründet. Dass wir unsere Kinder akzeptieren und sie spüren lassen, dass sie uns lieb und teuer sind, kann als Beispiel für den Prozess der Liebe stehen.

6

DAS KIND AKZEPTIEREN – SO WIE ES IST

Die Grundlage realistischer Zielvorstellungen und Erwartungen

Wenn es uns ernsthaft darum geht, das Resilienzvermögen unserer Kinder zu festigen, dann müssen wir sie bedingungslos lieben, und das wiederum bedeutet, dass wir sie um ihrer selbst willen akzeptieren müssen – nicht etwa um dessentwillen, was sie nach unseren Wünschen sein sollten. TROY und seine Eltern, Mr. und Mrs. Summers, stehen als Beispiel für dieses Dilemma. Troy, 16 Jahre alt und im dritten Highschool-Jahr, erfüllte die Erwartungen seiner Eltern in schulischer Hinsicht nicht. Er war ein Durchschnittsschüler, während seine Eltern, die beide eine akademische Ausbildung besaßen, ihn in der Schule »glänzen« sehen wollten. Der Sohn war kräftig und im Sportunterricht erfolgreich, aber seine »nur« guten Leistungen in den übrigen Fächern konnten die Eltern nie zufriedenstellen.

Mr. und Mrs. Summers versicherten uns gegenüber, dass sie Troys Stand in der Schule akzeptierten; dennoch sagte der Vater: »Jeder kann sich ein bisschen mehr anstrengen; jeder kann seine Leistungen verbessern. Ich habe als armer Student angefangen, und schauen Sie mich doch an, was ich heute bin.«

Dieses Argument ist eine beliebte Falle, in die viele von uns tappen, und zwar nicht nur im Austausch mit unseren Kindern, sondern auch mit Freunden, Kollegen und Mitarbeitern. Die Falle des »Ich akzeptiere dich, aber…« hat etwas Verlockendes. Wenn ich zunächst sage, dass ich akzeptiere, wer du bist und was du kannst, dann glaube ich aus irgendeinem Grund, anschließend ein »Aber« und weitergehende Erwartungen nachschieben zu können. Wahrscheinlich gehen wir davon aus, dass der Satz »Ich akzeptiere dich« einfach nur das Gewinde schmiert, mit dem wir die Messlatte unserer Ansprüche höherschrauben. Unglücklicherweise ist es aber nicht die anfängliche Akzeptanzbekundung, die den Stil unserer Beziehungen zu unseren Kindern bestimmt, sondern die Höhe dieser Messlatte unserer Erwartungen.

Was genau bedeutet also dieses Akzeptieren unserer Kinder um ihrer selbst willen? Und was noch wichtiger ist: Warum ist Akzeptanz ein integraler Bestandteil effizienten Elternverhaltens? Wie wirkt Akzeptanz sich auf die Zielvorstellungen und Erwartungen aus, die wir für unsere Kinder hegen? Und schließlich: Warum fällt es vielen liebevollen Eltern schwer, ihr Kind zu akzeptieren, und warum tappen sie in die Falle des »Ich akzeptiere dich, aber…«? Manche Eltern teilen uns zum Beispiel mit, dass sie wissen, dass jedes ihrer Kinder ein anderes Temperament hat, und sagen im nächsten Augenblick: »Aber wir behandeln unsere Kinder alle gleich und erwarten das Gleiche von ihnen allen.« Fairness und Akzeptanz bedeuten nicht, dass wir alle Kinder gleich behandeln oder für jedes unserer Kinder die gleichen Erwartungen hegen und die gleichen Ziele anpeilen. Fairness zeigt sich in der spezifischen Reaktion auf das jeweilige Kind, und sie berücksichtigt das individuelle Temperament und die individuelle Bedürfnislage.

In diesem Kapitel erklären wir den Akzeptanzprozess im Zusammenhang mit dem Temperament, also den Verhaltensqualitäten, die ein Kind schon mit auf die Welt bringt. Wir hätten ebenso gut andere weitgehend biologisch gesteuerte Merkmale wählen können, etwa die Sprache, die Motorik oder die Entwicklung des Lernverhaltens. Selbstverständlich können alle diese Qualitäten von Vorgängen im Umfeld beeinflusst werden, aber wenn wir unsere Kinder zu resilienten Persönlichkeiten erziehen wollen, dann setzt dies das Verständnis und die Akzeptanz ihres Temperaments und ihrer individuellen Entwicklung voraus. Das Kapitel endet mit vier Schritten, die Sie durch diesen Prozess der Akzeptanz führen und Ihnen helfen sollen, eine Haltung der Akzeptanz zu entwickeln und zu bewahren.

Akzeptanz als Voraussetzung von Resilienz

Zu wissen, dass man um seiner selbst willen akzeptiert wird, erzeugt ein unschätzbares Gefühl von Sicherheit und Wohlbefinden. Akzeptanz wurzelt in bedingungsloser Liebe und schafft ein Klima, in dem sich Resilienz entfalten kann. Kinder, die sich akzeptiert wissen, haben keinerlei Schwierigkeiten, sich anderen Menschen zuzuwenden, um Hilfe zu bitten und zu lernen, wie man Probleme löst. Sie verstehen, was sie an ihrem Leben aus eigener Kraft ändern können, und schlagen sich nicht mit Sachverhalten herum, auf die sie ohnehin keinen Einfluss haben. Sie sind willens, angemessene Risiken auf sich zu nehmen, die eigenen negativen Skripts zu ändern, sich Fehlern und Fehlschlägen zu stellen und eine optimistische Lebenseinstellung zu entwickeln. Wir wollen es noch einmal festhalten: Akzeptanz ist nicht gleichbedeutend mit kritiklosem Gewährenlassen bzw. mit dem Verzicht auf das Grenzensetzen. Kindern, die sich akzeptiert fühlen, fällt es leichter, unseren Bitten und den Grenzen, die wir ihnen setzen, zu genügen, weil sie diese Anweisungen in einer Atmosphäre der Liebe und der Unterstützung erfahren. Es ist andererseits kaum denkbar, dass ein Kind, das sich nicht akzeptiert fühlt, eine resiliente Welt- und Lebensorientierung entwickeln kann.

Der Prozess der Akzeptanz erfordert die Einsicht, dass jedes Kind von Geburt an ein einmaliges Wesen ist. Natürlich gibt es Eigenschaften, die allen Kindern gemeinsam sind, und andere, die ein Kind jeweils nur mit einigen anderen Kindern teilt – aber es sind die Anerkennung, die Akzeptanz und die Förderung der *einmaligen* Qualitäten des individuellen Kindes, die den Boden für eine resiliente Einstellung und Orientierung bereiten. Wenn Sie sich einmal über den Prozess der Akzeptanz klar geworden sind und seine große Bedeutung für das Entstehen einer resilienten Lebensorientierung verstehen, sind Sie besser dafür gerüstet, realistische Erwartungen und Ziele für Ihre Kinder zu entwickeln.

Das Temperament eines Kindes besteht aus den angeborenen Qualitäten, die es mit auf die Welt bringt. So wie Kinder ihre je eigenen körperlichen Merkmale besitzen, haben sie auch ihr je eigenes Temperament. Das Temperament hat Einfluss darauf, wie Kinder sich mit ihrem Umfeld auseinandersetzen und darauf reagieren, es beeinflusst ihr Lernverhalten, ihre Stärken und ihre Schwächen. Manche Kinder sind sozusagen von Geburt an schwieriger zufriedenzustellen, zu trösten und zu erfreuen als andere. Manche passen sich den Veränderungen in ihrer unmittelbaren Umgebung gut an, während andere durch jede Änderung der Routine aus der Fassung geraten. Manche Kinder lassen eindeutig erkennen, dass sie gerne getragen oder geknuddelt werden, andere reagieren darauf, indem sie sich versteifen und so ihr Unbehagen zeigen. Diese Unterschiede zeigen sich dann mit zunehmendem Alter der Kinder in der Art, wie sie lernen, in den Aktivitäten, auf die sie sich einlassen, und darin, wie leicht oder wie schwer es ihnen fällt, Freundschaften zu schließen. Selbst die Fähigkeit nachzudenken, Probleme zu lösen und die Welt als fair oder unfair zu betrachten, ist nicht zuletzt vom Temperament bestimmt.

Akzeptanz und das Temperament des jeweiligen Kindes

Angesichts der dramatischen Unterschiede im Temperament von Kindern kommt der Akzeptanz ein besonderer Stellenwert im Rahmen eines effektiven Elternverhaltens zu. Als wir Mitte der 1960er- bzw. in den frühen 1970er-Jahren studierten, hörten wir von unseren Professoren, dass Kinder zum Zeitpunkt der Geburt alle gleich seien – eine verbreitete Theorie in jenen Jahren. Als wir dann begannen, als Therapeuten zu arbeiten, und Eltern uns wegen ihrer Kinder um Rat fragten, war unsere erste Annahme so gut wie immer: »Sie müssen da etwas falsch machen. Sie müssen als Eltern ganz schöne Nullen sein.« Der Zweitautor befasste sich in seiner Doktorarbeit mit der Frage, was genau die Mütter jener verhaltensauffälligen Vierjährigen als Erziehende eigentlich taten (oder nicht taten), dass diese zu »kleinen Monstern« mutierten.

Unsere Ausbildung gründete noch auf der Überzeugung, dass jedes Kind als unbeschriebenes Blatt auf die Welt kommt. Seine täglichen Erfahrungen mit den Eltern werden diesem Blatt dauerhaft einbeschrieben, und so entwickeln sich sympathische, glückliche Persönlichkeiten, die sich normal verhalten, aber es entwickeln sich eben auch Wesen, die emotionale und verhaltensmäßige Probleme zeigen. Diesem Modell zufolge finden die Eltern und andere Bezugspersonen eines Kindes entweder Anerkennung für die gute Arbeit, die sie geleistet haben, oder sie werden beschuldigt, das zunächst unbeschriebene Blatt falsch beschriftet zu haben.

Folgerichtig erhielten viele der ersten Familien, mit denen wir arbeiteten, von uns subtile und manchmal auch nicht ganz so subtile Botschaften der An- und Beschuldigung im Zusammenhang mit den Problemen ihrer Kinder. Als wir dann selbst zum ersten Mal Eltern wurden, erkannten wir, dass mit dem Erziehungsauftrag doch etwas mehr verbunden ist, als es auf den ersten Blick scheinen könnte, und als in beiden Familien ein zweites Kind dazukam, wurde uns klar, wie verschieden Kinder schon von Geburt an sind.

Zwei Pioniere der Entwicklungsforschung, Stella Chess und Alexander Thomas, haben einen wichtigen Beitrag zum Themenkreis Entwicklung, Temperament und Erziehungspraxis geleistet. Im Rahmen ihrer Studien kamen sie zu der Erkenntnis, dass es schon bei neugeborenen Kindern erhebliche Unterschiede im Temperament gibt. Diese Unterschiede zeigten sich in den Reaktionen der Kinder auf ihre Eltern und auf ihr unmittelbares Umfeld. So waren manche Kinder während des Tages überaktiv, andere dagegen ruhig. Manche schienen den ganzen Tag lang glücklich und zufrieden, während andere gereizt und schwer zu beruhigen waren. Manche Kinder waren entspannt, andere wirkten angespannt. Manche waren überempfindlich gegenüber Berührungen oder Geräuschen, andere verhielten sich rezeptiv. Manche entwickelten rasch eine voraussagbare Ess- und Schlafroutine, andere hatten auf diesem Feld ihre Schwierigkeiten.

Auf der Grundlage dieser Variationen hielten Chess und Thomas drei Temperamentsmuster fest und sprachen in diesem Zusammenhang von »einfachen«, »schwierigen« und »langsam auftauenden« Kindern. Das sind zwar keine präzisen Kategorien, da nicht alle Kinder sich eindeutig in die eine oder andere Gruppe einordnen lassen, die meisten Kinder konnten aber einem dieser allgemeinen Typen zugeordnet werden.

Es geht hier nicht darum, unsere Kinder in Kategorien »einzusperren« – ein Kind kann in der einen Situation Kennzeichen des einen Temperamentmusters und in anderen Situationen Kennzeichen eines anderen Musters zeigen. Ausgehend von der wichtigen Arbeit von Chess und Thomas müssen wir aber erkennen und akzeptieren, dass Kinder von Geburt an auch in Bezug auf ihr Temperament verschieden sind. Wenn wir uns dieser Unterschiede nicht bewusst sind und nicht, wie hier dargelegt, angemessen auf sie reagieren, werden wir die größten Schwierigkeiten haben, resiliente Kinder zu erziehen. Wenn wir nicht lernen, die temperamentsmäßigen Unterschiede als gegeben anzuerkennen, werden wir unter Umständen Erwartungen hegen, die unsere Kinder nicht erfüllen können, und das wiederum führt zu einer Vermehrung von Stress, Frustration und Konflikten.

Das »einfache« Kind

Kinder großzuziehen, die mit einem einfachen Temperament gesegnet sind, ist in der Regel eine erfreuliche Sache. Die Eltern solcher Kinder haben oft ein Gefühl geradezu überbordender Kompetenz. Mit ihren Handlungen und ihrem Verhalten scheinen diese Kinder ihren Eltern von Geburt an zu sagen: »Keine Sorge, ich verschaffe euch das Gefühl, die besten Eltern in der ganzen Welt zu sein.« Eltern können Kinder mit einem einfachen Temperament unbesorgt und selbstbewusst in Restaurants, in Geschäfte und auf Reisen mitnehmen, so als wollten sie allen Umstehenden sagen: »Seht ihr, *so* erzieht man Kinder.« Wenn diese mit einem einfachen Temperament ausgestatteten Kinder älter werden, macht es den Eltern Freude, Elternabende zu besuchen und von der Lehrerin das zu hören, was sie sich schon erwartet hatten: dass sie nämlich ein wunderbares Kind haben. Wie sie häufig berichten, sind ihre Kinder sozial angepasst, sie lernen rasch, sich angemessen zu verhalten, sie sind leicht zufriedenzustellen und zu erfreuen, sie sind ausgeglichen und ganz generell »prima Kerle«. Es kann nicht überraschen, dass Kinder, die mit einem solchen Temperament ausgestattet sind, unabhängig von ihren intellektuellen Fähigkeiten oder ihrer schulischen Leistung eine Freude für die Erwachsenen in ihrem Umfeld sind. Wir alle sind gern mit Menschen zusammen, die uns spüren lassen, dass wir kompetent sind – und Kinder, die ein einfaches Temperament besitzen, glänzen geradezu in dieser Rolle.

Auch wenn das Glück, ein einfaches Temperament zu besitzen, keine Erfolgsgarantie darstellt, fällt es so ausgestatteten Kindern in der Regel leichter als anderen, mit den Mitmenschen umzugehen, Freundschaften zu schließen, in der Schule zu bestehen, Probleme zu lösen, mit widrigen Umständen fertigzuwerden und Belastungen aufzufangen. Auch wenn also »die Biologie nicht das Schicksal« ist, so hat sie im Fall von Kindern mit einem einfachen Temperament zweifellos großen Einfluss auf die Wahrscheinlichkeit.

Das »langsam auftauende« Kind

In der Bezeichnung klingt schon an, dass Kinder dieser zweiten Gruppe mehr Zeit brauchen, um sich an neue Situationen oder neue Menschen zu gewöhnen. Wegen ihres Verhaltens werden sie von Außenstehenden als kontaktscheu oder äußerst vorsichtig wahrgenommen. Solche Kinder zeigen eine gewisse Scheu, wenn sie sich mit einer neuen Situation konfrontiert sehen. Sie werden zum Beispiel in nächster Nähe ihrer Mutter bleiben, wenn sie ein Geschäft betreten, das sie noch nicht kennen. Sie werden sich bei Kindergeburtstagen oder sportlichen Veranstaltungen eher im Hintergrund aufhalten, anstatt sich mit ihresgleichen zusammenzutun. Es kann passieren, dass sie wegsehen, wenn fremde Leute sie begrüßen. Sie können den Eindruck vermitteln, hochmütig und nicht an Freundschaften interessiert zu sein – tatsächlich trifft das aber in der Regel nicht zu. Eher machen soziale Interaktionen ihnen ein bisschen Angst. Unter Umständen beobachten sie lieber eine Zeitlang, wie andere mit einer bestimmten Aufgabe umgehen, bevor sie sich selbst daran wagen.

Eltern von Kindern mit dieser temperamentsmäßigen Ausstattung berichten, dass diese Kinder ungern Risiken eingehen. Eine Veränderung ihrer gewohnten Routine löst häufig Angst und Rückzug aus. Das war bei SALLY der Fall, der schüchternen Achtjährigen, die wir schon vorgestellt haben. Die Aufforderung, mit den Leuten zu sprechen und freundlich auf sie zuzugehen, wird von solchen zurückhaltenden Kindern häufig als Stress empfunden. Es ist etwa so, als wollte man ein Kind, das nicht schwimmen kann, zum Sprung in ein drei Meter tiefes Becken auffordern. Wenn sich solche Aufforderungen häufen, dann führt das mit der Zeit zu Ärger und Angst aufseiten des Kindes und zu Frustration aufseiten seiner Eltern – ein Beispiel ist Sallys Mutter.

Forscher wie Jerome Kagen haben nachgewiesen, dass »langsam auftauende« Kinder schon auf banale Geschehnisse in ihrem Umfeld mit Anzeichen physischer Erregung bzw. damit reagieren, was wir gelegentlich auch als das Phänomen des Flüchtens oder Standhaltens bezeichnen. Dass sie jemanden an der

Haustür klingeln hören oder dass sie ein ihnen bisher unbekanntes Geschäft betreten, wird den Erregungspegel der meisten Kinder nicht merklich steigen lassen, während vergleichbare Episoden bei »langsam auftauenden« Kindern eben diese Reaktion auslösen können. Sie stehen gewissermaßen ständig auf der Schwelle zum Stress, und jede nicht ganz vertraute Erfahrung kann sie umwerfen.

Das »schwierige« Kind

Kinder mit einem schwierigen Temperament sind auch am schwierigsten zu erziehen. Im Gegensatz zu Kindern mit einem einfachen Temperament scheinen sie ihren Eltern schon beim Eintritt in diese Welt mitzuteilen: »Ihr könnt euch auf etwas gefasst machen!« Solche Kinder sind oft launisch und heftig in ihren Reaktionen; in vielen Fällen zeigen sie Überreaktionen. Die meisten Tätigkeiten machen ihnen offensichtlich wenig Freude, sie brauchen lang, um feste Schlaf- und Essgewohnheiten auszubilden, und sie sind unter Umständen überempfindlich gegenüber Berührungen und Geräuschen. Kinder mit diesem Temperamentsmuster beschweren sich schon über Kleinigkeiten wie zum Beispiel Etiketten in ihren Kleidungsstücken. Eltern solcher Kinder berichten häufig, ihre Kinder beklagten sich, von ihnen, den Eltern, angeschrien zu werden – wo sie doch in Wahrheit nicht einmal sehr laut gesprochen haben.

Schwierige Kinder haben oft noch eine weitere Eigenschaft, die den Eltern erhebliche Probleme bereitet und den Prozess der Akzeptanz behindert: Unersättlichkeit. Eltern berichten, dass sie neunundfünfzig von sechzig Minuten mit ihrem Kind verbringen können, das Kind sie aber letztlich an die *eine* Minute erinnert, in der sie nicht anwesend waren. Bei einem unserer Workshops sagte eine Mutter: »Ich habe das Gefühl, dass meine Tochter mich regelrecht aussaugt. Ich kann sie nicht zufriedenstellen.« Die Unersättlichkeit des Kindes und seine Ansprüche brauchten die Energien der Mutter auf und standen ihren Bemühungen im Weg, das Kind zu stützen und anzuspornen.

In einer Familiensitzung bezeichneten Mr. und Mrs. Post ihren achtjährigen Sohn JEREMY als unersättlich. »Jeremy war vom allerersten Tag an schwierig. Wir lieben ihn, aber nichts von allem, was wir tun können, wird ihn jemals zufriedenstellen«, sagte Mr. Post.

Eindeutig getroffen von dieser Feststellung seiner Eltern, blaffte Jeremy ärgerlich zurück: »Mein Vater hat gestern bis spätabends gearbeitet, und meine Mutter hat auch nicht viel Zeit für mich gehabt.«

»Aber, Schatz«, protestierte Mrs. Post, »wir waren fast den ganzen Abend zusammen, bis dein Vater nach Hause kam.«

»Aber du hast mit Tante Ellen telefoniert.«

»Ich habe nur zehn Minuten mit ihr gesprochen.«

Mrs. Posts Worte trafen offensichtlich auf taube Ohren. Kindern mit einem schwierigen Temperament fällt es oft schwer, sich selbst zu steuern und die Zeit richtig einzuschätzen. In diesem Fall machten Jeremys Unersättlichkeit und sein schlechtes Zeitgefühl ihn glauben, das kurze Telefongespräch hätte einen Großteil des Abends gekostet.

Wir sagten zu Jeremy: »Es klingt, als ob du das Gefühl hättest, dass deine Eltern manchmal zu beschäftigt sind, um noch genug Zeit für dich zu haben. Was könnten wir denn tun, um dir in diesem Punkt zu helfen?« Dahinter stand die Absicht, Jeremys Wahrnehmung zu validieren – nicht ihm zuzustimmen, sondern eher zu verstehen zu geben, dass wir seine Sicht der Dinge gehört, verstanden und als solche akzeptiert hatten. Wir fügten hinzu: »Wir haben die Erfahrung gemacht, dass manche Kinder häufiger und länger mit ihren Eltern zusammen sein wollen und andere das nicht brauchen. Anscheinend bist du jemand, der sehr viel Zeit mit den Eltern verbringen möchte.«

Jeremy durchbrach die gespannte Atmosphäre sofort, indem er sagte: »Ja, ich bin gern mit meinen Eltern zusammen.«

Als Gegenmittel gegen Jeremys Unersättlichkeit schlugen wir vor, regelmäßige »Extrazeiten« einzurichten – sie würden bei Jeremy zugleich die Erwartung und die Überzeugung wecken, »genug« Zeit und Aufmerksamkeit von seinen Eltern zu bekommen.

Eine der prägnantesten Beschreibungen des Umgangs mit einem schwierigen Kind lieferte uns Mrs. Paige. Ihr sechsjähriger Sohn MITCH war ausgesprochen hyperaktiv. Beim ersten therapeutischen Gespräch machte seine dürftige Selbststeuerung es ihm zur Qual, »Platz zu nehmen«, wie der wohlmeinende Therapeut sich ausdrückte. Wie ein Tornado raste Mitch im Sprechzimmer herum, wobei er Bücher von einem Regal herunterriss. Er wechselte so rasch von einer Aktivität zur nächsten, dass es kaum möglich war, ihn in irgendeine Art anhaltenden Spiels oder anhaltenden Gesprächs hineinzuziehen. Wenn etwas umkippte oder herunterfiel, bat er sofort um Entschuldigung – eine Reaktion, die er gelernt hatte und immer wieder praktizierte. In seiner Unersättlichkeit wollte er am liebsten sämtliche im Therapieraum vorhandenen Spielsachen mit nach Hause nehmen und wurde wütend, als er hörte, dass das nicht möglich war. Der Therapeut, dem es nicht gelang, dieses Kind für irgendetwas zu engagieren, war erschöpft und frustriert. Die eine Stunde war ihm wie drei Stunden erschienen, und er konnte sich mühelos in den Zustand der erschöpften und frustrierten Eltern einfühlen.

Wir begannen die Sitzung mit den Eltern mit der Frage, welches Gefühl ihr Sohn ihnen vermittelte. Mrs. Paige antwortete unter Tränen: »Mein Sohn vermittelt mir das Gefühl, die untauglichste Mutter auf der ganzen Welt zu sein. Und das ist nichts Neues. Dieses Gefühl habe ich vom Augenblick seiner Geburt an gehabt.«

»Warum sagen Sie das?«, fragten wir. »Was war denn schon im Augenblick seiner Geburt so schwierig mit ihm?«

»Wenn die Schwestern ihn mir zum Stillen brachten, konnte ich ihn jedes Mal schon vorher hören, weil er wie eine Polizeisirene den Korridor entlanggeheult kam. Und zugleich sah ich, wie meine Mitpatientin ihr Kind knuddelte und stillte und mit ihm spielte. Die beiden hatten es offensichtlich richtig schön miteinander. Wissen Sie, wie das ist, wenn Sie Ihr neugeborenes Kind im Arm halten und es versucht, sich da 'rauszuwinden?«

»Anscheinend sind Sie deswegen auf den Gedanken gekommen, vielleicht etwas falsch zu machen.«

»Ich war ratlos. Eigentlich glaubte ich, alles richtig zu machen, aber funktioniert hat nichts. Schließlich fing ich an, alles in Zweifel zu ziehen, was ich tat. Wissen Sie, wie einem zumute ist, wenn man sein Kind, nachdem man es gebadet hat, mit einem weichen Handtuch abtrocknet und es dabei ›zum Dank dafür‹ anfängt zu schreien?«

Mr. Paige bestätigte: »Anfangs dachte ich, es wäre ein Problem meiner Frau. Wenn sie sich einfach ein bisschen mehr Mühe gäbe oder ein bisschen geduldiger wäre, dachte ich, dann würde es mit Mitch besser gehen. Tatsächlich habe ich meiner Frau sogar oft Vorwürfe dafür gemacht, dass er sich so benahm. Aber als ich dann mitmachte und die gleichen Schwierigkeiten hatte, war mir klar, dass das Problem bei Mitch lag.«

Die Not der Paiges war deutlich zu spüren.

»Können Sie sich vorstellen, wie das ist, wenn es an der Tür klingelt oder ein Anruf kommt, während Ihr Kind schläft, und es dann jedes Mal aufwacht, schreit und nicht wieder einschläft?« Mrs. Paige sprach weiter: »Ich dachte mir, vielleicht verhalten sich die meisten Kinder so. Aber als dann unser zweites Kind da war und ich mit ihm das Gleiche erlebte, was meine Mitpatientin damals mit ihrem Kind erlebt hatte, da wusste ich, dass irgendetwas nicht stimmen konnte. Und auch wenn ich immer wieder denke, dass es meine Schuld ist – ich sage es nicht gern, aber etwas in mir betrachtet Mitch auch als schadhaftes Produkt. Etwas in mir glaubt, dass mit meinem Kind etwas nicht stimmt und dass es ihm deshalb unmöglich ist, auf mich einzugehen und sich gut zu benehmen.«

Aus diesem Eingeständnis ging deutlich hervor, dass Mr. und Mrs. Paige sich der signifikanten Unterschiede im Temperament kleiner Kinder nicht bewusst waren und dass sie schon zu einem sehr frühen Zeitpunkt im Leben ihres Sohnes frustriert und verärgert gewesen waren. Als sie dann ein zweites Kind hatten, erkannten sie allmählich, dass irgendetwas zwischen ihnen und ihrem ersten Kind nicht stimmte, aber sie konnten noch immer nicht begreifen, was Mitch veranlasste, sich so und nicht anders zu verhalten. Dieses mangelnde Verständnis blockierte sie in ihrer Fähigkeit, ihr Kind zu akzeptieren, und ließ sie allmählich glauben, es sei »ein schadhaftes Produkt«. Mrs. Paiges Feststellung, sie komme sich vor wie »die untauglichste Mutter auf der ganzen Welt«, ließ erkennen, dass sie und ihr Sohn sich unseligerweise von dem Augenblick an, in dem sie ihn zum ersten Mal im Arm gehalten hatte, voneinander entfremdet hatten.

Wir gingen das Problem zunächst in der Weise an, dass wir die Paiges mit Lesestoff zum Thema Kind und Temperament versorgten und sie baten, einen Fragebogen zum Thema Eltern und Temperament auszufüllen. Ihre Antworten ermöglichten es uns, ein Temperamentsprofil ihres Kindes zu erstellen. In der nächsten Sitzung hielten wir uns länger beim Thema Temperament und bei der Macht des »schwierigen« Kindes auf, seinen Eltern das Gefühl der Unzulänglichkeit zu vermitteln. Dass wir ihnen diese Erkenntnis zugänglich machten, war ein erster Schritt auf dem Weg, ihnen zu mehr Einsicht und Verständnis und damit auch zu der Bereitschaft zu verhelfen, sich auf den Prozess der Akzeptanz ihres Kindes einzulassen.

Denken Sie über das Temperamentsmuster Ihrer Kinder nach: Sind Ihre Kinder »einfach« oder »schwierig«, oder gehören sie zu denen, die eher langsam auftauen? Haben Sie diese Muster schon selbst erkannt? Wie sind Sie darauf eingegangen? Denken Sie daran, dass es nicht so wichtig ist, welches Etikett Sie für das jeweilige Temperamentsmuster verwenden; wichtiger ist, dass Sie das Temperaments*konzept* akzeptieren – und vor allem, dass Sie das Temperament Ihrer Kinder akzeptieren.

Akzeptanz und das Problem der ungleichen Temperamente und Fähigkeiten

Wir sind beeindruckt zu sehen, wie unterschiedlich die Tausende von Eltern, mit denen wir schon gearbeitet haben, auf Temperament und Entwicklung ihrer Kinder reagierten und reagieren. Viele der hier vorgestellten Beispiele zeigen wohlmeinende Eltern, die in einem Tauziehen begriffen sind, um ihre Kinder als diejenigen zu akzeptieren, die sie sind, anstatt dem nachzuhängen, was sie nach ihren Wünschen sein könnten oder sollten. Manche Eltern sind in der

Falle des »Ich akzeptiere dich, aber...« befangen. Neben SALLY, die ein Typ war, der nur langsam auftaute, finden sich in dieser Gruppe auch AUSTIN, das Kind mit einem schwierigen Temperament; CINDY, deren Mutter an eine gegen sie gerichtete »persönliche Rache« ihrer Tochter glaubte; MIMI, die als unersättlich galt; und JOHN, der ein guter Sportler war, dessen Lern- und Aufmerksamkeitsprobleme aber seinen schulischen Erfolgen im Weg standen.

Das bringt uns auf GEORGE. Er war 13 Jahre alt, als wir ihn kennenlernten. George war uns geschickt worden, weil er in der Schule gezündelt hatte. Er war schüchtern, hatte kaum Freunde und tat nur das Allermindeste, um in der Schule irgendwie durchzukommen. George hatte Probleme sowohl mit der Fein- als auch mit der Grobmotorik und tat sich schwer mit dem Schreiben und Lesen. Seine sechzehnjährige Schwester Linda war von ihrem Temperament her ein »einfaches« Kind, das ausgezeichnet mit den Mitmenschen zurechtkam, im Sportunterricht glänzte und auch in den akademischen Fächern auf Eins stand. Als wir uns mit Georges Eltern, Mr. und Mrs. White, trafen, war gleich erkennbar, dass sie nicht nur ärgerlich auf George waren, sondern unabsichtlich auch den Familienprozess »gutes Kind – böses Kind« in Gang gesetzt hatten: Nach jeder negativen Bemerkung, die sie in Bezug auf George machten, schoben sie eine positive, liebevolle Bemerkung über Linda nach. Zugespitzt ausgedrückt, fragten sie gewissermaßen: »Warum kann George eigentlich nicht ein bisschen mehr so wie Linda sein?«

In einer Sitzung allein mit den Eltern baten wir beide, uns ihre Kindheit und ihr Erwachsenenleben zu beschreiben. Rasch wurde deutlich, dass ihrer beider Leben und Persönlichkeit ein Skript darstellte, das offensichtlich auch von Linda befolgt wurde.

Mr. White sagte: »Ich habe als Schüler in zwei Teams mitgespielt und dabei immer noch Zeit zum Lernen gefunden. George tut nichts zusätzlich und hat trotzdem nicht genug Zeit für die Schule.«

Mrs. White berichtete, dass auch sie viele außerschulische Aktivitäten verfolgt hatte. »Und im College war ich ein Jahr lang Seminarsprecherin. Obwohl ich viele zusätzliche Aufgaben hatte, habe ich nicht nur Zeit zum Lernen gefunden, sondern bin auch noch einer Studentinnenverbindung beigetreten und habe stundenweise gearbeitet. George ist aus seinem bisher einzigen Teilzeitjob schon nach einer Woche 'rausgeflogen, weil er jeden Tag zu spät kam.«

»Wenn George wollte, könnte er sein Leben umkrempeln«, bekräftigte Mr. White.

Es fiel den Whites ganz offensichtlich schwer zu begreifen, mit welchen Herausforderungen ihr Sohn sich konfrontiert sah. Sie betrachteten Lindas Erfolge gewissermaßen als ihr Verdienst, scheuten sich aber, auch nur eine teilweise Verantwortung dafür zu übernehmen, dass George keine Erfolge vorzuweisen hatte.

»George ist faul und ist immer faul gewesen. Nie übernimmt er eine Verantwortung, und die Schuld für seine Unzulänglichkeiten schiebt er allen anderen zu«, klagte Mr. White, der anscheinend nicht merkte, dass er soeben in den gleichen Prozess der Schuldzuweisung verfiel.

»Was macht George denn gut?« fragten wir.

Die Whites zuckten mit den Schultern.

»Oder an welcher Tätigkeit hat er wirklich Freude? Was würde er allen anderen Tätigkeiten vorziehen?«

Die Whites blickten einander mit einem gewissen Unbehagen an, und dann antwortete Mr. White: »Es ist uns ein bisschen peinlich, Ihnen das zu sagen. Wir finden ganz einfach, dass es nicht die Art von Tätigkeit ist, auf die ein dreizehnjähriger Junge so viel Zeit verwenden sollte.«

Mr. Whites Unbehagen ließ vermuten, dass er auf irgendein antisoziales Verhalten anspielte. Glücklicherweise traf das nicht zu.

Sein Zögern, was die Nennung der bevorzugten Beschäftigung seines Sohnes anging, verriet, welche Mühe es ihn und seine Frau kostete, Georges Temperament zu akzeptieren. Schließlich biss er in den sauren Apfel und sagte: »Es macht ihm Spaß, im Garten zu arbeiten und sich um Pflanzen zu kümmern. Das wäre ja okay, wenn er gut in der Schule wäre und sich noch anderweitig engagieren würde. Wie kann ein dreizehnjähriger Junge sich so für Pflanzen interessieren?«

Wir sagten den Whites, wir könnten sehr wohl sehen, wie beunruhigt sie seien; Georges Interesse am Gärtnern sei aber nicht so ungewöhnlich wie sie glaubten, und vielleicht könnten sie sogar Wege finden, sich ihrem Sohn in diesen Aktivitäten anzuschließen. Damit verfolgten wir zwei Anliegen: Einerseits wollten wir es vermeiden, die Whites zu beunruhigen; andererseits wollten wir aber auch anfangen, ihre Einstellung zu verändern und den Prozess der Akzeptanz in die Wege zu leiten.

Anstatt an der Reaktion der Whites auf ihren Sohn oder an Georges Verhalten herumzumäkeln, mussten wir ihnen helfen zu verstehen, dass sie in der Falle ihrer Erfahrungen und verzerrten Vorstellungen gefangen saßen. Diese Falle tat ihrerseits dem Prozess der Akzeptanz Abbruch. Die Whites waren geblendet von der Vorstellung eines »idealen« Sohnes und daher unfähig, ihren realen Sohn so wie er war zu akzeptieren. Sie hatten schlicht nicht wissen wollen, dass Georges Gefühle, Gedanken und Handlungen durch sein Temperament beschnitten und bestimmt waren. Und andererseits fiel es ihnen nicht schwer, ihre Tochter zu akzeptieren, deren Temperament und Verhalten mit ihrem eigenen Temperament und Verhalten übereinstimmte.

Die negativen Skripts des Sohnes und seiner Eltern waren miteinander verflochten. Vor dem Hintergrund ihres eigenen Werdegangs machten die Whites Georges Interessen lächerlich und beklagten zugleich seine mangelnden schulischen Erfolge. Sie schreckten davor zurück, ihren Sohn als das, was er war, zu akzeptieren. Seine Zündelei in der Schule war bildlich und wörtlich befeuert von Wut und Ärger auf seine Eltern, und zugleich war sie ein Signal, mit dem er um Anerkennung und Hilfe bat. Es war aufschlussreich, dass George das Feuer mit Bedacht in einem Papierkorb gelegt hatte – so würde es nicht so rasch außer Kontrolle geraten.

In den Sitzungen mit den Whites halfen wir den beiden, sich mit ihren unrealistischen Erwartungen für George, mit dem Hintergrund dieser Erwartungen sowie mit der Enttäuschung und dem Ärger auseinanderzusetzen, die sich angesichts dieser unerfüllten Hoffnungen in ihnen angesammelt hatten. Ganz allmählich gelang es den Whites, realistischere Erwartungen zu formulieren und Georges Interessen zu akzeptieren, ohne sie als pathologisch, als ein Zeichen von Unzulänglichkeit oder als den Beweis dafür anzusehen, dass es ihnen nicht gelungen war, ihrem Sohn positive Werte und Verhaltensweisen zu vermitteln.

Was uns Mut machen kann, ist der Umstand, dass ein schwieriges Temperament nicht notwendig zu Schwierigkeiten mit der Erziehung des betreffenden Kindes führen muss. Es trifft zwar zu, dass bestimmte Temperamentsmerkmale das »schwierige« Kind kennzeichnen, aber es gibt auch Eltern, die diese sogenannten schwierigen Eigenschaften nicht als etwas ansehen, das ihre elterlichen Fähigkeiten übersteigt. Das eigene Temperamentsmuster der Eltern, ihre Interessen und Ziele, ihre Lebensgeschichte und ihre Erwartungen – das alles beeinflusst ihre Wahrnehmung der einmaligen Art ihres Kindes – seines »Soseins« – und ihre Reaktionen darauf.

CLIFFORDs Eltern zum Beispiel, Mr. und Mrs. Hanover, konnten nicht verstehen, warum die Nachbarschaft unter dem Verhalten ihres extrem hyperaktiven vierjährigen Sohnes litt. Cliffords Vater, ein erfolgreicher Geschäftsmann, war als Kind ebenfalls extrem hyperaktiv gewesen. Beide Eltern betrachteten dieses Verhalten als schwierig, aber tolerierbar. Sie erkannten durchaus, dass es ihrem Sohn gelegentlich Ärger eintrug, sahen aber in seinen aktuellen Problemen keinen Vorboten signifikanter zukünftiger Schwierigkeiten. Sie brachten also ein höheres Maß an Akzeptanz für ihren Sohn auf und hatten folgerichtig mehr Erfolg mit seiner Erziehung. Mit ihrer Sicht der Dinge konnten sie zwar manchmal nur schwer begreifen, warum die Nachbarn sich über Cliffords Verhalten aufregten; eben diese Sicht erleichterte es ihnen aber auch sehr, Clifford zu akzeptieren und ein liebevolles Verhältnis zu ihm aufzubauen.

ALEX, ein weiteres Kind, mit dem wir arbeiteten, glich in Temperament und Vorgeschichte in vieler Hinsicht dem Muster, das wir bei George fanden. Alex war allerdings nicht an Pflanzenpflege interessiert, sondern hatte Freude am Töpfern. Und im Gegensatz zu Mr. und Mrs. White unterstützte und ermutigte Alex' Mutter, eine Künstlerin, dieses tätige Interesse, weil sie darin eine Möglichkeit für ihren Sohn sah, ein Selbstwertgefühl zu entwickeln. Sie richtete ihm in ihrem Haus einen Arbeitsplatz mit einer Töpferscheibe und einem Brennofen ein, an dem Alex seine künstlerischen Fertigkeiten üben und ausbauen konnte. Ihr war klar, dass sie, um eine befriedigende Beziehung zu ihrem Sohn zu wahren, seine besondere Art tunlichst akzeptieren und bejahen musste, ein Vorgehen, das positive Ergebnisse nach sich zog.

Eltern mehrerer Kinder gehen häufig mit dem einen Kind unkomplizierter um als mit dem anderen, wie diese Beispiele zeigen. Hier ist das Konzept der »Qualität der Übereinstimmung« am Werk. Unsere Vorgeschichte, unsere Welt- und Lebensorientierung, unsere Interessen und unser Temperament bestimmen darüber, wie leicht oder wie schwer es uns fällt, das einzelne Kind zu akzeptieren. Extravertierte, kontaktfreudige Eltern empfinden es unter Umständen als belastend und anstrengend, ein schüchternes und zurückhaltendes Kind zu erziehen, während sie sich mit einem Kind, dessen Temperament eher ihrem eigenen Temperament ähnelt, durchaus kompetent fühlen.

Allerdings fußt der Prozess der Akzeptanz unserer Kinder nicht allein auf Ähnlichkeiten des Temperaments. Übereinstimmung ist etwas weitaus Komplizierteres. Es kann zum Beispiel sein, dass eine Mutter, die als Kind schüchtern war, ihrem eigenen schüchternen Kind nicht etwa empathisch begegnet, sondern schmerzlich berührt ist, weil sie an ihrem Kind Eigenschaften bemerkt, die ihr peinlich sind. Ähnliche Spannungen können eintreten, wenn leistungsorientierte Eltern wie die Whites es mit einem Kind zu tun haben, das unorganisiert ist und sich nicht konzentrieren kann. Kindern wird unter Umständen nachgesagt, sie seien faul und unmotiviert, während sie doch in Wahrheit viel Energie aufbringen, aber nicht die kognitiven Fähigkeiten oder das Temperament besitzen, um den Erwartungen der Eltern zu genügen beziehungsweise in bestimmten Lebensbereichen erfolgreicher zu sein.

Dieses Missverhältnis zwischen Eltern und Kindern beziehungsweise die Unfähigkeit der Eltern, eine gewisse Übereinstimmung zwischen ihrem eigenen Stil und dem Stil ihres Kindes herzustellen, endet oft in Enttäuschung und

Ärger auf allen Seiten. In solchen Situationen haben manche Kinder das Gefühl, sie hätten ihre Eltern im Stich gelassen. Die Vorstellung, versagt zu haben, zieht ein dürftiges Selbstwertgefühl, geringe Problemlösefähigkeiten und schließlich das Gefühl nach sich, nicht geliebt oder nicht akzeptiert zu werden. Damit kommt das Gegenteil einer Entwicklung zur Resilienz in Gang.

Nichtübereinstimmung zwischen Eltern und Kind kann unglücklicherweise ein Leben lang fortbestehen. Mr. und Mrs. Larsen, beide vierzig Jahre alt und Eltern zweier heranwachsender Söhne, wurden wegen ehelicher Probleme von ihrem Hausarzt an uns verwiesen. Wir hörten uns ihre Lebensgeschichten an und erfuhren, dass Mr. Larsen schon als kleines Kind von seinem Vater abgelehnt worden war.

»Mein Vater war schlimm«, sagte er. »Er nannte mich einen Feigling oder einen Waschlappen, weil ich Auseinandersetzungen nicht mochte. Er meinte, wenn ich mich nicht jedes Jahr auf ein paar Kämpfe einließe, würde ich mich wahrscheinlich nie zur Wehr setzen können.«

Wir fragten nach der Einstellung seiner Mutter, und er sagte: »Meine Mutter hatte Angst vor meinem Vater. Er hat auch sie angebrüllt. Wenn sie versuchte, mir zu Hilfe zu kommen, warf er ihr vor, ein Mamakind aus mir zu machen.«

Mrs. Larsen hörte ihrem Mann zu und bemerkte dann, sie habe von dieser seiner Kindheit zwar gewusst, »aber wir haben nie lange darüber gesprochen, was sie für eine Wirkung auf ihn hatte«.

»Einmal«, fuhr Mr. Larsen fort, »als ich acht Jahre alt war, bin ich in der Schule verprügelt worden. Ich weiß nicht mehr warum; es war halt eine von diesen Raufereien unter spielenden Jungen. Zuhause erzählte ich meiner Mutter davon. Als dann mein Vater von der Arbeit kam, schickte er mich auf die Suche nach diesem Jungen und sagte, ich sollte nicht eher wieder nach Hause kommen, als bis ich ihn ebenfalls verprügelt hätte. Ich schäme mich noch heute, wenn ich daran denke, was ich tat: Ich suchte mir einen Stock, machte mich von hinten an den Jungen heran und fing an, auf ihn einzuschlagen. Ein Erwachsener musste mich schließlich wegreißen.«

Die Tränen stiegen ihm in die Augen, als er seine Geschichte beendete: »Der Vater des Jungen brachte mich nach Hause und war sehr wütend. Mein Vater meinte, er solle aufhören, sich zu beschweren, denn Jungen gerieten nun einmal aneinander. Dann machte er die Tür hinter dem Mann zu und sagte zu mir, es sei in der Tat an der Zeit, dass ich mich nicht mehr wie ein Waschlappen aufführe. Das war alles, was er sagte, und dann ging er weg.«

Wie Mr. Larsen weiter sagte, waren Konflikte ihm immer zuwider, und obwohl er sich verzweifelt gewünscht hatte, von seinem Vater akzeptiert zu werden, hatte er dieses Ziel nie erreicht. Als Teenager wandte er sich dem Alkohol zu, vielleicht um seine innere Not zu betäuben. Er hatte einen Highschool-Abschluss, wechselte aber von einem Job in den anderen.

»Dann lernte ich meine Frau kennen und damit endlich einen Menschen, der mir die Liebe, die Akzeptanz und die Unterstützung gab, die ich zuvor nicht gekannt hatte. Ich fand eine Arbeit, die mir zusagte, hörte mit dem Trinken auf und brachte mein Leben wieder auf die Reihe.«

In dieser Zeit starb seine Mutter, und Mr. Larsen hatte weiterhin kaum Kontakt zu seinem Vater. Seine eigenen Söhne wuchsen heran, und die normalen Schwierigkeiten mit der Erziehung von Teenagern ließen viel von dem Schmerz, den er in der Beziehung zu seinem Vater erlitten hatte, wieder aufleben. Er machte sich Sorgen, dass seine Söhne sich innerlich von ihm entfernen würden, so wie er sich von seinem Vater entfernt hatte. Wieder suchte er Betäubung im Alkohol, allerdings mit der Folge, dass sein Umgang mit Frau und Kindern von Ärger geprägt war. Zum Glück suchte er, unterstützt von seiner Frau, schließlich unsere Hilfe.

Was rasch an die Oberfläche kam, waren Mr. Larsens unverarbeitete Gefühle gegenüber seinem Vater und die Erkenntnis, dass er noch immer den Wunsch hatte, vom Vater akzeptiert zu werden. Er beschloss, mit dem Trinken aufzuhören. In mehreren Sitzungen trugen die Familienmitglieder ihre Klagen und Beschwerden vor und machten konstruktive Vorschläge. Für Mr. Larsen schien es allerdings nur einen Weg zu geben, sich von der Last seiner unverarbeiteten Gefühle zu befreien: Er musste seinen Vater wissen lassen, was er dachte und fühlte, und dann sehen, ob sich eine Chance zur Versöhnung ergeben würde.

Wir gingen verschiedene Möglichkeiten der Annäherung an seinen Vater durch. Nach langem Überlegen beschloss Mr. Larsen, dem Vater einen Brief zu schreiben. Sie hatten in den zurückliegenden fünfzehn Jahren so gut wie nichts miteinander zu tun gehabt, und dennoch bemühte Mr. Larsen sich, sein Skript gegenüber dem Vater zu ändern und sich aktiv von den Geistern der Vergangenheit zu befreien. Der Brief war weder anklägerisch noch fordernd. Er erläuterte die Gefühle des Schreibers und seinen Wunsch, wieder eine Beziehung herzustellen.

Wir hatten uns auch schon Gedanken darüber gemacht, dass der Vater so oder so auf den Brief reagieren könnte: Er könnte beispielsweise einen bösen Antwortbrief schreiben oder überhaupt nichts von sich hören lassen. Was dann passierte, hatten wir allerdings nicht erwartet: Der Vater zerriss den Brief, steckte die Fetzen in einen Umschlag und sandte sie seinem Sohn zurück.

Mr. Larsen erzählte uns das ganz unaufgeregt. Er lächelte und meinte: »Sie haben ja oft gesagt, dass man sich auf das konzentrieren sollte, was man beeinflussen kann. Ich konnte die Kommunikation mit meinem Vater beeinflussen, nicht aber seine Reaktion. Ich habe getan, was ich tun musste, und jetzt, nachdem ich die Reaktion meines Vaters kenne, kann ich mein Leben weiterführen und mich darauf konzentrieren, die bestmögliche Beziehung zu meiner Familie herzustellen.« Und aus einer tiefen Einsicht heraus fügte er hinzu: »Vom Augenblick meiner Geburt an konnte er mich nicht akzeptieren und nicht lieben. Nach seinem Willen sollte ich etwas sein, was ich nicht sein konnte. Ich habe immer gedacht, es wäre meine Schuld, aber jetzt weiß ich, dass das nicht stimmt. Ich kann die Phantasie, von meinem Vater akzeptiert zu werden, aufgeben und mich darauf konzentrieren, meine eigenen Söhne zu akzeptieren.«

Vor dem Hintergrund seiner sonstigen Lebenssituation – mit einer Ehefrau, die den »charismatischen Erwachsenen« in seinem Leben repräsentierte, und einer erfolgreichen Berufstätigkeit – konnte Mr. Larsen Akzeptanz von anderer Seite finden, was am Ende dazu führte, dass er sich selbst akzeptierte. Diese Erfahrung vermittelt uns eine wichtige Lektion: Wir müssen uns selbst akzeptieren, bevor wir andere Menschen akzeptieren können. Dieses Buch befasst sich mit den Leitlinien einer Erziehung zur Resilienz, und das Beispiel von Mr. Larsen und anderen lehrt uns, dass es eine lebenslange Aufgabe ist, zu Selbstakzeptanz und einer resilienten Welt- und Lebensorientierung zu finden.

Akzeptanz und die Formulierung angemessener Erwartungen und Zielvorstellungen

Akzeptanz verbindet die Liebe der Eltern mit der Definition realistischer Erwartungen und Zielvorstellungen für ihre Kinder. Wir werden immer wieder gefragt, was wir unter realistischen Erwartungen – zum Beispiel mit Bezug auf ein vierjähriges, ein achtjähriges oder ein dreizehnjähriges Kind – verstehen. Es gibt zwar gewisse Anhaltspunkte, die sich an entwicklungspsychologischen Grundsätzen ausrichten, aber man sollte die Ziele und Erwartungen für ein Kind nicht nur nach der Anzahl seiner Lebensjahre bestimmen.

Die meisten Eltern würden ihr neunjähriges Kind unbesorgt eine belebte Straße überqueren lassen, weil sie wissen, dass das Kind die für dieses Vorhaben erforderlichen Fertigkeiten besitzt und nutzen wird. Einem Kind, das eine dürftige Selbststeuerung besitzt und gern impulsiv reagiert, würden sie das Überqueren einer belebten Kreuzung dagegen nicht so gerne erlauben, es sei denn in Begleitung einer älteren und verantwortungsbewussten Person. Wir kennen auch Eltern, die keine Bedenken haben, ihr sechsjähriges Kind in ein Geschäft mitzunehmen, das teure Glasartikel führt, weil sie sicher sind, dass es nichts anfassen wird. Die gleichen Eltern würden allerdings eine neugierige und impulsive Zehnjährige nicht mit in diesen Laden nehmen, weil sie wissen, dass das Mädchen innerhalb weniger Augenblicke einen erheblichen Schaden anrichten kann – nicht weil es sich absichtlich schlecht benimmt, sondern weil es impulsiv ist und eine dürftige Selbststeuerung besitzt.

Die beste Antwort, die wir auf die Frage nach den jeweils realistischen Erwartungen geben können, lautet: »Erzählen Sie mir zunächst etwas über Ihr Kind; anschließend können wir dann ein solides Bild der angemessenen Erwartungen und Zielvorstellungen entwerfen.« Wenn die Eltern es versäumen, ihre Erwartungen mit der Akzeptanz und Würdigung der einmaligen Eigenschaften ihres Kindes in Einklang zu bringen, dann ist der Boden für familiäre Spannungen bereitet, und das Resilienzvermögen wird nicht etwa gestärkt, sondern geschwächt.

Mr. und Mrs. Cerano konsultierten uns wegen der Probleme mit ihrer sechsjährigen Tochter LARISSA. »Wir können Larissa nirgendwohin mitnehmen«, sagte Mrs. Cerano. »Mit ihr in einen Supermarkt oder in ein Kaufhaus zu gehen ist ein Alptraum. Sie verlangt sofort, dass wir ihr irgendetwas kaufen. Wenn wir ihr das abschlagen, gerät sie aus der Fassung und legt am Ende einen Wutanfall hin.«

Mr. Cerano bekräftigte: »Anfangs dachte ich: Meine Frau versucht viel zu lange, vernünftig mit Larissa zu reden, und macht die Wutanfälle damit nur noch schlimmer. Dann muss sie sich natürlich aufregen und Larissa anschreien oder ihr auch mal eins hinten drauf geben. Aber dann habe ich meine Lektion gelernt. Wenn ich mit Larissa einkaufen ging – und ich habe ihr Prügel angedroht, bevor wir den Supermarkt überhaupt betraten –, kam sie mir mit den gleichen haushohen Forderungen und fing ziemlich sofort an zu schreien.«

Auf den Rat einer Freundin hin »gingen wir und kauften uns ein Buch mit Ratschlägen, wie man Wutanfälle seines Kindes vermeidet«, sagte Mrs. Cerano. »Da hieß es zum Beispiel, man sollte das Kind vorbereiten, etwa so: Wir gehen jetzt in dieses Geschäft, aber wir werden dir nichts kaufen. Du brauchst also gar nicht erst um irgendetwas zu bitten ... Wir hatten trotzdem Probleme, auch dann, wenn sie zunächst versprochen hatte, nichts zu verlangen.«

Es war klar, dass es mit Larissas dürftiger Selbstkontrolle schnell vorbei war, wenn verlockende Dinge in Kinderaugenhöhe plaziert waren. Der Anblick so vieler Artikel, die sie gerne gehabt hätte, ließ sie ihr Versprechen rasch vergessen. Was dann entgegen den Empfehlungen des Elternratgebers folgte, waren lange Auseinandersetzungen in dem Geschäft, die damit endeten, dass das erwartete negative Skript erneut zur Aufführung kam – Larissas Benehmen eskalierte, es folgten Prügel, und man verließ die Szene frustriert und gestresst.

Dann empfahl eine Nachbarin ein anderes Vorgehen, das bei ihrem eigenen Kind funktioniert hatte. »Wir sollten Larissa jeweils vorher sagen, dass wir das Geschäft sofort wieder verlassen würden, falls sie etwas haben wollte«, sagte Mrs. Cerano.

Im ersten Augenblick klang dieser Vorschlag gut. Er schien das Versprechen in sich zu tragen, dass man Geschrei und Gegengeschrei, Prügel und Frust vermeiden könnte. Zum Entsetzen der Eltern fing Larissa allerdings sofort an zu schreien, wenn sie das Geschäft verließen.

»Wir waren so frustriert, dass wir Larissa sagten, wir würden ihr *einen* Gegenstand kaufen, wenn er nicht zu teuer wäre. Na ja, das hat nicht geklappt«, sagte Mrs. Cerano. »Larissas Vorstellungen davon, was ›nicht teuer‹ ist, passten einfach nicht zu unseren Vorstellungen. Sie fing wieder an zu schreien und Dinge zu verlangen.«

Wir taten, was wir mit vielen Familien tun: Wir machten Larissas Eltern klar, dass die Strategien, die sie angewandt hatten, in manchen Fällen funktionieren, dass sie in Larissas Fall aber allein wohl nicht ausreichten. Wir führten das Konzept des Temperaments ein und sagten, es sei wichtig, zunächst einmal Larissas Temperament zu akzeptieren. Ferner versorgten wir die Ceranos mit Lesestoff darüber, wie sich Unersättlichkeit und eine dürftige Impulskontrolle auf das Verhalten von Kindern und auf ihre Beziehung zu ihren Eltern auswirken.

In der nächsten Sitzung vergewisserten wir uns zunächst, dass die Ceranos das, was sie gelesen hatten, auch verstanden. Dann erklärten wir, dass Larissa mit ihrem Temperament und ihrer Impulsivität einfach noch nicht so weit war, dass sie zusammen mit den Eltern einen Supermarkt oder ein Kaufhaus besuchen konnte. In solchen Situationen deutete alles darauf hin, dass sie Probleme haben würde. Wir machten den Ceranos auch klar, dass ihre Erwartungen an Larissa sich nicht mit dem Temperament und der Wesensart des Kindes deckten.

»Ich habe die Sachen gelesen«, sagte Mr. Cerano, »aber ich bin noch immer der Ansicht, dass eine Sechsjährige imstande sein sollte, sich zu benehmen. Ihre gleichaltrigen Freundinnen haben diese Probleme nicht.«

»Das ist eine sehr gute Überlegung«, sagten wir, »tatsächlich dürfte aber jedes Kind mit diesem Temperament in diesem Alter und an einem solchen Ort seine Schwierigkeiten haben.«

Mrs. Cerano meinte: »Genau wie mein Mann dachte auch ich, Larissa könnte sich benehmen, wenn sie nur wollte. Ich dachte, wir hätten sie verzogen, weil sie so anspruchsvoll ist, wir hätten ihr nachgegeben, und sie benimmt sich trotzdem nicht. Aber nachdem ich diese Artikel gelesen habe, die Sie uns mitgegeben haben, fange ich an zu glauben, dass das ein Irrtum war.«

Wir bestätigten Mrs. Ceranos Feststellung, indem wir versicherten, dass viele sechsjährige Kinder sich besser zusammennehmen können als Larissa, dass Larissas Unfähigkeit, sich zusammenzunehmen, aber in ihrem Temperament begründet war und nichts damit zu tun hatte, dass die Eltern sie etwa verwöhnt hätten. Die Ceranos sollten verstehen, dass sie – eben weil es ihnen schwerfiel, Larissas Temperament zu akzeptieren – Erwartungen entwickelt hatten, die Larissa im Gegensatz zu ihren gleichaltrigen Freundinnen nicht erfüllen *konnte*.

Wenn sie Larissa bei ihren Einkäufen nicht mitnehmen könnten, sagten sie, dann würde es schwierig. »Es ist nicht immer gut möglich, dass einer von uns zuhause bleibt oder dass wir uns einen Babysitter nehmen.«

»Das ist natürlich richtig«, antworteten wir. »Aber überlegen Sie doch mal, wie oft Ihre Unternehmungen, vor allem das Einkaufen, wegen Larissas Verhalten im Chaos enden. Die Verwerfungen in Ihrer Beziehung zu Larissa wegen dieser Ausbrüche sind doch viel unangenehmer und störender, als dass einer von Ihnen zuhause bleibt oder Sie einen Babysitter anstellen.« Wir machten den Ceranos begreiflich, dass dieses negative Muster zwischen ihnen und ihrer Tochter ja doch mehr war als nur ein aktuelles Problem; es legte den Keim für viele zukünftige Konflikte in anderen Bereichen des Familienlebens.

»Aber wie soll Larissa jemals lernen, sich zu benehmen, wenn sie nicht erlebt, dass wir ihr Grenzen setzen?«, fragte Mr. Cerano.

Wieder stimmten wir ihm zu und qualifizierten zugleich, was er gesagt hatte. »Sie haben vollkommen recht. Das ist eine ganz wichtige Frage, aber sehen Sie sie doch einmal so: Wenn Sie eben erst schwimmen gelernt haben, dann tun Sie das anfangs natürlich noch am flachen Ende des Beckens. Und ähnlich vorsichtig werden Sie sich als Anfänger auch in anderen Sportarten verhalten. Sie sollen bei diesen Aktivitäten ja nicht nur lernen, sondern sich mit der Zeit auch sicher, erfolgreich und glücklich fühlen.«

Larissa zu diesem Zeitpunkt in einen großen Supermarkt oder in ein Kaufhaus mitzunehmen, war nicht die beste Methode, sie über Grenzen zu belehren. Aller Wahrscheinlichkeit nach würde es Konflikte heraufbeschwören. Wir erklärten den Ceranos, dass ein Besuch im Supermarkt eine Erfahrung war, die Larissa offensichtlich überwältigte, das heißt eine Erfahrung, die nicht dazu führen würde, dass sie neue Fertigkeiten erlernte. Stattdessen rieten wir ihnen, sich eine Reihe von Grundsätzen zu eigen zu machen, die die Situation entspannen und Larissas Resilienzvermögen stärken würden.

Dabei sollten sie »klein anfangen«. Zum Beispiel konnten sie Larissa in die kleinen Läden in der Nachbarschaft mitnehmen, die man rasch wieder verlassen konnte. Wir redeten ihnen auch zu, ihr weiterhin sozusagen eine Auswahl zuzugestehen, dabei aber eindeutiger vorzugehen und ein offenes Ende zu vermeiden. Sie konnten zum Beispiel sagen: »Du kannst ein Eis oder eine Schokostange haben«, anstatt ihr etwas anzubieten, »das nicht so teuer ist«. Wichtig war auch, Larissa vor dem Betreten eines Ladens noch einmal an diese Bedingungen und an die Konsequenzen zu erinnern, die eintreten würden, falls es Schwierigkeiten geben sollte. Also: Auswahl benennen und darauf hinweisen, dass alle miteinander das Geschäft sofort wieder verlassen würden, falls Larissa nicht tun konnte oder wollte, was die Eltern sagten. Schreien und Weinen würden ihr dann nichts nutzen. Darüber hinaus schlugen wir eine Reihe häuslicher Betätigungen vor, die es Larissa ermöglichen würden, sich besser zu steuern.

Mr. und Mrs. Cerano einigten sich darauf, von nun an eine eher proaktive Haltung einzunehmen, mehr Empathie aufzubringen und »lösungsorientiert« mit Larissa umzugehen. In diesem Rahmen konnten sie Larissas Veranlagung und Temperament akzeptieren und darauf hinarbeiten, sich in einem vernünftigen Umfang ihr und ihrer Veranlagung anzupassen. Larissas Reaktion war nicht immer optimal, aber die Ceranos waren entschlossen, sie zu akzeptieren, und das gab ihnen die Kraft, den einmal eingeschlagenen Kurs zu halten, auch wenn es hin und wieder hart herging. Anfangs reagierte Larissa noch mit gelegentlichen Wutanfällen und dem Rückfall in ihr negatives Skript, aber diese Ausbrüche wurden von den Ceranos ruhig aufgefangen. Nach einigen Monaten tat Larissa, was ihre Eltern den »Riesenschritt« in größere Läden und Kaufhäuser nannten.

Vier Schritte zur Akzeptanz

Eltern können vier nützliche Schritte tun, um den Prozess der Akzeptanz ihrer Kinder zu unterstützen. Sie gelangen damit zu klareren Richtlinien für die Formulierung angemessener Zielvorstellungen und Erwartungen.

Schritt Eins: Machen Sie sich kundig

Beginnen Sie damit, dass Sie sich mit den Unterschieden im Temperament, in der Entwicklung und im Verhalten von Kindern vertraut machen und dieses Wissen im Rahmen Ihrer elterlichen Praktiken proaktiv einsetzen. Viele Eltern geben offen zu erkennen, dass sie sich dieser Unterschiede nicht bewusst sind, und selbst Eltern, die eine oberflächliche Kenntnis davon haben, geraten unter

Umständen in die Falle des »Ich akzeptiere dich, aber…«. In einigen bereits geschilderten Fällen reagierten durchaus wohlmeinende Eltern so auf ihr Kind, als wären alle Kinder gleich: die Ceranos auf LARISSA, die Thomasens auf CARL, die Whites auf GEORGE, die Holts auf MIMI und Mrs. Peterson auf CINDY, der sie einen »persönlichen Rachefeldzug« andichtete. Wenn wir es nicht fertigbringen, die angeborenen Unterschiede zwischen Kindern zu begreifen und folglich auch zu akzeptieren, dann kann es sein, dass wir Verhaltensweisen und Fertigkeiten von einem Kind erwarten, die dieses spezielle Kind nun einmal beim besten Willen nicht produzieren kann: Dass es ihm – zum Beispiel – nicht möglich ist, während der gesamten Dauer einer Mahlzeit ruhig an seinem Platz am Tisch sitzen zu bleiben, wird unter solchen Umständen häufig als ein Zeichen von Launenhaftigkeit oder Manipuliersucht gedeutet.

Mr. und Mrs. Sargent liefern uns ein weiteres schlagendes Beispiel für das, was passiert, wenn Eltern die angeborenen Unterschiede zwischen ihren Kindern nicht erkennen, nicht verstehen und folglich nicht akzeptieren. Die Sargents hatten drei Söhne. Von den beiden älteren, die 16 bzw. 13 Jahre alt waren, sagten sie, es sei »eine Freude, sie zu erziehen«. Diese Jungen waren extravertiert, hatten ein »ansteckendes« Lächeln, besaßen viele Freunde und waren ausgezeichnete Sportler und gute Schüler.

»Wenn wir es bei den beiden ersten Kindern belassen hätten, dann hätten wir uns wohl für die wunderbarsten Eltern auf der ganzen Welt gehalten«, sagte Mrs. Sargent.

Von ihrem jüngsten Sohn, DAMON, sagten die Sargents dagegen, er sei schon »mit einem finsteren Gesichtsausdruck geboren worden«.

»Es ist fast unmöglich, Damon zufriedenzustellen, es sei denn, er kriegt seinen Willen«, meinte Mr. Sargent.

Auf der verstandesmäßigen Ebene begriffen die Sargents sehr wohl – und äußerten sich sogar in diesem Sinne –, dass Damon sie gelehrt hatte, wie verschieden Kinder sein können. Ihr Überdruss und ihre Enttäuschung verleiteten sie allerdings zum *Aber* und hinderten sie daran, den Einfluss dieses »Andersseins« ihres jüngsten Sohnes auf sein Verhalten und seine Entwicklung zur Kenntnis zu nehmen.

»Ich fand es schrecklich«, sagte Mr. Sargent. »Wir haben Bilder von einem Familienausflug angesehen. Es war kein einziges Foto dabei, auf dem Damon mal gelächelt hätte. Immer hat er diesen finsteren Gesichtsausdruck. Ich habe ihn einfach mal gestellt und ihn im Beisein seiner Brüder gefragt: ›Warum kannst du eigentlich nie ein freundliches Gesicht machen?‹ Er hat mir die Zunge ’rausgestreckt und sich getrollt.«

Damons Bewältigungsstrategie bestand darin, dass er tat, als ob ihm alles egal wäre.

In einer Einzelsitzung vertraute Damon, der in der Regel ein aggressives Äußeres und eine Haltung des »Mir ist sowieso alles egal« zur Schau trug, uns ganz gegen seine Gewohnheit seine Gefühle an. Er hatte kürzlich ein Gespräch zwischen seinen Brüdern mitangehört, in dem es darum ging, dass die Familie doch sehr viel besser dran wäre, wenn es ihn, Damon, gar nicht gäbe.

Damon machte sozusagen reinen Tisch, indem er sehr emotional und zugleich sehr einsichtsvoll sagte: »Ich glaube, meinen Eltern wäre es recht, wenn ich gar nicht gekommen wäre. Sie sagen, dass ich nie lächle, aber sie lächeln auch nie, wenn sie mit mir zusammen sind. Ich sehe sie lächeln, wenn meine Brüder da sind. Ich glaube nicht, dass sie mich lieben.«

Damons Enthüllung ist ein treffendes Fazit dessen, was passiert, wenn wir es nicht fertigbringen, unsere Kinder so zu akzeptieren wie sie sind. Mangelnde Akzeptanz ist ein Nährboden für defätistische Verhaltensmuster. Um diesen Zyklus zu durchbrechen, baten wir Damon, über die nächsten zwei Wochen hinweg ein »geheimes Experiment« durchzuführen. Er sollte nicht nur beobachten, ob seine Eltern lächelten, wenn sie mit seinen Brüdern zusammen waren, sondern auch festhalten, ob sie gelegentlich etwa auch in seiner Gegenwart lächeln würden. Zwei Wochen später berichtete Damon, dass seine Eltern mehrmals auch in seiner Gegenwart gelächelt hatten.

»Ich habe meiner Mutter einen Witz erzählt. Sie hat gelacht und gesagt, dass sie ihn gut findet.«

Daraufhin dachten wir uns ein weiteres geheimes Experiment aus. Damon sagte zu, es diesmal selbst mit einem Lächeln zu versuchen und zu sehen, ob er seine Eltern zum Lächeln bewegen konnte. Wir überlegten gemeinsam, was er alles tun könnte – zum Beispiel Witze erzählen –, das unter Umständen dazu führen würde, dass alle lächelten. Zugleich erklärten wir Damons Eltern, dass wir gerade ein geheimes Experiment durchführten und dass sie in der nächsten Sitzung – und zwar noch ehe wir ihnen Details und Ergebnisse mitteilen würden – doch bitte über alles berichten sollten, was sie in den zurückliegenden zwei Wochen an Veränderungen wahrgenommen hatten.

Zwei Wochen später, als Eltern und Sohn unser Sprechzimmer betraten, zeigte Damons Gesicht in der Tat ein Lächeln.

Wir fragten, ob die Sargents in diesen zwei Wochen irgendwelche Veränderungen wahrgenommen hätten.

Mrs. Sargent sagte: »Damon wirkt zufriedener. Mir ist aufgefallen, dass er lächelt.«

Damon fuhr dazwischen: »Na ja, Mama, ich lächle, weil du lächelst! Das war das geheime Experiment: zu sehen, ob ich dich zum Lächeln bringen könnte.«

Als Eltern müssen wir uns mit den einmaligen Eigenschaften und Qualitäten vertraut machen, die unsere Kinder schon mit auf die Welt bringen. Diese Kenntnis kommt ihnen in der Form von Akzeptanz zugute und lässt sich überdies dazu einsetzen, ihr Resilienzvermögen zu stärken.

Schritt Zwei: Nehmen Sie Ihre Einstellung und Ihre Erwartungen unter die Lupe

Können Sie sich an eine Zeit vor der Geburt Ihres ersten Kindes erinnern? In Amerika sprechen wir unter Kollegen von dieser Zeit als von »B. C.« und meinen damit weder »before Christ« noch »before children«, sondern »before chaos«, die Zeit vor dem Chaos! Selbstverständlich beschäftigte uns damals vor allem der Gedanke, dass das Kind gesund sein sollte, und die meisten von uns stellten sich die zukünftigen Kinder darüber hinaus als intelligent, glücklich und erfolgreich vor. Wir überlegten auch, dass wir natürlich ganz wunderbare Eltern sein würden – fair, gute Erzieher und Versorger, demokratisch und liebevoll. Wir würden die Wünsche und Bedürfnisse unserer Kinder erfüllen und auch in nervigen Situationen niemals ärgerlich oder wütend werden. Diese Bilder wurzeln in unserer Vergangenheit und spiegeln das, was alle Eltern sich für ihre Kinder erträumen und erwarten. Wenn die Kinder diesen Träumen und Erwartungen dann nicht entsprechen, sehen die Eltern sich auf die Probe gestellt.

Wenn wir ratsuchende Eltern nach den Vorstellungen und den Träumen fragen, die sie in Bezug auf ihre ungeborenen Kinder hegten, kommen sie gar nicht so selten zu der Erkenntnis, dass die aktuellen Probleme mit ihrem Nachwuchs zum Teil damit zu tun haben, dass ihre Erwartungen nicht erfüllt wurden.

Um Ihre eigene Einstellung zu diesem Thema beurteilen zu können, versuchen Sie es mit der folgenden Übung. Unterteilen Sie ein Blatt Papier in zwei Hälften. Notieren Sie auf der einen Seite die Attribute und Gefühle, die Sie *ursprünglich gehofft hatten*, bei Ihrem Kind zu finden (z. B. freundlich, liebevoll, respektvoll, kontaktfreudig, glücklich, zufrieden), und halten Sie auf der anderen Seite fest, welche Eigenschaften und Gefühle bei Ihrem Kind dann *tatsächlich aufgetaucht* sind. In manchen Punkten wird das, was Sie sich erhofft hatten, und das, was Sie aktuell beobachten, sehr nahe beieinander liegen. In anderen Punkten werden Sie vielleicht auf eine große Kluft zwischen dem Erhofften und dem Vorhandenen treffen. Sie hatten sich vielleicht ein kontaktfreudiges und irgendwie sprühendes Kind erwartet und müssen feststellen, dass Ihr Kind eher scheu und niedergeschlagen ist.

Halten Sie als Nächstes auf einem in drei Teile unterteilten Blatt zuerst fest, wie Sie sich Ihren Umgang mit Ihrem Kind *ursprünglich vorgestellt hatten* (z.B. geduldig, freundlich, liebevoll, niemals ärgerlich). Notieren Sie anschließend, wie Sie *tatsächlich* mit dem Kind umgehen, und notieren Sie im dritten Abschnitt, in welchen Situationen die Kluft zwischen Ihren Erwartungen und dem tatsächlichen Verhalten Ihres Kindes zu Handlungen und Gefühlen auf Ihrer Seite führt, die Sie zuvor nicht in Erwägung gezogen hatten. Anhand dieser Übung werden Sie deutlicher erkennen können, wie weit Ihre einstigen Träume und Wunschvorstellungen letztlich auf Ihre Gefühle gegenüber Ihrem Kind – Akzeptanz oder Enttäuschung – durchgeschlagen sind.

Mrs. Langston, alleinerziehende Mutter zweier heranwachsender Töchter, führte die Übung durch und schrieb, sie habe davon geträumt, dass ihre Kinder kontaktfreudige und zugewandte Menschen werden würden. Dieser Traum hatte sich bei Lena, der fünfzehnjährigen Tochter, erfüllt, während er bei der zwölfjährigen WENDY ein Traum geblieben war. Wendy gab sich oft etwas reserviert, war weniger zärtlich und schwerer zufriedenzustellen. Mrs. Langston kennzeichnete ihre Reaktionen auf Lena als »stolz; glücklich; gab mir das Gefühl, eine gute Mutter zu sein; ich war immer gern mit ihr zusammen«. Ganz im Gegensatz dazu schrieb sie mit Bezug auf Wendy: »Enttäuscht; habe ich etwas falsch gemacht?; sie gibt sich keine große Mühe mit dem Guten-Tag-Sagen; ich nehme sie ungern mit, wenn ich irgendwohin gehe; nervig.«

Wie viele andere Eltern, die sich dieser Übung ebenfalls unterzogen, war Mrs. Langston überrascht angesichts der intensiven und so ganz unterschiedlichen Gefühle, die sie in Bezug auf ihre beiden Töchter bei sich feststellte. In Kenntnis einerseits dieser kontrastierenden Gefühle und andererseits ihrer ursprünglichen Erwartungen konnte Mrs. Langston allmählich verstehen, dass und wie eben diese Erwartungen sie in ihrer Reaktion auf die Töchter und damit auch in ihrer Fähigkeit beeinflusst hatten, ihnen zu einer von Resilienz geprägten Orientierung zu verhelfen.

Wenn Sie über Ihre Reaktion auf das Verhalten und die Gefühle Ihrer eigenen Kinder nachdenken, empfiehlt sich vielleicht ein Blick zurück auf die Empathie-Übung aus dem zweiten Kapitel, bei der Sie zu beschreiben versuchten, was Ihre Kinder von Ihnen denken und halten. Mrs. Langston schrieb, Lena würde sie wohl als »hilfsbereit, ansprechbar, liebevoll« beschreiben. Wendy dagegen würde schreiben: »kritisch, ärgerlich, enttäuscht«. Sie fing an zu weinen, als sie diese Worte dann wieder las, und erkannte zum ersten Mal ganz deutlich, dass ihre Träume und Erwartungen in Bezug auf die Töchter einflussreiche Faktoren waren, die nicht nur ihre Interaktionen mit den Kindern, sondern auch ihre irrige Meinung geprägt hatten, ihre jüngere Tochter müsse sich ändern – nicht sie, die Mutter.

Schritt Drei: Nehmen Sie erforderliche Anpassungen vor

Falls Ihre Erwartungen und das, was Ihre Kinder »liefern« können, gut zusammenpassen, dann gehören Sie zu den wenigen Eltern, die nichts weiter zu unternehmen brauchen. Wenn unsere Kinder ein Verhalten zeigen, das mit unseren Erwartungen übereinstimmt, ist es leicht für uns, sie zu akzeptieren. Wenn die Dinge dagegen nicht zusammenpassen, dann müssen wir, die Eltern, als Erste damit anfangen, etwas zu verändern.

Dass wir großartige Träume und Wünsche hegen, was unsere Kinder betrifft, ist keineswegs ein Fehler. Träume können sich aber rasch als unrealistisch erweisen, und dann sehen wir sie als fehlgeschlagene Hoffnungen und manchmal auch als »nicht eingehaltene Versprechungen« an. Wir müssen es fertigbringen, zurückzustecken und unsere Erwartungen und Träume auf der Grundlage unserer Kenntnis des angeborenen Temperaments und der Wesensart unseres Kindes zu modifizieren. Wenn wir das nicht tun, wird die Beziehung zu ihm auf Dauer von Ärger und Enttäuschung geprägt sein, das heißt von Gefühlen, die eine Gefahr für das aufkommende Resilienzvermögen darstellen.

Anpassungen vorzunehmen entspricht dem ersten Leitsatz aus dem vierten Kapitel (vgl. S. 107), in dem es um das Abwandeln negativer Skripts ging. Das heißt, wenn unsere Kinder ihr Verhalten ändern sollen, dann müssen in den meisten Fällen zunächst wir als Eltern den Mut aufbringen, unsere eigene Einstellung und unser eigenes Verhalten zu ändern. Wenn wir begriffen haben, dass Kinder ihr je eigenes und einmaliges Temperament mitbringen und dass unsere Erwartungen mit ihrer Wesensart in Konflikt geraten können, dann muss der nächste Schritt in der Überlegung bestehen: Was können wir in Zukunft anders machen, damit unsere Kinder eher das Gefühl haben, akzeptiert zu werden, und unsere Erwartungen realistischer werden?

CARL, der Zehnjährige, der nicht am Esstisch sitzen bleiben konnte, und sein Vater können als Beispiel für diesen Gedanken dienen. Von dem Augenblick an, in dem Carls Vater akzeptieren konnte, dass sein Sohn nicht während der gesamten Dauer der Mahlzeit auf seinem Stuhl sitzen bleiben konnte, und ihm folglich erlaubte, vom Tisch aufzustehen, trat in Carls Benehmen und in seiner Beziehung zu seinem Vater eine deutliche Veränderung zum Besseren ein. Im Zusammenhang damit fiel es Carl dann auch leichter, sich rechtzeitig auf den Schulweg zu machen, nachdem er zum »Assistenten des Direktors« ernannt worden war.

Eltern mit einer bestimmten inneren Orientierung – das zeigen Carls Fall und viele weitere in diesem Buch geschilderte Fälle – fördern das Resilienzvermögen. Die diversen Komponenten dieses Förderungsprozesses sind untereinander verwoben, und die Fäden dieses Gewebes – hier Empathie, dort das Gefühl, geliebt zu werden, hier die Abwandlung negativer Skripts, dort die Gewissheit, akzeptiert zu sein – gewinnen ihre Stärke aus ihrer wechselseitigen Verbundenheit.

Mrs. Langston bemühte sich, ihre Einstellung und ihr Verhalten zu ändern, nachdem sie erkannt hatte, dass sie von WENDY enttäuscht war und dass es ihr schwerfiel, diese Tochter zu akzeptieren. Zu den ersten Veränderungen in ihrer Einstellung gehörte die schlichte Einsicht, dass Wendy nicht Lena war und wahrscheinlich niemals so zugewandt und so leicht zufriedenzustellen sein würde wie ihre ältere Schwester. Diese Überlegung bedeutete nicht, dass Mrs. Langston die Tochter etwa »aufgab« oder sich sagte, dass Wendy »sich niemals ändern« würde; sie veranlasste sie lediglich zu einer realistischeren Erwartungshaltung. Auf unseren Rat richtete sie feste »Extra«-Zeiten des Zusammenseins mit jeder ihrer Töchter ein. Sie redete Wendy nicht länger zu, sich »aufzuheitern« oder »den Leuten mit einem Lächeln zu begegnen«. Sie lebte Empathie vor und äußerte gegenüber Wendy, sie wisse, dass die Tochter sich in Gesellschaft bestimmter Leute nicht immer besonders wohl fühlte. Mit der Zeit würde sie aber wahrscheinlich Leute treffen, denen sie entspannter begegnen könnte.

Zugleich begann Mrs. Langston auch Wendys Stärken zu sehen und zu fördern. Wendy war anderen Menschen gegenüber zwar häufig sehr reserviert, aber sie liebte Tiere. Mrs. Langston sprach ihr gegenüber mit voller Absicht davon, wie verantwortungsbewusst sie, Wendy, mit den Haustieren der Familie umging. Einige Jahre später, als Wendy nach einem Teilzeitjob suchte, redete Mrs. Langston ihr zu, es bei einem Zoogeschäft in der Nähe zu versuchen. Wendy wurde sofort aktiv, bekam den Job und erhielt positive Rückmeldungen vom Inhaber des Geschäfts. Ihre Arbeit brachte sie auch in Kontakt mit Kunden, aber da diese Verhandlungen sich auf Wendys »Territorium« abspielten, fiel ihr das Reden hier leichter, und ihr Umgang mit anderen wurde allmählich freier und zugewandter.

Mrs. Langston berichtete von einer weiteren Anpassung, die sie in ihrer Betrachtung der Dinge vorgenommen hatte. Früher hatten Wendys Launen bzw. ihr Wunsch, allein zu sein, sie geärgert. Sie hatte darin so etwas wie Wendys Methode gesehen, »das Konto auszugleichen«, und in diesem Zusammenhang bemerkt: »Wendy kann an einem Tag so reizend sein und am nächsten Tag ist es, als ob man überhaupt nicht existierte. Sie geht dann einfach in ihr Zimmer und will dort ganz für sich sein.«

Mrs. Langston lernte es hinzunehmen, dass Wendys launisches Wesen und die abrupte Veränderung in ihrem Benehmen von einem Tag zum anderen nicht Ausdruck von Eigensinn oder Manipuliersucht waren, sondern einfach »ein Teil von Wendy«. Diese Erkenntnis bewirkte nicht nur, dass ihr Ärger nachließ, sondern reduzierte auch ihre Schuldgefühle darüber, dass sie vielleicht als Mutter etwas falsch gemacht hätte. Dass Ärger und Frust jetzt seltener aufkamen, machte es Mutter und Tochter leichter, einen gemeinsamen Boden zu finden; es war dann allerdings Mrs. Langston, die die Veränderung herbeiführte.

Wie wichtig es ist, dass Eltern gewisse Anpassungen vornehmen, wird auch am Beispiel der Wilsons und ihres neunjährigen Sohnes JIMMY deutlich. Mr. Wilson war ein Sportfan und interessierte sich insbesondere für American Football und Basketball.

Er konnte die Träume, die er in Bezug auf seinen damals noch ungeborenen Sohn geträumt hatte, deutlich benennen: »Ich kann mich erinnern, dass ich meine Frau, die damals mit Jimmy schwanger war, zu einer Ultraschalluntersuchung begleitete. Als der Arzt uns sagte, dass es ein Junge werden würde, sah ich ihn schon alle wichtigen Sportarten treiben.«

Jimmy war ein guter Sportler und liebte wie sein Vater vor allem das Football-Spiel. Einmal fing er zwei Touchdown-Pässe. Im gleichen Spiel ließ er einen Pass fallen.

Als das Spiel zu Ende war, fragte Mr. Wilson als Erstes: »Wie kam denn das, dass du den Pass fallengelassen hast?«

In der Sitzung mit uns erinnerte er sich: »Jimmy sah mich völlig fassungslos an und lief weg. Ich dachte, ich würde ihm helfen, wenn ich auf die Fehler zu sprechen käme. Offensichtlich war das falsch.«

So wie Mr. Wilson scheinen viele Eltern zu denken: Konzentrieren wir uns doch mal auf das, was du falsch machst; dann können wir es nämlich in Ordnung bringen. Im Grunde näherte Mr. Wilson sich seinem Sohn mit dem Meißel in der Hand, stets bereit, etwas wegzuschlagen.

Mr. Wilsons Unfähigkeit, Jimmys Stärken zu sehen und zu fördern, war lähmend. Seine negative Einstellung war so ausgeprägt und seine Beziehung zu seinem Sohn litt so sehr darunter, dass er und seine Frau schließlich zu einem Beratungsgespräch kamen. Was sich herausschälte, war das Bild eines Vaters, der nach seinen eigenen Worten ein mittelmäßiger Spieler gewesen war, einer, der häufig als Vorletzter gerufen wurde, wenn der Mannschaftsführer sein Team zusammenstellte. Mit unserer Hilfe erkannte er schließlich, dass er in Jimmy den strahlenden Sportler hatte sehen wollen, der er selbst niemals gewesen war. In vieler Hinsicht waren seine Träume und Erwartungen, was Jimmy betraf, nichts anderes als der Versuch, die eigene frustrierende Kindheit gewissermaßen umzuschreiben. Unglücklicherweise ging dieses Umschreiben zu Lasten von Jimmy, der nämlich um seiner selbst willen – ein guter Sportler, aber kein Superstar – hätte akzeptiert werden sollen.

Vor dem Hintergrund der Tatsache, dass sein eigener Wunsch nach Anerkennung damals nicht erfüllt worden war, fielen Mr. Wilsons Erwartungen für Jimmy unrealistisch aus, belasteten die Beziehung zwischen beiden und verursachten Probleme in der sensiblen Dimension der Akzeptanz. Unsere Sitzungen bewirkten, dass Mr. Wilson die Dynamik seiner Beziehung zu Jimmy verstand und anfing, anders mit seinem Sohn zu reden. Er nahm sich vor, sich insgesamt häufiger positiv zu äußern und in der einen oder anderen Situation jedenfalls nichts Negatives zu sagen, es sei denn, sein Sohn brächte von sich aus einen bestimmten Sachverhalt zur Sprache. In relativ kurzer Zeit überwogen seine positiven Bemerkungen gegenüber Jimmy die Zahl seiner negativen Äußerungen bei weitem, und selbst die letzteren wurden von Jimmy zunehmend als »konstruktive Ratschläge« erfahren.

Im Verlauf unserer letzten Sitzung bemerkte Mr. Wilson: »Mir kamen fast die Tränen, als Jimmy mir sagte, wie sehr es ihn freut, dass ich anders als viele andere Väter zu allen seinen Sportterminen gekommen bin.«

Wie das Beispiel dieser Familien zeigt, müssen wir das, was wir uns für unsere Kinder erträumt haben, von ihrer individuellen Persönlichkeit abkoppeln. Wir dürfen sie nicht mit Erwartungen belasten, die auf unseren eigenen Bedürfnissen, Interessen oder Zielvorstellungen basieren. Wenn wir uns so festgefahren haben, dass unsere Träume und Wunschvorstellungen uns daran hindern, unsere Kinder als die, die sie sind, zu bejahen und zu akzeptieren, dann müssen wir die Einsicht und den Mut zur Veränderung finden.

Schritt Vier: Lassen Sie sich auf einen Prozess der Zusammenarbeit ein

Die Verantwortung dafür, dass die Kluft zwischen Ihren Träumen und der Realität sich schließt, liegt bei Ihnen; wichtig ist in diesem Zusammenhang aber auch, dass Sie gut mit Ihren Kindern zusammenarbeiten, um angemessene Zielvorstellungen und Erwartungen zu entwickeln. Auch wenn es also beim Schritt Drei darum ging, dass *Sie* es sind, die eine Veränderung initiieren müssen, dann wollen wir hier dennoch nicht den Eindruck erwecken, Ihre Kinder wären nur Zuschauer. Wenn Sie so weit sind, dass Sie Ihre Kinder als diejenigen akzeptieren können, die sie sind, wenn Sie ein differenzierteres Bild des einmaligen Temperaments und der einmaligen Wesensart jedes einzelnen Ihrer Kinder gewonnen haben und schließlich anfangen, Ihre Beziehung zu verändern, dann wird es Ihnen leichterfallen, sich auf lösungsorientierte Gespräche mit Ihren Kindern über die jeweils angemessenen Zielvorstellungen und Erwartungen einzulassen. Kontrollüberzeugung, Selbstdisziplin und die Bereitschaft zur Problemlösung sind Kernkomponenten einer resilienten Welt- und Lebensorientierung, und alle drei werden durch die angemessene Beteiligung und Mitsprache Ihrer Kinder bei der Formulierung von Zielen und Lösungsvorschlägen gestärkt.

In diesem Buch finden sich zahlreiche Beispiele dafür, dass Kinder ihren Eltern bei der Formulierung angemessener Erwartungen und Zielvorstellungen behilflich sind. Eine solche Partnerschaft kommt am ehesten zustande, wenn Sie bereit sind, Ihre Kinder als diejenigen zu akzeptieren, die sie sind, und sich nicht ablenken lassen von dem, was Ihre Kinder nach Ihren Wünschen hätten sein sollen. Nachdem die Eltern von BARRY und LEN ihre unrealistischen Vorstellungen davon, wie Brüder sich verhalten sollten, aufgegeben hatten, konnten sie ihre Söhne an Überlegungen darüber beteiligen, welche Fernsehsendung gesehen werden sollte oder wer von beiden für wie lange Zeit den Beifahrersitz im Auto einnehmen durfte, bis der andere wieder an der Reihe war. Und als Mr. und Mrs. Smith sich darüber klar geworden waren, dass GREGORYs Schwierigkeiten, was Ordnung und Sauberkeit anging, weitgehend in seinem Temperament und seiner Wesensart begründet lagen, brachten sie es fertig, von ihren ewigen Klagen abzusehen und ihren Sohn in die Suche nach einer Lösung des Problems einzubinden.

Auch der Fall der Castles und ihres Sohnes JOEL gehört hierher. Joel war der Junge, der so gut wie jede Beschäftigung schon nach kurzer Zeit wieder aufgab. Seine Eltern nutzten seinen Wunsch, Saxophon-Unterricht zu nehmen, zu einem Gespräch: Sie sagten ihm, sie seien beunruhigt darüber, dass er es nie lange bei einer Sache aushielt, sondern immer sofort wieder aufgab, wenn die Dinge nicht mehr glatt liefen. Im Verlauf dieser Unterhaltung konnten sie Joel dazu bringen, eine Art Aktionsplan zu entwerfen. Dass sie es fertigbrachten, ihren Ärger auf den Sohn zu dämpfen, ermöglichte es Joel, sinnvolle Zielvorstellungen zu entwickeln und auch die Konsequenzen seiner Entscheidung zu überdenken. Das stärkte sein Verantwortungsgefühl vor sich selbst und gegenüber seinen Eltern.

Und schließlich: Erinnern Sie sich an ROBERT, den Vierjährigen, der sich jeden Abend vehement gegen das Zubettgehen sträubte, weil er sich vor bösen

Träumen fürchtete? Seine Eltern waren der Ansicht, ein Vierjähriger brauche kein Nachtlicht mehr, und deuteten seine Wutanfälle fälschlich als den Versuch, sie aus der Fassung zu bringen. Als Robert schließlich gefragt wurde, was seiner Meinung nach dazu beitragen könnte, dass er sich nicht mehr so sehr vor dem Schlafengehen fürchten musste, nannte er ein Nachtlicht und ein Foto seiner Eltern, das er von seinem Bett aus ansehen konnte – eine sehr erfolgreiche Lösung seines Problems.

Sie werden – ebenso wie wir – feststellen, dass Kinder, die mit ihren Eltern zusammenarbeiten, ein beeindruckendes Talent haben, Zielvorstellungen und Erwartungen zu formulieren, die nicht nur realistisch, sondern auch kreativ und anspruchsvoll sind. Die Furcht mancher Eltern, ihre Kinder könnten Zielvorstellungen nennen, die »zu simpel« wären, ist häufig unbegründet. Wenn Eltern ihre Erwartungen in liebevoller und hilfreicher Art formulieren und dabei erkennen lassen, dass sie ihre Kinder akzeptieren, sind die Kinder häufig sogar bereit, diese Erwartungen noch zu übertreffen.

7

ERFOLGSERFAHRUNGEN

Die Inseln der Kompetenz stärken

Im Gedränge der Passagiere, die auf die Aufforderung warteten, sich an Bord ihres Fliegers zu begeben, lief ein kleiner Junge umher, gefolgt von seiner Mutter. Seinem unsteten Gang war anzumerken, dass er soeben erst laufen gelernt hatte. Fröhlich trottete er von hier nach dort, die Mutter stets dicht auf seinen Fersen. Seine Schritte, vorsichtig und noch etwas wacklig, wurden begleitet von Freudenschreien. Dazwischen fiel er immer wieder auf sein Hinterteil und griff dann ohne zu zögern nach allem, was er gerade vor Augen hatte – ob das nun ein Kabinenkoffer war oder das Hosenbein eines der Wartenden –, um sich daran hochzuziehen. Die Freude, die auf seinem Gesicht wie auch auf dem Gesicht seiner Mutter lag, signalisierte, dass beide der Meinung waren, dieser kleine Kerl habe soeben so etwas wie die Besteigung des Mount Everest vollbracht.

Sein Impuls zur Fortbewegung in Verbindung mit seiner Ausdauer führte dieses Kind zur Beherrschung einer neuen Fertigkeit. Noch bedeutsamer war, dass es seinen Erfolg, das Laufen, als eine »Insel der Kompetenz« erlebte – etwas, das wir zu den Schlüsselkomponenten des sich entwickelnden Resilienzvermögens zählen. Dank dieser und anderer früher Erfahrungen konnte der kleine Junge ein Erfolgsgefühl ausbilden, ein Reservoir emotionaler Stärke, das sowohl angesichts der Routineaufgaben des Lebens als auch in Situationen der Belastung in Dienst genommen werden kann. Als Inseln der Kompetenz bezeichnen wir Aktivitäten, die Kinder gut und mit Freude ausführen, für deren Ausführung sie positive Rückmeldungen erhalten und – was das Wichtigste ist – die sie als persönliche Stärken wahrnehmen.

Die wartenden Fluggäste verfolgten die spannungsreiche Tour dieses kleinen Kindes durch die Lounge, klopften ihm auf die Schulter und lächelten es an. Ein älterer Mann ermutigte den Jungen, indem er die Daumen in die Höhe reckte, was das Kind veranlasste, erst die eigene Hand zu betrachten und dann zu versuchen, die Geste nachzuahmen. Natürlich wusste es nicht, dass sie so viel bedeutete wie »prima gemacht«, aber es schien doch aus dem Gesichtsausdruck des

Mannes zu schließen, dass der in die Höhe gereckte Daumen etwas Positives bedeutete, und in Reaktion darauf lächelte es noch breiter als zuvor. Ein paar Augenblicke lang erfreuten sich alle, die die Szene beobachtet hatten, an der Energie, der Begeisterung und der »Leistung« dieses Kindes.

Wir alle erinnern uns an die Befriedigung, die wir und unsere Kinder empfanden, wenn sie auf Herausforderungen trafen und sie meisterten. Die meisten von uns wissen noch, wie es war, als unsere Kinder sich zum ersten Mal am Gitter ihres Bettchens hochzogen, die ersten freien Schritte taten oder mit ihrem Laufstuhl im Zimmer herumfuhren wie ein Forscher auf der Suche nach neuen Entdeckungen. Die meisten können sich auch daran erinnern, dass die Kinder unbeirrt weitermachten, auch wenn sie immer wieder hinfielen wie der kleine Junge in der Lounge des Flughafens; wie sie mit dem Baseballschläger auf einen Ball einschlugen, der dann nur ein paar Zentimeter weit flog; wie sie einen Turm aus Klötzen bauten, über eine Eisbahn schlitterten, Fahrrad fahren lernten – alles Augenblicke großen Stolzes.

In jedem Alter sehen Kinder sich täglich vor unzähligen Situationen, die ihnen ein Gefühl von Bewältigung und Stolz versprechen und eintragen. Ihre Stürze – im Wort- wie im übertragenen Sinn – werden so lange von ihrer beharrlichen Ausdauer begleitet, bis sie die betreffende Tätigkeit beherrschen. Diese Erfahrung des Erfolgs ist eine weitere bedeutsame Komponente des Resilienzvermögens. Resiliente Kinder freuen sich an ihren Erfolgen. Alles, was ihnen gelungen ist, stärkt ihre zukünftigen Bemühungen und letztlich ihre Leistung, weil damit ein positiver Kreislauf in Gang kommt. Wir schließen uns unseren Kindern in diesem Prozess gerne an und ermutigen sie mit unseren Worten und unserer Zuneigung.

Was als ein Impuls seinen Anfang nimmt, führt im Verein mit Ausdauer zur Bewältigung, zum Erfolg und, wie eben geschildert, zu einer Insel der Kompetenz. Die Freude, die der kleine Junge in der Flughafenlounge an seinem noch nicht zur Routine gewordenen Tun hat, und der Erfolg, den er mit der Fortbewegung von hier nach da erlebt, fördern eine resiliente Einstellung, wecken ein generelles Gefühl von Stolz und gehen sozusagen in das Reservoir von Ausdauer ein, aus dem das Kind schöpfen kann, wenn es sich mit immer neuen Herausforderungen konfrontiert sieht. So baut ein Erfolg auf dem anderen auf; jede weitere Leistung stärkt das Selbstwertgefühl.

In der besten aller Welten würde die Abfolge von Versuch und Erfolgserlebnis, wie wir sie in der Flughafenlounge beobachtet haben, von Tag zu Tag weitergehen, es würde Meilensteine der Entwicklung dieses Kindes und Meilensteine seiner »Lebensleistungen« setzen und eine resiliente Welt- und

Lebensorientierung entstehen lassen. In manchen Fällen trifft das in der Tat zu, für viele Kinder gilt dieses ideale Muster allerdings nicht. Kinder, ihre Eltern und ihre Lehrer versehen Leistungen mit einer persönlichen Bedeutung. Dabei dürfen wir eines nicht übersehen: Erfolge sind wichtig; gleichermaßen wichtig ist aber auch, dass und wie Eltern und Kinder ihre Erfolge wahrnehmen.

Wir behandeln in diesem Kapitel fünf Faktoren, die in vielen Fällen dafür sorgen, dass Kinder ihre Erfolge nicht als solche erleben und es nicht schaffen, ihre Kompetenzinseln zu erhalten und zu pflegen. Anschließend erläutern wir fünf Grundsätze, von denen Sie sich im Umgang mit Ihren Kindern leiten lassen können, um ihre Kompetenzinseln zu festigen. Denken Sie daran, dass Ihr und Ihrer Kinder Erfolgsverständnis in einem direkten Zusammenhang mit einer resilienten Welt- und Lebensorientierung steht. Damit aus Erfolgen Inseln der Kompetenz werden können und ein generelles Gefühl von Bewältigungskompetenz entstehen kann, braucht es mehr als nur eben das eine oder andere »Erfolgserlebnis«. Wenn Sie Ihre eigenen Wahrnehmungen und die Wahrnehmungen Ihrer Kinder verstehen können, wird es Ihnen eher gelingen, die Kompetenzinseln der Kinder zu stärken.

Für die Frage der unterschiedlichen Betrachtung von »Erfolgen« durch Eltern und Kinder hat sich die Attributionstheorie als sehr hilfreich erwiesen. Diese Theorie legt den Akzent auf die Faktoren, denen wir unsere Erfolge und Misserfolge zuschreiben. Wichtig ist nicht nur die Richtigkeit unserer Zuschreibungen, sondern wichtig sind auch die Worte und die Vorstellungen, die wir benutzen, um diese Zuschreibungen zu formulieren. Die Bedeutung der Richtigkeit unserer Zuschreibungen liegt auf der Hand; ihr wird im Zusammenhang mit einer Reihe von Hindernissen nachgegangen, von denen gleich die Rede sein wird. Die Rolle der Semantik ist dagegen etwas schwieriger zu verstehen.

Wenn wir hier von Semantik sprechen, dann mit Bezug auf die je unterschiedliche Bedeutung einer Aussage, je nachdem, welche Worte verwendet werden. Beispielsweise könnte ein Vorgesetzter Ihre Arbeit als »sorgfältig« bezeichnen und damit die Zeit und die Geduld würdigen, die Sie darauf verwenden. Ein anderer kennzeichnet das gleiche Arbeitstempo unter Umständen als »langsam« und wird Ihnen daher nahelegen, sich etwas zu beeilen. Das Schrittmaß Ihrer Arbeit ist nicht unterschiedlich, aber die Interpretationen der Beobachter unterscheiden sich ganz beträchtlich – ebenso wie die Botschaften, die diese Beobachter Ihnen zukommen lassen.

Die Zuschreibungen, die wir bezüglich der eigenen Person und der Menschen in unserem Umfeld vornehmen, sind beeinflusst von unseren Lebenserfahrungen, unserem Wissen, unserem Verständnis der Dinge, unserer Einstellung und sogar von physischen Faktoren. Zum Beispiel werden die meisten Menschen alltägliche Geschehnisse negativer als sonst beurteilen, wenn sie unter dem Einfluss des Wetters leiden. Was uns die Attributionstheorie zum Umgang mit Fehlern und Misserfolgen sagt, wird im achten Kapitel behandelt. Das vorliegende Kapitel beschreibt ihre Implikationen angesichts erfolgreicher bzw. gelungener Handlungen, also die Festigung von Inseln der Kompetenz und die Ausbildung einer resilienten Einstellung.

Wie wir zeigen konnten, besitzen resiliente Kinder ein hohes Selbstwertgefühl. Sie haben das Gefühl, ihr Leben in der Hand zu haben, und sind in einem vernünftigen Umfang davon überzeugt, Herren ihres Schicksals zu sein. Was in ihrem Leben geschieht, verdankt sich ihrer Ansicht nach weitgehend ihren eigenen Entscheidungen. Sie sehen Erfolge als etwas, das in ihren Bemühungen und ihren Fähigkeiten wurzelt. Die attributionstheoretische Forschung bestätigt diese Dynamik. Kinder mit einem ausgeprägten Selbstwertgefühl, die radfahren lernen, eine gute Note nach Hause bringen, ein Ziel treffen oder bei einem Schülervorspiel Eindruck machen, räumen in der Regel ein, dass sie Hilfe bei erwachsenen Bezugspersonen finden, zugleich sind sie aber überzeugt, dass sie die eigentlichen Baumeister ihrer Erfolge sind. Sie rechnen sich ihre Leistungen in einem realistischen Maß als eigenes Verdienst an.

Hindernisse, die der Festigung von Kompetenzinseln entgegenstehen

Viele Kinder zeigen allerdings ein sehr anderes Profil als das soeben beschriebene. Das kann an ihrem Temperament, am Einfluss der Eltern, an negativen Rückmeldungen, die sie erhalten haben, oder daran liegen, dass es ihnen an Wahlmöglichkeiten fehlt. Für diese Kinder stellt sich die Straße zum Erfolg als ein steiniger Weg voller Biegungen, Kehren und Unebenheiten dar. Wenn Sie sich jetzt nacheinander mit diesen Hindernissen beschäftigen, dann denken Sie daran, dass sie unter Umständen auch in Ihrer eigenen Familie eine Rolle spielen.

Erstes Hindernis: Die Unfähigkeit, Freude am eigenen Erfolg zu empfinden

In den vorausgegangenen Kapiteln wurde das Konzept des Temperaments vor allem im Zusammenhang mit Eigenschaften wie Unersättlichkeit, Impulsivität oder Kontaktscheu diskutiert. Es gibt aber auch eine Facette des Temperaments, die ihrerseits die Erfolgserfahrung beeinflusst. Aus Gründen, die noch kaum erforscht sind, erleben manche Kinder schon von einem sehr frühen Zeitpunkt ihres Lebens an einfach keine Freude am Erfolg. Das trifft häufig für Kinder zu, die schwer depressiv sind. Es gibt aber auch viele Kinder, die zwar nicht depressiv sind, die Welt aber durch eine trübe Brille sehen.

Überlegen Sie sich einmal, wie Ihnen zumute wäre, wenn Ihre Leistungen zwar von anderen gelobt und mit Verstärkung bedacht würden, Ihnen selbst aber keine Freude und kein Vergnügen bereiten würden. Für die Kinder mit der trüben Brille ist der Prozess – Bewältigung schafft Erfolge, festigt eine Insel der Kompetenz und führt zu Resilienz – aus dem Ruder gelaufen, weil sie unfähig sind, Freude an ihren Erfolgen zu empfinden. Diese Kinder sind schnell dabei, alle ihre Erfolge oder Fähigkeiten in Abrede zu stellen.

Das große Rätsel, das solche Kinder uns aufgeben, besteht darin, dass es keine greifbare Erklärung für ihre Einstellung gibt. Die beste Erklärung, die wir bieten können, ist das Temperament, eine biologische Qualität, die es Kindern erschwert, aber nicht notwendig unmöglich macht, ihre Erfolge als solche wahrzunehmen. Der Fall des neunjährigen Andrew, mit dem wir arbeiteten, illustriert dieses Problem und *eine* Möglichkeit seiner Lösung.

ANDREW, ein Viertklässler, war keineswegs dumm, hatte aber leichte Lernschwierigkeiten. Sein Schulalltag erschien ihm allerdings nicht als besonders negativ. Er schaffte es, sich in einer normalen Klasse – wenn auch mit Unterstützung eines Tutors – zu behaupten. Er hatte Freunde und war ein guter Sportler, den man auf dem Spielplatz wie beim Gruppensport gern dabei hatte. Schon sehr zeitig war allerdings deutlich, dass Andrew Schwierigkeiten hatte, sich seiner Erfolge zu freuen. Je mehr »Gedöns« seine Eltern um seine Erfolge machten, desto ungerührter, ja negativer fiel seine Reaktion aus. Uns gegenüber sagte Andrew, er habe nur sehr wenig Freude an seinen Erfolgen und alltäglichen Betätigungen.

Der nachstehende bemerkenswerte Austausch fand in einer unserer Sitzungen statt. In der vorausgegangenen Woche hatten wir über Kompetenzinseln gesprochen und Andrew in diesem Zusammenhang aufgefordert, einmal darüber nachzudenken, bei welchen Tätigkeiten er Erfolg hatte und sich gut fühlte. Die aktuelle Sitzung eröffnete Andrew mit den Worten: »Ich habe über das nachgedacht, was Sie letzte Woche sagten, und gefunden, dass ich eigentlich bei nichts gut bin.« Dann verschränkte er die Arme und starrte vor sich hin.

»Du bist tatsächlich bei keiner Sache gut?«, wollten wir wissen.

»Genau. Es gibt nichts, worin ich gut bin!«

Es war klar, dass Andrew »mauerte« und vielleicht darauf wartete, dass wir erneut versuchen würden, ihm irgendetwas aufzuschwatzen, bei dem er sich doch »gut fühlen« müsste. Wir gingen allerdings anders vor: Wir beschlossen, unser Skript zu ändern, so dass Andrew das seine vielleicht ebenfalls ändern konnte.

»Also, wenn du sicher bist, dass du wirklich nichts gut machst, dann dürften wir etwas gefunden haben, bei dem du eben doch gut bist.«

»Nee. Ich bin bei nichts gut.«

»Also, für uns bist du das erste Kind, das gut darin ist, bei absolut nichts gut zu sein.«

Darüber musste Andrew einen Augenblick lang nachdenken. Wir nützten das aus und fuhren fort: »Um zu sehen, ob das tatsächlich so ist, machen wir am besten eine Liste von allem, was man gut machen könnte, und passen auf, dass nichts draufsteht, worin du gut bist.«

Andrew fiel rasch ein: »Ich bin nicht gut im Fußballspielen, nicht gut im Baseballspielen, nicht gut in der Schule ...«

Wir zogen einen Block und einen Bleistift aus der Schublade und unterbrachen ihn:

»Wir machen am besten eine Liste. Es gibt ja so viele Dinge, in denen man gut sein kann, dass wir das doch wohl deiner Mutter erklären und dir die Liste mit nach Hause geben sollten. Zusammen mit deinen Eltern kannst du dann alles aufschreiben, was dir einfällt, was irgendjemand gut machen könnte, damit auch wirklich klar ist, dass *du* bei diesen Sachen nicht gut bist.«

Andrew war einverstanden, und wir baten nun auch seine Mutter herein. Als sie hörte, was wir ihrem Sohn für diese Woche aufgegeben hatten, blickte sie zwar spöttisch, erklärte sich aber bereit, ihm beim Zusammenstellen einer Liste aller Dinge zu helfen, bei denen irgendjemand gut sein könnte, um sicherzustellen, dass *er* es jedenfalls nicht war. Nach dieser Sitzung verabschiedete Andrew sich lächelnd.

Eine Woche später präsentierte er uns keineswegs eine seitenlange Aufstellung, sondern hielt beim Eintreten ein einziges Blatt in die Höhe, auf dem etwa ein Dutzend Tätigkeiten aufgeführt waren. »Wir haben ein paar Dinge gefunden, in denen ich gut bin!«, sagte er.

»Wirklich?«

Er wiederholte, er habe ein paar Dinge – schulische und sportliche Aktivitäten – entdeckt, in denen er, wie er meinte, eben doch »gut« war. Und dann nannte er uns stolz den ersten Punkt seiner Liste: »Wir haben auch festgestellt, dass ich von allen in der Familie der Beste bin, wenn es darum geht, meine Mutter in Rage zu bringen.«

Andrew hatte angefangen, sein offensichtlich schales Erfolgserleben zu hinterfragen und zu ändern.

Ein anderer Neunjähriger, JACK, rannte gegen das gleiche Hindernis an. Jack spielte in der gleichen Baseball-Kindermannschaft wie der Sohn von Robert

Brooks. Bei den ersten vier Spielen, an denen er teilnahm, war er acht Mal erfolglos am Schlag. Im fünften Spiel traf Jack den Ball und schaffte es bis zur ersten Base. Sein Trainer klopfte ihm auf die Schulter und sagte: »Prima Schlag.« Das hätte ein glorreicher Augenblick für Jack sein sollen, aber statt die Worte des Trainers mit einem Lächeln oder einem Dankeschön zu quittieren, schaute er traurig und sagte: »Ich glaube, der Pitcher hat mir den Ball zu sanft zugeworfen.«

Anders als das Kind in der Flughafenlounge, das bei jedem Schritt, den es tat, offensichtlich Freude und Begeisterung empfand, erlebte Jack seine Erfolge ohne alle Freude. Er sah Erfolg längst als etwas an, über das er so gut wie keine Kontrolle hatte. Dass er einen Ball getroffen hatte, lag nicht an seinem Geschick; aus irgendeinem Grund sprach er diesen Schlag dem Umstand zu, dass der Pitcher den Ball »sanft« geworfen hatte. Jacks Unfähigkeit, Freude an Erfolgen zu empfinden, hatte seine Welt- und Lebensorientierung negativ beeinflusst. So wie er die Dinge sah, war der Erfolg nicht wirklich *sein* Erfolg.

Zweites Hindernis: Das Festhalten an einem dürftigen Selbstwertgefühl

Es gibt Kinder, die regelrecht kämpfen müssen, um die Aufgaben und Anforderungen zu bewältigen, die sich ihnen zuhause, in der Schule und auf dem Spielplatz stellen. Da sie im Allgemeinen nicht besonders erfolgreich sind, schreiben sie das, was ihnen dann wirklich einmal gelingt, häufig dem Zufall oder dem Schicksal zu oder sagen, dass sie eben »Glück gehabt« haben – sie erklären es also mit Faktoren, die allesamt außerhalb ihrer Einflussmöglichkeiten liegen. Das reduziert ihr Vertrauen darauf, dass sie in der Zukunft imstande sein könnten, Erfolge zu erringen. Auf dieses Hindernis trifft man oft bei Kindern, deren Pessimismus in ihrem Temperament begründet ist, und das Problem wird noch dadurch verschlimmert, dass diese Kinder gewaltige Anstrengungen unternehmen, um das Gefühl von Kompetenz oder Befähigung zu haben.

Mit der Feststellung, dass der Pitcher ihm »den Ball sanft zugeworfen« habe, spielte JACK, der sich über die Episode nicht hatte freuen können, zum einen seine spezifische Leistung herunter und untermauerte zum anderen seine Überzeugung, dass Erfolge in Zukunft überhaupt ausbleiben würden. Das heißt, er ging davon aus, dass es ihm in Zukunft gerade deshalb, weil er dieses eine Mal Glück gehabt hatte, noch weniger gelingen würde, den Ball zu treffen. Selbstzweifel und pessimistische Gedanken dieser Art beschneiden die Erfolgsmöglichkeiten, und sie behindern die Entstehung von Kompetenzinseln und die Ausbildung einer resilienten Welt- und Lebensorientierung.

Mr. und Mrs. Stern suchten unseren Rat, weil ihre achtjährige Tochter SAMANTHA Lernschwierigkeiten hatte und in der Schule nicht mitkam. Beunruhigt waren die Eltern aber vor allem deshalb, weil Samantha zunehmend dazu neigte, ihre Leistungen »herunterzuspielen«.

»Selbst wenn Samantha beim Diktat mal gut abschneidet, erzählt sie uns anschließend, dass sie halt Glück hatte und sich das wahrscheinlich nicht wiederholen wird. Sie hat einen so düsteren Blick auf ihre Welt. Und sie ist derart pessimistisch sich selbst gegenüber«, sagte Mrs. Stern.

Ihr Mann stimmte zu: »Anfangs habe ich geglaubt, dass wir einfach zu viel Druck auf sie ausüben, so dass sie, wenn sie mal ein gutes Ergebnis hatte, gleich mit Entschuldigungen dafür kam, damit wir gar nicht erst damit rechnen sollten, dass sie immer gut sein würde. Aber jetzt frage ich mich doch, ob sie wirklich glaubt, dass sie nicht viel kann und dass es einfach Glückssache ist, wenn sie mal eine gute Note bekommt.«

Mrs. Stern ergänzte: »Es ist nicht nur in der Schule so.« Dann berichtete sie von einem Gespräch, das sie mit Samantha geführt hatte.

»Neulich habe ich mich geärgert. Samantha hatte eine Freundin zu Besuch, und sie haben *Dame* gespielt. Samantha hat das erste Spiel gewonnen und gleich zu ihrer Freundin gesagt, dass sie eben einfach Glück hatte.«

Wir fragten, wie die Freundin darauf reagiert habe.

»Das weiß ich nicht«, sagte Mrs. Stern. »Sie ist dann allerdings nicht mehr lange dageblieben. Ich habe Samantha gefragt: Warum kannst du dir denn nicht einmal sagen, dass es nicht einfach Glück ist, wenn du ein Spiel gewinnst, sondern dass du vielleicht eine sehr gute Spielerin bist? Das hat sie bloß wütend gemacht. Sie wurde richtig laut: »Ich *hatte* Glück! Ich bin *keine* gute Spielerin!«

Mr. Stern nahm den Faden auf: »Wir wissen, dass Samantha häufig unsicher ist. Aber wenn sie bei einem Test eine gute Note bekommt oder ein Spiel gewinnt, sollte man doch meinen, dass sie sich besser fühlt. Und dennoch kann sie diese guten Ergebnisse einfach nicht akzeptieren. Wie ist es möglich, dass ein Kind so reagiert?«

Wir erklärten den Sterns, dass es alle möglichen Gründe dafür gibt, dass Kinder ihre Erfolge kleinreden. Mit Blick auf das, was Mr. Stern gesagt hatte, hielten wir fest, dass manche ihre Leistungen tatsächlich aus der Sorge heraus herunterspielen, dass andernfalls vielleicht immer mehr von ihnen erwartet wird. (Dieses Hindernis wird im nächsten Unterabschnitt diskutiert.) Wir machten auch ganz deutlich, dass es Fälle gibt, in denen die Eltern überhaupt nicht drängen und keineswegs »mehr« von den Kindern erwarten, die Kinder die Dinge aber auf ihre eigene Weise interpretieren, und dies nicht zuletzt aufgrund ihres Temperaments und ihrer Erfahrungen.

In diesem Fall war es so, dass Samantha tatsächlich glaubte, Erfolg sei Glückssache. Diese Meinung kann man häufig bei Kindern antreffen, die es in der Schule schwer haben und nicht so viele Erfolge einheimsen wie ihre Mitschüler. Auch wenn die Lehrerinnen ihr Bestes tun, um jedem Kind zum Erfolg zu verhelfen, ist solchen Kindern in der Regel sehr bewusst, dass sie den Stand der Klassenkameraden nicht erreichen können.

Um den Sterns begreiflich zu machen, wie Kinder mit einem dürftigen Selbstwertgefühl »denken«, erklärten wir ihnen die Attributionstheorie und unterstrichen dabei, dass viele Kinder mit schulischen Schwierigkeiten ein gutes Testergebnis mit Kommentaren abtun wie »Da hatte ich eben Glück« oder »Die Lehrerin hat den Test leicht gemacht«. Der Gedanke, dass sie selbst in irgendeiner Weise zu ihrem Erfolg beigetragen haben könnten, kommt ihnen gar nicht in den Sinn.

Es ist nur natürlich, dass das ohnehin schon dürftige Selbstwertgefühl solcher Kinder, überlässt man sie sich selbst, nur immer weiter abnimmt. Da sie bisher kaum Erfolgserlebnisse hatten, fällt es ihnen schwer, Erfolg als Barometer ihrer zukünftigen Leistungen zu betrachten. Bei ihrem begrenzten Selbst- und Weltvertrauen fehlt es ihnen oft an dem Gefühl dafür, dass ihre Erfahrungen und ihr Leben tatsächlich ihnen gehören, und deshalb glauben sie auch nicht, dass sie die inneren Ressourcen besitzen, um die Dinge zum Besseren zu verändern.

Bei unserem Interview mit Samantha bekamen wir die unmittelbare Bestätigung für das, was ihre Eltern uns erzählt hatten. Das Kind setzte, während wir uns unterhielten, in relativ kurzer Zeit ein Puzzle richtig zusammen. Als wir sie dazu beglückwünschten, antwortete Samantha mit dem negativen Skript, das ihre Eltern so oft zu hören bekamen: »Ich habe halt Glück gehabt.«

»Wie meinst du das?«, fragten wir, und sie antwortete: »Ich weiß nicht, ob ich es noch ein zweites Mal hinkriege.«

Samantha wiederholte ihre Überzeugung, dass ihre Erfolge Glückssache seien, und vertrat diese Position ungeachtet unserer Bemühungen, diese Erfolge logisch zu erklären, beharrlich weiter.

Ein Glückstreffer kann zwar zum Erfolg führen. Wenn man einen solchen Erfolg aber dem Zufall zuschreibt, dient das nicht der Errichtung einer Kompetenzinsel oder der Ausbildung einer resilienten Welt- und Lebensorientierung. Es war uns klar, dass wir in unserer Arbeit mit Samantha und ihren Eltern geeignete Strategien entwickeln mussten, um diese selbstzerstörerische Attitüde zu verändern.

Mit den Eltern gingen wir noch einmal die Grundsätze von Empathie, wirksamer Kommunikation und der Abwandlung negativer Skripts als Möglichkeiten durch, Samanthas Einstellung allmählich zu verändern. Wir rieten ihnen, ihrer Tochter von nun an immer dann, wenn sie einen Erfolg als »Glückssache« bezeichnete, zunächst mit Empathie zu begegnen und diese Meinung zu validieren, anstatt Samantha vom Gegenteil überzeugen zu wollen.

Unsere Empfehlung an die Sterns lautete, Samantha etwa Folgendes zu sagen: »Wir wissen, dass du es immer für einen glücklichen Zufall hältst, wenn du eine gute Arbeit geschrieben oder ein Spiel gegen jemanden gewonnen hast. Wir fragen uns aber doch, ob das wirklich nur Glück war. Es könnten doch auch noch andere Dinge gewesen sein, die dir geholfen haben.« Wir machten ihnen klar, dass die Validierung, die Würdigung dessen, was das Kind sagt, nicht notwendig bedeutet, dass man in dem betreffenden Punkt mit ihm übereinstimmt. Aber wenn man zunächst einmal validiert, wird das Kind eher bereit sein, sich auch noch eine andere Perspektive anzuhören.

Bei unserem nächsten Zusammentreffen mit den Sterns berichteten sie ganz glücklich von einer kleinen Veränderung, die sie in Samanthas Erfolgsverständnis bemerkt hatten. Nachdem sie Samanthas Meinung, sie habe Glück gehabt, validiert hatten, sagte das Kind noch einmal, ein gewonnenes Spiel sei einfach Glückssache. Dann entspann sich allerdings das folgende Gespräch:

»Wir wissen, dass du so denkst, aber es könnte doch auch noch andere Gründe für deinen Erfolg geben. Weißt du, was wir glauben?«, fragte Mr. Stern.

»Was?«

»Also, vielleicht bist du anderer Meinung, und dann ist es auch in Ordnung«, sagte Mr. Stern. Dass man einem Kind im Voraus zubilligt, vielleicht anderer Meinung zu sein, ist eine Strategie, die häufig die Abwehrhaltung abbaut und das Kind für neue Ideen empfänglich macht. Mr. Stern fuhr fort: »Wir glauben, dass es vielleicht nicht nur Glück war, wenn du eine gute Note bekommen oder ein Spiel gewonnen hast, sondern dass du ganz einfach gut gelernt oder das Spiel geschickt gespielt hast.«

»Ich weiß nicht«, antwortete Samantha.

Mrs. Stern fragte sie: »Weißt du, warum wir es gerne hätten, dass du darüber einmal nachdenkst?«

»Nein, warum?«

»Wenn du alle guten Dinge, die passieren, einfach für glückliche Zufälle hältst, dann wirst du nicht so viel Freude haben und beim nächsten Test oder beim nächsten Spiel nicht so sicher sein, dass du es schon gut machen wirst. Wenn man so denkt, nimmt man sich selbst einen großen Teil von dem Spaß, den man haben könnte, wenn man seine Sache gut macht. Das ist es, was wir meinen.«

»Ich glaube wirklich, dass ich Glück hatte.«

»Das wissen wir«, sagte Mr. Stern, »aber wir möchten doch meinen, dass es mehr als Glück war. Man muss einfach mal darüber nachdenken.«

»Ich bin nicht so sicher«, antwortete Samantha, »aber vielleicht denke ich mal drüber nach.«

Mr. und Mrs. Stern waren angenehm überrascht von Samanthas Bereitschaft, es mit einer alternativen Sicht zu versuchen. Wir rieten ihnen, auch Samanthas Lehrerin darüber zu berichten, die Samantha vielleicht ebenfalls helfen könnte, die Ursache ihrer Erfolge einmal anderswo zu suchen. Das geschilderte erste Gespräch der Sterns mit Samantha legte den Grundstein für eine weiterführende Diskussion. Samantha zeigte sich langsam bereit, nicht alles, was ihr gelang, irgendwelchen Faktoren zuzuschreiben, auf die sie keinen Einfluss hatte. Indem sie Samantha halfen, Erfolg als ein internes Phänomen anzusehen, förderten die Sterns auch ihre Fähigkeit, Freude an der eigenen Leistung zu empfinden und eine resiliente Orientierung auszubilden.

Welche Macht unsere Zuschreibungen ein Leben lang auf uns ausüben, wurde am Beispiel einer Mutter deutlich, die an einem unserer Eltern-Workshops teilnahm. Sie verkündete, unsere Erklärung der Attributionstheorie hätte bei ihr »wirklich eingeschlagen«. Sie hatte ihr Studium, das sie achtzehn Jahre zuvor an den Nagel gehängt hatte, unlängst wieder aufgenommen und sagte freimütig, sie habe sich damals einfach nicht zugetraut, es zu schaffen. Als ihre Kinder dann groß waren, drängte es sie, wieder ein Teilzeitstudium anzufangen.

»Ich hatte große Angst«, sagte sie, »aber ich dachte mir, ich kann ja zunächst *einen* Kurs belegen und sehen, wie es geht. Letzte Woche habe ich den ersten Test geschrieben und ihn heute zurückbekommen. Ich konnte es kaum glauben, aber ich habe ein ›Sehr gut‹ bekommen.«

»Und wie haben Sie sich mit diesem Ergebnis gefühlt?«

»Als Erstes habe ich mich vergewissert, dass es auch wirklich *meine* Arbeit war. Dann habe ich geprüft, ob mein Professor sich nicht vielleicht beim Zusammenzählen der Punkte vertan hatte. Anschließend habe ich mir doch tatsächlich gesagt, dass ich dem Professor wahrscheinlich leidgetan habe und er mich deshalb besser benotet hat. Und am Ende dachte ich, wenn das wirklich *mein* Test war, dann habe ich eben Glück gehabt mit der Benotung; ein zweites Mal werde ich das wohl nicht schaffen.«

»Und wie hat das, was wir zum Thema Zuschreibung ausgeführt haben, Ihre Sicht der Dinge verändert?«, fragten wir sie.

Die Antwort klang einfach: »Ich schätze, die Leute, die sich über die Attributionstheorie verbreitet haben, die haben alles über mich gewusst. Jetzt muss ich mich anstrengen, meine Erfolge als *meine* Erfolge zu akzeptieren.«

Drittes Hindernis: Die Entscheidung für negative Aktivitäten

Im verzweifelten Versuch, ihr geringes Selbstwertgefühl irgendwie umzulenken, entscheiden manche Kinder sich für negative Aktivitäten als Quelle von Erfolgserlebnissen. Zum Beispiel kann ein Kind, das schlechte schulische Leistungen zeigt, sich zum Klassenclown entwickeln, um die Aufmerksamkeit der Lehrer von seinen Fähigkeiten ab- und in andere Bahnen zu lenken. Andere Beispiele für diesen Weg sind Kinder und Teenager, die in antisoziale Verhaltensweisen abgleiten, sich irgendwelchen Gangs anschließen oder kleine Betrügereien begehen. Das alles sind Aktivitäten, in denen manche Kinder »sehr erfolgreich« sein können, wenn auch um einen sehr hohen Preis. Erfolge dieser Art tragen dem Kind oder Jugendlichen lediglich ein falsches Gefühl von Sicherheit ein, fördern aber keineswegs seine Resilienz. Von manchen Kindern, die in die geschilderten Verhaltensweisen verfallen, kann man zwar sagen, dass sie ein ausgeprägtes Selbstwertgefühl haben, aber diese »Wertschätzung« ihrer selbst ist in der Regel hohl und mit echtem Resilienzvermögen nicht vereinbar.

BRETT, ein Achtklässler, ist ein Beispiel für dieses Problem. Er wurde zu uns geschickt, weil er in der Schule nicht mitkam. Seine Lehrer tippten angesichts seines katastrophalen Verhaltens in der Klasse auf das ADHS-Syndrom, eine Kombination aus Aufmerksamkeitsdefizit und Hyperaktivität. Aber als wir zusammen mit Bretts Eltern seiner Vorgeschichte nachgingen, tauchte keines der frühen Anzeichen dieser Störung auf.

Bis zum Ende der dritten Klasse war Brett im Unterricht gut mitgekommen. Aber dann ließen seine Leistungen nach, und zugleich benahm er sich in der Klasse immer störender. Immer wieder wurde er von den Lehrerinnen der Grundstufe als Klassenclown bezeichnet. Zum Glück hatte Brett einen ausgesprochenen Sinn für Humor, und seine Possen amüsierten nicht nur die Klassenkameraden, sondern auch das Lehrerkollegium. Bei alldem bemühte er sich nach wie vor um gute Leistungen. Mit dem Eintritt in die Mittelstufe wuchsen ihm die Anforderungen allerdings über den Kopf. Die Folge war, dass er gegen immer mehr Regeln verstieß und sein Witz allmählich in Sarkasmus umschlug. Er missachtete seine Ausgehzeiten, blieb bis spätabends weg und experimentierte mit Drogen und Alkohol.

Auch wenn er versuchte, seine schulischen Schwächen hinter seiner »Pseudoinsel der Kompetenz« – seinen Kaspereien – zu verstecken, ließ sich eben doch nicht verschleiern, dass er hinter seinen Klassenkameraden zurückblieb. Angesichts seiner Vorgeschichte regten wir eine neuropsychologische Untersuchung an, um besser zu verstehen, was sich hinter seinen Schwierigkeiten verbarg. Diese Untersuchung förderte eine Behinderung im Bereich des begrifflichen Lernens zutage, ein Problem, das sich oft in den mittleren Grundschuljahren manifestiert: Die betroffenen Kinder haben angesichts zunehmender schulischer Anforderungen große Schwierigkeiten mit dem Denken, Argumentieren, Urteilen und Begreifen.

Zunächst leistete Brett Widerstand, aber gegen Ende des Evaluationsgesprächs konnten wir ihn immerhin in ein Gespräch über sein Verhalten und seine Gefühle einbinden. Wir erklärten: »Der Test besagt, dass du zwar durchaus intelligent bist, Brett, dass du aber mehr Zeit brauchst, um Gedanken zu formulieren und Gedanken zu verstehen. Deine Lehrer haben das Problem gar nicht gesehen, während du wusstest, dass es in der Schule jetzt sehr viel schwieriger werden würde.«

»Sie sagen also, meine Lehrer sind schuld«, antwortete Brett.

»Wir sagen nicht, dass irgendjemand schuld ist«, sagten wir, »wir haben einfach erklärt, warum es mit der Schule immer schwieriger geworden ist. Dabei verstehen wir allerdings nicht, warum du dich immer schlechter benimmst.«

Daraufhin kam die vielsagende Antwort: »Lieber benehme ich mich schlecht, als dass überhaupt nichts von mir kommt.«

Bretts schlechtes Betragen diente ihm zur Bewältigung seiner Frustration darüber, dass er es nicht schaffte, gute schulische Leistungen zu erbringen. Wir setzten uns mit Bretts Eltern und Lehrern zusammen und erarbeiteten einen Plan, wie man ihm bei seinen schulischen Schwierigkeiten helfen könnte. Gemeinsam dachten wir auch über sozial akzeptable Betätigungen nach, mit denen Brett Erfolg haben könnte, so dass er anfangen könnte, sein Selbstwertgefühl wieder aufzubauen.

Viertes Hindernis: Die Messlatte wurde zu hoch gelegt

Manche Eltern betrachten die Note Zwei als Erfolg ihres Kindes, andere reagieren negativ darauf. Natürlich sollten wir unsere Kinder dazu anregen, ihr Bestes zu tun, wir dürfen aber auch nicht vergessen, dass Erfolg häufig eine vom Niveau der Leistung unabhängige Erfahrung ist. Wenn wir möchten, dass unsere Kinder bessere Noten nach Hause bringen, dann müssen wir zunächst dafür sorgen, dass sie sich mit den derzeitigen Noten erfolgreich fühlen.

Es ist nicht immer leicht zu verstehen, warum Kinder ihre Erfolge kleinreden oder sich sozusagen dafür entschuldigen. Wir beginnen unsere Suche nach den Gründen häufig – wie bei den ersten beiden Hindernissen – in der Weise, dass wir nach dem Leben und der Lebensorientierung des betreffenden Kindes fragen; wir wissen aber, dass es noch andere Faktoren gibt, die ebenfalls in die Erfolgsgutschriften von Kindern und in ihre Sabotage der eigenen Leistung eingehen. Denken wir in diesem Zusammenhang noch einmal zurück an MARY, die Dreizehnjährige, die wir im zweiten Kapitel kennenlernten. Hier lag das eigentliche Problem nicht in ihrem Temperament und auch nicht in negativen Erfahrungen, sondern eher darin, dass ihre Eltern die akademische Messlatte zu hoch gehängt hatten. Sie konnten sich nur schwer mit den nicht ganz so perfekten Noten ihrer Tochter abfinden und machten ihr Liebeskontingent von höheren Punktzahlen abhängig. Die Beziehungen in dieser Familie besserten sich erst, als die Brewsters mehr Empathie aufbrachten und ein tätiges Interesse an ihrer Tochter entwickelten.

Zuvor hatte Mary allerdings gefragt: »Warum sollte ich denn gute Noten bringen? Für meine Eltern sind sie ohnehin nie gut genug, und im Übrigen werden sie mir dann nur noch mehr zusetzen.«

»Wie kommst du darauf, dass sie so denken?«

Die Antwort zeigte, dass Mary sehr viel verstanden hatte: »Ich glaube, wenn ich gute Noten bringe, dann fühlen meine Eltern sich als gute Eltern. Ich wollte, sie würden mich einfach so mögen wie ich bin.«

Die negative Reaktion der Eltern auf Marys »suboptimale« Noten hatte zur Folge, dass Mary wenig Freude oder Befriedigung aus ihren schulischen Erfolgen zog. Für sie war Erfolg ein Mittel, mit dem sich elterliche Akzeptanz erkaufen ließ, dies allerdings um den Preis ihrer zunehmenden Verärgerung oder aber einer Anstrengung, die ihre Fähigkeiten überstieg. Erst nachdem Marys Eltern die Messlatte tiefer gehängt hatten, konnte Mary sich wirklich über ihre Erfolge freuen.

Fünftes Hindernis: Nur die Eltern bestimmen, was Erfolgserfahrungen sind

Auch GEORGE, ein anderer Dreizehnjähriger, dem wir im vorangegangenen Kapitel begegnet sind, erlebte, dass seine durchaus wohlmeinenden Eltern ihm seine Erfolgserfahrungen verdarben. George tat sich schwer mit der Schule, beschäftigte sich aber gern mit Gartenarbeit und Pflanzenpflege. Das war eines der wenigen Tätigkeitsfelder, die ihm Freude machten und Erfolgsgefühle eintrugen. Es war allerdings kein Feld, das ihm Bewunderung oder Verstärkung vonseiten seiner Eltern gebracht hätte. Sie überhäuften seine ältere Schwester mit Lob für ihre schulischen und sportlichen Leistungen, während sie Georges Interesse am Gärtnern eher niedermachten. Was er also an Erfolgserfahrungen aus den von ihm bevorzugten Tätigkeiten zog, wurde durch die negative Haltung seiner Eltern abgeschwächt. Sie nahmen ihm die Freude am Erfolg und unterliefen damit die eigene Zielvorstellung, George zu einer resilienten Welt- und Lebensorientierung zu verhelfen. So wurde der aufregenden Erfahrung der eigenen gelungenen Leistung ein Dämpfer aufgesetzt, und Georges Frustration und Wut nahmen zu. Im Schatten eines solchen Hindernisses kann sich eine resiliente Welt- und Lebensorientierung kaum entwickeln.

Prinzipien für die Stärkung kindlicher Erfolgserfahrungen

Allen im letzten Abschnitt vorgestellten Kindern – ANDREW, JACK, SAMANTHA, BRETT, MARY und GEORGE – ist gemeinsam, dass ihnen die Erfolge entgleiten, die sie zur Errichtung von Inseln der Kompetenz und zur Ausbildung einer resilienten Welt- und Lebensorientierung befähigen könnten. Die Erfahrung eigener Erfolge ist nicht nur ein Baustein einer solchen Orientierung, sondern hilft den Kindern auch, mit den Belastungen und Anforderungen des täglichen Lebens fertigzuwerden. Für diese sechs Kinder verbinden sich Erfolge allerdings nicht mit innerer Ruhe und wirklicher Zufriedenheit. Wenn Kinder sich vor den soeben geschilderten Hindernissen sehen, führen positive Ergebnisse, die sie erzielen, gerade nicht zu einem besseren Selbstwertgefühl, sondern zu negativen Gefühlen, die ihrerseits die Wahrscheinlichkeit zukünftiger Erfolge mindern.

ANDREW, JACK und SAMANTHA hatten sich mit ihrer Überzeugung abgefunden, dass ihre Erfolge nicht etwa auf ihren eigenen Ressourcen gründeten, sondern sich äußeren Faktoren verdankten. Für MARY bestand ein Zusammenhang zwischen Leistung einerseits und bedingter Liebe und Akzeptanz andererseits, und GEORGEs Erfolge auf einem Gebiet, das seinen Eltern nicht wichtig war, wurden bespöttelt. BRETT schließlich zog aus seinen – etwas anderen – Aktivitäten nur flüchtige Erfahrungen eines »Pseudo-Erfolges«. Wenn Erfolg nicht auf eigener Leistung aufbaut, wenn Erfolg nicht als erfreulich erfahren wird, wenn er nicht Vertrauen wachsen und ein Gefühl der Meisterung des eigenen Lebens aufkommen lässt, dann wird er auch nichts zur Festigung einer resilienten Welt- und Lebensorientierung beitragen.

Wie viele der geschilderten Hindernisse treffen auf Sie und Ihre Kinder zu? Leider sehen viele Kinder sich mehr als nur einem dieser Hindernisse gegenüber, die sich noch dazu oft genug wechselseitig verstärken. Es ist wichtig, dass Sie diese Hindernisse verstehen, wenn Sie den Weg zu wirklichen Erfolgen freiräumen wollen. Manchmal muss man damit beginnen, dass man das Temperament seines Kindes und dessen tägliche Lebenserfahrung akzeptiert und versteht. Manchmal muss am Anfang eine Selbstbefragung stehen, das heißt, Sie müssen Ihre eigene Meinung und Ihre eigenen Präferenzen bezüglich dessen hinterfragen, was den »Erfolg« Ihres Kindes definiert. Und manchmal müssen Sie Empathie üben und sich überlegen, warum manche Kinder, so wie Brett, ihre Zuflucht zu »hohlen Erfolgen« nehmen.

Eltern fragen häufig, was sie – über das Erkennen und Angehen dieser Wegsperren hinaus – noch tun können, um ihren Kindern zur Erfahrung des eigenen Erfolgs zu verhelfen. Was können wir Eltern tun, um den Weg zu ebnen, der von Erfolgserfahrungen über Kompetenzinseln zur Resilienz führt? Die einfachste Antwort lautet: Wir müssen unseren Kindern immer wieder Gelegenheit geben, erfolgreich zu sein, und wir müssen sie wissen lassen, dass das, was sie zustande bringen, zu einem großen Teil auf ihren eigenen inneren Ressourcen beruht. Am Anfang muss dabei die Frage stehen, welche Rolle die genannten Hindernisse etwa auch im eigenen Fall spielen; des Weiteren muss die Attributionstheorie als solche akzeptiert und verstanden werden; und schließlich sollten die nachstehenden fünf Prinzipien beherzigt werden.

Erstes Prinzip: Freuen Sie sich an den Leistungen Ihrer Kinder und zeigen Sie diese Freude offen

Im Lauf der Jahre sehen unsere Kinder sich unzähligen Anforderungen gegenüber. Viele dieser Anforderungen mögen den Erwachsenen wie Kleinigkeiten vorkommen, für Kinder stellen sie aber erhebliche Errungenschaften dar. Alles, was bewältigt wurde, trägt ihnen ein Gefühl von Erfolg und Leistung ein: die ersten freien Schritte, die erste selbständige Fahrt auf einem Zweirad, das erste Zusammensein allein mit dem Babysitter, die Zeichnung, die von den Eltern an die Kühlschranktür geklebt wird, der Treffer beim Fußball, das gemachte Bett, das gespülte Geschirr, eine Übernachtung bei der Freundin, schließlich die erste Verabredung. All das ist jeweils ein kleiner, aber wichtiger Schritt auf der Reise. Wir müssen lernen, diese Leistungen zu feiern – nicht indem wir unseren Kindern sagen, dass sie gleich nach Picasso bzw. gleich nach dem erfolgreichsten Fußballer, Basketballspieler oder Baseballer kommen, sondern indem wir ihnen in angemessener Weise signalisieren, dass sie unsere Unterstützung haben und dass ihre Erfolge uns große Freude bereiten.

Unsere Kinder sind stolz, wenn wir ihre Zeichnungen an der Kühlschranktür befestigen, wenn wir ihren »tollen Schuss« erwähnen oder wenn wir sie umarmen, nachdem sie den Esstisch sauber abgeräumt haben. Solche Worte und Gesten sagen ihnen nicht nur, dass sie geliebt werden, sondern auch, dass wir ihre Leistungen und Erfolge anerkennen und würdigen.

Und wenn Hindernisse den Lauf der Dinge hemmen – erinnern wir uns etwa an Andrews Temperament oder an Samanthas Einstellung gegenüber ihren schulischen Leistungen –, dann müssen wir unsere Kinder erst recht entschlossen und beharrlich unterstützen.

Hören Sie sich einen Rat von Mr. Spillane an, einem Vater, der jedes Jahr sehnlich auf den ersten Schnee wartete. Wenn genügend Schnee gefallen war, nahm er seine drei Kinder mit nach draußen und ließ sie am »Familienschneemann« mitbauen. Es war eine Freude, die Kinder zu beobachten, wie sie gemeinsam mit ihrem Vater arbeiteten. Mit großem Geschick bezog er sie in die Gestaltung der verschiedenen Teile des Schneemanns ein und fragte, was sie denn vielleicht verwenden wollten, um ihm Augen und eine Nase zu machen. Es war deutlich zu sehen, dass er seinen Spaß an der Sache hatte, vor allem als sie dann noch ein Schild neben dem Schneemann aufstellten, auf dem stand: »Unser Schneemann heißt Sie bei den Spillanes willkommen.« Wenn Nachbarn vorbeikamen, pflegte er vor seinen Kindern zu sagen: »Seht euch mal dieses Wunderwerk an, das meine Kinder gemacht haben.« Im Frühjahr säte und pflanzte er mit ihnen, und wenn dann alles blühte, beglückwünschte er die Kinder zu ihrer schönen Leistung.

Es waren diese scheinbar kleinen Gesten, die das Fundament der Erfolgsgewissheit der Kinder bildeten, einer Erfolgsgewissheit, die auch in den Augen der Eltern und der Nachbarn bestand. Kinder entwickeln mehr Gespür für die eigenen Erfolge, wenn ihre Leistungen von wichtigen Bezugspersonen anerkannt und gewürdigt werden.

Zweites Prinzip: Betonen Sie das, was Ihre Kinder von sich aus zu ihrem Erfolg beitragen

Nach der Attributionstheorie haben Kinder, die imstande sind, sich ihre Erfolge selbst zuzuschreiben, ein höheres Selbstwertgefühl als solche, die der Ansicht sind, ihre Leistungen verdankten sich äußeren Faktoren oder irgendwelchen Umständen, auf die sie keinen Einfluss haben. Sie sollten also Erfahrungen ermöglichen und Kommentare liefern, die den Kindern zu verstehen geben, dass sie aktive Teilhaber an allem sind, was in ihrem Leben geschieht. Ein gutes Beispiel ist der Schneemann vor dem Haus der Spillanes mit seinem Schild: ein anschauliches Zeugnis des Beitrages, den die Kinder leisten. Wenn es wieder wärmer wird, ersetzen Pflanzen den Schneemann als Zeichen der Eigenleistungen der Kinder.

ROBERT, der Vierjährige, dessen lautstarke Weigerung, ins Bett zu gehen, sich schließlich damit erklärte, dass er Alpträume hatte, fand am Ende Anerkennung bei seinen Eltern, weil er einen Erfolg errungen hatte. Der Erfolg bestand darin, dass er sich etwas ausgedacht hatte, um sein Problem zu lösen: Ein Nachtlicht und ein Foto seiner Eltern dicht neben seinem Bett. Da die Eltern mehr Empathie aufbrachten und erkennen konnten, dass Robert sie mit seinen Anfällen nicht ärgern wollte, beglückwünschten sie ihn, weil er eine Strategie gefunden hatte, um mit der Angst vor dem Zubettgehen fertigzuwerden. Nach ihren Worten hatte er sein Problem »wirklich oberschlau« gelöst. Das gefiel Robert sehr und vermehrte sein Selbstwertgefühl in zweifacher Hinsicht: als positiver Kommentar über seine Leistung und als Einschätzung seiner Fähigkeit, Probleme zu lösen.

Auf diesen zweiten Punkt kommt es an. Je eindringlicher wir unseren Kindern vermitteln können, dass sie aus sich heraus imstande sind, Erfolge zu erzielen und Probleme zu lösen, desto besser sind die Aussichten, dass sie sich diese wichtige Facette des Resilienzvermögens zu eigen machen und einsetzen werden.

Die Geschichte CASEYs, eines impulsiven Zehnjährigen, zeigt ebenfalls, dass und wie wir unseren Kindern das Gefühl vermitteln können, dass ihre Erfolge auf ihr eigenes Konto gehen. Casey war uns wegen seiner Impulsivität geschickt worden, die ihn in allen Bereichen seines Lebens in Schwierigkeiten brachte, vor allem in der Schule. Sein Arzt hatte ein ADHS-Syndrom diagnostiziert, also eine Kombination aus Aufmerksamkeitsdefizit und Hyperaktivität. Seine Lehrerin berichtete, dass er seine Antworten häufig herausstieß; die Klassenkameraden anschrie, wenn er meinte, sie hätten ihn übervorteilt; dass er sie selbst ständig mit Fragen über die Anweisungen quälte, die sie gerade gegeben hatte; und mindestens vier- oder fünfmal am Tag seinen Platz verließ, um seinen Bleistift zu spitzen.

Um Casey zu einer besseren Selbstbeherrschung zu verhelfen, führten seine Eltern und seine Lehrerin eine Reihe verhaltensmäßiger Anpassungen ein. Die Lehrerin dachte sich zusätzliche Anreize und Instruktionen für ihn aus, darunter ein Arrangement, das es ihm erlaubte, zu reden, zu fragen und sich im Klassenzimmer zu bewegen, ohne dass dies von den anderen Kindern als Störung empfunden wurde. Die Eltern führten ein Verhaltensmanagement ein, mit dem sich die negativen Eltern-Kind-Interaktionen umgehen ließen, zu denen es in

Familien mit impulsiven Kindern so häufig kommt. Der Hausarzt schaltete sich mit einer versuchsweisen Medikation ein, die zu einer spürbaren Besserung in Caseys Verhalten führte.

Als wir uns mit Casey über seine Fortschritte unterhielten, sagte er: »Ich habe mich jetzt unter Kontrolle, weil ich eine Tablette nehme.« An dieser Feststellung war natürlich etwas Wahres; dennoch beunruhigte uns der Gedanke, Casey könnte seine Besserung auf die Tablette zurückführen und nicht auf etwas, das in ihm selbst steckte. Wir erklärten ihm, dass Tabletten natürlich keine Kontrolle über Menschen ausüben, dass vielmehr die Menschen die Tabletten unter Kontrolle haben. Dass man eine Tablette einnimmt, sagten wir, ist kein Ersatz dafür, dass man ernsthaft arbeitet, sich Freunde sucht und sich anhört, was die Eltern zu sagen haben. Mit anderen Worten, »Fertigkeiten lassen sich durch Pillen nicht ersetzen«. Wir machten Casey begreiflich, dass diese Medikation ihm Wahlmöglichkeiten eröffnete, nicht aber Entscheidungen für ihn treffen würde.

Seinen Eltern rieten wir, diese Botschaft zu verstärken, zum Beispiel mit den folgenden Worten: »Die Tablette hat dir dazu verholfen, ruhiger zu werden (›ruhig‹ war ein Wort, das Casey selbst gebraucht hatte), und jetzt, wo du ruhiger bist, kannst du leichter entscheiden, wie du dich benehmen willst.« Das erinnert zwar stark an Caseys eigene Erklärung, aber dennoch besteht hier ein signifikanter Unterschied: Casey betrachtete den Erfolg in erster Linie als irgendwie von außen – nämlich von der Tablette – bedingt, während die Erklärung, die wir lieferten, die Verantwortung für das Ergebnis eher bei Casey selbst plazierte.

Bei unserer Arbeit mit Kindern, die ein Medikament einnehmen, weisen wir immer ausdrücklich darauf hin, dass dieses Mittel es ihnen in erster Linie ermöglichen soll, mittels ihrer Wahlhandlungen und eigenen Entscheidungen mehr Kontrolle über ihr Leben zu gewinnen. Das Medikament wirkt als Instrument, mit dessen Hilfe sie eher imstande sind, über Wahlmöglichkeiten nachzudenken und Entscheidungen zu treffen. Wie Caseys Eltern berichteten, hatten sie den eigenen Anteil ihres Sohnes an den positiven Veränderungen in seinem Leben besonders hervorgehoben. Nicht allein, dass er das gerne gehört hatte – er nahm sein Medikament nun auch ein, ohne dass man ihn erst daran erinnern musste.

Noch ein letzter Punkt muss im Zusammenhang mit dem Thema Eigenanteil zur Sprache kommen. Wenn wir unseren Kindern helfen, sei es bei den Hausaufgaben oder zum Beispiel beim Zubereiten einer Mahlzeit, dann müssen wir uns hüten, die Arbeit etwa für sie »zu erledigen«. Wenn sie das Gefühl haben, dass es hier letzten Endes eher um unsere und nicht um ihre Unternehmung geht, dann werden sie ihren Erfolg nicht den eigenen Ressourcen zuschreiben.

Auch wir möchten uns ja nicht dazu verdonnert sehen, eine andere Person beim Ausführen einer Tätigkeit zu beobachten, bei der wir gerne selbst mitwirken würden, und das Gleiche gilt für unsere Kinder. Bloßes Zusehen beeinträchtigt das Gefühl der Kontrolle und der Eigenbeteiligung und raubt den Kindern in manchen Fällen die wahre Freude an ihren Hervorbringungen. Wir müssen einen Balanceakt vollführen – präsent sein, um unseren Kindern beizustehen, aber nicht alles für sie tun. Dabei muss uns das Wissen leiten, dass Kinder mit einer resilienten Welt- und Lebensorientierung ihre Erfolge in einem realistischen Umfang dem eigenen Konto gutschreiben.

Drittes Prinzip: Identifizieren und verstärken Sie die Kompetenzinseln Ihres Kindes durch »Umfeldpflege«

Im fünften Kapitel haben wir zu einem Erziehungs- und Vermittlungsstil geraten, der durch »Aufbauen« und nicht durch »Wegmeißeln« gekennzeichnet ist. Wir bauen auf, indem wir uns auf die Stärken und Erfolge unserer Kinder konzentrieren.

Eltern dürfen zwar die falschen Schritte nicht ignorieren, aber sie müssen Wege finden, jene Attribute hervorzuheben, in denen die Kinder »glänzen« und sich ihrer Leistung bewusst werden können. In unseren Beratungssitzungen sagen wir den Kindern oft, dass wir nicht so sehr an dem interessiert sind, was mit ihnen nicht stimmt, als vielmehr an dem, was stimmt: »Wenn du von der Schule abgehst, fragt dich ein Arbeitgeber ja auch nicht, in welchem Fach du am schlechtesten warst und wo du dich am abscheulichsten benommen hast, um dir dann einen Job entsprechend diesen beiden Merkmalen einzurichten! Tatsächlich läuft es genau andersherum. Es sind doch unsere Stärken und Fähigkeiten, aus denen wir Freude, Spaß und Erfolg ziehen.«

Dass wir es mit einem Dilemma zu tun haben, zeigt sich deutlich in den Förderplänen, die für Kinder mit schulischen Problemen entwickelt werden. Häufig listen diese Pläne die Stärken *und* Schwächen eines Kindes auf, nennen dann aber Ziele, die sich allein auf die Schwächen beziehen! Wir haben Eltern und Lehrer im Rahmen einer informellen Erhebung gefragt, weshalb ihrer Ansicht nach die Stärken in den Förderplänen überhaupt genannt werden. Die häufigsten Antworten lauteten sinngemäß: »Weil wir dann in der Vorbesprechung mit etwas Positivem beginnen können« und »Dann wissen wir, woran wir nicht weiter arbeiten müssen«. Die letztgenannte Antwort steht in diametralem Widerspruch zu dem auf den Stärken des Kindes basierenden Modell, das wir hier vertreten.

Wir raten Eltern, die bei der Aufstellung eines solchen Förderplans mitwirken, dass sie auf der Formulierung von Zielvorstellungen auch bezüglich der Stärken ihres Kindes bestehen sollen. Natürlich muss etwas gegen die Schwächen unternommen werden, die in diesen Plänen erfasst sind, aber Aktivitäten, die bei den Stärken des jeweiligen Kindes ansetzen, sind für sein Selbstwertgefühl und seine Motivation mindestens genauso wichtig. Wir sollten nicht erwarten, dass Kinder, die Hilfe beim Lesenlernen brauchen und deshalb nach Schulschluss noch eine weitere Stunde mit Lesen verbringen, anschließend meinen, etwas Großartiges geleistet zu haben, und sich dafür bedanken werden, dass wir uns so viel Zeit für sie genommen haben. Wir raten dazu, schwachen Schülern für jede Stunde zusätzlicher Arbeit in ihrem »schwachen« Fach als Ausgleich die Möglichkeit zu geben, eine Stunde mit Aktivitäten zu verbringen, die ihre Stärken sind. Diese Aktivitäten werden dazu beitragen, dass sie sich gut fühlen, Erfolge verbuchen und an Resilienz gewinnen.

Dass wir die Metapher der »Kompetenzinsel« eingeführt haben, um die Stärken eines Kindes zu beschreiben, hatte einen ganz bestimmten Grund. Viele Kinder, mit denen wir gearbeitet haben, besitzen ein schwaches Selbstwertgefühl und sind der Welt und dem Leben gegenüber eher defätistisch eingestellt. Sie kämpfen mit vielen der Hindernisse, die wir in diesem Kapitel aufgeführt haben. Solche Kinder fühlen sich, als würden sie in einem »Meer der Unzulänglichkeit« schwimmen, das durch ihr dürftiges Selbstbild und mangelndes Vertrauen gekennzeichnet ist. In diesem Meer der Unzulänglichkeit besitzt allerdings jedes dieser Kinder nach unserer Überzeugung zumindest *eine* kleine Insel der Kompetenz, ein Areal, das als Quelle von Stolz und Erfolgsbewusstsein dienen kann. Wenn diese Inseln lokalisiert und konsolidiert werden, kann es zu einem Welleneffekt kommen – das Kind ist dann eher bereit, sich vorwärts und in Bereiche hinein zu wagen, die ihm bisher schwierig erschienen und vor denen es folglich zurückgeschreckt ist. Wir haben diesen Prozess immer wieder beobachten können.

Eltern müssen lernen, diese Inseln zu identifizieren und zu konsolidieren, so dass sie sich bald immer stärker gegen das Meer der Selbstzweifel abheben; sie müssen wissen, dass solche Kompetenzinseln von einem Kind zum anderen differieren; und sie müssen vermeiden, was wir weiter oben als Hindernisse beschrieben haben, die der Konsolidierung entgegenstehen: das Unverständnis für die Interessen ihres Kindes oder das Anlegen der Messlatte auf einem zu hohen Niveau. Wir alle kennen Kinder, die beim Baseballspiel sehr viel gelassener sind als bei einer Mathematikarbeit, und andere, die sich ihrer Sache im Klassenzimmer völlig sicher sind, sich auf dem Spielplatz aber überhaupt nicht wohlfühlen.

Es gibt Kinder, die künstlerisch ungewöhnlich begabt sind, sich aber schwertun, mit ihren Altersgenossen zu reden, und sehr viele andere, für die das Gegenteil zutreffen dürfte.

Führen Sie die folgende Übung durch: Halten Sie in Form einer Liste schriftlich fest, was Sie für die Kompetenzinseln Ihres Kindes halten. Überlegen Sie, ob Ihr Kind diese von Ihnen genannten Inseln ebenfalls als Bereiche ansehen würde, in denen es kompetent ist. Halten Sie dann im Anschluss an jeden Punkt auf Ihrer Liste, beginnend mit den Bereichen, die Ihr Kind wahrscheinlich ebenfalls als seine Kompetenzinseln wahrnehmen würde, kurz fest, wie Sie als Eltern diesen Bereich stärken und wie Sie ihn anderen Menschen gegenüber sichtbar machen.

Es passiert nur zu oft, dass wir – ähnlich wie im Zusammenhang mit der Planung von Fördermaßnahmen – unsere Aufmerksamkeit und unsere Energien eher auf die Fehler und Schwachstellen unserer Kinder richten als auf ihre Stärken. Und überdies kann es sein, dass uns passiert, was auch GEORGEs Eltern passierte – dass wir nämlich das Hauptinteressengebiet unseres Kindes, ein Gebiet, auf dem es gut Bescheid weiß, als eine Schwäche betrachten, die uns peinlich ist.

Statt George zu seiner Pflanzenkenntnis und gärtnerischen Erfahrung zu beglückwünschen, taten seine Eltern eine Aktivität, aus der er einen gewissen Stolz bezog, verächtlich ab. Es kann nicht überraschen, dass sein Ärger auf die Eltern zunahm.

Mr. und Mrs. Lemrow suchten unseren Rat, weil ihre neunjährige Tochter AMELIA in mehrfacher Hinsicht in ihrer Entwicklung zurückgeblieben war. Ihr Sprechvermögen und ihr Sprachverständnis entsprachen ihrem biologischen Alter ebenso wenig wie ihr fein- und grobmotorischer Entwicklungsstand – auf beiden Gebieten wirkte sie wie ein um einige Jahre jüngeres Kind. Entsprechend schwer hatte sie es in der Schule, wobei auch ihre sozialen Fertigkeiten zu wünschen übrig ließen. Amelia hatte kaum Freundinnen. Um akzeptiert zu werden, versuchte sie es häufig mit Herumkaspern, das sie aus der Gruppe der Gleichaltrigen heraushob. Wie Brett scheute auch Amelia bei ihren Bemühungen, irgendwo Erfolg zu haben, nicht vor unangemessenen Formen zurück.

Nachdem wir über Amelias Defizite gesprochen hatten, baten wir die Lemrows, ihre Kompetenzinseln aufzuzählen. Zunächst waren sie einigermaßen ratlos.

Schließlich sagte Mr. Lemrow: »Amelia hat einen schönen Humor.«

»Ja, aber sie zeigt ihn oft auf alberne Weise«, meinte Mrs. Lemrow.

Wir sagten: »Wir können verstehen, dass es Ihnen schwerfällt, Amelias Stärken zu benennen. Wir sehen ja, dass Sie frustriert sein müssen, wenn Sie versuchen, ihr zu helfen.« Dann stellten wir unsere Frage noch einmal anders: »Welche Eigenschaft Ihrer Tochter macht Ihnen Freude?«

»Was sie wirklich gern tut, ist anderen helfen«, antwortete Mrs. Lemrow, »aber angesichts ihrer Probleme sind wir uns nicht so sicher, wie sie helfen könnte. Ein paarmal wollte sie abends den Tisch decken, aber dabei hat sie zweimal einen Teller zerbrochen. Sie hat auch schon gesagt, dass sie beim Kochen helfen will, aber ich habe Angst, sie an den Herd zu lassen. Sie könnte sich verbrennen.«

Wir halfen nach: »Wir verstehen natürlich, dass Sie Angst um Amelias Sicherheit und um Ihr Geschirr haben, aber fällt Ihnen nicht irgendeine Form von Hilfeleistung ein, die Amelia bewältigen könnte, irgendetwas, auf das sie stolz sein könnte und das ihre Kompetenzinseln ins Licht rücken würde?«

Die Lemrows versprachen, zuhause über diese Möglichkeit zu diskutieren und Amelia bis zur nächsten Sitzung zu beobachten. Als sie in der folgenden Woche wiederkamen, hatten sie bereits mehrere kleine Hilfsdienste etabliert und sagten, daran hätten sie wirklich schon früher denken können.

»Wir haben Amelia mit dem Aufdecken des Bestecks beauftragt«, sagte Mrs. Lemrow. »Das kann nicht kaputtgehen, wenn man es fallen lässt.«

»Und außerdem haben wir mit einem guten Freund gesprochen, der ein Pflegeheim leitet, und ihn gefragt, ob Amelia dort irgendetwas tun könnte. Er sagte, dass eine der Bewohnerinnen so gerne Kartenspiele spielt, aber fast nie Besuch bekommt. Er meinte, vielleicht würde Amelia gerne kommen und mit dieser Frau spielen«, ergänzte Mr. Lemrow.

»Wir haben Amelia von der Frau erzählt und gefragt, ob sie Interesse hätte, sie kennenzulernen«, berichtete Mrs. Lemrow. »Zu unserer Überraschung hellte sich ihr Gesicht auf. Sie sagte, dass sie gerne mit dieser Frau Karten spielen würde.«

Wie vielen anderen Kindern, die in ihrer Entwicklung verzögert sind, fiel Amelia der Umgang mit jüngeren Kindern und mit Erwachsenen leichter als der Umgang mit Gleichaltrigen. Im Nachbarhaus wohnten zwei Schwestern, die fünf und sieben Jahre alt waren. Mit diesen Mädchen spielte Amelia gern, und den Schwestern gefiel das Spiel mit ihr ebenfalls, wie die Lemrows beobachtet hatten. Im Übrigen hatten sie gesehen, dass Amelia diesen kleinen Mädchen gegenüber eine Lehrerinnenrolle einnahm.

Das beschäftigte Mr. Lemrow. »Sollten wir vielleicht die Zeit begrenzen, die Amelia mit den beiden zubringt? Sie spielt immer mit jüngeren Kindern. Wie soll sie jemals lernen, mit Kindern ihres Alters umzugehen?«

Wir bestätigten ihn in der Meinung, dass Amelia ihren Klassenkameradinnen gegenüber nicht in die Isolation geraten durfte. Wir baten die Lemrows aber auch, daran zu denken, welche *positiven* Aspekte das Zusammensein mit den Schwestern für Amelia haben könnte.

»Sie sieht diese Mädchen wirklich als Freundinnen an. Und Freundinnen zu haben ist doch wichtig«, sagte Mrs. Lemrow.

Ihr Mann bestätigte das. »Es gibt ihr außerdem die Möglichkeit, anderen zu helfen. Das ist eine ihrer Kompetenzinseln.«

Wir empfahlen den Lemrows, Amelia weiter mit den jüngeren Mädchen spielen zu lassen – das würde ihr Selbstwertgefühl und ihre interpersonalen Fertigkeiten ebenso wie ihre Resilienz stärken.

Damit schaufelten wir auch gewissermaßen den Weg frei für Amelias Umgang mit gleichaltrigen Kindern. Eines ihrer Probleme bestand darin, dass sie nicht wusste, was und wie sie mit ihren Klassenkameradinnen reden sollte, wenn sie nach der Schule miteinander spielten. Wir sprachen mit den Lemrows über ein Konzept, das bei uns unter der Bezeichnung »Umfeldpflege« läuft. Der Begriff war uns zum ersten Mal in einem Sommerlager begegnet, und zwar als Jobbezeichnung: Dort hießen diejenigen Teilnehmer »Umfeldpfleger«, die für die Sauberkeit der Anlage zuständig waren. Wir bedienen uns dieses Begriffs, um die Kulissentätigkeit zu beschreiben, wie sie von manchen Eltern geleistet wird, um die Erfolgschancen ihres Kindes zu maximieren. Den Lemrows empfahlen wir solche »umfeldpflegerischen Bemühungen«, um das Spiel mit den Gleichaltrigen für Amelia zu einem Erfolgserlebnis zu machen.

Konkret sollten die Lemrows ihrer Tochter zunächst helfen, solche Kinder auszuwählen, die ihr positiver als andere begegneten. Anschließend konnten sie Aktivitäten planen, zu denen sie jeweils nur eines dieser Kinder in ihr Haus bitten würden – Aktivitäten, die Amelia in ihrer Interaktion mit diesem Kind nicht benachteiligen würden. Die Lemrows erwiesen sich als höchst geschickt in der Vorbereitung solcher Anlässe, und Amelia hatte zunehmend Freude an den gelungenen Spielnachmittagen mit einzelnen Klassenkameradinnen.

Amelias Kontakt mit der Bewohnerin des Pflegeheims, ihre Lehrerinnenrolle gegenüber den jüngeren Nachbarskindern und der geplante und strukturierte Umgang mit Kindern ihres Alters zeigten mit der Zeit positive Wirkungen. Mr. und Mrs. Lemrow legten den Akzent zunehmend auf ihre Kompetenzinseln, insbesondere auf die ehrliche Freude, die sie daran hatte, anderen zu helfen.

Manche Eltern versuchen, ihr Kind mit einer erfreulichen und dem Selbstwertgefühl förderlichen Aktivität zu ködern – als Belohnung für den Fall, dass es ihre Erwartungen auf einem anderen und problematischeren Feld erfüllt. Dass das ein risikoreiches Spiel ist, zeigt der Fall des sechzehnjährigen Brendan und seiner Eltern, Mr. und Mrs. Fisher.

BRENDAN besuchte die zehnte Klasse. Sein Profil als Schüler war gekennzeichnet von nicht erledigten Arbeiten und zahlreichen Verwarnungen. Obwohl er in mehreren Fächern gerade noch mit einem »Ausreichend« in die abschließenden Klassenarbeiten ging, schlug er sich dank vermehrter Anstrengungen in letzter Minute immer noch recht gut und schloss das Schuljahr mit einem »Befriedigend« ab.

Brendans Vorgeschichte war nicht durch Lernschwierigkeiten oder Aufmerksamkeitsdefizite gekennzeichnet, auch wenn er manchmal etwas desorganisiert wirkte. Auf Fragen nach seinem widersprüchlichen Schülerverhalten sagte er schlicht, dass Schule »öde« sei. Er zählte zahlreiche andere Dinge auf – darunter das Zusammensein mit Freunden –, die ihm wichtiger waren als die Schule. Immerhin kam er bei einer Gelegenheit auf den Gedanken, dass er sich sein Schuldasein vielleicht selbst erschwerte, wenn er immer an andere Dinge dachte als an das, was gerade »dran« war, und dadurch natürlich den Faden verlor.

Die Fishers fassten zusammen, was sie in jüngster Zeit mit Brendan erlebt hatten.

Mr. Fisher sprach als Erster: »Wir wissen, dass Brendan keineswegs dumm ist, dass seine Leistungen aber hinter seinen Fähigkeiten zurückbleiben, dass er einfach nicht bringt, was man von ihm erwarten könnte. Wir haben einmal einen Artikel gelesen, in dem es hieß, dass man solche Kinder motivieren kann, indem man ihnen die Teilnahme an Dingen beschneidet, die sie gern tun.«

Mrs. Fisher berichtete: »Brendan gehört der Jugendgruppe in unserer Gemeinde an und hat Stunden damit verbracht, das Programm der Gruppe auf die Beine zu stellen. Der Gruppenleiter war sehr beeindruckt von Brendans Mitarbeit und hat ihn gefragt, ob er vielleicht Gruppenvorsitzender werden möchte. Da ihm an diesem Amt gelegen ist, haben wir beschlossen, es als Belohnung dafür einzusetzen, dass er die Schule ernster nimmt. Wir haben ihm gesagt, dass es im nächsten Schuljahr ganz besonders auf die Noten ankommt, vor allem wenn er einmal beschließen sollte, aufs College zu gehen. Bevor wir also unser Einverständnis dazu geben wollten, dass er dieses Amt als Gruppenvorsitzender annimmt, wollten wir den Beweis sehen, dass er sich in der Schule zusammenreißen und gute Noten bekommen kann. Deshalb haben wir ihm gesagt, wenn er das zweite Schulhalbjahr mit »Gut« abschließt, dann kann er Gruppenvorsitzender werden.«

»Und wie ist die Sache ausgegangen?«

Mr. Fisher beantwortete unsere Frage. »Wir waren überzeugt, dass dieser Anreiz ihn veranlassen würde, seine schulischen Pflichten ernst zu nehmen. Wir hätten nie erwartet, was dann passierte. Er wurde immer wütender auf uns. Auch wenn er in den letzten Jahren in der Schule schlecht gearbeitet hat – sein Verhältnis zu uns war doch immer liebevoll und von Respekt getragen. Aber dass wir ein Abschlusszeugnis mit einem Zweierschnitt sozusagen zur Eintrittskarte in sein Vorsitzendenamt machten, darunter hat seine Beziehung zu uns gelitten, und seine Noten wurden keineswegs besser!«

Wie die Fishers weiter berichteten, nahmen die Spannungen in der Familie zu. Jeden Tag fragten sie Brendan, ob er sich in der Schule auch dranhalte, und jeden Tag antwortete er, sie sollten ihn gefälligst in Ruhe lassen. Mr. und Mrs. Fisher wussten nicht weiter: Ein allem Anschein nach vernünftiger Aktionsplan hatte sich in ein beträchtliches Desaster verkehrt. Sie wussten nicht mehr, was sie tun sollten.

Bei unserer Arbeit mit den Fishers und mit Brendan ging es neben vielen anderen Themen auch um die Überlegung, wie man ihm helfen könnte, Ordnung in sein Leben zu bringen. Besonders wichtig war allerdings unsere Frage an die Fishers, wo ihrer Meinung nach Brendans Stärken beziehungsweise seine Kompetenzinseln lagen.

Stolz und ohne zu zögern sagte Mr. Fisher: »Brendan ist sehr gesellig und beliebt. Kinder wie Erwachsene sind gern mit ihm zusammen. Das hat er ja besonders deutlich bei seiner Arbeit in der Jugendgruppe gezeigt: Er weiß, wie man Leute zusammenbringt, wie man sie motiviert und wie man ein Programm zusammenstellt. Die Jugendgruppe ist ein Ort, an dem alle seine Fähigkeiten zum Einsatz kommen, und er nutzt sie gut.«

»Brendan versteht sich auf vieles«, bemerkten wir.

»Oh ja,« meinte Mrs. Fisher, »nur nicht auf seine Aufgaben in der Schule.«

Mr. Fisher ergänzte: »Wir dachten, wenn ihm die Jugendgruppe so wichtig ist, dann wird er sich wohl mal um seine Noten kümmern, und wenn er das tut, dann kann er dort mitmachen und der nächste Vorsitzende werden. Aber was wir uns vorgestellt hatten, ist keineswegs eingetreten. Nicht allein, dass seine Noten weiterhin schlecht sind – er ist auch immer verkrampfter und immer übellauniger. Unser Verhältnis zu ihm ist ziemlich im Eimer.«

Ohne es zu bemerken, hatten die Fishers sich verhalten wie ein Spieler, der alles auf eine Karte setzt. Wir erklärten ihnen, dass eine Überlegung wie die von ihnen angestellte – wir stellen unserem Kind etwas in Aussicht, an dem ihm sehr viel liegt und das ihm folglich als Anreiz und Verstärker dienen wird, sein Verhalten zu ändern – in manchen Fällen in der Tat zu dem gewünschten Ergebnis führt. Aber eine solche Eintrittskarte zur Kompetenzinsel eines Kindes, verstanden als Verstärker und Belohnung dafür, dass es sein Verhalten ändert – dieser logische Schuss kann genauso gut nach hinten losgehen, und das aus mehreren Gründen:

Erstens sind manche Kinder ganz einfach nicht imstande, die Erwartungen ihrer Eltern zu erfüllen. Wie erinnerlich, traf das zum Beispiel für MARY zu: Auch sie wurde ärgerlich und gab die Hoffnung auf. Brendan wiederum war zwar durchaus intelligent und ließ keine Lern- oder Aufmerksamkeitsprobleme erkennen, aber er war, wie er selbst einräumte, manchmal desorganisiert und verlor dann den Anschluss an das, was im Unterricht gerade gefragt war. Der Versuch, den Vorsitz über die Jugendgruppe als Verstärker in Aussicht zu stellen, wäre sinnlos, wenn Brendan nicht *imstande* wäre, alle seine Aufgaben nacheinander auszuführen.

Wir erklärten den Fishers, dass Brendan leicht in Schwierigkeiten kam, wenn seine organisatorischen Fähigkeiten gefragt waren, und sie bestätigten, dass er manchmal sogar in der Jugendgruppe mit solchen Schwierigkeiten zu kämpfen hatte. Sie hatten ihm den Vorsitz über die Gruppe vorerst nicht zugebilligt, ihm aber andererseits keine weitere Hilfe angeboten und ihn auch nicht gefragt, welche Lösung ihm vielleicht vorschwebte. Sie gingen ganz einfach davon aus, dass Brendan imstande war, seine Aufgaben zu bewältigen, denn, wie seine Mutter sagte: »Er kann es, wenn er nur will.«

Wir erklärten, dass Jugendliche, die Schwierigkeiten organisatorischer Art haben, sich häufig widersprüchlich verhalten: Dass sie die Anforderungen heute erfüllen können, heißt nicht notwendig, dass sie sie Tag für Tag erfüllen können.

»Aber wenn Brendan motiviert ist und sich gerade etwas ausdenkt, was die Jugendgruppe unternehmen könnte, dann kann er bis Mitternacht aufbleiben, und dann steht der Plan«, sagte Mr. Fisher.

Wir wiesen darauf hin, dass dieses Muster nichts Ungewöhnliches ist – schließlich war ja deutlich zu sehen, dass die Unternehmungen der Jugendgruppe für Brendan sehr wichtig und sehr motivierend waren. Er bewältigte seine organisatorischen Schwächen zumindest in der Jugendgruppe dadurch, dass er hier mehr Zeit und Mühe investierte – etwas, was er im Zusammenhang mit schulischen Belangen nicht konnte oder vielleicht nicht wollte.

Ein zweites Problem im Zusammenhang mit der Rechnung »Kompetenzinsel (im aktuellen Fall der Gruppenvorsitz) als Verstärker« besteht darin, dass sich im Falle des Nichtaufgehens dieser Rechnung nicht nur die Beziehungen innerhalb der Familie verschlechtern, weil Angst und Ärger zunehmen, sondern auch genau das Verhalten, das die Eltern eigentlich zum Besseren wenden wollten.

Ein unauffälliges, aber genauso gewichtiges drittes Problem hängt mit den beiden bereits genannten zusammen. Im Kern geht es dabei um den Verlust der Kompetenzinsel, wenn das beklagte Verhalten sich nicht ändert.

Wir fragten die Fishers: »Was hat Brendan Ihrer Ansicht nach von der Teilnahme an den Aktivitäten der Jugendgruppe?«

»Die Jugendgruppe vermittelt ihm viele wichtige Erfahrungen. Er hat dort einige richtig nette Freunde gewonnen«, sagte Mr. Fisher.

Und Mrs. Fisher stellte fest: »Er hat auch gelernt, verantwortungsbewusster zu denken und besser mit Schwierigkeiten fertigzuwerden. Bei manchen Dingen müssen die Mitglieder sich gegenseitig helfen, und in diesem Zusammenhang ist Brendan einsichtiger und einfühlsamer geworden. Wir sind sicher, dass er als Gruppenvorsitzender sogar noch mehr Verantwortungsbewusstein entwickeln würde.«

Während Mr. Fisher so der Reihe nach aufzählte, welche positiven Wirkungen Brendans Zugehörigkeit zu der Jugendgruppe schon gezeigt hatte, kam ihm selbst eine Erkenntnis: »Nicht dass ich die Bedeutung des Schulunterrichts herunterreden wollte – aber nun, da wir hier darüber sprechen, meine ich doch zu sehen, dass das, was Brendan in der Jugendgruppe lernt, vielleicht wichtiger für sein Leben ist als das Sachwissen, das er in manchen Schulfächern ansammelt. Wenn ich ihm das Mittun in der Jugendgruppe beschneide, nehme ich ihm offenbar die Möglichkeit, seine Kompetenzinseln sichtbar zu machen, und die mögen ja tatsächlich wichtiger sein als die Noten, die er nach Hause bringt. Wie auch immer – unsere Methode hat jedenfalls nicht funktioniert. Aber was könnten wir denn sonst tun?«

Es war eine dankbare Aufgabe, mit den Fishers zu arbeiten: Sie ließen mit sich reden, sie waren aufgeschlossen für den Gedanken, ihre negativen Skripts unter die Lupe zu nehmen und abzuwandeln, und sie hatten den Mut, ihr Vorgehen zu ändern. Sie waren schnell bereit zuzugeben, dass es einfach keine gute Idee gewesen war, ein bestimmtes Notenniveau zur Bedingung dafür zu machen, dass Brendan den Vorsitz in der Jugendgruppe übernehmen würde, und beschlossen, diese Forderung fallenzulassen.

»Wir haben Brendan gesagt, dass wir weiterhin erwarten, dass er passable Noten nach Hause bringt«, sagte Mr. Fisher. »Aber wir haben auch angefangen, mit ihm über mögliche Lösungen zu sprechen und ihn zu fragen, was er insoweit vorzuschlagen hat. Die häusliche Atmosphäre hat sich jedenfalls deutlich entspannt.«

Brendan schloss das zweite Highschool-Jahr mit einem befriedigenden Ergebnis ab. Im folgenden Jahr, in dem er den Vorsitz über die Jugendgruppe innehatte, konnte er seinen Durchschnitt leicht verbessern und bekam weit weniger Verwarnungen wegen ungenügender Mitarbeit in der Schule. Als Vorsitzender der Jugendgruppe engagierte Brendan sich auf vielen Feldern, die seine Eltern in den Gesprächen mit uns als wichtig bezeichnet hatten: im Zusammensein mit den Mitgliedern seiner Gruppe und im Austausch mit Erwachsenen, in der Vorbereitung von Aktionen, bei denen er Ausdauer zu beweisen und Schwierigkeiten zu bewältigen hatte, und allgemein immer dort, wo es darum ging, anderen zu helfen. Da er als Repräsentant seiner Gruppe gelegentlich an Zusammenkünften teilnehmen musste, fiel es ihm mit der Zeit auch leichter, vor Publikum zu sprechen. Immer wieder hatte er so Gelegenheit, seine Kompetenzinseln sichtbar zu machen – Fähigkeiten, die in seinen eigenen wie in den Augen anderer wichtig waren.

Im letzten Schuljahr sprang Brendans Notendurchschnitt von »befriedigend« nach »sehr gut«. Sein Collegestudium schloss er als Mitglied einer angesehenen akademischen Vereinigung ab.

Es waren mehrere Faktoren, die dazu beitrugen, dass Brendan zu einer resilienten Welt- und Lebensorientierung gelangte. Nach Meinung seiner Eltern war es allerdings in erster Linie ihre veränderte Einstellung zum Problem seiner schulischen Leistungen gewesen, die nicht nur ihr Verhältnis zu Brendan verbessert, sondern darüber hinaus dafür gesorgt hatte, dass er es schaffte, ein Gleichgewicht in sein Leben zu bringen.

Nicht alle Jugendlichen werden eine so deutliche Verbesserung in ihren schulischen Leistungen zeigen, und der optimale Ansatz ist je nach der Situation immer wieder ein anderer; wir haben aber doch eine wichtige Lektion aus der Arbeit mit Brendan und seinen Eltern gezogen: Wenn Eltern wollen, dass ihre Kinder die Erfahrung eigener Erfolge machen, dann müssen sie zunächst lernen, die Kompetenzinseln der Kinder zu erkennen und zu definieren, sie müssen den Kindern Gelegenheiten bieten, diese Inseln zu konsolidieren und sichtbar zu machen, und sie dürfen keine Bedingungen – etwa die Forderung nach einer Verhaltensänderung – an den Zutritt zu diesen Inseln knüpfen. Wenn Kinder ihre Stärken üben und demonstrieren dürfen, führt das in aller Regel dazu, dass ihr Selbstwertgefühl und ihre Bewusstheit bezüglich der eigenen Leistung ebenso zunehmen wie ihr Resilienzvermögen. Das wiederum zieht positive Veränderungen auch in anderen Lebensbereichen nach sich – in Brendans Fall mehr Engagement für die Schule und damit bessere Noten.

Natürlich müssen die Eltern ihren Kindern weiterhin Verantwortungsbewusstsein abverlangen – sie sollten dabei aber nicht so weit gehen, den Kindern ausgerechnet die Tätigkeitsfelder zu verbauen, die das Resilienzvermögen stärken. Gerade die hier geforderten Aktivitäten sind der optimale Nährboden für das sich entwickelnde Verantwortungsbewusstein. Von dem Augenblick an, in dem Brendans Eltern ihr Skript änderten, als sie ihren Sohn in die Suche nach Möglichkeiten zur Verbesserung seiner schulischen Leistung einbezogen (es dauerte dann immer noch länger als ein Jahr, bis diese Verbesserung sichtbar wurde) und ihm gestatteten, sich auf einem Feld zu engagieren, das seinerseits wichtigen Lebensfertigkeiten zugutekam, ließ Brendans Anspannung nach, er konnte sich den Dingen gezielter zuwenden, und – was das Wichtigste war – seine Beziehung zu seinen Eltern profitierte davon.

Wir müssen uns etwas einfallen lassen, um die Kompetenzinseln unserer Kinder zu stärken, und manchmal müssen wir, wie Amelias Eltern erkannten, auch »Umfeldpflege« betreiben. Diese Art der Verstärkung ist von großer Wirkung, wenn sie routinemäßig im Familiensystem verankert wird.

Ein letztes Beispiel dafür, wie man einem Kind helfen kann, das Wissen um die eigenen Erfolge zur Ausbildung einer resilienten Welt- und Lebensorientierung zu nutzen, bietet die Geschichte der fünfzehnjährigen PATTIE und ihrer Mutter, Mrs. Blanchard. Pattie benahm sich in der Schule ebenso wie zuhause gelegentlich ausfallend, und zwar verbal wie physisch. Sie war ein Einzelkind. Die Eltern hatten sich scheiden lassen, als sie sechs Jahre alt war. Der Vater zog in eine weit entfernte Stadt, heiratete erneut und hatte in dieser zweiten Ehe zwei Kinder. Pattie besuchte ihn an Feiertagen und in den Sommerferien, aber nach ihren eigenen Worten fühlte sie sich bei der neuen Familie ihres Vaters nie besonders wohl und auch nicht willkommen.

Mrs. Blanchard berichtete, dass Pattie gelegentlich außerordentlich störrisch reagierte, wenn ihr irgendwelche Grenzen gesetzt wurden. In den Augen ihrer Schulkameradinnen war sie eine Despotin. Den Lehrern gegenüber gab sie sich häufig streitsüchtig.

Anfangs weigerte Pattie sich, überhaupt zu uns zu kommen. So empfingen wir Mrs. Blanchard allein, die, wie sie sagte, drauf und dran war, »Pattie zu ihrem Vater zu verfrachten«. Wir erklärten Pattie schriftlich, dass wir es für sinnvoll hielten, auch sie kennenzulernen, da wir inzwischen ja beratend sowohl mit ihrer Mutter als auch mit ihren Lehrern arbeiteten. Sie erschien ein einziges Mal und verkündete gleich, sie fände es »blöd«, ein Beratungsgespräch zu suchen, und würde nicht wiederkommen. Während dieser einen Sitzung machte sie andere Leute für ihre Probleme verantwortlich und weigerte sich, über irgendwelche Möglichkeiten, die Dinge zu ändern, auch nur nachzudenken. Sie hielt insofern Wort, als sie nicht wiederkam. Wir trafen weiterhin mit ihrer Mutter zusammen und standen auch in Kontakt mit ihrer Beratungslehrerin.

Wir fragten Mrs. Blanchard nach Patties Kompetenzinseln.

»Sehr einfach«, sagte sie. »Pattie ist eine großartige Fußballspielerin.«

»Wollen Sie damit sagen, dass sie eine gute Fußballerin ist oder dass sie gut spielt?«, fragten wir.

Mrs. Blanchard sah etwas ratlos aus. »Ich verstehe den Unterschied nicht.«

»Pattie mag eine gute Fußballerin sein«, sagten wir, »aber spielt sie auch gut? Ist sie ein gutes Teammitglied?« Das Letztere ist entscheidend dafür, ob das Fußballspielen wirklich eine Insel der Kompetenz ist.

Jetzt kam die Antwort rasch: »Keineswegs! Sie hat große Fähigkeiten, aber sie hört nicht auf die Trainerin und war schon nahe daran, rausgeworfen zu werden, weil sie andere Teammitglieder angeherrscht hat.«

In der darauffolgenden Woche geschah etwas, das sich im Nachhinein als Segen entpuppte. Pattie wurde vom Unterricht suspendiert und aus dem Fußballteam ausgeschlossen. Eine Spielerin eines anderen Teams hatte Pattie gegenüber eine obszöne Bemerkung gemacht, woraufhin Pattie mit den Fäusten auf sie losging. Das Mädchen fiel so unglücklich auf den Hinterkopf, dass es für Sekunden das Bewusstsein verlor. Es wurde ins Krankenhaus gebracht, war aber glücklicherweise nicht ernsthaft verletzt. Pattie war aufgewühlter und erschrockener als sie zugeben wollte. Man sagte ihr, eine Rückkehr an die Schule und möglicherweise in das Team sei davon abhängig, dass sie sich um psychologische Beratung bemühte. Pattie rief uns an und fragte: »Also, wann ist mein Termin?«

Die Pattie, die uns diesmal aufsuchte, machte einen weit weniger störrischen Eindruck als das Mädchen, das wir einige Monate zuvor kennengelernt hatten.

»Also, überlegen wir mal, was da im Team eigentlich los ist. Vielleicht können wir helfen, etwas zu verbessern«, sagten wir, was Pattie sofort zu unterlaufen versuchte. »Wenn sie mich nicht so übel angemacht hätte, dann hätte ich ja nicht zugeschlagen.«

»Niemand lässt sich gern beschimpfen«, sagten wir, »aber wenn du dir Ärger sparen und in einem Team mitspielen willst, dann musst du lernen, anders auf solche Provokationen zu antworten.« Anhand von Beispielen aus dem »wirklichen Leben« sprachen wir dann darüber, dass es wichtig ist, Provokationen überhaupt zu vermeiden und die eigenen Ziele im Kopf zu behalten. Da wir nicht wollten, dass diese Sitzung allein um negative Ereignisse kreiste, fragten wir Pattie: »Was tust du denn besonders gern oder wo hast du das Gefühl, erfolgreich zu sein?« Das ist eine Frage, die wir in dieser oder ähnlicher Form allen Kindern und Jugendlichen stellen, mit denen wir arbeiten.

Die Antwort kam wie aus der Pistole geschossen: »Beim Fußballspielen.«

Und dann schob Pattie nach: »Das Schlimmste an dem Schulausschluss war, dass ich nicht mit dem Team spielen konnte.«

»Das klingt, als ob das Fußballspielen dir einen Riesenspaß macht.«

»Oh ja.«

Dann verfiel Pattie in einen langen Monolog. Wir unterbrachen sie kaum, als sie ihre Erfolge im Team aufzählte. Wie wir hörten, war sie die beste Torschützin im Team und dabei eine der jüngsten Spielerinnen. Dann, anscheinend aus heiterem Himmel, fragte sie: »Wollen Sie nicht mal kommen und mich spielen sehen?«

Das konnte natürlich eine Art Test sein, um herauszufinden, wie ehrlich unser Interesse an dem Thema war; allerdings hörten wir aus dieser Einladung noch etwas anderes heraus, nämlich dass Pattie es gerne gesehen hätte, dass wir sie beobachten, während sie ihr Können, ihre Insel der Kompetenz, zur Schau stellte.

Nachdem sie auch mit ihrer Trainerin darüber gesprochen hatte, wie man auf andere Weise mit Konfrontationen fertigwerden kann, und versprochen hatte, sich im Team verantwortungsbewusster zu verhalten, durfte sie wieder am Unterricht teilnehmen und sich dem Team wieder anschließen. Ihre Trainerin wusste ebenfalls, dass Pattie eine Beratung begonnen hatte. Wir nahmen die Einladung zum Besuch eines Spiels an und stellten fest, dass Pattie in der Tat eine großartige Spielerin war. Während des Spiels kam es zu einem Zwischenfall, der in einen Hollywoodfilm gepasst hätte: Eine Spielerin vom gegnerischen Team stellte Pattie ein Bein und bekam dafür eine Strafkarte. Pattie war schon im Begriff, auf das Mädchen loszugehen, und einen Augenblick lang sah es so aus, als würde sie gleich etwas Schlimmes sagen oder tun. Aber dann lächelte sie und ging ohne ein Wort ein paar Schritte zur Seite. Minuten später konnte Pattie mit ihrer Gegnerin abrechnen – sie schoss ein Tor, das zum Siegestreffer für ihr Team wurde.

In der nächsten Sitzung begrüßte uns eine richtig sympathische Pattie.

»Danke, dass Sie gekommen sind, um mich spielen zu sehen. Das war für mich sehr wichtig.«

»Du bist wirklich ganz genauso gut wie deine Mutter uns gesagt hat. Und wir haben natürlich auch gesehen, dass du dich zurückgehalten hast, als dieses Mädchen dir ein Bein stellte.«

Halb spaßend und halb ernst sagte Pattie: »Ich hätte sie nicht geschlagen. Es gibt strenge Regeln für so etwas. Die hätten mich vom Platz schicken können.«

»Gut für dich.«

In dieser Sitzung sprachen wir darüber, dass Pattie ihre »Zurückhaltung und ein exzellentes Denkvermögen« auch in anderen Bereichen ihres Lebens einsetzen könnte – zuhause wie in der Schule.

Nach dieser Sitzung verabschiedete Pattie sich mit den Worten: »Ihr Psychoheinis wisst wirklich, wie ihr eure Sache durchziehen müsst.«

Von da an kam Pattie regelmäßig zur Beratung, bei der es um viele Themen ging, auch um die Wut auf ihren Vater, die sie oft an ihrer Mutter ausließ. Wir sind der Ansicht, dass ihre Bereitschaft, sich zu öffnen, sehr viel damit zu tun hatte, dass wir Zeugen ihrer Kompetenzinsel, ihres Könnens auf dem Fußballplatz, gewesen waren. In ihrem vorletzten Schuljahr wurde Pattie Hilfstrainerin eines Mädchen-Fußballvereins. Im gleichen Jahr wurde sie von einer Zeitung als nationale Hoffnung gehandelt. Stolz schickte sie uns eine Kopie des entsprechenden Artikels. An den Rand hatte sie geschrieben: »Danke, dass es euch gibt.«

Nachdem Sie jetzt über Amelia, Brendan und Pattie gelesen haben, wollen Sie vielleicht die Übung noch einmal ansehen, die Sie zu Beginn dieses Kapitels durchgeführt haben – Sie hatten eine Aufstellung der Kompetenzinseln Ihrer Kinder gemacht, um sicherzugehen, dass Sie diese Inseln konsolidieren und sichtbar machen würden. Im Getriebe des Alltags verlieren wir die Stärken und Erfolge unserer Kinder oft aus den Augen. Ein ungemachtes Bett oder die Mitteilung der Lehrerin, dass die Hausaufgaben wieder einmal nicht vorgelegt wurden – das macht uns stärker zu schaffen als es sollte. Über allem, was geschieht, unterlassen wir es, die Stärken unserer Kinder entsprechend zu würdigen. Denken Sie daran: Stärken können vielerlei Formen annehmen – vielleicht versteht Ihr Kind sich darauf, einen Motor zu reparieren, oder es hat Freude daran, einer Bewohnerin eines Pflegeheims Gesellschaft zu leisten, oder aber es ist künstlerisch begabt und tätig. Und vergessen Sie auch nicht, dass Kinder eher bereit sind, ihre Erfolge als solche anzuerkennen und dem eigenen Konto gutzuschreiben, wenn sie sie als bedeutsam für ihr weiteres Leben erfahren.

Viertes Prinzip: Lassen Sie Ihren Kindern Zeit zur Entwicklung ihrer Stärken

Über die Jahre hinweg hatten wir die große Freude, unsere eigenen und andere Kinder im Jugend-Basketball zu trainieren. Dabei haben wir viel darüber gelernt, wie sich Fertigkeiten und Stärken entwickeln. Robert Brooks trainierte einmal ein Team von Fünftklässlern und lernte dabei auch MONTY kennen, der körperlich ungeschickt und schlecht koordiniert war. Es war das erste Mal, dass Monty überhaupt Basketball spielte. Obwohl er keinerlei Fertigkeiten besaß, war es eine Freude, ihn im Team zu haben, weil er mit seiner Begeisterung alle ansteckte, weil er so ernsthaft daran arbeitete, sein Spiel zu verbessern, und weil er so eifrig trainierte. Jeden Tag arbeitete Monty intensiv daran, seine Dribbel- und Schusstechnik zu verbessern.

Trotz aller dieser Anstrengungen ließ Monty während der ganzen Saison nach außen hin kaum irgendeine Verbesserung seiner Spielfertigkeit erkennen. Alle, die sein Auftreten und sein Spiel beobachteten, meinten hinterher, Monty sei wirklich ein prima Kerl – aber niemand hätte das Basketballspiel zu seinen Kompetenzinseln gezählt.

Dann, zwischen Montys erstem und zweitem Jahr als Teamspieler, passierte etwas. Zu Beginn der zweiten Saison konnte man sehen, dass er um mehr als sieben Zentimeter gewachsen war, und dieses Längenwachstum war von einer signifikanten Verbesserung seiner Koordination und seiner Fertigkeiten begleitet. Es fiel schwer zu glauben, das dies der gleiche Spieler war, der in der gesamten vorausgegangenen Saison nur zweimal in den Korb getroffen hatte. Im ersten Spiel der neuen Saison brachte er es auf 15 Punkte. Im weiteren Verlauf der Saison hätte man Monty ohne weiteres zu den drei besten Spielern seines Teams gezählt. Sein großartiges Spiel und seine Begeisterung für diesen Sport bildeten zwei höchst schätzenswerte Inseln der Kompetenz, dem Publikum wie den Mitspielern zur Beobachtung und Bewunderung vor Augen geführt.

Eltern müssen sich klarmachen, dass es auf dieser Welt viele Montys gibt und dass viele Kinder einfach mehr Zeit brauchen, um ihre Entwicklung zu durchlaufen und abzuschließen. Erst unlängst sagte uns ein Zehnjähriger mit Lernschwierigkeiten und emotionalen Problemen, für ihn sei das Schwierigste am Heranwachsen, dass es »zu lange dauert«. Ob es nun kulturelle Faktoren oder eigene Erfahrungen waren, die hinter den Ansichten dieses Jungen standen – für ihn sahen die Dinge etwa so aus: Warum sich überhaupt noch bemühen, wenn es nicht gleich gut klappt?

Hier dürfte es sich zwar um eine extreme Einstellung handeln, aber die Interventionen, die wir in diesem Kapitel vorgestellt haben, gelten auch für diesen Fall. Wenn ein Kind Interesse an einer bestimmten Aktivität erkennen lässt, dann müssen wir, auch wenn seine Fertigkeiten hinter denen seiner Kameraden herhinken, die Ausbildung dieser Fertigkeiten in vernünftigem Umfang unterstützen und fördern. Wir können niemals mit Sicherheit sagen, welche Fertigkeiten sich eines Tages als die Kompetenzinseln unseres Kindes erweisen, sein Erfolgsgefühl stärken und – das Wichtigste – einer resilienten Welt- und Lebensorientierung zugutekommen werden. Viele berühmte Wissenschaftler, Erzieher und Sportler waren Spätentwickler. Erinnern wir uns: Thomas Edison wurde von einem seiner Lehrer als »Wirrkopf« bezeichnet, was seine Mutter veranlasste, ihn von der betreffenden Schule zu nehmen, und Michael Jordan, vielleicht der berühmteste Basketballspieler aller Zeiten, wurde aus seinem Highschool-Team ausgeschlossen.

Fünftes Prinzip: Akzeptieren Sie die einmaligen Stärken und Erfolge jedes Kindes

Dieses letzte Prinzip hängt eng mit den anderen vier Prinzipien zusammen und steckt auch im Hauptthema eines der vorangegangenen Kapitel, »Das Kind akzeptieren – so wie es ist« (und nicht als die Person, die es nach unseren Wünschen vielleicht sein sollte). Das war das brennende Thema im Fall von MARY, deren Noten nicht so gut waren wie ihre Eltern erwarteten, und im Fall von GEORGE, dessen Interesse an Pflanzen in den Augen seiner Eltern inakzeptabel war. Dieses Prinzip steht hier für sich, weil wir seine Bedeutung klar hervorheben wollen.

Kehren wir noch einmal zurück zu der Übung, bei der Sie die Kompetenzinseln Ihres Kindes aufzählen sollten. Halten Sie jetzt in einer weiteren Liste fest, was *nach Ihrem Wunsch* die Kompetenzinseln Ihres Kindes sein sollten, und vergleichen Sie diese neue mit der ersten Liste – der Liste der Stärken Ihres Kindes, so wie Sie sie gegenwärtig sehen. Wie nahe liegt das, was Sie als die Stärken Ihres Kindes wahrnehmen, bei dem, was *nach Ihrem Wunsch* die Stärken Ihres Kindes sein sollten?

In den meisten Fällen weisen die beiden Listen eine gewisse Diskrepanz auf. Zum Beispiel hoffen viele Eltern natürlich, dass die sozialen Beziehungen, die geistigen Fähigkeiten oder auch der Bereich der Künste oder des Sports sich einmal als die Kompetenzinseln ihrer Kinder erweisen werden. Denken Sie darüber nach, ob und wie die etwa bestehenden Diskrepanzen zwischen den beiden Listen sich in der Qualität und im Ton Ihrer Interaktionen mit Ihrem Kind niederschlagen. Stören diese Diskrepanzen Ihre Fähigkeit, die einmaligen Stärken und Erfolge Ihres Kindes wahrzunehmen und zu akzeptieren?

Kinder spüren, dass wir enttäuscht sind, wenn sie unseren Erwartungen nicht genügen, und sie sind ganz besonders hellhörig, wenn ihre Erfolge von uns nicht als wichtig oder relevant angesehen werden. Als GEORGEs Eltern es nicht akzeptieren konnten, dass ihr Sohn ein guter Pflanzenpfleger war, zeigten sich die Konsequenzen deutlich. Enttäuscht darüber, dass er seine Erfolge nicht in der Schule oder auf dem Sportplatz errang, ließen Mr. und Mrs. White alle anderen Unternehmungen und Aktionsfelder außer Acht, die, wenn praktiziert, zu Inseln der Kompetenz hätten werden können – darunter eben jene Aktivität, die ihrem Sohn Zufriedenheit und das Gefühl der eigenen Leistung eintrug.

Verglichen mit Georges Eltern reagierten Mr. und Mrs. Breem ganz anders. Die Breems hatten zwei Söhne. Wie Georges Eltern waren auch die Breems in ihrer Jugend großartige Sportler und Schüler gewesen. Sie rechneten damit, dass ihre Söhne ihnen darin ähneln und Erfolge auf den gleichen Gebieten erringen würden, auf denen auch sie erfolgreich gewesen waren. Der vierzehnjährige Sohn Philip ließ in der Tat die gleichen Kompetenzinseln erkennen wie seine Eltern. Die Wünsche der Breems für diesen Sohn deckten sich mit seinen Erfolgen und Leistungen. Dagegen nahm WADE, ihr zwölfjähriger Sohn, einen ganz anderen Weg. Seine Noten waren bestenfalls durchschnittlich, und er zeigte wenig Interesse am Sport, auch wenn er bereit war, in den Jugendmannschaften seines Wohnortes mitzuspielen. Anfangs waren Mr. und Mrs. Breem erstaunt, ja sogar enttäuscht zu sehen, dass Wade eine ganz andere Richtung einschlug als seine Eltern und sein Bruder.

Allerdings waren die Breems, anders als die Whites, die sich ein negatives Skript zurechtlegten, durchaus imstande, ihre Perspektive entsprechend zu verändern. Sie erkundigten sich nach Wades Interessen, die, wie sich herausstellte, auf dem Gebiet des Schauspielens und Singens lagen. Sie informierten sich über Schauspielkurse, die Wade vielleicht belegen konnte, um sich über den Beruf des Schauspielers kundig zu machen und an seinem eigenen Können zu arbeiten. Zugleich redeten sie ihm zu, Gesangsunterricht zu nehmen, was er mit großer Freude tat. Sie ritten nicht ständig auf seinen keineswegs beispielhaften Noten herum, auch wenn sie deutlich zu verstehen gaben, dass sie erwarteten, dass er seine Hausaufgaben erledigte und sich rechtzeitig auf den Schulweg machte. Sie gaben zu erkennen, dass sie Freude an seinem sängerischen Talent hatten, und nahmen mehrere von seinen Liedern auf, um sie beiden Großelternpaaren zu schicken. Sie besuchten auch die Aufführungen, in denen er mitspielte, und so wie sie Philip wissen ließen, dass sie stolz auf seine sportlichen und schulischen Leistungen waren, so teilten sie Wade mit, dass seine Erfolge sie mit Stolz erfüllten. Sie erkannten an, dass er viele Stunden lang probte und übte. Mit ihren lobenden Worten bestärkten sie ihn in der Überzeugung, dass das, was er erreicht hatte, seine eigene Leistung war.

Wade genoss seinen Erfolg und sah, was er selbst dafür getan hatte. Dieser Erfolg mag nicht auf einem Feld gelegen haben, das die Breems ursprünglich dafür ins Auge gefasst hatten, aber sie waren imstande, schon zu einem frühen Zeitpunkt zu erkennen, dass ihre Söhne verschieden waren und dass jeder mit elterlicher Hilfe zum Erfolg auf seinem eigenen Interessen- und Fachgebiet gelangen konnte.

Erfolg motiviert zu Wiederholung

Es ist so gut wie unmöglich, dass ein Kind eine resiliente Welt- und Lebensorientierung entwickeln wird, wenn es nicht das freudige und aufregende Gefühl des Erfolgs auf Gebieten erfährt, die von ihm selbst und seinen Bezugspersonen für wichtig gehalten werden. Leider treffen die meisten Kinder auf diesem Weg zur Erfolgserfahrung auf das eine oder andere Hindernis. In manchen Fällen hat das mit ihrem Temperament zu tun, das es ihnen erschwert, Freude über das zu empfinden, was sie zustande gebracht haben. Andere schrauben ihre Ansprüche, auch wenn sie auf Unterstützung zählen können, von vornherein zu hoch. Und dann gibt es Kinder, die Erfolg schon deshalb als etwas Flüchtiges und Vorübergehendes abtun, weil sie sich täglich mit Fehlschlägen konfrontiert sehen. Auch Eltern spielen unter Umständen eine hinderliche Rolle, indem sie entweder unfairerweise die Agenda ihrer eigenen Erfolgserfahrungen auf ihre Kinder projizieren oder die Messlatte ihrer Erwartungen zu hoch legen.

Erfolg ist nur dann aufregend und befriedigend, wenn er nicht an bedingte Liebesbekundungen und unrealistische Erwartungen geknüpft ist, wenn er mit den Interessen des Kindes zusammenhängt und wenn das Kind ihn als seine eigene und in eigener Verantwortung errungene Leistung ansieht. Wenn diese Voraussetzungen gegeben sind, kommt ein wunderbarer Prozess in Gang, der sich über die Lebensspanne des Individuums hinweg wieder und wieder abspielt: Eine Aufgabe wird in Angriff genommen, Ausdauer führt zu ihrer Bewältigung, eine Insel der Kompetenz wird zunehmend befestigt, und mit der Erfahrung des Erfolgs wächst das Selbstwertgefühl und das Resilienzvermögen. In diesem Szenario gedeiht eine resiliente Orientierung, denn jeder neue Erfolg sorgt für ihre weitere Kräftigung.

8

AUS FEHLERN LERNEN

Wie im vorangegangenen Kapitel deutlich wurde, nehmen nicht alle Kinder ihre erkennbaren Erfolge in der gleichen Weise wahr. Manche empfinden dabei kein Gefühl der Befriedigung und der freudigen Erregung und sind folglich in ihrem Resilienzvermögen gefährdet. Auch die Reaktion auf Fehler und Misserfolge fällt bei Kindern wie bei ihren Eltern sehr unterschiedlich aus. Dabei spielt gerade die Frage, wie ein Kind seine Fehler begreift und mit ihnen umgeht, eine ganz wesentliche Rolle für die Ausbildung einer resilienten Lebensorientierung.

Wenn wir es mit einem neuen Fall zu tun haben, fragen wir die Eltern in der Regel: »Wie reagiert Ihr Kind, wenn ihm ein Fehler passiert ist oder wenn etwas nicht klappt, und wie geht es dann weiter mit der Situation um?« Überlegen Sie, was Sie auf diese Frage antworten würden. Wir sind zu der Erkenntnis gekommen, dass es kaum einen besseren Weg gibt, sich ein Bild vom Selbstwertgefühl, vom Vertrauensfundus und vom Resilienzvermögen eines Kindes zu machen, als danach zu fragen, wie das Kind die Fehler und Rückschläge wahrnimmt und auffängt, die den Prozess des Heranwachsens unweigerlich begleiten.

Betrachten wir vor diesem Hintergrund zwei neunjährige Jungen, BRYANT und JAMES, und halten wir ihre Reaktionen auf ein Baseballspiel und auf eine Klassenarbeit fest. Beide waren während des Spiels zweimal am Schlag, und beide wurden ausgemacht. Nach dem Spiel kam Bryant auf den Trainer zu: »Ich bin immer aus. Halte ich den Schläger falsch? Was kann ich machen, damit ich den Ball treffe?« Ganz anders James: Nachdem er das zweite Mal aus war, schleuderte er seinen Schläger weg, rief dem Schiedsrichter zu: »Du bist blind, wirklich blind. Hat dir schon mal jemand gesagt, dass du eine Brille brauchst?«, und rannte weinend vom Platz, sehr zum Ärger seiner Eltern.

Ein Diktat in der Schule fiel für beide Jungen schlecht aus. Bryant ging, nachdem er sein Ergebnis erfahren hatte, zur Lehrerin nach vorn und sagte: »Ich glaube, ich brauche Nachhilfe im Rechtschreiben. Können wir nachher darüber reden, was ich tun kann, um mich zu verbessern?« James wählte einen anderen Weg. Zuhause angekommen, brüllte er: »Die Lehrerin ist ein Stinktier. Sie hat uns überhaupt nicht gesagt, dass diese Wörter im Diktat vorkommen würden. Ihr solltet dafür sorgen, dass sie gefeuert wird. Die verdient es wirklich, dass man sie feuert!«

Fehler und Rückschläge verstehen

Bryant und James waren beide nicht erfolgreich beim Baseballspiel und erzielten bei einem Rechtschreibtest das gleiche schlechte Ergebnis, beide nahmen diese Situationen aber auf ihre je eigene Weise wahr. Warum? So wie die Attributionstheorie uns hilft zu verstehen, dass und warum Kinder ihre Erfolge so unterschiedlich erleben, so bietet sie auch eine Erklärung dafür, dass Kinder ihre Fehler und Misserfolge ganz unterschiedlich wahrnehmen können. Eltern, die mit dieser Theorie vertraut sind, können ihren Kindern helfen, sich erfolgreich mit Rückschlägen und Fehlern auseinanderzusetzen.

Kinder wie Bryant besitzen ein ausgeprägtes Selbstwertgefühl. Fehler sind für sie Erfahrungen, aus denen man lernen kann. Sie führen Fehler – zumal wenn die jeweilige Aufgabe bzw. das Ziel durchaus zu schaffen gewesen wäre – auf Faktoren zurück, die sich ändern lassen: So können sie sich zum Beispiel das nächste Mal etwas mehr anstrengen oder eine Strategie einsetzen, die für die anstehende Aufgabe eher geeignet ist. Sie sehen ihre Eltern und andere Erwachsene – Lehrer, Trainer – als Menschen, die sich ansprechen lassen und bereit sind, ihnen zu helfen, und sie zögern nicht, sich um Hilfe zu bemühen, wenn dies nötig ist. Solche Kinder besitzen eines der wichtigsten Kennzeichen einer resilienten Welt- und Lebensorientierung: die Überzeugung, dass widrige Umstände eine positive Entwicklung einleiten können und dass man schwierige Situationen als Herausforderungen betrachten kann und nicht als – am besten zu umgehende – Belastungen. (In diesem Zusammenhang ist interessant, dass im Chinesischen die Begriffe »Krise« und »Chance« mit demselben Wort bezeichnet werden.)

Bryant war beim Baseballspiel zwar ausgeschieden, aber er war überzeugt, seine Technik mit Hilfe seines Trainers verbessern zu können und es irgendwann noch zum geübten Schlagmann bringen zu können. Die gleiche Überzeugung stand auch im Vordergrund, als er sein schlechtes Ergebnis im Rechtschreibtest erfuhr: Er sagte sich, dass er in Zukunft besser abschneiden könnte, wenn er nur mehr dafür täte. Resiliente Kinder zeigen im Übrigen auch bei schwierigen Aufgaben Ausdauer, sie sind aber angesichts von Anforderungen, die ihre aktuellen Möglichkeiten übersteigen, mutig und einsichtig genug, sich das einzugestehen. In einer solchen Situation verlieren sie nicht etwa den Mut, sondern bleiben optimistisch und richten ihre Energien auf andere Aufgaben, die innerhalb ihrer Möglichkeiten liegen. Sie sind sich auch im Klaren darüber, dass das, was ihnen heute vielleicht als unmöglich zu bewältigende Aufgabe erscheint, morgen schon anders aussehen kann. Mit einem Wort, ihr Leben ist von Hoffnung, Optimismus und einer realistischen Einstellung bestimmt.

Eine ganz andere Einstellung zeigen Kinder wie James. Sie nehmen Fehler und Misserfolge als das Resultat von Gegebenheiten wahr, die sich nicht leicht ändern oder modifizieren lassen, zum Beispiel Unfähigkeit oder geringe Intelligenz. Ihre Einstellung ist nicht von Optimismus geprägt, sondern von dem, was Martin Seligman als »erlernte Hilflosigkeit« bezeichnet hat, von dem Gefühl, das etwa lautet: »Egal was ich tue, es kommt sowieso nichts Gutes dabei heraus.« In ihrer Hilflosigkeit und Hoffnungslosigkeit wollen sie mit ihrem Handeln vor allem alles vermeiden, was zu erneuter Demütigung führen könnte. Solche Kinder »helfen« sich oft damit, dass sie anderen die Schuld geben, Entschuldigungen vorbringen oder die Rolle des Klassenclowns bzw. des Klassentyrannen übernehmen. Vielfach wird ihnen nachgesagt, dass sie sich nicht bemühen. Zutreffender wäre allerdings die Formulierung, dass sie es gar nicht erst versuchen, weil sie fürchten, dass ihre Bemühungen ohnehin kein positives Ergebnis nach sich ziehen werden. Dabei führen die Strategien, die sie anwenden, um Misserfolge zu vermeiden, nur dazu, dass sich ihre missliche Situation noch verschlimmert – sie entfernen sie nämlich nur noch weiter von möglichen Erfolgen. Das traf für Brett zu, der sagte: »Lieber benehme ich mich schlecht, als dass überhaupt nichts von mir kommt.«

JOEL, den wir im dritten Kapitel kennenlernten und der es bei keiner seiner Unternehmungen – Stichwort: Klavierunterricht – lange aushielt, war ebenfalls ein Opfer dieses negativen Kreislaufs. Zum Glück gelang es seinen Eltern, eine lösungsorientierte Haltung einzunehmen, ihn auf diese Weise »ins Boot zu holen« und schließlich dazu zu bringen, dass er auch solche Aufgaben weiterverfolgte, die sich anfangs als schwierig erwiesen.

Wie verheerend sich eine negative Einstellung zu den eigenen Fehlern und der häufig verzweifelte und dabei kontraproduktive Versuch auswirken, ein Übermaß an Spannung abzubauen, das konnten wir sehr deutlich am Fall des zehnjährigen RON ablesen. Rons Eltern, Mr. und Mrs. Rollins, baten uns wegen der Zornausbrüche ihres Sohnes in der Schule und wegen seines widersetzlichen und störrischen Benehmens ihnen gegenüber um Beratung. Ron schlug, kaum dass er morgens das Schulgebäude betreten hatte, auf das erste Kind ein, das ihm über den Weg lief – wahllos und ohne irgendein ersichtliches Muster. Natürlich schickte man ihn umgehend zum Direktor, der ihn daraufhin schon mehrfach vom Unterricht ausgeschlossen hatte. Im Gespräch mit uns sagte der Direktor, er wisse nicht, was die Schule in diesem Fall noch weiter unternehmen könnte. Er dachte daran, Ron ganz von der Schule zu verweisen und ihn nach Möglichkeit anderswo, in einer Klasse verhaltensgestörter Kinder, unterzubringen.

Bei unserem Gespräch mit den Eltern stellte sich heraus, dass Ron Lernschwierigkeiten hatte und an einem Aufmerksamkeitsdefizit litt. Schule war für ihn von jeher eine große Herausforderung und jetzt, in der fünften Klasse und bei höheren Anforderungen im Schreiben und Lesen, erst recht. Die Schule war ganz einfach kein Ort, aus dem Ron »Stärke beziehen« konnte. Schon das Betreten des Gebäudes bedeutete eine Anstrengung für ihn, entsprechend schnell wollte er die Schule wieder verlassen. Die Eltern berichteten, dass Ron in seinen ersten fünf Lebensjahren wegen aller möglichen gesundheitlichen Schwierigkeiten in ärztlicher Behandlung gewesen war, u. a. im Alter von vier Monaten wegen einer spastischen Pylorusstenose; später wurden ihm kleine Röhrchen zur Paukendrainage ins Trommelfell gelegt, und schließlich war eine Bruchoperation nötig. Ron sei bei seinen Ärzten in besten Händen, sagten die Eltern, aber er sei doch oft sehr in Sorge um seinen Körper, der seiner Ansicht nach von Geburt an defekt war.

Die ersten fünf Minuten unserer ersten Sitzung mit Ron gehörten zu den stärksten Momenten, die wir je mit einem Kind erlebt hatten. Ron sah wütend und zugleich traurig aus, als er unser Sprechzimmer betrat. Wir seien da, um ihm zu helfen, ließen wir ihn wissen.

Ärgerlich antwortete er: »Warum wollen Sie versuchen, mir zu helfen?«

»Warum sollten wir das nicht wollen?«

Der Ton, in dem Ron antwortete, war zugleich ernst und emotional: »Ich bin geboren, um aufzugeben, und Gott hat mich so gemacht.«

Wenn wir Rons Antwort im Sinne der Attributionstheorie interpretieren, dann können wir ermessen, wie tief verwurzelt sein Fehlerverständnis war und wie schwierig, seine Sicht der Dinge zu verändern.

Ron schrieb seine Fehler und sein Aufgeben Gott zu. Ein negatives Selbstbild und das Gefühl der Hoffnungslosigkeit treffen wir bei vielen Kindern und Jugendlichen an. Dieses negative Selbstbild zu modifizieren und gegen die Hoffnungslosigkeit anzugehen, das gehört zu den schwierigsten Aufgaben, die wir bewältigen müssen, wenn wir unserem Gegenüber helfen wollen, eine resiliente Welt- und Lebensorientierung auszubilden. In Fällen, in denen das gefühlte Versagen auf Gott geschoben wird, gestaltet sich diese Aufgabe erst recht schwierig.

Für die Ausbildung einer resilienten Welt- und Lebensorientierung ist ein einsichtsvoller Blick auf die eigenen Fehler und Misserfolge und der entsprechende Umgang mit ihnen unerlässlich. Eltern müssen also wissen, welche Faktoren es sind, die eine eher optimistische Wahrnehmung wie im Fall von Bryant fördern, verglichen mit den pessimistischen Vorstellungen, wie wir sie bei James und bei Ron antrafen. Aus dieser Kenntnis heraus können sie Dinge sagen und tun, die wiederum die Überzeugung ihrer Kinder stärken, dass Fehler nicht nur akzeptiert, sondern sogar erwartet werden.

Willie Stargell, berühmter Baseballspieler und Mitglied der Pittsburgh Pirates, wurde nach seinem Rückzug aus dem aktiven Sportlerleben gefragt, was sein Sport ihn gelehrt habe. In seiner Antwort sind die wesentlichen Eckpfeiler einer resilienten Welt- und Lebensorientierung angesprochen:

> *Das Baseballspiel hat mir gezeigt, was ich brauche, um in der Welt zu überleben. Es hat mir die Geduld vermittelt, zu lernen und zu gewinnen. Man wusste von meinen* home-runs *ebenso wie von meinen* strike-outs. *Der* strike-out *ist der ultimative Fehlschlag. Ich war 1936 Mal aus. Aber ich bin stolz auf meine* strike-outs, *denn um zu gewinnen, muss man meiner Ansicht nach zunächst verlieren; je mehr du verlierst, desto mehr lernst du über das Gewinnen. Wer nie versucht und verloren hat, wird nie gewinnen. Jedes Mal, wenn ich ausschied und das Schlagmal verließ, hatte ich etwas gelernt – ob das meinen Schlag betraf oder den Umstand, dass ich den Ball oder den Pitcher nicht gesehen oder die Wetterbedingungen nicht beachtet hatte – ich hatte etwas gelernt. Mein Erfolg ist das Produkt des Wissens, das ich aus meinen Fehlern erworben habe.* (Stargell 1983, 11)

Hindernisse, die den produktiven Blick auf eigene Fehler verstellen

Im siebten Kapitel haben wir uns mit den Hindernissen befasst, die manche Kinder davon abhalten, sich zu ihren Erfolgen zu bekennen und Befriedigung daraus zu ziehen. Aufgrund ähnlicher Hindernisse glauben manche Kinder, dass Fehler ihre Fähigkeiten und Begabungen grundsätzlich in Frage stellen. Wie Willie Stargell bezeugt, können Fehler und Rückschläge uns Dinge mitteilen, die für unsere späteren Erfolge wichtig sind. Vielfach gelingt es allerdings auch wohlmeinenden Eltern nicht, diese Botschaft an ihre Kinder weiterzugeben. Wenn Sie im Folgenden von den Blockaden lesen, die in solchen Fällen am Werk sind, werden Sie vielleicht die eine oder andere davon in ihrer eigenen Familie identifizieren und erkennen, dass da etwas verändert werden muss. In der zweiten Hälfte des Kapitels folgt dann eine Reihe von Grundsätzen, die Ihnen bei dieser Aufgabe helfen können.

Erstes Hindernis: Temperamentsmerkmale und biologische Faktoren

Kinder kommen mit ihrer einmaligen Ausstattung auf die Welt. Diese Ausstattung beeinflusst die Reaktion der Eltern auf ihr Kind ebenso wie die Art, in der das Kind die Welt wahrnimmt. Entsprechend gilt, was wir ähnlich schon im vorigen Kapitel über die Erfolgserfahrungen festgestellt haben: Manche Kinder sind prädisponiert, stärker und negativer als andere auf die eigenen Fehler und Misserfolge zu reagieren. Sie sind schneller als andere frustriert und wenden aus diesem Gefühl heraus selbstschädigende Bewältigungsstrategien an.

Mr. und Mrs. Fargo suchten unsere Hilfe wegen ihres neunjährigen Sohnes ANTHONY. Sie waren ebenso wie Anthonys Lehrerin beunruhigt über seine niedrige Frustrationsschwelle, über seine Ungeduld, wenn eine Aktivität sich als schwierig erwies, über die Tatsache, dass er anderen die Fehler in die Schuhe schob, die er selbst gemacht hatte, und über seinen Perfektionismus. Diese letztgenannte Eigenschaft machte ihm das, was ihm ohnehin schon schwerfiel, noch etwas schwerer: Fehler zu akzeptieren und aus ihnen zu lernen.

Unlängst hatte Anthony sich einen Modellbausatz für ein Flugzeug gewünscht, den seine Eltern ihm kauften. Er war nicht davon abzubringen, dass er das Modell allein zusammenbauen konnte, aber am Ende hatte er einige Teile beschädigt, und andere hielten nicht zusammen. Als Mr. Fargo ihm erklärte, dass er den Leim trocknen lassen musste, damit die Teile zusammenhalten konnten, blaffte Anthony zurück: »Der Leim taugt nichts. Das ist ja kein Blitzkleber. Dieser Leim ist richtig doof.«

Am nächsten Tag fanden die Fargos die Flugzeugteile in Anthonys Papierkorb. Er sei so wütend auf seinen Sohn gewesen, berichtete uns Mr. Fargo, dass er etwas sagte, was ihm anschließend leid tat:

»Du läufst doch immer vor den Dingen weg! Wenn etwas nicht klappt, dann bist du natürlich nicht verantwortlich. Du schiebst es auf etwas anderes, anstatt aus Fehlern zu lernen. Wann willst du eigentlich erwachsen werden?«

Daraufhin brüllte Anthony: »Du bist doch schuld! Warum hast du mir nicht den richtigen Kleber gekauft? Wenn du das gemacht hättest, dann wäre der Flieger in Ordnung.«

Die Fargos berichteten noch von einem anderen Fall, bei dem Anthony mit seinem Perfektionismus und seinen Fehlern ins Gehege geraten war. Diese Episode hatte sich in der Schule ereignet. In einem Mathematiktest hatte Anthony 85 von 100 Punkten erreicht, zweifellos ein respektables Ergebnis. Allerdings hatte er erwartet, 95 bis 100 Punkte zu erreichen. Er geriet in Wut und sagte der Lehrerin, sie sei schuld an seinen drei falschen Antworten, weil sie die Fragen nicht so formuliert hatte, dass man sie ohne weiteres verstehen konnte. Dann stritt er mit ihr um den Wortlaut jeder einzelnen dieser drei Fragen.

Die Lehrerin sprach mit Anthonys Eltern und sagte unter anderem: »Ich hatte das Gefühl, einem Staatsanwalt gegenüberzustehen, der nichts von dem hören wollte, was ich zu sagen hatte.«

Die Fargos konnten nicht verstehen, warum Anthony so war, zumal sie ihn und seine jüngere Schwester nie gedrängt hatten, immer nur beste Noten nach Hause zu bringen oder in allem, was sie taten, perfekt zu sein. An Anthonys Vorgeschichte war abzulesen, dass sein Perfektionismus und sein problematischer Umgang mit den eigenen Fehlern und Unzulänglichkeiten in seinem Temperament begründet waren. Mrs. Fargo erinnerte sich, dass Anthony als kleines Kind immer sehr ärgerlich geworden war, wenn er einen Turm aus Bauklötzern bauen wollte und die Klötze nicht perfekt aufeinander saßen oder das ganze Bauwerk zusammenbrach.

»Einmal, als alles zusammenstürzte, hat er einen Klotz genommen und nach mir geworfen. Da war er zwanzig Monate alt, und es war erschreckend zu sehen, wie wütend er werden konnte. Ich dachte bei mir, warum regt er sich denn so auf?«

Bei Mr. Fargo rief diese Geschichte noch eine andere Erinnerung wach: Als Anthony lernte, auf dem Dreirad zu fahren, hatte er wie viele andere Kinder zunächst Schwierigkeiten, seine Beinbewegungen zu koordinieren. Daraufhin stieg er ab, trat wiederholt gegen die Räder und schrie immer wieder: »Böses Rad!«

Mr. Fargo fuhr fort: »Anthony ist ein Kind, das seine Fehler nicht zeigen möchte. Selbst als er dann ein Zweirad bekam, übte er zunächst allein und zeigte sich erst dann auf der Straße, wo die anderen Kinder ihn sehen konnten, als er richtig fahren konnte und mit dem Rad nicht mehr umfiel. Anscheinend möchte er nicht, dass irgendjemand es sieht, wenn er etwas falsch macht.«

Wir ergänzten diesen Rückblick der Fargos auf Anthonys bisherige Entwicklung mit einigen Bemerkungen über den Einfluss, den das Temperament auf die Frustrationsschwelle eines Kindes und auf die Art und Weise ausüben kann, wie das Kind auf Fehler und Misserfolge reagiert. Auch Anthonys Hang zum Perfektionismus, so sagten wir, sei möglicherweise weitgehend angeboren. Die Fargos nahmen diese Mitteilung halb ungläubig und halb erleichtert auf.

Mit einem Lächeln fragte Mrs. Fargo: »Wollen Sie wirklich sagen, dass manche Kinder schon von Geburt an kleine Perfektionisten sind und sich deshalb schwerer mit ihren Fehlern tun, und dass es nichts mit schlechter Erziehung zu tun hat?«

»Ja«, antworteten wir, »aber wir sagen nicht, dass die Eltern nicht wichtig sind oder dass sie ihren Kindern nicht ganz wesentlich dabei helfen können, etwas gelassener mit Fehlern umzugehen. Was wir meinen, ist vielmehr, dass Kinder aufgrund ihrer unterschiedlichen Temperamentsmerkmale eine Prädisposition für von Fall zu Fall wieder andere Verhaltensweisen haben.«

Mr. Fargo hakte nach: »Aber wenn diese Reaktionsweisen auch nur in einem gewissen Umfang angeboren sind, was können wir dann tun, damit Anthony nicht diesen Druck auf sich fühlt, was seine Fehler angeht?«

Zusammen mit den Fargos ließen wir eine Reihe möglicher Strategien Revue passieren, sagten aber gleich dazu, dass der Erfolg in jedem Fall etwas auf sich warten lassen würde, eben weil Anthonys negatives Skript, was seine Fehler anging, tief saß und mit seinem angeborenen Temperament zu tun hatte. So wie wir den Sterns geraten hatten, Samantha zu helfen, sich der eigenen Erfolge wirklich zu vergewissern, so rieten wir den Fargos, zunächst Empathie zu üben und die Dinge, so wie Anthony sie erlebte, zu validieren, anstatt ärgerlich zu werden und ihm Vorwürfe zu machen. Dabei betonten wir, dass die Validierung dessen, was ein Kind äußert, nicht bedeutet, dass man diese spezielle Sicht teilt; gemeint ist damit vielmehr, dass man die Perspektive des Kindes nachvollzieht und zu verstehen sucht.

Um diesen Inhalt an einem Beispiel zu veranschaulichen, kamen wir noch einmal auf die Episode mit dem Flugzeugmodell zurück und sagten, sie hätten auf Anthonys Versicherung hin, er könne das Modell allein bauen, zum Beispiel sagen können: »Wir finden es gut, dass du es allein versuchen willst. So ganz einfach sieht es allerdings nicht aus. Viele Kinder würden vielleicht Hilfe beim Zusammenbauen brauchen – wenn du also auch Hilfe brauchst, dann sag es.«

Es geht also darum, schon im Vorhinein festzustellen, dass das Vorhaben schwierig werden könnte. Für den Fall, dass das Kind dann tatsächlich auf Schwierigkeiten trifft, hat man seine Abwehrhaltung damit vielleicht schon ins Wanken gebracht. Wenn die Eltern im Übrigen versichern, dass sie gerne helfen werden, machen sie es dem Kind leichter, sie tatsächlich um Hilfe zu bitten.

Wir fuhren fort: »Dass Anthony den Leim dafür verantwortlich machte, dass die Teile nicht zusammenhielten, war wahrscheinlich ein Versuch, das Gesicht zu wahren, allerdings ein ziemlich jämmerlicher Versuch. Anstatt ihn anzuschreien, hätten Sie allerdings das Skript ändern, das heißt einräumen können, dass der Leim vielleicht wirklich nichts taugte oder dass die Anweisung, in welcher Stärke er aufzutragen ist, nicht stimmte. Anschließend hätten Sie sagen können: ›Jetzt sehen wir mal, was passiert, wenn wir die Teile sauberwischen und noch mal von vorn anfangen. Vielleicht hast du eine Idee, wie es besser funktionieren könnte.‹«

Diese Argumentationslinie leuchtete den Fargos ein. Mr. Fargo sagte (und meinte es ernst damit): »Ich glaube, das ist viel besser als dem eigenen Sohn zu sagen, dass er immer vor den Dingen wegläuft.«

Wir stimmten ihm zu, wiederholten aber unsere Warnung, dass Anthony bei seiner Intensität und seinem Perfektionismus eine gewisse Zeit brauchen würde, um den Kurs zu ändern. Die Fargos ließen sich auf das neue Skript ein und stellten fest, dass Anthony daraufhin eher bereit war, ihnen zuzuhören und ihre Hilfe anzunehmen. Zu ihrer Freude rückte er auch erkennbar von seinem Perfektionismus und seiner Abwehrhaltung ab. Um uns diese neue Einstellung zu veranschaulichen, berichteten sie von einer Situation, die noch nicht lange zurücklag: Anthony hatte bei einem Test nicht so gut abgeschnitten wie er erwartet hatte. Anstatt der Lehrerin die Schuld zu geben, war er diesmal auf sie zugegangen und hatte ihr gesagt, er habe wohl das zugrunde liegende Konzept nicht ganz verstanden. Daraufhin erklärte ihm die Lehrerin bereitwillig, wo er sich vertan hatte.

»Als Anthony uns das erzählte«, sagt Mr. Fargo, »konnte ich kaum glauben, dass das der gleiche junge Mann ist, der noch vor einigen Monaten für nichts verantwortlich sein und die Schuld immer dem ersten besten Anderen zuschieben wollte. Was für eine erfreuliche Entwicklung!«

Kommen wir noch einmal auf RON zurück. Auch bei ihm lässt sich beobachten, wie das Temperament und die biologische Ausstattung eines Kindes seinen Umgang mit Fehlern beeinflusst. In Rons Fall war das insbesondere das Gefühl, er sei geboren, um aufzugeben. Wie oben schon erwähnt, hatte man Ron, als er gerade vier Wochen alt war, wegen einer spastischen Pylorusstenose ins Krankenhaus bringen und sofort operieren müssen. Später wurden eine Bruchoperation und wiederholte Paukendrainagen notwendig.

Jedes Kind interpretiert auf seine eigene Weise das, was ihm widerfährt, und zieht dementsprechende Schlüsse daraus. Diese Interpretationen und Schlüsse können sich ganz erheblich von den Wahrnehmungen der Erwachsenen in ihrem Umfeld unterscheiden. In unserer therapeutischen Arbeit mit Ron hörten wir Geschichten von ihm, die außerordentlich vielsagend waren. Sie handelten von Menschen mit körperlichen Deformationen; zum Beispiel von einem Mann, der erschossen worden war und daher ein Loch im Magen hatte, oder von einer Person, die sich durch ein Feuer hindurcharbeiten musste und schwere Verbrennungen davontrug. Diese Geschichten erlaubten uns einen Blick in Rons Welt und offenbarten uns, dass er sich von Geburt an »deformiert« gefühlt hatte. Er schrieb diesen Zustand, eben weil er von Geburt an bestand, Gott zu und konnte sich folglich sagen, dass er die Situation ja nicht verändern konnte, eben weil er seinem Wesen nach »einer war, der aufgab«.

Wir fragten Ron, warum Gott denn gewollt haben sollte, dass er so, nämlich als »Aufgeber« geboren wurde, woraufhin er sagte, er wisse es nicht, aber das sei eben sein Eindruck. Wir empfahlen den Eltern, Ron etwa Folgendes zu sagen: »Wir können verstehen, warum du so denkst, zumal nach all den Eingriffen, die du über dich ergehen lassen musstest. Aber dein Schluss, dass du geboren bist, um aufzugeben, trifft vielleicht doch nicht zu.« Eine solche Mitteilung, so sagten wir, zeugte von einfühlsamem Verständnis für Rons Sicht der Dinge, führte aber zugleich die Möglichkeit einer anderslautenden Erklärung ein.

Mr. und Mrs. Rollins redeten Ron auch zu, sich zu überlegen, vor welchen Aktivitäten er nicht »davonlief«. Zu Rons Kompetenzinseln zählten das Basteln mit Holz und das Reparieren von Dingen. Er war der Typ, der kein Handbuch braucht, um Spielsachen oder andere Gegenstände zusammenzubauen. Seine Eltern erinnerten ihn daran, dass er in stundenlanger Arbeit ein Vogelhaus gebaut hatte, das jetzt an einem Baum in ihrem Hof »ausgestellt« war.

In einer unserer Sitzungen sagte Mr. Rollins: »Ich habe Ron gesagt, dass er vor manchen Dingen ja nicht nur deshalb davongelaufen ist, weil sie ihm schwierig erschienen. Es waren immer auch Dinge, bei denen er das Gefühl hatte, sich nicht verbessern zu können – vor allem die Schule. Ich habe aber auch gesagt, dass er, wenn er etwas gern macht, stundenlang daran arbeitet – auch wenn es schwierig ist.«

Und nach einer Pause: »Das war wie eine Offenbarung für Ron. Anfangs wollte er nicht groß darüber reden, wie es ist, wenn er mit Holz arbeitet, aber dann sagte er, dass er, wenn er auf diesem Feld mal auf eine Schwierigkeit trifft, doch jedenfalls das Gefühl hat, damit fertigwerden zu können, und dass er deshalb dranbleibt. Was die Schule angeht, hat er dieses Gefühl aber nicht. Ich habe ihm geantwortet, dass mir schon klar ist, dass es mit der Schule sehr viel schwieriger ist als mit dem Holzwerken, dass er mit der Schule aber vielleicht nicht zuletzt deshalb so große Schwierigkeiten hat, weil er immer gleich meint, dass er es sowieso nicht schaffen wird, und aus diesem Gefühl heraus aufgibt. Ich hatte den Eindruck, dass er mir sehr genau zuhörte, und deshalb habe ich dann noch etwas gesagt, was ich hier in unseren Sitzungen gelernt habe: Dass wir vielleicht überlegen sollten, was er sonst noch – außer aufzugeben – tun könnte, wenn er in der Schule mal wieder Schwierigkeiten hat.«

Wir beglückwünschten Mr. Rollins zu seinem geschickten und einfühlsamen Versuch, seinem Sohn eine alternative Sicht der Dinge nahezulegen. Mr. und

Mrs. Rollins unternahmen aber auch noch etwas anderes, das sich als sehr hilfreich herausstellte. Sie wussten ja, dass Ron in den vielen medizinischen Eingriffen, denen er ausgesetzt gewesen war, ein Zeichen dafür sah, dass er »deformiert« war und dass mit seinem Körper etwas nicht stimmte. Also sprachen sie mit Rons Kinderarzt, dem es gelang, sich die alten Röntgenaufnahmen zu beschaffen. Anhand dieser Bilder ging er mit Ron noch einmal die vielen Operationen durch, die das damals noch sehr kleine Kind hatte erdulden müssen. Er versicherte Ron, dass mit seinem Körper jetzt alles in bester Ordnung war, und meinte, Ron könne stolz auf alles sein, was er jetzt ohne Rücksicht auf seine frühen gesundheitlichen Probleme tun konnte. Diese letztgenannte Äußerung war besonders geeignet, eine resiliente Einstellung zu fördern.

Ron hatte weiterhin Schwierigkeiten in der Schule, aber mit der Unterstützung und der Mithilfe seiner Eltern und des Kinderarztes nahmen sein Vertrauen und sein Selbstwertgefühl zu, und er konnte sich allmählich sagen, dass Fehler Erfahrungen sind, aus denen man lernen kann. In einer aufschlussreichen Geschichte, die er im Rahmen seiner Therapie schrieb, ging es um ein Tier, das »zum Weglaufen geboren« zu sein glaubte (eindeutig eine Selbstrepräsentation) und seinen Irrtum am Ende erkannte. Ron hatte es zunächst »Quitter« getauft, eine Anspielung darauf, dass es immer meinte weglaufen zu müssen; am Ende gab er ihm den Namen »Try«, in dem die Aufforderung anklang, es mit den Dingen zu versuchen.

Zweites Hindernis: Negative Kommentare der Eltern

Eltern werden von uns routinemäßig gebeten, sich zu überlegen, was ihre Kinder wohl antworten würden, wenn man sie fragte: »Was sagen oder tun deine Eltern, wenn du etwas falsch machst oder wenn dir etwas nicht gelingt?« Manche Eltern sagen dann halb im Scherz: »Oh bitte, fragen Sie das nicht. Ich möchte nicht, dass Sie die Antwort hören.« Wenn ein Kind verstehen soll, dass Fehler zum Lernen gehören, dann muss die Reaktion der Eltern auf seine Fehler oder Misserfolge belehrend ausfallen, nicht demütigend, sie muss lösungsorientiert sein, nicht anschuldigend.

Auch wohlmeinende Eltern reagieren kontraproduktiv auf Fehler, die ihrem Kind passieren. Das kann mit Belastungen aus ihrer eigenen Vergangenheit zu tun haben, die in ihre von Frustration und Ärger geprägten negativen Skripts eingegangen sind. Fälle, für die diese Konstellation zutrifft, haben wir in diesem Buch schon kennengelernt:

JIMMY war der Neunjährige, der zwei Touchdown-Pässe fing, im gleichen

Spiel aber auch einen Pass fallen ließ. Als er vom Spielfeld kam, lobte ihn sein Vater nicht etwa wegen der beiden Touchdowns, sondern er fragte, wieso Jimmy den einen Pass hatte fallen lassen. Wenn Eltern den Blick als Erstes auf die Fehler ihrer Kinder statt auf die Erfolge richten, dann hören die Kinder in vielen Fällen heraus, dass Fehler nicht vorkommen dürfen. Jimmys Vater hatte eine so negative Wirkung seiner Worte vielleicht gar nicht beabsichtigt, in den Ohren eines Kindes können sie aber genau so – nämlich negativ – klingen, und dann wird dieses Kind vielleicht zu dem Schluss kommen, dass Fehler oder Misserfolge etwas sind, dessen man sich schämen muss.

MICHAEL steigerte sich bei dem Versuch, ein Radio zusammenzubauen, in einen solchen Ärger hinein, dass er sein Vorhaben aufgab, woraufhin sein Vater laut wurde: »Ich hab dir doch gesagt, das wird nichts. Du hast einfach nicht die Geduld, die Bauanleitung genau durchzulesen.«

Der Vater, seinerseits frustriert, ließ sich zu einer Botschaft an seinen Sohn hinreißen, die lediglich seine Entschlossenheit und Resilienz schwächte. Anstatt Michael zu helfen, das Beste aus seinem Misserfolg zu machen, bestärkte er das Kind mit dieser Botschaft (insbesondere mit dem prophetischen »Ich hab dir doch gesagt, das wird nichts«) nur noch in dem Wunsch, sein Vorhaben aufzugeben.

Und das dritte Beispiel: BILLY hatte Milch verschüttet, woraufhin sein Vater tadelnd sagte: »Geht es denn nicht mal ein bisschen weniger ungeschickt? Du denkst ja anscheinend überhaupt nicht nach.« Das war nicht das, was Billy gebraucht hätte, um eine resiliente Einstellung auszubilden. Aus der Perspektive der Attributionstheorie schwang in den Worten seines Vaters die Botschaft mit, dass Billy ein ungeschicktes Kind war. Ungeschicklichkeit lässt sich nicht so einfach modifizieren; Billy musste also annehmen, dass seine Fehler das Resultat eines unabänderlichen Zustandes waren.

Drittes Hindernis: Die Eltern hängen die Messlatte zu hoch

Wenn Eltern unrealistisch hohe Erwartungen hegen, prägt das die Art, wie ihre Kinder die eigenen Erfolge und Misserfolge erleben. Und wenn sie das Temperament und die Fähigkeiten ihrer Kinder nicht in Betracht ziehen, erwarten sie unter Umständen zu viel von ihren Kinder. Entsprechen die Kinder diesen Erwartungen nicht, dann kann es sein, dass von den Eltern eine sehr negative, nur die Fehler betonende Botschaft kommt – wie wir dies an den Fällen von Jimmy, Michael und Billy gesehen haben.

Im sechsten Kapitel ging es um eine der wichtigsten elterlichen Aufgaben überhaupt, um das Gebot, die Kinder um ihrer selbst willen zu akzeptieren und nicht mit Blick auf das Wunschbild, das wir uns vielleicht von ihnen gemacht haben. Wenn Eltern übertriebene Erwartungen hegen, wie MARYs Eltern, denen die Noten ihrer Tochter nicht gut genug sein konnten, dann ist der Boden für anhaltende Misserfolge der Kinder bereitet. Kinder, die von früh an die mehr oder weniger subtil vorgebrachte Botschaft hören, dass ihre körperlichen Fähigkeiten, ihr soziales Geschick oder ihr Lerntempo nicht so großartig sind, wie die Eltern es erwarten, werden angesichts anderweitiger Anforderungen eher ängstlich reagieren. Sie geraten leicht aus der Fassung, wenn sie den von den Eltern gesetzten Standards nicht entsprechen. Diese Situation ist der Erkenntnis, dass man aus Fehlern lernen kann, nicht dienlich; eher werden Kinder unter solchen Umständen allmählich zu der Überzeugung kommen, dass ihre Fehler ein Zeichen ihres Unvermögens sind und unbedingt vermieden werden müssen. Eine resiliente Welt- und Lebensorientierung wird sich unter solchen Voraussetzungen kaum entwickeln können.

Mr. und Mrs. Charney wandten sich um Hilfe an uns, weil sie Schwierigkeiten mit ihrer achtjährigen Tochter SARAH hatten. Sarah hatte einen dreizehnjährigen Bruder und eine zehnjährige Schwester. Dass die Charneys wütend auf Sarah waren, war nicht zu übersehen. Sie sprachen über die Freude, die sie an ihren beiden älteren Kindern hatten, während Sarah ihnen offenbar nur Schwierigkeiten bereitete.

Mr. Charney sagte: »Sarah fürchtet sich vor ihrem eigenen Schatten. Sobald irgendetwas schiefgeht, sagt sie, dass sie dumm ist, und gibt auf.«

»Können Sie uns ein Beispiel nennen?«, fragten wir.

»Was vor ein paar Wochen geschah, brachte das Fass zum Überlaufen. Deshalb haben wir angerufen, um uns diesen Termin geben zu lassen«, sagte Mr. Charney. »Wir hatten Sarah endlich so weit, dass sie es mit dem Schlittschuhlaufen versuchen wollte. Alle in unserer Familie (bis auf Sarah) laufen Schlittschuh, und wir dachten, es wäre doch eine nette Familienbeschäftigung. Sarah hat bisher immer Nein gesagt, aber aus irgendeinem Grund sagte sie unlängst Ja. Was für ein Fehler! Sie fiel zwei- oder dreimal hin, sagte, sie fände es grässlich, und ging von der Eisfläche. Wir hätten es wissen sollen, denn sie gibt ja immer auf.«

Mrs. Charney ergänzte: »Als wir gingen, war ich so richtig wütend auf sie. Ich dachte bei mir, dass sie uns ein schönes gemeinsames Unternehmen versaut hatte.«

»Und wie haben Sie reagiert?«, wollten wir wissen.

Mrs. Charney setzte ihren Bericht fort. »Am liebsten hätte ich gebrüllt: Los, zurück auf die Eisbahn!, aber ich wollte keine Szene machen, deshalb haben wir gesagt, sie kann sich ja irgendwo auf die Tribüne setzen. Ich konnte sehen, dass sie weinte, und beinahe tat sie mir schon wieder leid, aber ich war halt auch sehr wütend. Als wir dann alle aufhörten, bin ich hingegangen und habe ihr gesagt, dass sie niemals mit irgendetwas Erfolg haben wird, wenn sie weiter alles aufgibt, kaum dass sie angefangen hat.«

»Und was hat Sarah dazu gesagt?«

»Sie hat getan, was sie immer tut, wenn wir ihr sagen, dass sie nicht gleich aufgeben soll: Sie ist wütend geworden und hat gesagt, dass es ihr zu schwer ist. Dann hat sie eine Beschuldigungsrunde eingelegt und gesagt, dass wir ihre Geschwister ja eindeutig lieber hätten als sie. Diesmal hat sie sogar gesagt, dass wir sie ja bekanntlich hassen. Ich sagte ihr, dass wir sie nicht hassen, dass wir aber sehr enttäuscht sind über ihr Betragen. Sie hat nur immer wieder gesagt, sie weiß, dass wir sie hassen.«

Im weiteren Verlauf des Gesprächs schälte sich ein Muster heraus, das ähnlich auch bei anderen Familien am Werk war, die wir in diesem Buch vorgestellt haben: Die Eltern sind enttäuscht, weil eines ihrer Kinder – anders als seine Geschwister – ihre Erwartungen nicht erfüllt. Das war der Fall bei den Sargents und ihrem jüngsten Sohn Damon; es war der Fall bei den Whites und ihrem Sohn George; und es war der Fall bei Mrs. Langston und ihrer Tochter Wendy. Im Fall der Familie Charney interessierte uns die Wirkung der elterlichen Kommentare auf Sarahs Umgang mit ihren Fehlern und Misserfolgen.

Wir sagten den Charneys, wir könnten ihre Gefühle sehr gut verstehen; zugleich versuchten wir aber, wie in anderen Fällen auch, eine eher von Empathie getragene Perspektive einzuführen, indem wir sie fragten, was Sarah ihrer Ansicht nach dort auf der Eisbahn empfunden hatte und wie sie das Geschehen wohl beschreiben würde. Die Charneys überlegten einige Augenblicke lang.

Schließlich sagte Mr. Charney: »Wahrscheinlich würde sie sagen, dass wir sie für jemanden halten, der schnell aufgibt, dass das aber gar nicht stimmt, sondern dass manche Dinge ihr eben sehr schwerfallen. Vielleicht würde sie auch sagen, dass wir deshalb immer an ihr herumnörgeln.«

»Oh ja, sie findet wirklich, dass wir nörgeln«, ergänzte Mrs. Charney. »Aber dass wir immer wieder über das Aufgeben mit ihr reden, hat doch nur einen einzigen Grund – nämlich *dass* sie immer aufgibt!«

»Immer? Gibt es auch Dinge, bei denen sie durchhält?«

»Nicht viele«, meinte Mrs. Charney. »Sobald die Sache schwierig wird, gibt sie halt auf.«

»Was meinen Sie, warum sie so rasch aufgibt?«, fragten wir.

»Das weiß ich nicht so genau«, sagte Mrs. Charney. »Niemand sonst in der Familie tut das. Ihre Geschwister liefen beide schon mit vier Jahren Schlittschuh. Das war so eine Freude! Beide konnten schon im Kindergartenalter lesen. Sarah hat Bücher gar nicht erst in die Hand genommen. Wir haben ihr gesagt, du kannst lesen, du musst es nur versuchen, du bist doch genauso intelligent wie deine Geschwister. Nein – schon mit fünf hat sie gesagt, dass sie eben nicht so intelligent ist wie ihre Geschwister, und hat angefangen zu weinen.«

Im Lauf der Sitzung stellte sich immer deutlicher heraus, dass Mr. und Mrs. Charney die Messlatte ihrer Erwartungen für Sarah genauso hoch gelegt hatten wie für die beiden älteren Kinder. Sie hatten damit gerechnet, dass Sarah bestimmte Dinge – Lesen, Schlittschuhlaufen – im gleichen Alter lernen würde wie ihre Geschwister. In der Theorie fiel es ihnen nicht schwer zu verstehen, dass kein Kind so ist wie das andere, aber in ihrer erzieherischen Praxis kam diese Überlegung nicht vor. Sarah wiederum, vor unerfüllbare Erwartungen gestellt, kam allmählich zu der Überzeugung, dass etwas mit ihr nicht stimmte und dass sie, wie sie uns sagte, »nicht genug Hirn« hatte, um Erfolge zu erzielen. Sie war überzeugt, dass sie nichts gegen ihre Fehler und Misserfolge machen konnte, eben weil es ihr an Intelligenz und Geschicklichkeit fehlte. Sarahs Art zu denken ist ein präzises Schaubild der Lehren der Attributionstheorie (vgl. S. 178–179) und einer bestimmten Form der Wahrnehmung von Fehlern, ebenso wie Jacks schon erwähnter Kommentar, dass »der Pitcher den Ball sanft geschlagen« hatte.

Eine durchgängige Rolle spielte bei unserer Arbeit mit den Charneys die Diskussion darüber, dass Kinder von Geburt an unterschiedliche Temperamentsmerkmale, unterschiedliche geistige Interessen und unterschiedliche Lernstile zeigen. Wir sprachen mit ihnen über ihre Erwartungen an Sarah und darüber, dass der Vergleich mit ihren beiden älteren Kindern Sarah nicht nur belastete, bekümmerte und wütend machte, sondern auch einer insgesamt negativen Einstellung Vorschub leistete, die wiederum zukünftigen Erfolgen sehr stark im Weg stehen würde. Vor dem Hintergrund der Attributionstheorie machten wir deutlich, dass Sarah zunehmend das Gefühl hatte, aus eigener Kraft gar nichts verändern zu können, und dass Kinder, die sich in dieser Weise hilflos fühlen, sich rasch aus Aufgaben zurückziehen, die sich als schwierig für sie erweisen. Sarahs Denken könnte allmählich von einem Gefühl der erlernten Hilflosigkeit und einer dahinter lauernden Überlegung (»Wozu es überhaupt versuchen? Es kommt ja ohnehin nichts Gutes dabei heraus.«) beherrscht werden.

Mit der Zeit gelang es den Charneys, sich besser in Sarahs Selbst- und Weltbild einzufühlen und es folglich auch besser zu verstehen. Auf dieser Basis konnten wir Strategien ins Gespräch bringen, die sich bei anderen hier vorgestellten Familien bereits bewährt hatten. Wir baten die Charneys, eine Liste der Dinge zusammenzustellen, die sie als Sarahs Kompetenzinseln wahrnahmen. Damit könnten wir anfangen, Sarah zu einem positiveren Selbstbild zu verhelfen und zugleich ihre, der Eltern, Erwartungen an diese Tochter zu analysieren – Erwartungen, die ihrerseits ja nicht unbeeinflusst waren von dem, was Sarahs Geschwister im gleichen Alter gekonnt und geleistet hatten. Darüber hinaus sollten sie unbedingt festhalten, was sie sagten und taten, wenn sie enttäuscht über Sarah waren; und beobachten, ob das, was sie in guter Absicht sagten, um Sarah zu motivieren, diese nicht vielleicht zu einem noch entschiedeneren Rückzug aus bestimmten Situationen veranlasste.

In unseren Sitzungen erkannten die Charneys allmählich das negative Skript, wie es sich in ihren Interaktionen mit Sarah herausgebildet hatte. Anstatt an das zu denken, was Sarahs Geschwister zu diesem oder jenem Zeitpunkt in ihrem Leben bereits gekonnt hatten, nahmen sie jetzt Sarahs Interessen- und Kompetenzfelder in den Blick. Zwar hatte Sarah klar zu erkennen gegeben, dass sie Angst vor dem Schlittschuhlaufen hatte, aber auf die Frage ihrer Eltern, was sie denn vielleicht gerne tun würde, antwortete sie zu deren Überraschung: »Turnen«. Eine ihrer Freundinnen war eine begeisterte Turnerin und Leichtathletin, vor allem aber hatten weder ihr Bruder noch ihre Schwester jemals Turnunterricht genommen. Turnen würde also keinen Vergleich mit ihren Geschwistern provozieren.

Sarah bewies ungewöhnliche Ausdauer auf diesem neuen Gebiet, auch wenn ihr einmal eine Übung misslang. Ihre Eltern bestätigten sie in ihren Bemühungen, äußerten sich positiv, wenn sie Erfolg hatte, und ermutigten sie, wenn sie auf Schwierigkeiten traf. Anstatt sie zu beschwören, doch bitte noch fleißiger zu trainieren, sagten sie, zum Turnen gehöre wie zu jeder anderen Aktivität, die man neu erlernt, auch das Hinfallen und das Fehlermachen, und solche Fehler könnten auch Chancen eröffnen.

Sarah war dabei, ihren eigenen Weg und ihre Kompetenzinseln zu entdecken; die Eltern hielten sich mit Vergleichen zwischen ihr und ihren Geschwistern zurück, fanden zu realistischeren Erwartungen (mit anderen Worten, sie hängten die Messlatte tiefer), und kommentierten die Dinge weiterhin in einer Weise, die Sarah Mut machte. All das führte dazu, dass Sarah schwierige Aufgaben gelassener und mit mehr Ausdauer in Angriff nahm. Sarahs Sternstunde kam, als sie bei einem regionalen Turnwettkampf den dritten Platz belegte. Diese Plazierung war an sich schon großartig, aber noch viel wichtiger war, wie die Charneys beteuerten, dass Sarah weitergemacht hatte, nachdem sie beim

Hochsprung im ersten Durchgang einmal die Latte berührt hatte. Mr. Charney meinte: »Für die ›alte‹ Sarah wäre das wahrscheinlich ein Grund gewesen, nicht weiterzumachen, aber die ›neue‹ Sarah stand auf und bereitete sich auf den nächsten Sprung vor, den sie fehlerlos ausführte.«

Viertes Hindernis: Der falsche Umgang mit der Angst vor Fehlern

Dieses spezielle Phänomen hängt mit den schon behandelten Hindernissen zusammen, aber der Akzent liegt hier auf den Bewältigungsstrategien, die Kinder einsetzen, um mit ihren Fehlern zu Rande zu kommen. Wenn Kinder der Ansicht sind, dass ihre Fehler sich nicht korrigieren lassen, wenn sie so etwas wie »erlernte Hilflosigkeit« entwickeln, dann besteht die Gefahr, dass sie die Hoffnung gänzlich aufgeben und sich in selbstschädigende Bewältigungsmechanismen flüchten.

RON bemühte sich in den therapeutischen Sitzungen zu verstehen, warum er, sobald er morgens das Schulgebäude betreten hatte, auf einen seiner Kameraden eingeschlagen hatte. Er ließ eine bemerkenswerte Einsicht erkennen, als er schließlich sagte: »Ich glaube, ich wollte lieber auf ein anderes Kind einschlagen und dafür zum Rektor geschickt werden als in der Klasse sitzen, wo ich mir wie ein Blödmann vorkam.«

Das erinnert sehr stark an BRETTs Äußerung: »Lieber benehme ich mich schlecht, als dass überhaupt nichts von mir kommt.« Von Ron wie von Brett könnte man sagen, dass sie mit ihren Versuchen, die Situation irgendwie zu verbessern, vom Regen in die Traufe kamen; wir müssen aber bedenken, dass manchen Kindern so verzweifelt daran gelegen ist, nicht als der Dumme dazustehen, dass sie sich lieber bestrafen lassen oder von einer Aufgabe weglaufen, als weitere Demütigungen zu erleiden.

Wir sagen nicht, dass Eltern und andere Erwachsene es akzeptieren sollten, dass ein Kind auf seine Klassenkameraden einschlägt oder vor einer Aufgabe davonläuft. Wichtig ist uns vielmehr die Feststellung, dass wir, wenn unsere Kinder ihre Zuflucht zu kontraproduktiven Verhaltensweisen nehmen – sei es, dass sie ein anderes Kind prügeln, dass sie aufgeben und weglaufen oder dass sie den Klassenclown spielen –, in diesen Verhaltensweisen den untauglichen Versuch erkennen müssen, mit gefühlten Misserfolgen und Demütigungen fertigzuwerden. Häufig zeigen diese Reaktionen an, dass die betreffenden Kinder ein erhebliches Maß an Druck und Belastung spüren. Je weiter sie sich in diese Verhaltensweisen hineinbegeben, desto größer ist die Gefahr, dass sie nicht nur ihr Umfeld vor den Kopf stoßen, sondern auch vor jeder neuen Herausforderung davonlaufen. Ihr Denken ist nicht von Resilienz bestimmt, sondern steht ganz im Zeichen von Unzulänglichkeit und Hoffnungslosigkeit.

Wenn wir es mit einer solchen Situation zu tun haben, müssen wir einen Schritt zurück tun und über unsere Erwartungen und unsere Reaktionen auf das betreffende Kind nachdenken. Wir müssen uns fragen, ob wir seine Stärken wirklich sehen und würdigen, und wir müssen ihm helfen, bessere Bewältigungsformen zu entwickeln. Mr. und Mrs. Rollins halfen ihrem Sohn, seine Stärken zu erkennen, die im Arbeiten mit Holz lagen; sie halfen ihm auch, das Gefühl zu überwinden, dass er deformiert und hilflos sei, indem sie dafür sorgten, dass er seine Patientengeschichte noch einmal zusammen mit seinem Arzt Revue passieren lassen konnte. Damit schufen sie eine Atmosphäre, in der er wieder zu Selbstvertrauen und Hoffnung fand. RON erkannte, dass Fehler nicht notwendig als Hypotheken gesehen werden müssen, sondern dass sie auch als Herausforderungen verstanden werden können, denen man sich (mit der Hilfe anderer Menschen) stellen kann und sollte. So wurden seine untauglichen Bewältigungsversuche allmählich durch produktive Verhaltensweisen abgelöst.

Wie können wir unseren Kindern helfen, mit Fehlern und Misserfolgen umzugehen?

Ein Leben ohne Fehler gibt es nicht. Wenn Sie Ihren Kindern zu einem gelasseneren Umgang mit Fehlern und Misserfolgen verhelfen wollen, können Sie sich dabei von vier Prinzipien leiten lassen, die aus der folgenden Überlegung entstanden sind: Wenn unsere Kinder imstande sind, Fehler nicht als Infragestellung oder Negierung ihrer Fähigkeiten und Fertigkeiten anzusehen, sondern als temporäre Rückschläge und als Chance, etwas zu lernen, dann haben wir als Eltern ihnen geholfen, eine resiliente, optimistische und auf Problemlösung zielende innere Einstellung auszubilden.

Erstes Prinzip: Gehen Sie mit gutem Beispiel voran

Ob es uns gefällt oder nicht: Die wichtigsten Vorbilder unserer Kinder sind wir selbst. Wie wir redend und handelnd auf die alltäglichen Anforderungen des Lebens reagieren, hat unweigerlich eine Wirkung auf sie. Wenn unsere Kinder beobachten, dass wir vor Herausforderungen zurückweichen und Dinge, die uns zu schwierig erscheinen, »hinschmeißen«, dann dürfen wir uns nicht wundern, wenn sie uns in diesem Vorgehen folgen. Kinder tun vielleicht nicht immer, was wir ihnen sagen, sie tun aber meistens das, was auch wir tun.

Auf die Frage, wie ihre Eltern auf Fehler reagieren, haben wir einen Kanon höchst unterschiedlicher Antworten von den angesprochenen Kindern erhalten. Zum Beispiel:

- »Wenn mein Vater etwas im Haus reparieren will und es nicht klappt, dann schreit er herum und sagt, dass meine Mutter oder meine Schwester oder ich für das Problem verantwortlich sind. Einmal – wir hatten Wasser in die Badewanne laufen lassen – hat er uns doch tatsächlich vorgeworfen, dass da eine Muffe undicht war. Ich weiß nicht, was er sich gedacht hat, auf welche andere Weise das Wasser in die Badewanne hätte kommen sollen.«
- »Meine Mama ist prima. Die lässt sich nicht von den Dingen verrückt machen. Einmal sollten Verwandte von uns zum Abendessen kommen, und sie hat den Braten zu lang im Backofen gelassen. Ich dachte, sie würde sich sehr aufregen, aber sie sagte nur: ›Da habe ich aber wirklich Mist gemacht; das nächste Mal muss ich besser aufpassen. Für einen anderen Braten ist es jetzt zu spät, also müssen wir uns einfach etwas aus einem Restaurant holen.‹ Sie erzählte den Gästen, was passiert war, wir holten etwas von außerhalb, und alles ging wunderbar.«
- »Sie schreien ganz schön herum, und jeder sagt, dass der andere blöd ist.«

Besonders gut gefiel uns die Antwort eines unschuldigen kleinen Jungen, der sagte: »Was ist ein doppelter Martini?«

»Wie bitte?«, fragten wir.

Er antwortete: »Immer wenn sie etwas falsch gemacht haben oder sich aufregen, sagen sie: ›Nehmen wir doch einen doppelten Martini.‹ Ich weiß, das ist etwas zum Trinken. Soll es gegen Fehler gut sein?«

Eltern sind oft überrascht zu sehen, was ihre Kinder alles beobachten und was sie alles von ihnen imitieren – häufig Dinge, von denen sie wünschten, die Kinder würden sie ihnen nicht nachmachen. Tatsächlich nehmen Kinder nicht nur auf, was wir zu ihnen sagen, sondern beobachten auch unsere Lebensführung. Ein Beispiel dafür liefern die Seligs.

Mr. und Mrs. Selig hatten zwei Kinder, die elfjährige REBECCA und den neunjährigen Donny. Dass sie uns aufsuchten, hatte vor allem mit Rebecca zu tun, die nach Meinung ihrer Eltern allzu rasch allen Situationen aus dem Weg ging, die ihr zu mühsam oder zu anstrengend waren. Erste Anzeichen dieses Verhaltens hatten sie allerdings bei Donny auch schon bemerkt. Spätestens mit Erreichen der Teenagerjahre, so befürchteten sie, könnten ihre Kinder die Gewohnheit ausgebildet haben, vor vielen Dingen einfach zurückzuweichen.

Mrs. Selig sagte: »Es wäre uns lieb, wenn Rebecca etwas risikofreudiger wäre und nicht gleich den Kopf hängen lassen würde, wenn etwas mal nicht klappt.«

Sie hatten Rebecca und Donny von ihrem Vorhaben erzählt, uns aufzusuchen, und die Kinder sogar gefragt, ob sie mitkommen wollten. Beide sagten Nein, sperrten sich aber nicht gegen den Gedanken, vielleicht später einmal an einer Sitzung teilzunehmen. Vor unserem zweiten Zusammentreffen sprachen die Seligs mit ihnen über das, was sie beunruhigte, und sagten, sie hielten es für sinnvoll, wenn die Kinder das nächste Mal mitkommen und vielleicht auch etwas zum Gespräch beitragen würden. Rebecca und Donny waren einverstanden. Was dann passierte, hatten die Seligs allerdings nicht erwartet.

Mr. und Mrs. Selig waren sehr freimütig mit der Schilderung, wie sehr sie ihre Kinder liebten, und die Kinder bestätigten, dass sie sich geliebt fühlten. Dann sprachen die Eltern über das, was sie beunruhigte – dass Rebecca und Donny häufig eine Entschuldigung fanden, um bestimmten Aufgaben oder Situationen aus dem Weg zu gehen. Wir baten sie, uns ein konkretes Beispiel zu nennen.

Mrs. Selig sagte: »Rebecca ist aufgefordert worden, bei den Proben für ein Stück mitzumachen, das ihre Klasse aufführen will. Unserer Ansicht nach würde sie das ganz prima machen, aber sie hat der Lehrerin gesagt, dass sie zu viel anderes hat und zu beschäftigt ist. Wir lieben Rebecca, aber wir meinen doch, sie hätte die Zeit dafür finden können, wenn sie gewollt hätte.«

Wir fragten Rebecca nach ihrer Meinung dazu, und sie antwortete: »Ja, vielleicht, aber ich wollte wirklich nicht bei dem Stück mitmachen.«

Wir fragten nach den Gründen.

Rebecca war von verblüffender Ehrlichkeit. »Ich glaube nicht, dass ich mir den Text gut merken könnte, und es würde doch sehr dumm aussehen, wenn ich da auf der Bühne stände und vergessen hätte, was ich tun soll.«

Ihr Vater konnte ihr das nachempfinden und sagte: »Solche Ängste haben wir ja fast alle. Aber wenn du nur auf die Fehler starrst, die dir unter Umständen passieren könnten, dann versperrst du dir den Zugang zu Dingen, die du vielleicht schön oder sogar aufregend finden würdest. Es gibt so viele Leute, die zurückblicken und es bedauern, dass sie vor den Dingen davongelaufen sind.«

Daraufhin sorgte Rebecca für allgemeine Überraschung, indem sie fragte: »Ja, und was ist mit Mama?«

»Was soll mit mir sein?«, fragte Mrs. Selig.

Rebecca antwortete: »Letztes Jahr habe ich zufällig mal gehört, wie du telefoniert hast. Du hast eine Aufforderung abgelehnt, vor dem Rotary Club zu sprechen, weil du zu beschäftigt seist, aber das warst du überhaupt nicht. Ist das nicht dasselbe, wie wenn ich keine Lust habe, für das Theaterstück zu proben?«

Auch Mrs. Selig zeigte eine bewundernswerte Offenheit. »Rebecca, da hast du recht. Ich habe eine Entschuldigung konstruiert, um nicht vor dem Club sprechen zu müssen.«

»Aber warum?«, fragte Rebecca.

»Ich bin es nicht gewohnt, vor Publikum zu reden. Ich kenne die meisten Leute in dem Club, und man könnte meinen, das würde mir das Sprechen leichter machen. Aber alles, was ich in dem Augenblick denken konnte, war: Wenn ich das schlecht mache – vor allen diesen Leuten, mit denen ich ständig zusammentreffe –, dann wäre mir das furchtbar peinlich.«

»Ja, und genauso würde ich mich vor den anderen Kindern fühlen, wenn ich meinen Text vergessen hätte«, antwortete Rebecca.

Wir lobten die Ehrlichkeit, die hier auf beiden Seiten gezeigt worden war, erklärten, dass die meisten Leute in einer vergleichbaren Situation die gleichen Bedenken haben würden wie die Seligs sie geschildert hatten, und fragten, was sie vorzuschlagen hätten.

Mrs. Selig sagte: »Ich sollte wohl nicht verlangen, dass Rebecca ohne Angst, dass etwas schiefgehen könnte, für das Stück probt, solange ich genau das Gleiche auch nicht fertigbringe.«

Das war eine bemerkenswerte Sitzung. Mr. Selig hatte ebenfalls verstanden: Er erzählte, dass er sich immer etwas unbehaglich fühlte, wenn er bei geschäftlichen Besprechungen länger vorzutragen hatte. Donny sagte nicht viel, hörte aber aufmerksam zu. Alle vier sagten, sie würden gerne noch zu einer Nachbesprechung kommen; in der Zwischenzeit wollten sie sich aber schon Gedanken darüber machen, wie sie die Situation verbessern könnten.

Nur zu gerne würden wir berichten, dass unsere therapeutischen Bemühungen immer so schnell zu positiven Ergebnissen führen. Als die Seligs in der folgenden Woche wiederkamen, hatten sie bereits Schritte unternommen, von denen sie sich etwas versprachen. Mrs. Selig hatte den Sekretär des Rotary Clubs angerufen und einen Vortragstermin mit ihm vereinbart. Rebecca war zum Vorsprechen gegangen und hatte eine Sprechrolle bekommen. Beide baten Mr. Selig, ihre »Übungen« auf Band aufzunehmen, so dass sie sich selbst kritisch beurteilen und Details ihres Auftretens noch verändern konnten. Die Furcht vor Fehlern hatte erheblich nachgelassen, nachdem diese Familie Wege gefunden hatte, wirksamer mit der Angst vor dem Sprechen und Spielen vor Publikum umzugehen.

Zweites Prinzip: Gehen Sie realistisch und selbstkritisch mit Ihren Erwartungen um

Viele Familien, die in diesem Buch vorgestellt werden, sind der wandelnde Beweis für einen Zusammenhang, den wir wie folgt formulieren können: Wenn wir die Messlatte zu hoch anlegen, wenn wir mehr von unseren Kindern erwarten als sie zu geben imstande sind, wenn wir davon ausgehen, dass sie sich mit Dingen befassen, die *uns* gefallen, für die sie selbst aber kaum Interesse oder Neigung zeigen, dann schaffen wir ein Klima, in dem die Kinder vor Herausforderungen zurückweichen, weil sie nicht sehen, was diese Herausforderungen mit ihnen selbst zu tun haben. Fehler und Misserfolge werden dann als etwas wahrgenommen, was ihrer mangelnden Begabung anzulasten ist, nicht aber als Erfahrungen, aus denen sie lernen können. In diesem Zusammenhang denken wir sofort an GEORGE, WENDY, MARY, DAMON, SALLY und SARAH: Sie alle sahen sich mit Erwartungen konfrontiert, die sie aus unterschiedlichen Gründen nicht erfüllen konnten.

MELISSA, neun Jahre alt und das einzige Kind von Mr. und Mrs. Porter, ist ein weiteres Beispiel für den oben fixierten Zusammenhang. Auch sie reagierte auf die unrealistischen Erwartungen ihrer Eltern mit der wachsenden Angst, etwas falsch zu machen. Melissas Angst hatte zu einem großen Teil mit der Schule zu tun, aber es gab sie auch in anderen Bereichen ihres Lebens. Melissa litt unter Kopfschmerzen, und das Tag für Tag. Eine ärztliche Untersuchung blieb ohne medizinischen Befund. Ihr Kinderarzt hielt die Kopfschmerzen für eine Reaktion auf den Stress, den sie spürte, und empfahl den Eltern, einen Psychologen zu konsultieren.

Mr. und Mrs. Porter beschrieben ihre Tochter als ein Kind, das »nur das Allernötigste tut, um in der Schule mitzukommen«. Ein Jahr zuvor hatte Melissa sich wegen ihrer schlechten schulischen Leistungen einem entwicklungspsychologischen Test unterziehen müssen. Der Psychologe stellte fest, dass ihre intellektuellen Fähigkeiten im »oberen« Bereich rangierten und Melissa keinerlei Anzeichen einer Lernschwäche zeigte. Allerdings hieß es in seinem Bericht auch, dass Melissa während des Testes sehr ängstlich gewesen war, wiederholt gefragt hatte, ob sie die Fragen korrekt beantwortet habe, und sich Gedanken darüber gemacht hatte, ob die anderen – gleichaltrigen – Kinder vielleicht «die richtige Antwort« wüssten. Die Porters bestätigten, dass Melissa ängstlich war – sie waren allerdings der Ansicht, sie könnte weniger ängstlich, vielmehr stolz auf sich sein, wenn sie ordentlich arbeiten und entsprechend gut abschneiden würde.

Mrs. Porter sagte: »Sie war schon als kleines Kind ängstlich. Wir sind aber doch fürsorgliche Eltern und haben ihr gesagt, dass sie viel bessere Leistungen erreichen könnte, wenn sie nicht so ängstlich wäre.«

Die Porters betrachteten Melissas Ängste als etwas, das sie sehr wohl in den Griff bekommen könnte, wenn sie nur den Willen dazu hätte. Daraufhin erklärten wir, dass viele Kinder schon mit einer entsprechenden Disposition auf die Welt kommen und dass es nicht sinnvoll ist, einem solchen Kind nur eben zu sagen, es solle nicht so ängstlich sein – eine Aufforderung, die es in der Regel nur noch stärker beunruhigt.

Bei unserem Zusammentreffen mit Melissa war ihre extreme Ängstlichkeit und Unruhe sofort spürbar. Sie sah uns kaum an, und wenn sie antwortete, dann zumeist knapp und nahezu im Flüsterton. Erst nach einer Reihe von Sitzungen entspannte sie sich etwas. Schließlich gab sie zu, ängstlich zu sein, und sagte traurig: »Ich glaube nicht, dass sich das noch mal ändert. Ich werde immer so sein.«

Wir fragten sie: »Hat dir nie jemand gesagt, dass die Dinge sich auch zum Besseren verändern können?«

Melissa antwortete: »Meine Mama und mein Papa sagen immer, wenn ich mich in der Schule nicht mehr anstrenge, dann kann ich nicht gut werden. Aber ich versuche es ja schon so gut ich kann. Wenn wir einen Test schreiben, dann denke ich, mach das jetzt nur ja gut, aber dann, wenn die Note schlecht ausfällt, denke ich, dass ich nicht besonders klug bin und es nie lernen werde. Der Mann, der mich letztes Jahr getestet hat, der hat gesagt, dass ich intelligent bin. Aber ich mache immerzu Fehler, also weiß ich nicht, ob das wirklich stimmt.«

Wir waren angerührt von Melissas Worten und davon, dass sie so unglücklich war. Vielleicht wäre es nützlich, sagten wir, wenn sie das alles noch einmal bei einem Zusammentreffen wiederholen würde, bei dem auch ihre Eltern anwesend wären. Manchmal nämlich verstünden die Erwachsenen und sogar die eigenen Eltern nicht, wie einem Kind zumute ist, und dann sagten sie unabsichtlich Dinge, die das Kind erst recht befürchten lassen, dass es sowieso nicht besser wird.

Melissa war mit einem Familientreffen einverstanden. Den Porters fiel es anfangs nicht leicht, ihr Skript abzuwandeln. Ihre Versuche, sich in Melissa einzufühlen, waren insofern kurzlebig, als sie so gut wie alle ihre Beiträge gleich wieder mit der Bemerkung abwiegelten: »Wenn du nicht so ängstlich wärest, dann wären deine Leistungen besser, du würdest Einsernoten bekommen und begreifen, wie intelligent du in Wirklichkeit bist.« Und einmal konnten sie sich nicht enthalten, noch eins draufzusetzen: »Dann würdest du nicht mehr sagen, dass du nichts kannst.«

In mehreren Beratungsgesprächen versuchten wir den Porters begreiflich zu machen, dass Melissa zwar von ihrer Intelligenz her überdurchschnittlich gute Noten erzielen könnte, dass da aber noch andere Faktoren am Werk waren, die ein sehr negatives Selbstbild erzeugt hatten und sich störend auf ihre schulischen Leistungen auswirkten – zum einen ihr Temperament, zum anderen aber auch der Druck, der auf ihr lastete, weil die Eltern sie als Einserschülerin sehen wollten. Wir schilderten ihnen anschaulich, dass der bloße Appell, doch nicht immer so ängstlich zu sein, höchstwahrscheinlich nichts anderes bewirkte als eben diese Ängste und Versagensgefühle noch zu verstärken. Richtig und wichtig wäre es dagegen, Melissa zu sagen, dass sie sich über die Ängste ihrer Tochter im Klaren seien und dass sie vielleicht alle miteinander darüber nachdenken könnten, wie man ihr diese Ängste nehmen könnte. Im Übrigen könnten sie Melissa gegenüber doch einräumen, dass sie als Eltern sie mit ihrer Forderung nach Bestnoten vielleicht doch zu sehr bedrängt hatten.

Das allerdings, überlegte Mr. Porter, wäre vielleicht gleichbedeutend damit, dass »wir unsere Erwartungen bezüglich dessen, was sie kann, tiefer hängen müssen«.

Das müssten sie nicht zwangsläufig, sagten wir. Wenn wir Melissa dazu verhelfen könnten, weniger ängstlich zu sein, dann könnte sie ihre Noten durchaus verbessern.

»Ja, aber ist das denn nicht genau das, was wir schon lange zu ihr sagen?«, fragte Mr. Porter. »Wir haben immer gesagt: Wenn du nicht so ängstlich wärst, dann wären deine Noten besser.«

»Aber Melissa hat aus dem, was Sie schon immer gesagt haben, herausgehört, dass Sie das Ganze als eine Frage des Wollens verstehen – dass Sie meinen, sie könnte auch anders, wenn sie nur wollte. Im Unterschied dazu sagen wir, dass es keine Frage des Wollens ist; es geht einfach darum, die Dinge realistischer zu sehen und miteinander zu überlegen, wie man dahin kommen könnte, dass Melissa weniger ängstlich ist und sich weniger davor fürchtet, Fehler zu machen.«

Im Übrigen empfahlen wir den Porters, ernsthaft darüber nachzudenken, in welchen Tätigkeiten ihre Tochter möglicherweise Befriedigung und Bestätigung finden würde.

Melissas Angst, nicht zu genügen und die Erwartungen ihrer Eltern nicht zu erfüllen, war sehr ausgeprägt. Aber da Mr. und Mrs. Porter sich an unsere Empfehlungen hielten, ihr nicht länger mit der Erwartung von Bestnoten zusetzten und zugleich für mehr erfreuliche Familienunternehmungen sorgten, bei denen die Frage der schulischen Erfolge naturgemäß nicht ständig im Mittelpunkt stand, entspannte Melissa sich allmählich. Zwar brachte sie keine Einsernoten nach Hause, aber sie schaffte es doch immerhin auf einen soliden Zweierdurchschnitt. Noch erfreulicher war, dass sie auch dann, wenn etwas nicht so ausging wie sie gehofft hatte, nicht mehr in die alte defätistische Haltung zurückfiel, sondern eine eher resiliente Einstellung entwickelte.

Drittes Prinzip: Vermitteln Sie so klar und nachdrücklich wie möglich, dass Fehler nicht nur akzeptiert, sondern sogar erwartet werden

Wenn wir das Resilienzvermögen unserer Kinder stärken wollen, müssen wir ihnen zu verstehen geben, dass Fehler ganz selbstverständlich zum Leben gehören. Gelegenheiten, diese Denk- und Sichtweise zu übermitteln, bieten sich nahezu täglich. *Eine* Möglichkeit besteht darin, sich an unser erstes Prinzip zu halten und eine positive und optimistische Einstellung zu Fehlern vorzuleben. Wenn Sie etwas verschütten, wenn Sie sich an den Namen einer Person nicht erinnern können, wenn Sie beim Spaziergang stolpern – bleiben Sie möglichst ruhig, fassen Sie in Worte, was Sie tun könnten, damit Ihnen der gleiche Fehler möglichst nicht wieder passiert, und nehmen Sie die Sache, wann immer möglich, mit Humor. Humor eignet sich sehr gut dazu, das negative Potential von Fehlern zu minimieren.

Viele Kinder haben uns wunderbare Geschichten davon erzählt, wie ihre Eltern auf Geschehnisse reagierten, die nicht nach Plan verliefen. Ein Junge berichtete von seinem Vater, der mit Werkzeugen nicht besonders geschickt umging. Wann immer er etwas zu reparieren hatte, fiel ihm als Erstes ein, was dabei alles schiefgehen konnte – für diesen Jungen mit Sicherheit kein gutes Modell für den Umgang mit Fehlern und Enttäuschungen. Seine Mutter allerdings präsentierte eines Tages eine geniale Lösung. Als der Vater ein Werkzeug in die Hand nahm, sagte sie im Spaß zu ihm: »Fluch am besten gleich, und dann vergiss es!« Zur großen Freude seines Sohnes fluchte der Vater tatsächlich (kräftig, aber nicht zu derb), und das half ihm, sein Vorhaben entspannter und mit einer positiveren Einstellung anzugehen und zu einem guten Ende zu bringen.

Wenn es in den Zusammenhang passt, zeigen Eltern ihren Kindern vielleicht ganz gern ihre eigenen Zeugnisse und die Berichte, die ihre Lehrer damals über sie anfertigten. Bei einem unserer Eltern-Workshops erzählte ein Vater, ein erfolgreicher Anwalt, von einem Gespräch, das er mit seinen heranwachsenden Kindern – Sohn und Tochter – geführt hatte.

»Sie setzten sich selbst ziemlich unter Druck, um gute Noten zu bekommen. So als ob sie meinten, ihre gesamte Zukunft hinge von ihren Noten in der Oberstufe ab. Ich hatte nicht das Gefühl, dass dahinter irgendetwas steckte, was meine Frau oder ich gesagt hatten, sondern dass es einfach der Druck war, der auf so vielen Kindern lastet. Ich redete mit ihnen und sagte unter anderem, dass sie sich vielleicht etwas mehr amüsieren sollten, woraufhin meine Tochter meinte: ›Du kannst das natürlich leicht sagen. Du hast wahrscheinlich Einser bekommen, ohne dich groß anzustrengen.‹ Mir fiel ein, dass ich noch nie mit ihnen über mein eigenes Schülerleben gesprochen hatte. Meine Eltern hatten alle meine Zeugnisse aufgehoben und sie mir irgendwann gegeben. Alle zusammen machten wir uns jetzt einen Spaß daraus, meine Zensuren anzusehen und den einen oder anderen Kommentar dazu zu lesen. Im Kommentar des Lehrers, den ich in der zehnten Klasse in Sozialkunde hatte, hieß es: ›Seine Arbeitsweise entspricht nicht seinen Fähigkeiten, aber seine Einlassungen darüber, warum er eine bessere Note verdient hätte, lassen vermuten, dass er einmal einen guten Juristen abgeben könnte.‹ Ich glaube nicht, dass der Lehrer witzig sein wollte, als er das schrieb, aber als meine Kinder und ich es jetzt lasen, mussten wir alle lachen. Im Übrigen stellten sie fest, dass ich keineswegs der Einserschüler war, für den sie mich gehalten hatten.«

Ebenso wichtig wie Ihr Beispiel, was den Umgang mit Ihren eigenen Fehlern angeht, ist Ihre Reaktion auf Fehler, die Ihre Kinder machen. Ist das, was Sie dazu sagen, frei von dem Ärger und dem Sarkasmus, den Michaels Vater zeigte, als der Sohn Schwierigkeiten hatte, das Radio zusammenzubauen? Vermeiden Sie Äußerungen, die einer negativen Einstellung Vorschub leisten, wie zum Beispiel: »Du wirst nie etwas zustande bringen, wenn du es so irrsinnig eilig hast!« oder »Benutz doch mal deinen Verstand!« oder »Wie oft muss ich dir noch sagen, dass das nichts werden kann, was du da machst?«

Eltern geraten leicht aus der Fassung, wenn ihr Kind Fehler macht, die sich ihrer Ansicht nach hätten vermeiden lassen. Wenn sie sich allerdings zu der Andeutung hinreißen lassen, dass hier vielleicht eine Lernunfähigkeit vorliegt, dann wird das Kind den Eindruck gewinnen, dass Fehler ein Zeichen seiner Inkompetenz sind. Lassen Sie sich von der Frage leiten, die wir im Kapitel über die Empathie stellten: »Würde ich mir wünschen, dass ein anderer Mensch so mit mir spricht, wie ich mit meinen Kindern spreche?«

Sie können Ihr Kind auf mögliche Fehler auch vorbereiten. Wenn Sie ihm zum Beispiel das Radfahren beibringen, können Sie von vornherein sagen, dass es eine Weile dauert, bis man sich auf einem Zweirad halten kann, und dass die meisten Kinder anfangs ihre Schwierigkeiten damit haben.

Ein Vater sagte zu seiner Tochter: »Aber keine Angst, ich bin da, um dich aufzufangen und dir auch wieder aufs Rad zu helfen. Es wird nicht lange dauern, bis du allein fahren kannst.«

Eine einfache und überzeugende Botschaft wie diese sagt den Kindern, dass sie damit rechnen müssen, immer wieder einmal zu fallen, dass wir aber bereitstehen, um ihnen wieder aufzuhelfen.

Nehmen Sie außerdem eine auf Problemlösung zielende Haltung ein, wenn Ihr Kind einen Fehler macht. Das bestärkt es in dem Eindruck, dass Fehler und Misserfolge akzeptiert, ja sogar erwartet werden. Wenn Ihr Kind Schwierigkeiten hat, eine bestimmte Aufgabe zu lösen, verwickeln Sie es in ein Gespräch darüber, was seiner Ansicht nach »helfen« könnte; das vermittelt ihm die Überzeugung, dass die Dinge besser werden können, dass es Wege gibt, Fehler zu beheben. Wenn Sie sich auf einen Aktionsplan geeinigt haben, können Sie fragen: »Und was ist, wenn es nicht funktioniert? Wie sieht unser Ersatzplan aus?« Dass diese Möglichkeit des Nichtfunktionierens eines Plans verbalisiert wird, sollte nicht im Sinne einer sich selbst erfüllenden negativen Voraussage gedeutet werden. Es ist nicht mehr als das Eingeständnis, dass nicht jeder Plan zu einem guten Ergebnis führt. Dass sie sich der realen Möglichkeit stellen, dass ein Plan unter Umständen nicht zum erhofften Ergebnis führt, hilft Kindern in der Tat, besser mit Misserfolgen fertigzuwerden, solange sie wissen, dass es noch andere mögliche Wege gibt, auf denen man es versuchen kann.

Nachdem Mr. und Mrs. Porter begriffen hatten, dass MELISSAs Angst unter anderem in ihrem Temperament begründet war, fragten sie ihre Tochter, wie sich ihrer Meinung nach die Angst verringern lassen könnte, die sie bei Klassenarbeiten quälte. Zunächst sagte Melissa, das wisse sie nicht. Die Eltern drängten sie nicht weiter, sondern meinten, vielleicht würde ihr ein andermal etwas einfallen. Ein paar Tage später sagte Melissa, sie habe sich etwas überlegt, was das Problem unter Umständen beheben könnte: Vielleicht würde die Lehrerin ihr erlauben, den Test in einem anderem Raum als dem Klassenzimmer zu schreiben. Die Eltern wollten wissen, warum Melissa sich davon etwas versprach.

»Ich sehe immer nach den anderen Kindern und denke, die arbeiten ja viel schneller als ich, und wahrscheinlich wissen sie die Antworten, und ich weiß sie nicht. Dann bekomme ich noch mehr Angst.« Die Porters brachten ihren Vorschlag gegenüber der Lehrerin ins Gespräch, die bereit war, es zu versuchen. Wir empfahlen den Porters, Melissa zu sagen, dass das eine gute Idee war, aber sie solle sich für den Fall, dass sie nicht funktionieren würde, noch etwas anderes ausdenken.

Melissa meinte: »Vielleicht könnte ich ganz vorne beim Lehrerpult sitzen. Dann würde ich die anderen Kinder nicht sehen und vielleicht nicht solche Angst kriegen.«

Letzten Endes gefiel Melissa dieser zweite Plan sogar besser als der erste. Als sie es dann aber damit versuchte, ertappte sie sich dabei, dass sie sich während der Arbeit nach ihren Klassenkameraden umdrehte. Nach zwei derartigen Erfahrungen bat sie, es mit ihrer ersten Idee versuchen zu dürfen. Das klappte sehr gut. Melissa schrieb insgesamt vier Arbeiten in einem Extraraum und stellte fest, dass sie dabei längst nicht so viel Angst hatte.

In ihrer nunmehr eher entspannten Verfassung sagte sie: »Ich glaube, ich kann Arbeiten jetzt wieder zusammen mit der Klasse schreiben«, was sie dann auch mit einem befriedigenden Ergebnis tat. Diese Erfahrung trug ihr die wertvolle Erkenntnis ein, dass sie von sich aus auf Lösungsmöglichkeiten kommen konnte und dass es, falls die eine Lösung dann doch nicht funktionieren würde, noch andere Möglichkeiten gab.

Viertes Prinzip: Machen Sie Ihre Liebe nicht von Bedingungen abhängig

Viele Kinder glauben, dass sie nur akzeptiert und geliebt werden, wenn sie keine Fehler machen und ihnen nichts misslingt. Diese Überzeugung wird oft noch dadurch verstärkt, dass die Eltern Maßstäbe anlegen, denen die Kinder nicht genügen können. Mr. und Mrs. Charney, die SARAH mit ihren »erfolgreicheren« älteren Geschwistern verglichen, übermittelten ihr damit zugleich die Botschaft, dass man mehr Liebe bekommt, wenn man keine Fehler macht. Das ist eine unerträgliche Situation für ein Kind, und in diesem Fall reagierte das Kind – Sarah – mehrfach in der Form des Aufgebens. Das Aufgeben und Weglaufen war natürlich kein Mittel, um sich die Liebe und Zustimmung ihrer Eltern zu sichern, aber es war, wie Sarah meinte, die einzige Möglichkeit, ihre Angst und ihre Versagensgefühle zu beschwichtigen

Bedingungslose Liebe ist und bleibt die Voraussetzung dafür, dass wir unseren Kindern überhaupt helfen können, mit Fehlern und Misserfolgen fertigzuwerden. Wenn unsere Kinder Fehler machen und Rückschläge erleben, wird unsere Empathiefähigkeit einer harten Prüfung unterzogen. Zugleich kann man aus einer solchen Situation heraus aber auch erklären, dass Fehler nicht notwendig negative Ergebnisse nach sich ziehen müssen, sondern auch positive Folgen haben können.

Keine Furcht vor Fehlern

Das Resilienzkonzept verpflichtet uns dazu, unseren Kindern zu der Einsicht zu verhelfen, dass Fehler und Rückschläge ganz selbstverständlich zum Heranwachsen gehören. Einer resilienten Welt- und Lebensorientierung ist gewissermaßen die Überzeugung eingeschrieben: »Ich werde immer wieder Fehler machen und Rückschläge erleiden. Ich kann aus diesen Fehlern lernen, ich werde dadurch an innerer Stärke gewinnen und so eher imstande sein, zukünftige Herausforderungen zu bewältigen.« Es gehört zu unseren wichtigsten Aufgaben als Eltern, unseren Kindern diese Überzeugung zu vermitteln und ihnen so die Furcht vor Misserfolgen weitgehend zu nehmen. Auf diese Weise werden sie eher bereit sein, angemessene Risiken auf sich zu nehmen und all die guten Dinge, die das Leben bereithält, wirklich auszukosten.

In diesem Zusammenhang dürfte der nachstehende Auszug aus einem Bericht der *California Task Force to Promote Self-Esteem and Personal and Social Responsibility* interessant sein:

> *Fehler sind eine ganz selbstverständliche Komponente des Lebens. Wir lernen, indem wir experimentieren; Fehler und Misserfolge können eine wichtige Rolle in unserem Lernprozess spielen. Einstein fiel als Grundschüler im Fach Mathematik durch; Edison probierte über 9000 Fäden aus, ehe er den einen fand, der in einer Glühlampe seinen Dienst tat; Disney machte fünfmal pleite, bevor er sein Disneyland errichtete. Wenn wir unsere Rückschläge akzeptieren, können wir weiterhin Wagnisse auf uns nehmen, weiterhin lernen und unseren Weg mit Begeisterung und Befriedigung weitergehen.* (California State Department of Education 1990, 31)

Einstein, Edison und Disney waren sehr erfolgreiche, talentierte und resiliente Persönlichkeiten. Niemand von uns weiß, zu welchen Leistungen unsere Kinder es bringen können. Was wir aber wissen: Unsere Kinder werden mehr und Besseres leisten, wenn ihnen nicht die Furcht vor Fehlern und Misserfolgen im Nacken sitzt.

9

VERANTWORTUNGSBEREITSCHAFT, MITGEFÜHL UND SOZIALES EMPFINDEN

Kleine Kinder möchten ausgesprochen gerne helfen, sie haben große Freude an der Helferrolle und danken es uns mit einem strahlenden Lächeln, wenn ihre Mithilfe gelobt und gewürdigt wird. Es scheint, als brächten sie das Bedürfnis zu helfen und dafür anerkannt zu werden schon mit auf die Welt. Vielleicht entdecken wir eines Tages ein Gen oder eine ganze Gruppe von Genen, die dieses offensichtlich allen Menschen eigene Verhaltensmuster steuern. Ein dreijähriges Kind wird seinen Vater, der gerade den Rasen mäht, eilfertig fragen, ob es helfen kann. Kinder dieses Alters wollen beim Kochen helfen, sie wollen auf ihre kleinen Geschwister aufpassen, Laub zusammenrechen, mit unserem Werkzeug hantieren, den Küchenfußboden kehren und den Tisch decken. Ein Vierjähriger hörte, wie sein Vater im Lebensmittelladen zu einem Bekannten sagte, er habe letzthin zu viel zu tun gehabt und sei einigermaßen erschöpft. »Mach dir keine Sorgen, Papa«, sagte er energiegeladen, »ich fahr dich, wenn du willst. Ich kann ja Fahrrad fahren, und ich bin ein guter Fahrradfahrer.«

Wenn wir unsere Kinder beobachten, dann können wir nur staunen, wie gern sie helfen und Verantwortung übernehmen wollen. Das hat natürlich auch mit dem Enthusiasmus zu tun, den die meisten Kinder verspüren, wenn sie etwas Neues und Interessantes anfangen; hier spiegelt sich wohl der kindliche Wunsch nach Bemeisterung und nach dem Gefühl, etwas fertiggebracht zu haben. Als Erklärung für dieses Verhaltensmuster reicht das allerdings nicht aus. Wir sind der Überzeugung, dass Kinder ein angeborenes Bedürfnis bzw. einen angeborenen Impuls haben, anderen zu helfen und etwas in deren Leben zum Positiven zu verändern. Die meisten Kinder sind zuzeiten ausgesprochen selbstbezogen und melden als Erstes einmal die eigenen Bedürfnisse an; dieser Wesenszug wird aber häufig von einem Schema begleitet, das etwa lautet: Ich habe Freude daran, mich anderen zuzuwenden und ihnen zu helfen. Tatsächlich reagieren Kinder im Allgemeinen positiv auf die Aufforderung, einem anderen Hilfe zu leisten.

Von vielen Eltern hören wir, dass ihren Kindern dieser schöne Impuls in den mittleren Jahren der Kindheit abhandenkommt. Jetzt stellen die Kinder sich, wenn es ums Helfen geht, häufig lieber quer, es sei denn, »es springt etwas dabei heraus«. Damit die anfängliche Hilfsbereitschaft sich entwickeln kann und erhalten bleibt, müssen Eltern sie also pflegen, sie müssen das, was offenbar ein angeborener Zug ist, in Verantwortungsbereitschaft, Mitgefühl und soziales Empfinden umwandeln.

Vor vielen Jahren machten wir uns an die Überprüfung unserer Theorie, dass Kinder nicht bei der entsprechenden momentanen Anwandlung stehen bleiben, sondern auch aktiv Gelegenheiten ergreifen, zum Wohlbefinden anderer beizutragen. Wir fragten eine große Zahl erwachsener Probanden nach besonders positiven und besonders negativen Erinnerungen an ihre Schulzeit. Insbesondere interessierten uns positive Aussagen oder Gesten von Lehrern, die das Selbstwertgefühl und die Motivation der damaligen Schüler stärkten und an die diese sich über die Jahre hinweg immer wieder gern erinnerten. Pausieren Sie jetzt einen Augenblick und denken Sie an einen ehemaligen Lehrer, Ausbilder oder eine andere Person (*nicht* Vater oder Mutter), mit der Sie eine sehr erfreuliche Erinnerung verbinden. Was war das Besondere an dieser Erinnerung, die Ihr Leben auf die eine oder andere Weise positiv beeinflusst hat? Sie werden wahrscheinlich feststellen, dass Ihre Antwort ein Widerhall dessen ist, was immer wieder auch in den Äußerungen unserer Probanden zur Sprache kam. Repräsentativ dafür sind die nachstehenden Aussagen:

- »Als Erstklässler hatte ich die Aufgabe, die Rollschränke auf- und zuzuziehen, in denen wir unsere Mäntel aufbewahrten – ich war nämlich einer der Größten in der Klasse. Ich fühlte mich so richtig gut dabei, denn meiner Körperlänge war ich mir doch sehr bewusst.«
- »Ich war in einer Einklassenschule. Nachdem der Lehrerin aufgefallen war, dass ich gut in Rechtschreibung war, sagte sie, ich sollte mich zu den Leseanfängern setzen und mit denen üben.«
- »Mein Englischlehrer machte mich zum Tutor für eine ältere Schülerin, deren Abschlusszeugnis in Gefahr war, weil sie die Grammatik nicht beherrschte. Ich war damals in der zehnten Klasse.«
- »In der dritten Klasse bekam ich den Auftrag, die Pausenmilch und die Trinkhalme zu besorgen.«
- »Als ich in der elften Klasse war, ließ die Kunstlehrerin mich ein Wandgemälde in der Schule gestalten. Wir schreiben uns noch heute.«

Hat Ihre Erinnerung etwas mit dem Thema der soeben zitierten Erinnerungen zu tun? In allen diesen Fällen hatte ein Kind die Möglichkeit, einen positiven

Beitrag zum schulischen Umfeld zu leisten. Die Aussagen untermauern Urie Bronfenbrenners Empfehlung, dass in den Lehrplänen für alle Schüler auch dem Thema der tätigen Anteilnahme am anderen ein Platz eingeräumt werden sollte, dass Kinder also lernen sollen, dass und wie sie sich um andere kümmern können. Aus den Aussagen geht auch hervor, dass tätige Anteilnahme, Mitgefühl und Verantwortungsbereitschaft eng zusammenhängen.

Tätige Anteilnahme und Resilienz

In diesem Kapitel geht es um den engen Zusammenhang zwischen Verantwortungsbereitschaft und Resilienz, genauer gesagt darum, dass wir das Verantwortungsbewusstsein unserer Kinder stärken müssen, was zugleich ihrem Resilienzvermögen zugutekommt. Eine der wirksamsten Möglichkeiten, Verantwortungsbereitschaft aufzubauen, besteht darin, dass man Kindern die Gelegenheit gibt, anderen zu helfen.

Dass Verantwortungsbewusstsein und Resilienz etwas miteinander zu tun haben, dürfte auf der Hand liegen; es empfiehlt sich aber, dem hier bestehenden Zusammenhang etwas weiter nachzugehen. Wenn wir Kinder dazu erziehen, anderen zu helfen und aktiv Verantwortung zu üben, dann geben wir ihnen zu verstehen, dass wir ihnen vertrauen und an ihre Fähigkeit glauben, mit allen möglichen Aufgaben zurande zu kommen. Und ihr Engagement für diese Aufgaben verstärkt wiederum wichtige Komponenten ihres Resilienzvermögens, nämlich:

- Die Fähigkeit, Empathie zu üben und die Bedürfnisse anderer zu verstehen;
- die Bereitschaft, Mitgefühl aktiv zu beweisen;
- die Fähigkeit und Bereitschaft, sich als tätiges Mitglied der Familie und der Gesellschaft zu sehen;
- die Fähigkeit, Probleme zu lösen, die sich im Rahmen der Helferrolle ergeben können;
- das Gefühl der Verantwortung für das eigene Verhalten;
- Befriedigung angesichts der positiven Wirkungen des eigenen Verhaltens;
- Optimismus aufgrund der deutlich erfahrbaren Inseln der eigenen Kompetenz.

Zusammen mit diesen Kennzeichen einer resilienten Welt- und Lebensorientierung und mit dem aufkommenden Verantwortungsgefühl entsteht auch ein Gefühl für die Verpflichtung gegenüber sich selbst und dem eigenen Leben.

Verantwortungsbewusste Kinder sind nicht nur eher bereit, sich die eigenen Erfolge selbst zuzuschreiben, sie sind auch eher bereit, eigene Fehler einzugestehen und als Erfahrungen anzusehen, aus denen man lernen kann, anstatt andere dafür verantwortlich zu machen. In den beiden vorausgegangenen Kapiteln haben wir gesehen, dass diese Sicht von Erfolg und Misserfolg untrennbar mit einer resilienten Lebensorientierung verbunden ist.

Im ersten Kapitel war von der fünfzehnjährigen LAURIE die Rede, die mit gleichaltrigen Jugendlichen nicht gut zurechtkam. Von ihren Eltern wurde sie als »Rattenfängerin« des Quartiers bezeichnet, weil sie begeistert von kleinen Kindern war, sich in deren Gesellschaft erkennbar wohlfühlte und diese Kinder auch ihrerseits gerne mit ihr zusammen waren. In dieser Hinsicht war sie ähnlich wie Amelia, die in ihrer Entwicklung verzögerte Neunjährige aus dem siebten Kapitel, die als hilfsbereite Besucherin einer Heimbewohnerin und als »Mentorin« zweier jüngerer Nachbarskinder ihre individuellen Stärken entwickelte.

Lauries Eltern, Mr. und Mrs. Laramie, suchten unsere Beratung, weil Laurie sich nicht mit gleichaltrigen Kindern anfreunden konnte und es in mehr als einem Aspekt ihres Lebens »an Verantwortung fehlen« ließ, wie sie sagten. Aus den Worten der Eltern ging hervor, dass Laurie sozial unreif war und sich unter den Kindern in ihrer Klasse nicht wohlfühlte. Nachdem wir uns den Bericht über Lauries Schwierigkeiten angehört hatten, baten wir die Laramies, nun auch etwas über die Stärken beziehungsweise die Kompetenzinseln ihrer Tochter zu sagen.

Sofort sagte Mrs. Laramie: »Es ist eine Freude zu sehen, wie sie mit kleineren Kindern umgeht. Sie hat eine sehr liebe Art und ist sehr geduldig mit ihnen, so dass sie gerne mit ihr zusammen sind. Neulich kamen drei Achtjährige aus der Nachbarschaft bei uns vorbei und fragten, ob Laurie ihnen ein Spiel beibringen würde. Lauries Gesicht hellte sich richtig auf, als sie die Kinder sah. Mit diesen Kleinen ist sie auch viel gesprächiger als mit Kindern ihres Alters.« In diesem Zusammenhang fiel dann auch das Wort von der »Rattenfängerin« des Quartiers.

Mr. Laramie bemerkte: »Was meine Frau gerade gesagt hat, das stimmt alles. Aber jetzt die andere Seite: Neulich habe ich Laurie und ein paar andere Mädchen zu einem Treffen der Jugendgruppe unserer Gemeinde gefahren, und dabei fiel mir auf, dass zwischen ihr und diesen anderen Kindern so gut wie kein Wort fiel. Als sie dann ausstiegen, um in die Kirche zu gehen, ging Laurie gleich wieder abseits von den anderen. Die Mädchen waren nicht eigentlich gemein zu ihr; es war eher so, dass sie ihre Anwesenheit gar nicht zur Kenntnis nahmen.

Für mich war es schrecklich, das zu beobachten. Man staunt, wenn man sieht, wie sie sich gegenüber Gleichaltrigen und wie völlig anders sie sich unter jüngeren Kindern verhält. Es scheint nicht mehr dasselbe Mädchen zu sein.«

Wir fragten nach Beispielen für Lauries mangelndes Verantwortungsgefühl, von dem sie vorher gesprochen hatten.

Mrs. Laramie antwortete ohne Zögern. »Sie vergisst oft, ihr Bett zu machen oder die sauberen Sachen wegzuräumen, so dass sie sich am Fußboden stapeln. Manchmal weiß man dann nicht so genau, was sauber und was inzwischen schon wieder getragen worden ist. Sie könnte auch etwas mehr Verantwortungsgefühl zeigen, was das Aufstehen angeht, damit sie morgens rechtzeitig fertig wird. Sie stellt zwar den Wecker, aber manchmal schläft sie dann wieder ein, und dann müssen wir kommen und sie aufwecken.«

»Meine Frau und ich haben schon darüber gesprochen, dass es uns beide umtreibt, ob Laurie einmal ein verantwortungsbewusster Mensch wird oder ob sie sich darauf verlassen wird, dass andere die Dinge für sie erledigen«, fügte Mr. Laramie hinzu.

Wir schlugen der Familie Laramie eine Reihe von Strategien vor, die Lauries Verantwortungsbewusstsein schärfen sollten und sie zugleich in ihren Kompetenzen, in ihrem Selbstwertgefühl und in der Gewissheit bestätigen würden, dass sie ihr Leben selbst steuern konnte. Demgemäß rieten wir den Laramies, sich auf Lauries eindeutiges Talent zum Umgang mit kleineren Kindern zu stützen. Zufällig war Laurie unlängst gefragt worden, ob sie Lust hätte, an zwei Nachmittagen in der Woche auf die beiden fünf- und siebenjährigen Söhne einer Nachbarin aufzupassen. Die Eltern redeten ihr zu, diesen Job anzunehmen, was Laurie dann auch tat. Für den Fall, dass es irgendwelche Schwierigkeiten geben würde, versprach Lauries Mutter, sich zur Verfügung zu halten. Im Übrigen empfahlen wir, dass Eltern und Tochter gemeinsam überlegen sollten, wo und wie Laurie sonst noch Aufgaben und Verpflichtungen übernehmen könnte. Die Eltern sollten auch verlangen, dass Laurie sich so etwas wie Eselsbrücken baute, um diese Aufgaben nicht etwa wieder zu vergessen.

Der Babysitterjob stärkte Lauries Selbstwertgefühl und ihr Verantwortungsbewusstsein in mehr als einer Weise. Die bloße Tatsache, dass sie auf die beiden Brüder aufpasste, bestätigte ihr, dass sie etwas konnte. Ein Gespräch mit ihren Eltern darüber, was sie in dieser Zeit jeweils mit den Jungen tun könnte, kam ihrer Problemlösefähigkeit zugute. Mr. und Mrs. Laramie sprachen häufig mit ihr über diese Betreuungsaufgabe und fanden immer wieder Gelegenheit, sie dafür zu loben, dass sie den Auftrag so gut und so verantwortungsbewusst erfüllte. Auch die Eltern der kleinen Jungen äußerten ihre Zufriedenheit. Dass

Laurie den kognitiven und sozialen Anforderungen dieser Aufgabe gerecht wurde, kam letzten Endes auch einer von Resilienz geprägten Einstellung zugute.

Diese resiliente Einstellung wurde dadurch noch weiter gestärkt, dass Laurie auch in anderen Bereichen ihres Lebens mehr Verantwortung entwickelte. So gelang es ihr zum Beispiel, morgens rechtzeitig fertig zu werden, ohne dass man sie ständig mahnen musste. Um diesen Prozess zu fördern, besprachen Mr. und Mrs. Laramie sich mit Lauries Beratungslehrerin. Wir hatten den Gedanken ins Spiel gebracht, dass es Laurie leichterfallen würde, morgens rechtzeitig in der Schule zu sein, wenn dort eine erfreuliche Aufgabe auf sie wartete. Lauries Schule lag in unmittelbarer Nachbarschaft eines Kindergartens, in dem sich schon mehrere ihrer Mitschülerinnen frühmorgens mit Hilfeleistungen verdient machten. Laurie wurde gefragt, ob sie ebenfalls Interesse hätte, dort mitzuhelfen. Sie sagte sofort zu, denn hier betrat sie ja schließlich eine ihrer Kompetenzinseln. Da sie wusste, dass die Kinder von ihr abhängig waren, achtete sie streng darauf, rechtzeitig dort zu sein – zu einer Uhrzeit übrigens, zu der sie früher noch geschlafen hatte. Die Eltern waren nur zu gern bereit, sie eine halbe Stunde früher als sonst zu fahren, zumal sich die häusliche Atmosphäre dank dieser neuen verantwortungsvollen Aufgabe entspannt hatte.

Noch ein weiterer Vorteil war damit verbunden. Unterstützt von ihrer Beratungslehrerin, verfasste Laurie einen Artikel für die Schülerzeitung über ihre Erfahrungen als Kindergartenhelferin. »Dass sie ihren Namen gedruckt sah, das war so viel wert wie eine jahrelange Therapie«, sagte Mrs. Laramie.

Von dem Augenblick an, in dem Kinder solche »Geber«-Aktivitäten übernehmen, Aktivitäten also, die anderen zugutekommen, nehmen ihr Verantwortungsbewusstsein und ihr Mitgefühl in der Regel zu. Zugleich wächst ihre Bereitschaft, sich zu ihrem eigenen Verhalten zu bekennen, und sie haben es immer weniger nötig, selbstschädigende Bewältigungsstrategien einzusetzen.

Der Mythos vom mangelnden Verantwortungsgefühl

Wenn Kinder wirklich ein angeborenes Bedürfnis zu helfen haben, warum klagen dann so viele Eltern darüber, dass ihre Kinder kein Verantwortungsgefühl besitzen, egozentrisch oder egoistisch sind? Bei unseren Elternworkshops werden wir immer wieder gefragt, wie man Kinder dazu bringen kann, mehr tätige Anteilnahme, mehr Rücksicht und mehr Verantwortung zu üben.

Ein Vater sagte unlängst: »Ich fahre meinen vierzehnjährigen Sohn zum Sport, zum Einkaufen, ins Kino und zu seinen Freunden. Ich verrenke mich fast für ihn, aber als ich ihn neulich bat, doch mal den Mülleimer 'rauszutragen, hatte er tausend Gründe, weshalb ihm das in diesem Augenblick nicht möglich war.«

Und die Klage einer Mutter klang ganz ähnlich: »Es ist jedes Mal ein Kampf, wenn ich meiner elfjährigen Tochter sage, sie soll ihren Teil an der Hausarbeit machen. Wir erwarten wirklich nichts Großes von ihr – sie soll den Tisch abdecken und das Geschirr in die Spülmaschine räumen –, aber sie hat immer eine Entschuldigung. Neulich abends sagte sie, sie müsste noch so viel Hausarbeiten machen, aber dann, in ihrem Zimmer, hat sie als Erstes mit ihrer Freundin telefoniert. Das hat mich sehr geärgert. Meine Tochter sagte, ihre Freundin wäre so durcheinander, und sie hätte sie ein bisschen aufheitern wollen. Vielleicht hätte sie erst mal daran denken können, ihre Mutter aufzuheitern – nämlich ihre kleinen häuslichen Aufgaben zu erledigen.«

Aber was stimmt nun: Helfen Kinder von sich aus gern, oder sind sie von Natur aus egozentrisch? Haben sie Verantwortungsbewusstsein, oder fehlt es ihnen? Wir glauben, dass ein und dasselbe Kind verantwortungsbewusst *und* unzuverlässig sein kann, je nach Perspektive, Tagesform, Aufgabe, beteiligten Personen. Grundsätzlich glauben wir, dass die meisten Kinder in der Tat mit dem Wunsch auf die Welt kommen, zu helfen und Dinge zum Positiven zu verändern. Manchmal tun allerdings Eltern, auch wohlmeinende Eltern, nicht genug, um dieses Anliegen zu fördern. Im Übrigen können die Vorstellungen der Kinder davon, was sie vielleicht zum Positiven verändern könnten, den Vorstellungen der Eltern gerade widersprechen. Das heißt: Wenn Eltern behaupten, ihre Kinder seien verantwortungs- und rücksichtslos, dann sehen die Kinder das womöglich ganz anders.

Warum aber diese so unterschiedliche Perspektive? Und warum sind manche Kinder augenscheinlich weniger hilfswillig als andere? Wir wollen im Folgenden den Gründen für diese unterschiedliche Betrachtungsweise nachgehen.

Die gedankenlose Gleichsetzung von routinemäßigen Arbeiten mit »Verantwortung«

Der Begriff, den wir in Amerika zur Beschreibung der ersten kleinen Pflichten verwenden, die unsere Kinder übernehmen sollen, ist unglücklicherweise negativ konnotiert. Wir sprechen in diesem Zusammenhang von »chores«, und »chores« sind eigentlich die kleinen Dienste, die in jedem Haushalt routinemäßig erledigt werden müssen und nicht besonders beliebt sind. Dazu kommt noch, dass »chores« häufig auch für Hausaufgaben stehen, eine ebenfalls ungeliebte Tätigkeit. Das Kind, das sagt: »Ich habe ja ein solches Glück, dass ich sowohl ›chores‹ als auch Hausaufgaben machen darf«, ist uns bisher noch nicht begegnet. Wir würden im Gegenteil wohl eher misstrauisch werden, wenn ein Kind sich jemals so äußerte. Wenn wir Gruppen von Eltern fragen: »Wer von Ihnen erledigt gern ›chores‹?«, hebt niemand die Hand. Wenn wir aber die Frage anschließen: »Wer von Ihnen hilft gern?«, dann gehen fast alle Hände in die Höhe.

Kann ein Begriff wie »chores« die Wahrnehmung eines Kindes von dem, was von ihm erwartet wird, wirklich beeinflussen? Wir halten das für möglich. Selbstverständlich hätte die Entfernung dieses Begriffs oder vergleichbarer Worte aus der englischen Sprache nicht sofort ein größeres Verantwortungsbewusstsein unserer Kinder zur Folge. Wie auch immer – wenn Eltern behaupten, dass ihre Kinder nicht sehr verantwortungsbewusst sind, dann nennen sie als Beispiele häufig die nicht erledigten häuslichen Arbeiten. Wenn unsere tägliche Routine uns gefangen hält, verlieren wir oft die vielen Bereiche aus dem Blick, in denen unsere Kinder Verantwortungsbewusstsein aufbringen können und dies auch tun. Hinzu kommt noch, dass uns Erwachsenen in aller Regel völlig klar ist, dass und warum bestimmte Routinearbeiten eben erledigt werden müssen, dass das aber nicht notwendig auch für unsere Kinder zutrifft. Ein Neunjähriger fragte seine Eltern: »Wieso muss ich eigentlich die Spiele alle wieder wegräumen? Morgen hole ich sie mir doch sowieso wieder.« Und ein anderes Kind fragte: »Warum soll ich mir die Hände waschen? Sie werden doch gleich wieder schmutzig.«

Der Tunnelblick

Ein zweiter Faktor, der – neben der fälschlichen Gleichsetzung von Routinearbeiten und echten Verantwortlichkeiten – ebenfalls dazu beiträgt, dass das mangelnde Verantwortungsbewusstsein von Kindern beklagt wird, ist der Tunnelblick, den viele Eltern offensichtlich nur unter Schwierigkeiten gegen einen größeren Blickwinkel eintauschen können. Nehmen wir an, Sie haben Ihr Kind an fünf aufeinanderfolgenden Tagen daran erinnert, sein Zimmer in Ordnung zu bringen, sein Spielzeug wegzuräumen und die getragene Kleidung in den Wäschekorb zu legen, und Ihr Kind tut das alles schlicht nicht– dann kommen Sie reflexartig zu dem Schluss, dass Sie da offensichtlich ein Kind heranziehen, das kein Verantwortungsbewusstsein hat. Wenn wir den Akzent auf das legen, was unsere Kinder nicht tun, dann entgeht uns leicht, dass sie vielen Verantwortlichkeiten eben doch nachkommen.

Mrs. Malone suchte unseren Rat wegen ihres einzigen Kindes, des elfjährigen MARTY. Es war ganz offensichtlich, dass diese Mutter sich schikaniert und gehetzt fühlte.

»Ich bin alleinerziehende Mutter und bekomme nicht die geringste Hilfe von Marty. Er macht sein Bett nicht, er leert nie seinen Papierkorb, er lässt seinen leergegessenen Teller einfach stehen, und gestern bin ich über seine Schuhe gestolpert, die er an der Tür ausgezogen und nicht weggeräumt hat. Ich war drauf und dran zu schreien!«

Wir machten deutlich, dass wir uns in ihre Stimmung einfühlen könnten, und fragten, ob sie denn mit Marty über seine Pflichtvergessenheit gesprochen habe.

»Ich spreche immerzu mit ihm. Anscheinend geht es zum einen Ohr 'rein und zum anderen wieder 'raus. Er müsste mehr helfen. Er weiß, dass ich niemanden sonst habe, der mir hilft. Er lebt ja schließlich auch in der Wohnung. Aber er denkt nur an sich.«

»Hat er Ihnen denn *jemals* geholfen?«, fragten wir.

Ihre Antwort kam rasch: »Sehr selten.«

Wir stellten die Frage andersherum. »Natürlich hätten Sie es gern, dass er *mehr* hilft; aber wenn Sie uns etwas über die Gelegenheiten sagen könnten, bei denen er *überhaupt* hilft, dann könnten wir vielleicht auf diesen Episoden aufbauen.« Auf diese Formulierung hin listete Mrs. Malone auf, was Marty zum Funktionieren des Haushalts beitrug.

»Oft hilft er beim Einkaufen, und wirklichen Spaß hat er am Kochen. Ein Abendessen hat er schon manchmal gemacht.« Rasch fügte sie hinzu: »Aber es gibt so viele kleine Dinge, die er tun könnte und die mir eine Hilfe wären.«

Wir empfahlen ihr, zwei Listen anzufertigen: eine Liste derjenigen Aufgaben, die Marty ihrer Ansicht nach nicht erfüllte, und eine Liste der Arbeiten, bei denen er half. Beim Anfertigen dieser zweiten Liste war sie überrascht zu sehen, dass Marty ihr eben doch in vielem zu Hilfe kam. Ohne ihre Bedenken kleinzureden, was die von ihm vernachlässigten Bereiche anging, fragten wir sie nach der Art der Rückmeldungen, die sie Marty zukommen ließ, wenn er ihr half.

»Es ist mir ein bisschen peinlich zu sagen, dass ich mich für seine Hilfeleistungen vielleicht nicht immer ausreichend bei ihm bedanke. Ich habe ihm sogar schon gesagt, wenn er ans Kochen denken kann, warum dann nicht auch an andere Dinge. Es ist komisch, diese Liste durchzugehen und zu sehen, dass er mir eben doch mehr hilft als ich dachte.«

Unabsichtlich sprach diese Mutter, vielleicht weil sie sich so schlecht behandelt fühlte, gewohnheitsmäßig von Dingen, die ihr Sohn *nicht* tat, statt die vielen

Facetten seines Beitrags zum Funktionieren dieses Haushalts zu würdigen. Sie war in ein negatives Skript verfallen, das durch »das fehlende Lob« gekennzeichnet war. Dieses spezielle Muster lässt sich mehr oder weniger ausgeprägt in vielen Familien entdecken. Wir rieten Mrs. Malone, Martys Hilfsbereitschaft als solche zu bestätigen. Darüber hinaus schlugen wir ihr vor, eine oder auch zwei Aufgaben zu bestimmen, die Marty ihrer Ansicht nach unbedingt und als Erste erfüllen sollte, und mit ihm darüber zu reden, dass und warum sie wichtig waren und was er tun könnte, um sie nicht zu vergessen.

Mit ihrer nunmehr weiter gefassten Sicht dessen, was ihr Sohn zum Funktionieren des Haushalts beitrug, konnte sie Marty in besserer Stimmung und »weniger nörglerisch« begegnen. Marty reagierte insofern positiv auf das Lob seiner Mutter, als er seine Abwehrhaltung lockerte und sich bereitwilliger anhörte, was sie über anderweitige Pflichten zu sagen hatte, über die er sich bisher hinweggesetzt hatte.

Sehr verbreitet ist eine weitere Form des »Tunnelblicks«. CELIAs Eltern, Mr. und Mrs. Saunders, klagten über das egozentrische Verhalten ihrer vierzehnjährigen Tochter.

Mrs. Saunders sagte: »Helfen tut sie nie. Es ist ein einziger Kampf. Wenn man sie ermahnt, dies oder jenes zu tun, dann kommt dieser ›Blick‹ von ihr, der so viel besagt wie: Kannst du mich nicht in Ruhe lassen? Einmal, als ich ihr sagte, sie solle ihr Zimmer saubermachen, schrie sie: ›Ja glaubst du denn, ich bin dein Sklave? Das ist *mein* Zimmer!‹«

»Ist sie immer schon so gewesen?«

»Früher hat sie mehr geholfen«, sagte Mr. Saunders, »aber in den letzten ein oder zwei Jahren hat sie nicht mehr so recht gewollt. Ich fürchte, sie wird ein egozentrischer Mensch werden.«

Hier mischte sich Mrs. Saunders wieder ein: »Sie ist sofort bereit, ihren Freundinnen zu helfen, wenn die sie bitten, aber zuhause rührt sie keinen Finger.«

Speziell an Mrs. Saunders gewandt, fragten wir: »Wenn Celia aber doch ihren Freundinnen hilft – was meinen Sie, könnte das nicht ein Anzeichen dafür sein, dass sie nicht egozentrisch ist?«

»Ihren Freundinnen gegenüber vielleicht nicht. Aber zuhause scheint sie ja nur mit sich selbst beschäftigt zu sein«, antwortete Mrs. Saunders.

Wir bestätigten die Eltern in ihrer Meinung, dass alles einfacher wäre, wenn Celia mehr helfen würde. Wir sagten aber auch, dass Celias Verhalten zuhause nicht zwangsläufig bedeuten musste, dass sie kein Verantwortungsgefühl besaß. Wieder hoben wir den Gedanken hervor, dass man das Verhalten eines Kindes unbedingt in allen Aspekten seines Lebens unter die Lupe nehmen muss. Im Übrigen, so sagten wir, wenden die meisten Jugendlichen sich mit ihrer Aufmerksamkeit zunehmend ihren Freunden zu und verwenden entsprechend weniger Energie darauf, zuhause zu helfen.

»Wir sind froh«, sagten wir, » dass Celia sich jedenfalls die Zeit nimmt, ihren Freundinnen zu helfen. Bedenklicher fänden wir es, wenn sie niemandem helfen würde.«

Ähnlich wie im Fall von Mrs. Malone und Marty rieten wir auch hier dazu, das bestehende Skript zu ändern und der Tochter sinngemäß etwa Folgendes zu sagen: »Wir halten es für sehr wichtig, dass du deinen Freundinnen hilfst; damit zeigst du, dass du ein Empfinden für andere hast und eine gute Freundin bist.« Wenn sie den Akzent in dieser Weise auf die *positiven* Aspekte von Celias Aufmerksamkeit gegenüber ihren Freundinnen legen würden, so sagten wir weiter, dann würde Celia sich beim anschließenden Gespräch über die häuslichen Verpflichtungen weniger defensiv verhalten.

Mrs. Saunders hielt das für eine gute Methode, aber ihr Mann machte Einwendungen: »Wir sind doch diejenigen, die wirklich sehr viel für Celia tun. Sie sollte erst mal zuhause helfen, danach kann sie dann auch ihren Freundinnen helfen.«

Um besser zu verstehen, warum Mr. Saunders unseren Empfehlungen nicht folgen wollte, fragten wir ihn, was er *fühlte*, wenn Celia sich lieber ihren Freundinnen zuwandte.

Das Erste, was er sagte, war: »Es ärgert mich. Ich habe das Gefühl, sie wendet sich von uns ab.« Dann bekam er feuchte Augen und räumte ein: »Ich vermisse die kleine Celia von damals. Ich vermisse es, dass ich sie in die Luft werfen und wieder auffangen konnte, und ich vermisse es, dass sie mich dafür umarmte.«

Mrs. Saunders legte ihre Hand auf seine und sagte: »Ein bisschen vermisse ich das auch, aber wir müssen zur Kenntnis nehmen, dass Celia nicht mehr das kleine Mädchen von damals ist.«

Das war eine denkwürdige Sitzung. Mr. Saunders erkannte, dass es ihm zu schaffen machte, keine »kleine Tochter« mehr zu haben, und dass diese Gefühle ihn in der Ansicht bestärkt hatten, Celia sei egozentrisch. Beide Eltern kamen zu der Erkenntnis, dass ihr Bild ihrer Tochter eng gefasst war und dass sie in der Fixierung auf dieses enge Bild übersehen hatten, dass Celia ja doch eine mitempfindende und verantwortungsbewusste Person war, wenn sie am Telefon versuchte, einer unglücklichen Freundin gut zuzureden oder einer Klassenkameradin bei den Hausaufgaben zu helfen. Ihre neue Perspektive machte den Eltern Saunders einen sehr viel positiveren Umgang mit ihrer

Tochter möglich, und Celia reagierte darauf wie viele Kinder, denen wir hier schon begegnet sind – sie zeigte sich verantwortungsbewusster in Bezug auf die im Haushalt anfallenden Arbeiten.

Das Ungleichgewicht zwischen Erwartungen und Fähigkeiten

Im sechsten Kapitel war davon die Rede, dass wir Erwartungen formulieren müssen, die im Einklang mit dem Temperament, den kognitiven Fähigkeiten und dem Lernstil unserer Kinder stehen. Im ganzen Verlauf dieses Buches haben wir immer wieder beobachten können, dass Eltern ein Verhalten erwarteten, das ihre Kinder nicht so einfach »liefern« konnten – sei es, dass CARL sich morgens rechtzeitig auf den Schulweg machen, dass JOHN seine Hausaufgaben erledigen oder dass MARY bessere Noten nach Hause bringen sollte. In vielen solchen Situationen sagen die Eltern, ihre Kinder seien verantwortungslos. Hier geht es aber nicht um Verantwortungsbereitschaft, sondern, wie wir in den letzten beiden Kapiteln sahen, einfach darum, dass die Messlatte der elterlichen Erwartungen zu hoch gelegt war.

Wenn Kinder Dinge tun sollen, von denen sie das Gefühl haben, dass sie ihre Möglichkeiten übersteigen, weichen sie nicht selten vor der jeweiligen Aufgabe zurück. Wir müssen also bei unseren Bemühungen, unsere Kinder Verantwortung zu lehren, unbedingt darauf achten, dass sie die Aufgaben auch wirklich bewältigen können.

Uns allen passiert es gelegentlich, dass wir unrealistische Erwartungen hegen. Lassen Sie sich aber in Ihrem Verhalten nicht von dem hier skizzierten Mythos des mangelnden Verantwortungsgefühls vieler Kinder leiten. Nur mit der Absage an diesen Mythos sorgen Sie dafür, dass das Thema Verantwortungsbereitschaft für Ihre Kinder an Bedeutung gewinnen kann.

Wie können wir unseren Kindern helfen, Verantwortung, Mitgefühl und soziales Empfinden auszubilden?

In diesem Abschnitt präsentieren wir fünf Prinzipien, die Sie in Ihrer inneren Einstellung und in Ihrem Verhalten gegenüber Ihren Kindern leiten können – nicht mit dem Ziel, Ihren Kindern irgendwelche bisher nicht vorhandene Fertigkeiten einzupflanzen, wohl aber mit dem Ziel, Eigenschaften zu pflegen und zu stärken, die bei allen Kindern bereits vorhanden sind.

Erstes Prinzip: Seien Sie ein Vorbild für Verantwortungsbewusstsein

Kinder achten genau auf das, was die Eltern sagen, vor allem aber beobachten sie das, was die Eltern tun. Bitte beantworten Sie im Wissen um diese Tatsache folgende Fragen:

- Was würden Ihre Kinder auf die Frage antworten, in welcher Weise Sie Verantwortungsbewusstsein zeigen?
- Was würden Ihre Kinder auf die Frage sagen, wann oder wo Sie, die Eltern, sich *nicht* verantwortungsbewusst verhalten haben?
- Was würden Ihre Kinder auf die Frage sagen, bei welchen karitativen Handlungen sie Sie in den letzten Monaten beobachtet haben?
- Was würden Ihre Kinder auf die Frage sagen, bei welchen karitativen Initiativen sie in den letzten Monaten zusammen mit Ihnen, den Eltern, tätig waren?

Mit diesen Fragen wollen wir Eltern zum Nachdenken darüber anregen, in welcher Weise sie für ihre Kinder Vorbilder an Verantwortungsbewusstsein und tätiger Anteilnahme sind.

Mr. und Mrs. Palmer beklagten die ständigen Streitereien zwischen ihren beiden Söhnen, dem vierzehnjährigen ROY und dem zwölfjährigen DUANE.

»Es kann anfangs ganz friedlich zugehen am Esstisch, und doch kann man beinahe schon voraussagen, dass in den nächsten Minuten einer von ihnen den anderen mit irgendeiner Bemerkung provoziert, und dann brüllen und schreien sie sich an. Immer gibt es Krach darüber, was sie im Fernsehen ansehen wollen, wer die Fernbedienung haben soll und wer welchen Sessel für sich reklamiert. Ehrlich, das macht einen fertig,« sagte Mr. Palmer.

»Und dann muss man sie auch immer an das erinnern, was sie zu tun haben«, sagte Mrs. Palmer. »Sie werfen ihre Sachen auf den Fußboden, sie vergessen, die Spiele wegzuräumen, sie vergessen, das Licht auszumachen, wenn sie ein Zimmer verlassen, sie vergessen ihre Hausaufgaben, sie vergessen, ihre Papierkörbe zu leeren. Ich könnte das Wort *vergessen* noch lange benutzen, um sie zu beschreiben. Mein Mann hat recht, es macht einen wirklich fertig.«

Wir fragten, was sie gegen diese umfassende Vergesslichkeit täten.

Mr. Palmer antwortete: »Am Ende fangen wir dann in der Regel auch an zu schreien. Das führt dann gewöhnlich dazu, dass sie tun, was sie tun sollten, aber wie gesagt, es ist ermüdend, und als Familie kann man so nicht leben. Uns kommt alles und jedes wie eine Schlacht vor.«

»Und hat das Vergessen noch irgendwelche anderen Konsequenzen, außer dass Sie die Kinder anschreien?«, wollten wir wissen.

Unschlüssig sagte Mr. Palmer: »Gewöhnlich streichen wir ihnen das Fernsehen oder schicken sie in ihre Zimmer, aber das bringt irgendwie nicht viel. Wir müssen etwas falsch gemacht haben, dass wir zwei so verantwortungslose Kinder haben.«

Dass diese Eltern frustriert waren, war deutlich zu merken. Wir sagten ihnen, es könnte nützlich sein, darüber nachzudenken, wie Kinder uns und unsere Handlungen wahrnehmen. Da sie ja das Wort *verantwortungslos* benutzt hatten, um Roy und Duane zu kennzeichnen, sollten sie sich doch einmal überlegen, wie ihre Söhne sie, die Eltern, bewerten würden: »Wenn wir Roy und Duane fragten, wo und wie sie ihre Eltern verantwortungsbewusst oder *nicht* verantwortungsbewusst haben handeln sehen, was würden sie wohl sagen?«

Beide Eltern antworteten, da seien sie sich nicht sicher.

Wir fuhren fort: »Das ist etwas, worüber Sie nachdenken sollten. Es könnte nützlich sein, wenn Sie zur nächsten Sitzung zusammen mit Ihren Söhnen kommen. Dann können wir überlegen, wie sich die Situation bei Ihnen zuhause verbessern lässt.«

Mr. Palmer sagte: »Ich bin sicher, dass sie in Ihrer Gegenwart nicht herumschreien werden, und ich bin auch sicher, dass sie Ihnen erzählen werden, dass sie ihren Pflichten sehr wohl nachkommen, dass wir aber trotzdem an ihnen herumnörgeln.«

Wir erklärten den Palmers, dass es uns nicht wundern würde, wenn die Kinder sich in der gemeinsamen Sitzung genau so verhalten und genau das sagen würden, denn die meisten Kinder benähmen sich in unserem Sprechzimmer besser als zuhause, und die meisten Kinder hätten nun mal eine andere Perspektive als ihre Eltern. Sollten Roy und Duane ein Bild zeichnen, das sehr stark von der elterlichen Sicht der Dinge abwich, so sagten wir, dann könnten sie diese unterschiedlichen Wahrnehmungen doch gleich alle miteinander, als Familie, unter die Lupe nehmen. Das könnte ein erster Schritt zur Lösung mancher Schwierigkeiten sein.

Die nächste Sitzung, zu der die Palmers ihre beiden Söhne mitbrachten, war erhellend. Die Palmers sprachen zunächst wieder von den Problemen, von denen sie uns schon in der vorausgegangenen Sitzung berichtet hatten. Wir fragten Roy und Duane, was sie dazu meinten. Anfangs verhielten sich beide abwehrend, und Roy sagte: »Wir streiten gar nicht so viel wie sie sagen. Sie sind halt immerzu hinter uns her.«

Mr. Palmer sagte: »Was du ›Hinter-euch-Hersein‹ nennst, ist, dass Mama und ich euch ermahnen, dass ihr euren Verantwortlichkeiten nachkommt und etwas dazu beitragt, dass nicht so eine gespannte Atmosphäre in der Familie herrscht. Aber egal was wir machen, es klappt nicht, denn wir müssen euch ja immer wieder ermahnen. Wir wollen ganz einfach, dass ihr etwas mehr Verantwortungsbewusstsein zeigt.«

Wir fragten Roy und Duane, was sie zu diesem Kommentar ihres Vaters sagen wollten – vor allem, ob sie es für wichtig hielten, im Haushalt Hand anzulegen. Wir stellen diese Frage immer, um zu sehen, ob den Kindern klar ist, welche Rolle sie in der Familie spielen.

Duane antwortete: »Manches ist doch blöd. Was ist denn dabei, wenn die Spielsachen wirklich mal liegenbleiben oder wir unsere Betten nicht machen? Ist das denn so eine Riesensache?«

»Für uns schon«, sagte Mrs. Palmer. »Was wäre denn, wenn niemand von uns etwas täte? Wenn Papa und ich nicht kochten? Wenn niemand das Geschirr spülte? Wenn eure Sachen nicht gewaschen oder gereinigt würden? Wie sähe es denn dann bei uns zuhause aus? Jeder muss mit anpacken. Wenn ihr beide nichts beitragt, dann werdet ihr wohl weiter denken, dass wir bloß nörgeln.«

Dieser Kommentar veranlasste uns zu fragen: »Hat jeder hier in der Runde das Gefühl, verlässlich zu sein? Führen alle das, was sie angekündigt haben, dann auch wirklich aus?«

Was daraufhin passierte, war faszinierend zu beobachten und bestätigte die wichtige Rolle, die den Eltern als Vorbildern ihrer Kinder zukommt.

Auf seine Eltern zeigend, sagte Duane: »Sie sagen, dass wir nichts tun, aber es kommt ganz oft vor, dass sie nicht halten, was sie versprochen haben. Sie sagen auch, dass wir nicht aufräumen – aber Sie sollten mal *ihr* Zimmer sehen. Sie legen ihre gewaschenen Sachen auf die Kommode. Sie lassen sie einfach da oben liegen, aber uns schreien sie an, wenn wir unser Zeug nicht in die Schubladen tun.« Roy nickte wie zur Bestätigung dieser Anklage.

Mr. und Mrs. Palmer blickten etwas peinlich berührt. Mrs. Palmer wandte sich ihrem Mann zu und sagte vorwurfsvoll: »Ich hab dir gesagt, dass du deine Sachen nicht einfach da liegen lassen sollst.«

Duane legte nach: »Und sie sagen, dass wir unsere Versprechen nicht halten, aber sie machen das auch nicht immer. Neulich abend hieß es erst, wir würden zum Essen ausgehen, aber dann kam Papa spät von der Arbeit, und wir sind nicht mehr gegangen. Er hat gesagt, es tut ihm leid, aber sowas ist schon oft vorgekommen.«

Roy mischte sich ein: »Sie sagen, wir sollen aufräumen, aber manchmal lassen sie ja auch die Post und die Zeitung auf dem Tisch oder auf dem Küchenstuhl liegen. Und Mama erinnert Papa schon mindestens seit einem Monat daran, dass er die Haustür reparieren wollte, weil die nämlich klemmt, und Papa sagt nur immer, er macht es schon noch.«

Die Abwehrhaltung der Eltern wich rasch dem Eingeständnis des Vaters: »Wir sollten wohl alle etwas verantwortungsbewusster sein.«

Das löste eine Debatte darüber aus, welche im Haushalt anfallenden Arbeiten als besonders wichtig angesehen wurden, wer für welche Arbeiten zuständig sein sollte und welche Folgen es haben müsste, wenn diese Arbeiten nicht erledigt würden (dazu zählte zum Beispiel eine – auch für die Eltern geltende – Fernsehsperre bis zu dem Augenblick, in dem das Versäumte nachgeholt sein würde). Darüber hinaus versprach Mr. Palmer, sich in Zukunft an seine Zusagen (z. B. zu einer bestimmten Uhrzeit zuhause zu sein, mit den Kindern zum Essen auszugehen usw.) zu halten. Die Kleidungsstücke wurden jetzt auch von den Eltern wieder weggeräumt, Briefe und Zeitungen blieben nicht mehr einfach irgendwo liegen, und Mr. Palmer reparierte sogar die Haustür.

Wir empfanden das Arbeiten mit den Palmers als sehr erfreulich. Nach ihrer anfänglichen Abwehrhaltung zeigten die Eltern sich erstaunlich aufgeschlossen für den Gedanken, ihr Skript zu ändern und sich zu überlegen, was sie in Zukunft anders machen könnten. Sie konnten ihren Söhnen und sich selbst begreiflich machen, dass es wichtig ist, dass jedes Familienmitglied die ihm zugewiesenen Aufgaben akzeptiert. Anstatt zu nörgeln, orientierten sie sich jetzt am Gedanken des Problemlösens und taten sich, sobald es Schwierigkeiten gab, in diesem Sinn mit ihren Söhnen zusammen.

Dieser ganze Prozess nahm Gestalt an, während die Palmers zugleich an ihrem eigenen Skript Änderungen vornahmen, die ihren Söhnen zum Vorbild dienten.

Zweites Prinzip: Sorgen Sie dafür, dass Ihre Kinder sich als Helfer fühlen können

Der angeborene Wunsch zu helfen steht in einem eindeutigen Zusammenhang mit der Stärkung des Verantwortungsbewusstseins und der Mitleidensfähigkeit. Die Hilfe, die ein Kind anderen zukommen lässt, stärkt sein Selbstwertgefühl und sein Wissen um die eigene Leistung und sagt ihm, dass das, was es da tut, zum Wohlergehen des Empfängers beiträgt – sämtlich Komponenten einer resilienten Welt- und Lebensorientierung.

Aus diesem Grund raten wir dazu, einem Dreijährigen, in manchen Fällen vielleicht auch einem noch etwas jüngeren Kind, *eine* Tätigkeit zu benennen, die von nun die Aufgabe dieses Kindes sein soll. Diese Aufgabe sollte ihm allerdings nicht als Arbeit anvisiert werden; lieber sollten die Eltern dem Kind sagen: »Wir brauchen deine Hilfe.« Das ist keine semantische Spielerei um der Spielerei willen, sondern diese Formulierung legt den Akzent frühzeitig auf die Mitteilung: »Du bist ein schätzenswerter Mensch und kannst anderen etwas geben.« Eine solche Botschaft fördert das Verantwortungsbewusstsein und die Resilienz des Kindes.

Beiden Söhnen von Robert Brooks wurde rund um den dritten Geburtstag gesagt, von nun an sollten sie ihre schmutzigen Sachen selbst in den Wäschekorb legen; die dahinterstehende Botschaft lautete: »Indem du das tust, hilfst du mir.« Sie kam bei beiden Kindern sehr gut an.

Wenn unsere Kinder uns in dieser Weise zur Hand gehen, sollten wir nicht vergessen, sie dafür zu loben. Das kann sich zum Beispiel so anhören: »Mit dir ist das hier etwas ganz anderes. Du bist ja so ein guter Helfer.« Das Gesicht des Kindes wird sich aufhellen, wenn es davon überzeugt ist, dass es anderen mit seinen Aktionen hilft. Auch Erwachsene brauchen das Gefühl, etwas zum Positiven verändert zu haben. Wenn wir unseren Kindern keine Gelegenheit geben, Dinge zum Positiven zu verändern, dann sind sie eher in Gefahr, in negativer Weise »tätig« zu werden.

Die Überzeugung, handelnd etwas auf der Seite des Empfängers bewirken zu können, ist ein starker Anreiz, den eigenen Verpflichtungen nachzukommen. Im Blick darauf sollten Eltern nach Möglichkeit versuchen, die Kompetenzinseln ihrer Kinder in Dienst zu nehmen. WENDY zum Beispiel entwickelte in ihrem neuen Job mit den Kleintieren, die sie schon immer interessiert hatten, mehr Verantwortungs- und Kompetenzbewusstsein. AMELIAs Hilfsbereitschaft fand ein Betätigungsfeld in dem Pflegeheim, im Zusammensein mit zwei jüngeren Nachbarskindern und beim Tischdecken, wo sie für das Besteck zuständig war. Nachdem PATTIE, die fünfzehnjährige Starfußballerin, ihre Wut kanalisiert und unter Kontrolle hatte, übernahm sie den Posten einer Hilfstrainerin in einem Mädchen-Fußballteam. Nie ließ sie einen Trainingstermin aus. Die neue Aufgabe kam ganz eindeutig ihrem Verantwortungsgefühl und ihrem teilnehmenden Interesse an anderen zugute.

Wenn Sie diesen Grundsatz – Kinder sollten Gelegenheit haben, sich als Helfer zu fühlen – in die Praxis umsetzen wollen, dann sollten Sie auf Ihre Wortwahl achten: Taucht das Wort »Arbeit« in Ihren Äußerungen häufiger auf als Formulierungen wie etwa: »Wir können deine Hilfe wirklich gut gebrauchen« ? Nicht dass Sie das Wort »Arbeit« aus Ihrem Vokabular verbannen sollten – wir wollen vielmehr sagen, dass Sie sich auf das motivierende Potential des Hilfswunsches bei Ihrem Kind verlassen sollten. Wenn dieses Potential betont und

»eingespannt« werden kann, dann höchstwahrscheinlich mit dem Ergebnis, dass das so angesprochene Kind eine Tätigkeit, von der es glaubt, dass sie dem Empfänger hilft, einfühlsam und verantwortungsbewusst zu Ende bringt.

Der siebenjährige RYAN hatte Schwierigkeiten, morgens rechtzeitig in der Schule zu sein. Der Grund lag zum einen in seinem Temperament, zum anderen in seinen Lernschwierigkeiten – die Schule war nicht gerade sein liebster Aufenthaltsort. Die Eltern, Mr. und Mrs. Warner, bezeichneten Ryan uns gegenüber als ein »verantwortungsloses Kind« und interpretierten sein morgendliches Herumtrödeln als manipulativ.

Zunächst versuchten wir, sie in ihrer Empathiefähigkeit anzusprechen, indem wir ihnen erklärten, welchen Anteil das Temperament ihres Sohnes an seinen Problemen hatte, und indem wir die Blockaden benannten, auf die er beim Lernen traf. Wir interpretierten seine Schwierigkeiten, rechtzeitig in der Schule zu sein, als Bewältigungsstrategie, mit der er das umgehen wollte, was er als Misserfolgssituation wahrnahm. Unsere Interventionen mündeten in die Empfehlung, Ryan wegen seiner Lernschwierigkeiten Nachhilfestunden nehmen zu lassen. Darüber hinaus rieten wir den Warners, darauf hinzuwirken, dass ihm von der Schule aus eine Aufgabe anvertraut wurde, die gleich morgens ausgeführt werden müsste und bei der er sich als Helfer erleben könnte.

Ryans Eltern und seine Lehrerin stimmten zu, wobei auch zur Sprache kam, dass Ryan und der Schulleiter sich sympathisch waren. Die Lehrerin und der Schulleiter entwickelten einen Plan, den sie Ryan anschließend vortrugen: Der Schulleiter brauchte jemanden, der morgens vor Unterrichtsbeginn den Zustand der Fußböden in allen Räumen prüfen und gleichzeitig kontrollieren sollte, ob etwa irgendwo die Beleuchtung ausgefallen war. Er bot Ryan den Posten eines »Hausmeisterhelfers« an, den Ryan begeistert annahm. Mit dieser Verantwortung hatte er ein großartiges Motiv, schon vor Unterrichtsbeginn in der Schule zu sein. Der Direktor ließ ihm sogar ein Zertifikat drucken, auf dem »Hausmeisterhelfer« stand und das Ryan stolz zuhause aufhängte. Das Verantwortungsbewusstsein, das er bei dieser Aufgabe bewies, hatte einen Welleneffekt auf seine schulischen Anstrengungen und auf andere Bereiche seines Lebens. Das Fazit dieser Geschichte: Die Kraft der Überzeugung, dass wir mit dem, was wir tun, eine Veränderung zum Positiven bewirken, sollte keinesfalls unterschätzt werden.

Drittes Prinzip: Machen Sie karitatives Engagement zur Familientradition

Im Zusammenhang mit unserem ersten Prinzip haben wir danach gefragt, was Kinder über das Verantwortungsbewusstsein ihrer Eltern zu sagen hätten, wenn sie danach gefragt würden. Dabei ging es auch um karitative Handlungen: Haben die Kinder beobachten können, dass ihre Eltern in irgendeiner Weise karitativ tätig waren, und waren Eltern und Kinder vielleicht sogar gemeinsam in solche Initiativen eingebunden? Diese Fragen beruhen auf unserer Überzeugung, dass es leichter ist, unsere Kinder Verantwortungsbereitschaft und Mitgefühl zu lehren, wenn wir ihnen dafür Vorbilder sind und wenn wir sie an unseren »Geber«-Aktivitäten beteiligen.

Natürlich wollen wir nicht, dass Kinder uns berichten, ihre Eltern seien jeden Abend in irgendwelchen gemeinnützigen Angelegenheiten unterwegs, denn das würde ja bedeuten, dass diese Eltern das kostbare Zusammensein mit ihren Kindern für andere Dinge opfern. Aber wir freuen uns, wenn Kinder uns berichten, dass ihre Mutter in einem kommunalen Ausschuss sitzt, dass ihr Vater ein Jugendteam trainiert oder dass beide Eltern mit der Geldbeschaffung oder in anderer Weise für ein karitatives Unternehmen befasst sind.

Nicht immer bekommen wir solche »erfreulichen« Mitteilungen. So ist uns ein Heranwachsender in bleibender Erinnerung, der eine sehr angespannte Beziehung zu seinen, wie er sagte, »tyrannischen und kritischen« Eltern unterhielt. Auf unsere Frage, was die Eltern zugunsten der lokalen Gemeinschaft täten, gab er uns die sarkastische Antwort: »Ich habe nie gesehen, dass sie irgendwie geholfen hätten – aber sie können Ihnen die mit Abstand besten rassistischen Witze erzählen.«

Kinder sollten nicht nur Gelegenheit haben zu sehen, dass ihre Eltern etwas unternehmen, um das Leben anderer Menschen zu erleichtern, sondern auch selbst frühzeitig in solche Unternehmungen der Eltern einbezogen werden. Auch Vorschulkinder können Mutter oder Vater begleiten, wenn diese in einer Suppenküche beim Ausgeben helfen, sie können mitmachen, wenn die Eltern für alte Leute einkaufen, oder sie können zusammen mit den Eltern an Anti-Hunger-Kampagnen und Anti-AIDS-Märschen teilnehmen.

Auch wir haben im Rahmen unserer klinischen Tätigkeit Gelegenheit gehabt, in dieser Weise unterstützend zu wirken. Wir haben Süßigkeiten, Gebäck, Einwickelpapier und Zeitschriften von Schüler- oder Pfadfindergruppen gekauft, die auf diese Weise versuchten, Geld für ihre Organisation zu beschaffen. Wir haben Pfadfinder in ihren Bemühungen um die höchste Auszeichnung, den »Adler-Pfadfinder«, unterstützt. Kinder und Jugendliche haben uns gebeten,

Geld für einen gemeinnützigen Zweck zu spenden, und zwar abhängig davon, wie viele Kilometer sie zu Fuß zurückgelegt hatten; wenn diese Kinder kommen und ihr Geld abholen, ist es wunderbar, die Freude auf ihren Gesichtern zu sehen und zu spüren, dass sie wissen: Ich habe da etwas geleistet.

Eine Familie, der dieses karitative Element wichtig ist, wird eine Tradition daraus machen, das heißt, sie wird dafür sorgen, dass alle ihre Mitglieder sich an Hilfsaktionen für andere beteiligen. So bestärken Eltern ihre Kinder in der Überzeugung, dass sie wichtig sind, dass sie imstande sind, anderen zu helfen, dass sie folglich auf Anerkennung treffen und dass sie in der Tat etwas bewirken. Ein Kind, das zu dieser Überzeugung gelangt, entwickelt zugleich Verantwortungsbereitschaft, ein tätiges Interesse an den Mitmenschen und eine von Resilienz geprägte Welt- und Lebensorientierung.

Viertes Prinzip: »Das Grobe« bleibt uns nicht erspart – verteilen wir diese Arbeiten also auf faire Weise

Wir können die Mitteilung an unsere Kinder, dass wir auf ihre Hilfe angewiesen sind, damit der Haushalt einigermaßen geräuschlos funktioniert, noch so sorgfältig formulieren – das ändert nichts daran, dass viele häusliche Tätigkeiten reichlich öde sind. Wem macht es schon Spaß, die Wohnung aufzuräumen, das Geschirr zu spülen, den Mülleimer zu leeren oder den Staubsauger zu bedienen? Das alles sind Tätigkeiten, die wir gerne auf später verschieben oder »vergessen«. Wo sie nicht ausgeführt werden, funktioniert der Haushalt eben nicht so geräuschlos und bequem wie er könnte, und die Kinder sind nicht zur Mitarbeit herangezogen. Wie lässt sich die Erledigung der sogenannten »groben Arbeiten« etwas erträglicher gestalten?

Sprechen Sie zunächst mit Ihren Kindern darüber, dass es bestimmte Arbeiten gibt, die einfach sein müssen, und schildern Sie, was passieren würde, wenn diese Arbeiten liegenblieben. Wir kennen Eltern, die ihren drei Kindern sagten, wenn sie ihre schmutzigen Sachen nicht in den Wäschekorb legten, dann würden sie eben auch nicht gewaschen. Eines Morgens entdeckte der vierzehnjährige Sohn dieser Familie, dass er nichts Sauberes mehr anzuziehen hatte, und begriff rasch, dass das die Folge des Umstands war, dass er sich nicht an die Abmachung gehalten hatte. Zunächst versuchte er den Eltern die Schuld zuzuschieben – er habe nicht gewusst, dass sie am Vortag gewaschen hatten. Ruhig erklärten sie ihm, er habe ja die Wahl: Er könne daran denken, seine schmutzigen Sachen in den Wäschekorb zu legen, oder seine Wäsche eben selbst waschen. Zu ihrer Überraschung entschied er sich für die zweite Möglichkeit – von nun an wusch und bügelte er seine Sachen selbst. Nicht viele Jugendliche hätten sich so entschieden!

Im Anschluss an dieses erste Gespräch könnte die Familie eine Liste der Arbeiten zusammenstellen, die im Haushalt erledigt werden müssen. Dabei kann es zu Meinungsverschiedenheiten darüber kommen, was wichtig und was weniger wichtig ist, und diese Meinungsverschiedenheiten können Ausgangspunkt weiterer Diskussionen in der Familie sein. Manche Arbeiten, die eine Zeitlang sehr wichtig sind, können später vielleicht eher in den Hintergrund rücken. Wenn die Liste aufgestellt ist, kann überlegt werden, welche Arbeiten ohnehin nur von bestimmten Familienmitgliedern und welche tatsächlich von jedem von ihnen erledigt werden können. Das wird in der Regel weitgehend vom Alter der Kinder und von ihren physischen und kognitiven Fähigkeiten bestimmt sein. Von einem Vierjährigen wird man kaum verlangen, dass er die Regenrinne von Herbstblättern befreit, aber beim Zusammenrechen von Laub kann er schon helfen.

Wenn dann eine Liste der Aufgaben und Aufgabenträger zustande gekommen und auf ihre Prioritäten hin festgelegt worden ist, kann die Familie in einem dritten Schritt vereinbaren, wie und für wie lange diese Aufgaben jeweils delegiert werden sollen. Manche Aufgaben sind langweiliger als andere. Viele Familien führen ein rotierendes System ein, das heißt, die Aufgabenverteilung wechselt jede Woche oder jeden Monat. Die Familie Palmer fuhr mit ihrer monatlichen Rotation sehr gut.

Schließlich muss man damit rechnen, dass Kinder, auch wenn eine Liste vorhanden und das Rotationsprinzip besprochen worden ist, unter Umständen vergessen, die ihnen zugewiesenen Arbeiten auszuführen. Deshalb sollte eine solche Diskussion über die Verteilung der Aufgaben als letzten Punkt die Frage einschließen, was geschehen soll, wenn jemand – auch Vater oder Mutter – vergisst zu tun, was ihm aufgetragen wurde. Manche Familien helfen sich in solchen Fällen mit simplen verbalen Ermahnungen wie »Du hast vergessen, den Tisch abzudecken« oder »Du bist aus dem Wohnzimmer gegangen, ohne die Spiele wegzuräumen«. Andere hängen die Listen an bestimmten Stellen im Haus auf und zeigen darauf, wenn jemand vergessen hat, seinen Auftrag auszuführen.

Wie auch immer vorgegangen wird – wichtig ist, dass die Eltern ihren Kindern begreiflich machen, dass und warum jedes Familienmitglied helfen muss und wie die Arbeit gerecht verteilt werden kann. Auch wenn die Eltern sich insoweit das letzte Wort vorbehalten, werden die Kinder ihre Stellung in der Familie akzeptieren, sofern sie wissen, dass ihre Ansichten gehört werden. Unter diesen Umständen werden sie eher Verantwortungsbewusstsein und ein Gespür für ihren eigenen Beitrag entwickeln.

Fünftes Prinzip: Betrachten Sie das Leben Ihres Kindes aus der Vogelperspektive

Die Vogelperspektive kann das enge Bild, von dem weiter oben die Rede war, korrigieren. Wie wir an den Beispielen von Mrs. Malone und MARTY und von Mr. und Mrs. Saunders und CELIA sahen, kommt es vor, dass Eltern einem Bereich, in dem ihr Kind anscheinend nicht besonders verantwortungsbewusst handelt, zu viel Bedeutung beimessen und darüber andere Bereiche, in denen das Kind möglicherweise sehr verantwortungsbewusst handelt, gar nicht wahrnehmen.

Die Vogelperspektive eröffnet Ihnen einen größeren Überblick über das Leben Ihres Kindes. Häufig bitten wir Eltern, schriftlich festzuhalten, wo und wie ihr Kind seinen Pflichten nicht nachkommt; anschließend sollen sie dann Episoden notieren, bei denen ihr Kind seine Pflichten erfüllt und sich hilfsbereit gezeigt hat. Vielen wird erst anhand dieser Übung klar, wo überall ihr Kind verantwortungsbewusst handelt.

Zum zweiten Teil dieser Übung fällt manchen Eltern im ersten Augenblick überhaupt nichts ein; in solchen Fällen bitten wir sie, die Dinge eine Woche lang aufmerksam zu beobachten. Wenn sie dann Anzeichen für verantwortungsbewusstes Handeln beim Kind bemerken, sollen sie das ihm gegenüber deutlich machen und ihm Verstärkung geben. Ein solches positives Vorgehen erleichtert ihnen das Gespräch über Verhaltensbereiche, die verbesserungsbedürftig sind. Wenn sie nach einer Woche noch immer kein »verdienstvolles« Verhalten ihres Kindes feststellen können, dann schlagen wir ihnen vor, einen ruhigen Augenblick abzuwarten und zusammen mit dem Kind in einen lösungsorientierten Dialog darüber einzutreten, dass jeder seinen Beitrag zum Funktionieren des Haushalts leisten muss – dabei können sie sich an die Schritte halten, die wir im vorangegangenen Abschnitt im Zusammenhang mit dem vierten Prinzip aufgezählt haben. Dieses Vorgehen zahlte sich sowohl bei Mrs. Malone als auch bei der Familie Saunders aus und hat sich bei vielen anderen Familien ebenfalls als wirksam erwiesen.

Impuls und Gelegenheit

Wenn Kinder lernen, Verantwortung zu übernehmen, entwickeln sie zugleich viele Eigenschaften und Erkenntnisse, die wir mit einer resilienten Welt- und Lebensorientierung assoziieren: Empathie, Eigenverantwortlichkeit, das Wissen, wie ihr Verhalten auf andere wirkt, und das Gefühl, echte Erfolge erzielt zu haben. Wenn man davon ausgeht, dass Kinder ein angeborenes Bedürfnis zu helfen haben und dass sie viel Befriedigung aus der eigenen Hilfeleistung ziehen, dann gibt es kaum einen besseren Weg, ihr Verantwortungsgefühl zu wecken, als ihnen immer wieder Gelegenheit zu »Geber«-Aktivitäten zu geben, die anderen zugutekommen. Das fördert neben ihrem Verantwortungsgefühl auch ihre Mitleidensfähigkeit und ihr soziales Empfinden. Eltern haben also eine Schlüsselrolle inne, soweit es darum geht, die angeborene Hilfsbereitschaft ihrer Kinder zu fördern, die sich andernfalls über den Anforderungen des Alltagslebens nur zu leicht verlieren kann.

Janice Cohn schreibt in ihrem Buch *Raising Compassionate, Courageous Children in a Violent World*:

> *Um ein gesundes Selbstwertgefühl entwickeln zu können, brauchen Kinder echte eigene Erfolge. Kinder, die anderen helfen, entwickeln ein nachhaltiges Gefühl von Kompetenz, sie wissen um ihre Wirkmöglichkeiten, und sie sind stolz auf sich selbst. Verschiedene Studien belegen, dass Menschen mit einem Hang zur tätigen Anteilnahme am Ergehen anderer nicht nur ein höheres Selbstwertgefühl besitzen, sondern auch besser lernen, besser mit ihren Mitmenschen zurechtkommen und weniger in Gefahr sind, Depressionen oder Angststörungen zu erleiden. Diejenigen, die sich einer über sie selbst hinausweisenden Aufgabe widmen, berichten in der Regel von einem hohen Niveau des Wohlbefindens und der Lebenszufriedenheit.*
>
> (Weltner, 1997)

Was für die segensreichen Wirkungen des Helfens für die Helfer allgemein gilt, trifft auch auf die hier immer wieder geschilderte Welt- und Lebensorientierung resilienter Kinder zu, die wesentlich von Verantwortungsbewusstsein, Mitgefühl und sozialem Empfinden geprägt sind.

10

PROBLEMLÖSEFÄHIGKEIT UND ENTSCHEIDUNGSKOMPETENZ

Die Fähigkeit, Probleme zu lösen und Entscheidungen zu treffen, gehört zu den Kernelementen einer resilienten Welt- und Lebensorientierung. Unabhängig von der jeweiligen Situation stehen Eltern unzählige Möglichkeiten offen, ihre Kinder in Aktivitäten einzubinden, bei denen Problemlösung und Entscheidungsfindung gefragt sind und die den Beteiligten das Gefühl vermitteln, die Dinge steuern und bewältigen zu können.

Es vergeht wohl kein Tag, an dem Kinder nicht zumindest kleine Entscheidungen zu treffen und zwischen Alternativen zu wählen hätten. Das wurde in den vorausgegangenen Kapiteln immer wieder deutlich: Mrs. Jones hätte anders vorgehen können, um JANE bei der Bewältigung ihres Problems (die Klassenkameradinnen hatten Jane beim Mittagessen nicht an ihrem Tisch haben wollen) zu helfen. Ein abgewandeltes Skript der Eltern Smith sorgte dafür, dass GREGORY seinen Verantwortlichkeiten (zu denen das Putzen seines Zimmers gehörte) nachkam. Mr. und Mrs. Castle bezogen ihren Sohn JOEL in die Suche nach einer Lösung für sein Problem ein (Joel neigte dazu, seine Aktivitäten rasch wieder aufzugeben). Der vierjährige ROBERT hatte selbst eine Idee, wie er mit seiner Angst vor dem Zubettgehen fertigwerden konnte: ein Nachtlämpchen und ein Foto seiner Eltern neben seinem Bett. MELISSA dachte sich zwei Möglichkeiten aus, besser mit ihrer Angst vor Klassenarbeiten fertigzuwerden; als der eine Plan sich als untauglich erwies, ging sie zum zweiten über.

Problemlösefähigkeit und Resilienz

Die Fähigkeit, Probleme zu lösen, hängt mit allen Facetten einer resilienten Welt- und Lebensorientierung zusammen. Resilienz ermöglicht es Kindern, mit Anforderungen fertigzuwerden, indem sie sich auf das stützen, was innerhalb ihrer Möglichkeiten liegt: Sie erkunden die verschiedenen Optionen; sie modifizieren etwaige negative Skripts, in denen sie befangen sind, um zu besseren Entscheidungen kommen zu können; sie geraten nicht so leicht in Machtkämpfe, denn sie haben das Gefühl, befugt und befähigt zu sein; und schließlich rechnen sie damit, dass sie mit ihren Entscheidungen auf Hindernisse treffen könnten, und sehen Rückschläge oder Fehler als Erfahrungen an, aus denen sie lernen können.

Kindern, die sich mit der Suche nach Lösungen schwertun, fehlt es dagegen häufig an der Fähigkeit, Probleme zu artikulieren und zu definieren, sich Optionen auszudenken, Pläne zu machen und mit widrigen Gegebenheiten fertigzuwerden. Sie sind in mehr als einer Hinsicht ratlos wie ein Kapitän ohne Kompass, der irgendeinem beliebigen Kurs folgt, ohne dass eine vernünftige Überlegung seine Handlungen leitet. Manchmal sind solche Kinder geradezu »gelähmt« – sie wissen nicht, was sie tun sollen, oder sie handeln impulsiv und ohne die Konsequenzen zu bedenken. Dass manche klinischen Psychologen angesichts solcher Fälle mit dem Etikett »schwierig« arbeiten, hat seinen Grund unter anderem darin, dass diese Kinder Schwierigkeiten haben, sich Handlungsalternativen zurechtzulegen. Ihr Verhalten ist dementsprechend von Handlungen bestimmt, an die sie offenbar überhaupt keinen Gedanken verschwendet haben.

Am Beispiel von ASHLEY und Anna, beide elf Jahre alt, lässt sich ablesen, wie unterschiedlich Kinder auf ihre alltäglichen Probleme reagieren. Beide Mädchen hatten Schwierigkeiten mit dem Lesenlernen, fühlten sich von ihren Klassenkameradinnen nicht akzeptiert und taten sich schwer sowohl mit ihren kleinen häuslichen Pflichten als auch mit ihren Schulaufgaben.

Mr. und Mrs. Satin beschrieben Ashley als ein Kind, das »nicht erst mal einen Augenblick innehält, um zu planen, das die Dinge einfach schleifen lässt, das oft impulsiv handelt, ohne an die Konsequenzen zu denken; und wenn eine Sache dann nicht klappt, dann schiebt sie die Schuld auf andere«. Sie hatten eine Reihe von Anekdoten parat, um ihre Schilderung zu illustrieren.

Mr. Satin sagte: »Wir merkten, dass Ashley keine Anrufe mehr von ihren Freundinnen erhielt, die wir sehr nett gefunden hatten. Uns war aufgefallen, dass sie früher, wenn sie mit ihnen zusammen war, häufig diktiert hatte, was sie alle als Nächstes tun sollten, und anscheinend fühlten die Mädchen sich irgendwann von ihrem Befehlston abgestoßen. Wir haben versucht, mit ihr darüber zu sprechen, aber sie sagt immer, dass wir im Unrecht sind, dass wir nie ihre Partei ergreifen und dass die Freundinnen ohne jeden Grund gemein zu ihr waren. Ich muss zugeben, das hat mich geärgert. Ich habe ihr gesagt, dass *sie* diejenige ist, die unrecht hat, und dass sie sich nie die Mühe macht zu überlegen, was sie tun könnte, um die Situation zu retten. Daraufhin hatte sie dann gar keine Lust mehr zu reden; sie hatte wohl das Gefühl, dass ich sie beschuldige.«

»Ashley hat in der Schule große Schwierigkeiten mit dem Lesen und zuhause mit den Hausaufgaben«, sagte Mrs. Satin. »Wenn wir sie fragen, ob sie ihre Hausaufgaben fertig hat, sagt sie oft, dass sie den größten Teil gemacht hat und den Rest jetzt gleich machen wird. Das tut sie dann aber entweder spätabends nach dem Fernsehen und entsprechend oberflächlich, oder sie tut es überhaupt nicht. Erst gestern Abend haben wir ihr gesagt, dass sie früher anfangen muss, und sie saß einfach da und war eingeschnappt. Dann beschwerte sie sich, dass wir ihr immer sagen, was sie zu tun hat. Wir sagten, das tun wir deshalb, weil du nicht tust, was du tun solltest. Daraufhin sagte sie, wir sollten doch aufhören, sie zu nerven. Wir sehen keine Möglichkeit, mit ihr zu reden. Es ist so frustrierend.«

Mr. Satin nahm den Faden auf. »Und sie hat Schwierigkeiten mit dem Lesen, weigert sich aber, Nachhilfe zu nehmen – Nachhilfelehrer sind keine Hilfe, sagt sie. Außerdem benützt sie ihre Lernschwierigkeiten als Entschuldigung dafür, dass sie ihre häuslichen Pflichten vernachlässigt – sie sagt, dass sie keine Zeit hat, den Tisch abzuräumen oder ihr Zimmer zu putzen, weil sie noch so viel für die Schule tun muss. Wir sagen ihr immer wieder, dass sie ihren Verantwortlichkeiten nicht nachkommt – aber wir könnten es genauso gut lassen.«

Viele Eltern können sich das, was zwischen den Satins und Ashley im Gang ist, nur zu gut vorstellen. In unseren Gesprächen mit den Satins hoben wir Ashleys Unvermögen hervor, ihre Probleme wahrzunehmen und zuzugeben und sich um eine Lösung zu bemühen. Dass sie ihre Schwierigkeiten anscheinend als unerheblich abtat und behauptete, die Eltern nörgelten an ihr herum, interpretierten wir zum einen als Konsequenz ihres eher impulsiven Temperaments und zum anderen als ein Mittel, mit einer Situation fertigzuwerden, die ihr Angst machte. Das spezielle Vorgehen zur Verbesserung der Problemlösefähigkeiten von Kindern und zur Förderung einer resilienten Einstellung, das wir den Satins »verschrieben«, soll an anderer Stelle in diesem Kapitel dargelegt werden.

Stellen Sie sich vor, dass Ashley Ihr Kind wäre, und überlegen Sie, wie Sie ihr helfen könnten, ihre Problemlöse- und Entscheidungskompetenz zu verbessern. Eine Anleitung dazu können Ihnen die Strategien bieten, die Mr. und Mrs. Oakley bei ihrer Tochter ANNA anwandten. Die Oakleys hatten bei einem Eltern-Workshop über diese Strategien berichtet.

Anna rannte gewissermaßen gegen die gleichen Wände an wie Ashley. Aber die Art und Weise, wie sie diese Barrieren überwand, unterschied sich signifikant von Ashleys Verhalten und zeugte von einer resilienten Welt- und Lebensorientierung. Anna konnte erkennen und zugeben, dass sie Schwierigkeiten mit dem Lesen und ganz allgemein damit hatte, ihre Hausaufgaben systematisch zu erledigen. Ihre Eltern schlugen vor, sie sollten sich alle miteinander mit der Lehrerin zusammensetzen, dann könnte Anna hören, was die Lehrerin über ihre Stärken und Schwächen zu sagen hatte, und mitreden, soweit es darum ging, den Schwächen abzuhelfen. Anna war einverstanden.

»Es war beeindruckend zu sehen, wie Anna mitmachte«, sagte Mrs. Oakley. »Es gab zwar Augenblicke, in denen sie sich etwas abwehrend verhielt, aber sie gab zu, dass manche Fächer ihr Schwierigkeiten machen, und sie sagte auch, was ihrer Ansicht nach ›helfen‹ könnte. Wir sprachen auch darüber, dass sie immer erst spät abends mit den Hausaufgaben anfängt, was uns alle ganz schön unter Druck setzt. Sie meint, sie braucht nach dem Unterricht erst mal eine Pause. Wir konnten uns immerhin auf ein System einigen, demzufolge sie erst mal pausiert, wenn sie von der Schule nach Hause kommt, dann aber schon vor dem Abendessen eine Stunde lang arbeitet und den Rest der Aufgaben gleich anschließend erledigt.«

Mr. Oakley meinte: »Dass Anna in die Suche nach einer Lösung für dieses Problem eingebunden war, hat sie entschieden motiviert, die Sache durchzuziehen.«

Mrs. Oakley: »Nach dem gleichen Schema sind wir auch verfahren, als es um die Nachhilfe im Lesen ging. Anna wollte nichts von dem versäumen, was in der Klasse vorgeht, und nach der Schule oder abends wollte sie die Nachhilfe auch nicht. Ihre Lehrerin sagte, ein Nachhilfeangebot gäbe es auch frühmorgens vor dem Beginn des eigentlichen Unterrichts. Wir waren wirklich überrascht: Anna schläft gern so lange es geht, aber sie hat sich trotzdem für diese Möglichkeit entschieden und seither auch ziemlich gut dabei durchgehalten.

Ein paarmal ist es passiert, dass sie den Wecker abgestellt hat und noch einmal eingeschlafen ist. Dann war sie wütend auf uns, weil wir sie nicht geweckt hatten, aber wir hatten uns ja alle darauf geeinigt, dass sie dafür verantwortlich sein sollte, dass sie rechtzeitig aufsteht – früher hat sie uns nämlich immer Nörgelei vorgeworfen, wenn wir sie dann doch geweckt haben. Wir haben ihr das Problem also einfach zurückgegeben und gesagt, sie soll sich überlegen, wie sie es löst, und wir sind bereit, ihr dabei zu helfen. Sie meinte, sie könnte einen Radiowecker mit Wiederholungstaste gebrauchen. Jetzt stellt sie den Wecker auf die Zeit, zu der sie aufstehen will, sie kann aber auch, wenn sie noch etwas weiterschlafen will, die Wiederholungstaste drücken, dann klingelt der Wecker zehn Minuten später noch einmal, und sie hat immer noch genug Zeit, um rechtzeitig zum Beginn des Nachhilfeunterrichts in der Schule zu sein.«

Mit Bezug auf Annas Peerbeziehungen berichteten die Oakleys, dass Anna früher immer das große Wort geführt hatte, weshalb die Mädchen sich etwas von ihr zurückgezogen hätten. Nachdem Anna sich dann einmal darüber beklagt hatte, dass sie gar nicht mehr zu anderen Kindern eingeladen wurde und niemand zum Spielen zu ihr nach Hause kommen wollte, setzten die Eltern sich mit ihr zusammen.

Mrs. Oakley berichtete uns: »Es war nicht allzu schwierig, mit ihr ins Gespräch zu kommen, denn sie hatte ja schon darüber geklagt, dass sie kaum Freundinnen hat. Wir wollten, dass sie sich aktiv in das Gespräch einschaltet, und fragten sie deshalb, warum die Kinder sie wohl nicht zu sich nach Hause einladen.

Anfangs behauptete sie, sie wären halt gemein, woraufhin wir meinten, ein bisschen länger sollte sie schon darüber nachdenken. Dann sagte sie, sie wäre sich nicht sicher. Anscheinend war ihr wirklich nicht klar, weshalb ihre Freundinnen sich von ihr abwandten. Also sagten wir, wir hätten da das eine oder andere bemerkt, was die Dinge vielleicht erklären könnte. Wir haben sie auch extra noch gefragt, ob es ihr recht ist, dass wir ihr sagen, was wir beobachtet haben – wenn ja, dann könnten wir doch gemeinsam überlegen, wie das Problem zu lösen ist.«

Mr. und Mrs. Oakley bewiesen Einfühlungsvermögen und kommunizierten in einer Weise, die geeignet war, jede denkbare Abwehrhaltung ihrer Tochter zu neutralisieren. Geschickt ebneten sie ihr den Weg dazu, nicht nur die Natur des Problems zu definieren, sondern auch an seiner Lösung mitzuarbeiten.

Ein anderer Workshopteilnehmer überlegte, was passiert wäre, wenn Anna das gemeinsame Gespräch über ihr Problem *nicht* gewollt hätte. Unserer Ansicht nach hätten die Oakleys dann wie folgt antworten können: »Du kannst uns natürlich sagen, warum du nicht willst, dass wir über Dinge reden, die wir beobachtet haben. Wir halten es für nützlich, mit dir darüber zu sprechen. Wenn du nicht willst, dass das jetzt passiert, dann denk noch mal darüber nach. Vielleicht fällt es dir in ein oder zwei Tagen leichter.«

Nach unserer Erfahrung sind Kinder in der Regel eher bereit, einen Rat anzunehmen, wenn man ihnen eine kleine Atempause gönnt – ein Punkt, der durch Mrs. Oakleys weitere Äußerungen bestätigt wurde:

»Anna war aufgeschlossen und hat zugehört, was wirklich nützlich war. Wir zählten eine Reihe von Episoden auf, bei denen sie fast befehlshaberisch mit ihren Freundinnen umgesprungen war und ihnen gesagt hatte, was sie zu tun hätten. Anfangs sagte Anna, sie hätte ihnen ja nur ›Vorschläge‹ gemacht. Wir sagten, vielleicht wäre das so, aber bei uns wäre es so angekommen, als ob sie den Mädchen keine Wahl gelassen hätte. Wir machten deutlich, dass sie dem, was wir sagten, ja nicht zustimmen müsste, dass es aber wahrscheinlich sinnvoll wäre, wenn sie darüber nachdächte.«

»Sie ist nicht in die Defensive gegangen«, bemerkte Mrs. Oakley. »Ein paar Tage später wollte sie vielmehr weiter über das Thema reden, und im Nu waren wir mitten in einem Gespräch darüber, wie sie ihren Ton gegenüber ihren Freundinnen ändern könnte. Sie kam dann von selbst auf eine wirklich gute Lösung, die so einfach klingt und dabei gut funktioniert: Sie fragt ihre Freundinnen, was sie tun wollen, und wenn die dann nicht so recht wissen, macht sie ein paar Vorschläge, lässt aber den Mädchen die Wahl. Hin und wieder verfällt sie mal wieder in die Befehlshaberrolle, aber meistens merkt sie es gerade noch rechtzeitig. Es ist eine Freude, diese Entwicklung zu sehen.«

Das Vorgehen der Oakleys gegenüber Anna zeigt beispielhaft, wie man die Problemlösefähigkeiten und die Entscheidungskompetenz eines Kindes fördern und steigern, sein Gespür für eigene Leistungen oder Errungenschaften schärfen und seine Resilienz verstärken kann. Die Satins dagegen gingen, wenn auch in guter Absicht, häufig in einer Weise mit Ashley um, die ihrer Tochter die Gelegenheit, solche Kennzeichen einer resilienten Welt- und Lebensorientierung auszubilden, gerade verbaute.

Was war das Typische im Vorgehen der Oakleys, was fehlte im elterlichen Repertoire der Satins? Wir glauben, dass ein lösungsorientiertes Vorgehen von bestimmten Grundsätzen geprägt ist, die sich schon im Umgang mit noch sehr kleinen Kindern in nahezu jeder Situation anwenden lassen. Und andererseits gibt es Hindernisse in Form subtiler oder auch nicht so subtiler elterlicher Praktiken, die nicht nur der Ausbildung der Problemlösefähigkeit, sondern auch der Ausbildung der übrigen Komponenten einer resilienten Orientierung entgegenstehen. Im Folgenden wollen wir diese potentiellen Hindernisse mit Ihnen anschauen und anschließend die Grundsätze aufzeigen, von denen Sie sich bei der Aufgabe leiten lassen können, die Problemlösefähigkeit Ihres Kindes zu stärken.

Hindernisse für die Ausbildung von Problemlösefähigkeit und Entscheidungskompetenz

Ob wir es uns klarmachen oder nicht, alle Eltern haben bestimmte Vorstellungen davon, wie sie ihren Kindern beibringen sollten, mit Schwierigkeiten umzugehen. Manchmal funktionieren diese Vorstellungen als Hindernis, das heißt sie wirken der Stärkung der Entscheidungskompetenz und Eigenverantwortlichkeit der Kinder gerade entgegen. Hier folgen die drei häufigsten hinderlichen Vorstellungen.

Erstes Hindernis: Die Annahme, dass jüngere Kinder noch nicht selbst imstande sind, Entscheidungen zu treffen

Viele Eltern können oder wollen die Problemlösefähigkeiten ihres Kindes nicht wirklich wahrhaben. Das gilt vor allem dann, wenn das Kind noch im Vorschulalter ist oder ein insofern »schwieriges« Temperament hat, als es handelt, ohne zu denken. ROBERTs Eltern gerieten Abend für Abend in ein Patt mit ihrem vierjährigen Sohn, bevor ihnen klar wurde, dass er sich entsetzlich vor dem Schlafengehen fürchtete. Als diese Ängste dann bekannt waren, kam Robert von sich aus auf eine kreative Lösung seiner Schwierigkeiten. Die Ceranos standen ebenfalls in einer anhaltenden Auseinandersetzung mit ihrer vom Temperament her »schwierigen« sechsjährigen Tochter LARISSA. Sie versuchten, Larissa eine Wahlmöglichkeit zu lassen; als das nicht funktionierte, nahmen sie ihre Zuflucht zu Schlägen und gaben es auf, sie an der Lösung ihres Problems zu beteiligen.

Wir empfehlen keineswegs, dass Eltern ihren Kindern das letzte Wort lassen sollten, wenn es darum geht, eine Entscheidung zu treffen. Selbstverständlich müssen Eltern ihren Kindern Grenzen setzen, sie müssen aber auch – wie die Ceranos dies am Ende ebenfalls taten – Wahlmöglichkeiten finden und anbieten, die im Rahmen der kognitiven und emotionalen Fähigkeiten ihres Kindes liegen.

Unsere Kinder sind im Prinzip durchaus in der Lage, ihre Probleme selbst zu lösen. Wenn wir vor dieser Tatsache die Augen verschließen, dann können wir ihnen nicht dabei helfen, diese fundamentale Fähigkeit sinnvoll zu entwickeln. Stattdessen treffen wir an ihrer Stelle wichtige Entscheidungen und sagen ihnen, was sie zu tun haben. Wir dürfen nicht annehmen, dass Problemlösefähigkeiten von allein in das Kind einsickern werden, sobald es dreizehn Jahre alt ist. Diese Fähigkeiten müssen vielmehr schon frühzeitig kontinuierlich und sorgfältig gehegt und gepflegt werden.

Zweites Hindernis: Die Erwartungen übersteigen die Fähigkeiten der Kinder

Dieses Hindernis, in vieler Hinsicht das Gegenstück zum erstgenannten, entspricht dem, was in den vorausgegangenen Kapiteln über Eltern gesagt wurde, die ihre Ziele und Erwartungen zu hoch stecken. Auch in diesem Zusammenhang fällt uns LARISSA wieder ein. Die Ceranos sagten ihr vor dem Betreten des Kaufhauses, sie würden ihr *einen* – von ihr auszuwählenden – Gegenstand kaufen, wenn er nicht zu teuer wäre. Später klagte Mr. Cerano: »Larissas Vorstellungen davon, was ›nicht teuer‹ ist, passten einfach nicht zu unseren Vorstellungen. Sie fing wieder an zu schreien und zu betteln.«

Es ist schwierig, Kinder in die Suche nach Lösungen einzubeziehen, wenn sie noch nicht über die im jeweiligen Fall erforderlichen Fertigkeiten verfügen. Mrs. Granatto, die Mutter der sechsjährigen ROSE, nahm an einem Workshop teil, bei dem wir dazu rieten, Kindern Wahlmöglichkeiten zu lassen. Wir betonten, dass Eltern mit diesem Vorgehen nicht nur eine resiliente Einstellung ihres Kindes fördern, sondern zugleich auch Machtkämpfe eindämmen können. Ein paar Tage später rief Mrs. Granatto an und sagte: »Was Sie da vorgeschlagen haben, hat nicht funktioniert.«

Wir fragten nach.

Sie antwortete: »Ich habe eines dieser schwierigen Kinder, von denen Sie sprachen. Jeden Morgen kommt es zu einem regelrechten Kampf. Rose kann sich nicht entschließen, was sie anziehen will, und am Ende bin ich so wütend, dass ich ihr sage, du ziehst das und das an, und dann geht das Geschrei los. Von wegen negatives Skript! Nachdem ich mir angehört hatte, was Sie zu sagen hatten, dachte ich, ich werde ihr die Wahl lassen mit dem Anziehen, und zwar schon am Abend vorher, so dass dann am Morgen schon alles bereitliegen kann. Ich legte ihr acht Ensembles aufs Bett und sagte, sie solle sich eines für den nächsten Tag aussuchen. Sie stand da wie gelähmt, und dann sagte sie: ›Dieses hier; nein, dieses; ach nein, doch lieber das da.‹ Es machte mich ganz verrückt, und am Ende bin ich zu meinem negativen Skript zurückgekehrt und habe ihr gesagt, was sie anziehen soll. Sie sehen also, Rose die Wahl zu lassen hat überhaupt nichts geholfen.«

Haben Sie gemerkt, was hier nicht stimmt? Wir sagten Mrs. Granatto, wir könnten sie gut verstehen, und lobten ihre Versuche, ihrer Tochter zu helfen. Wir wiesen aber auch darauf hin, dass eine so große Auswahl ein Kind mit einem schwierigen Temperament überfordern kann, was dann leicht dazu führt, dass es vor lauter Unschlüssigkeit wie gelähmt ist.

Sie lachte und sagte: »Daran hätte ich nie gedacht. Wäre es besser, wenn ich nur zwei Kombinationen hinlege?«

»Auf jeden Fall lohnt es den Versuch«, sagten wir.

Am nächsten Tag rief Mrs. Granatto an, um uns über den neuesten Stand zu informieren. »Ich habe Rose zwei Kombinationen hingelegt. Anfangs war sie noch immer etwas unentschlossen, deshalb ist mir das Folgende eingefallen. Ich dachte mir, was habe ich schon zu verlieren? Ich war empathisch (offensichtlich hatte diese Mutter sich die Empfehlungen, die wir bei unserem Workshop gegeben hatten, zu Herzen genommen) und sagte zu ihr: ›Ich verstehe, dass es dir schwerfällt zu sagen, was du morgen anziehen willst, zumal dir ja beide Sachen gefallen. Warum sollten wir es dann nicht so machen: Du entscheidest dich, was du morgen anziehen willst, und dann kannst du die andere Kombination übermorgen tragen.‹ Zu meinem Erstaunen hat es funktioniert.«

Bestens gelaunt fügte sie hinzu: »Bei Ihrem nächsten Workshop können Sie mein brillantes Manöver gerne verwenden.« Und nach einer Pause: »Aber es ist mir rätselhaft, warum ich nicht auf die Idee gekommen bin, dass diese Riesenauswahl meine Tochter einfach überfordern musste. Also wirklich – man lernt nie aus.«

Diese Anekdote, der es ja nicht an Komik fehlt, zeigt uns: Wenn Kinder vor Wahlmöglichkeiten bzw. vor Problemen stehen, die wahrzunehmen bzw. zu lösen jenseits ihrer Fähigkeiten liegt, beginnt die Unsicherheit schon bei der Frage, ob sie diese Aufgabe überhaupt angehen wollen. Angesichts dieser Unsicherheit sind Eltern eher geneigt, einzugreifen und ihnen zu sagen, was sie tun sollen, und das wiederum bedeutet für die Kinder eine Gefährdung ihres Gefühls, selbst etwas bewirken zu können.

Drittes Hindernis: Kinder dürfen Entscheidungen treffen – wenn sie sich für das entscheiden, was wir für das Beste halten

Die meisten Eltern würden sagen, dass ihre Kinder doch bitte selbständig und unabhängig denken sollen, dass sie über die Dinge reflektieren und sich angesichts von Repressalien durch Gleichaltrige standhaft zeigen sollen. Die unausgesprochene Botschaft lautet allerdings oft: »Meine Kinder sollen unabhängige Denker sein, solange ihre unabhängigen Entscheidungen sich mit dem decken, was ich für das Beste halte.« Dieses Diktum entfaltet seine größte Macht zur Zeit der Pubertät der Kinder, doch seine Wirksamkeit erstreckt sich über das gesamte Kinderleben hinweg.

Mrs. Cerano nahm ihre sechsjährige Tochter LARISSA mit, um ihr ein Kleid zu kaufen. »Möchtest du lieber das blaue oder das grüne?«, fragte sie. Zunächst antwortete Larissa: »Ich möchte beide.«

»Wir können aber nur eines kaufen, welches soll es also sein?« Schließlich sagte Larissa: »Das grüne.«

»Was ich dann sagte, ist mir selbst ganz und gar unverständlich«, jammerte Mrs. Cerano. »Ich sagte: Das grüne ist hübsch, aber ich glaube, Blau steht dir besser. Larissa war mit Recht wütend und schrie mich an: Du hast gesagt, ich kann es mir aussuchen! Ich sagte ihr, du hast ganz recht, und dann nahmen wir das grüne, aber ich konnte sehen, dass sie wütend war.«

Die Wahl zwischen einem grünen und einem blauen Kleid mag keine große Sache sein, aber was sich in dem Geschäft abspielte, war das Angebot einer freien Entscheidung vonseiten einer Mutter, die den Ausgang dieser Wahl zunächst nicht akzeptieren konnte. Häufig geht es bei den Verhandlungen zwischen Mutter oder Vater einerseits und dem Kind andererseits um sehr viel gewichtigere Dinge als um die Farbe eines Kleidungsstücks. Wenn wir Kindern die Möglichkeit geben, zwischen Alternativen zu wählen und Entscheidungen zu treffen, dann müssen wir sicher sein, dass wir mit jeder der angebotenen Alternativen irgendwie »leben können«. Das sollte eigentlich unmittelbar einleuchten, und doch ist vielen Eltern nicht wohl beim Gedanken an die Wahlmöglichkeiten, die sie ihren Kindern einräumen. Das kann sehr negative Folgen haben – die Kinder fühlen sich unter Umständen betrogen, sie verlieren das Vertrauen in das, was die Eltern sagen, sie fühlen sich der Freude an ihrer eigenständigen Entscheidung beraubt und sehen sich in Machtkämpfe hineingezogen.

Bevor wir uns den Grundsätzen zuwenden, die der Problemlösefähigkeit und Entscheidungskompetenz unserer Kinder zugutekommen, empfiehlt sich für Sie vielleicht die Überlegung, ob es einen Zusammenhang zwischen den beschriebenen Hindernissen und Ihren eigenen elterlichen Praktiken gibt. Je hellhöriger Sie nämlich sind, was die mögliche Präsenz dieser negativen Skripts in Ihrem eigenen Umkreis angeht, desto eher werden Sie sie revidieren.

Prinzipien, die Sie bei der Aufgabe leiten können, die Problemlösefähigkeit und Entscheidungskompetenz Ihres Kindes zu stärken

Wenn wir hier die Prinzipien präsentieren, die bei der Aufgabe ins Spiel kommen, die Problemlösefähigkeit unserer Kinder zu stärken und ihnen zu einer resilienten Welt- und Lebensorientierung zu verhelfen, dann geschieht dies in Dankbarkeit gegenüber unserer Freundin und Kollegin Myrna Shure, die in ihren Büchern das von ihr entwickelte *ICPS*-Programm (*I Can Problem Solve*) vorgestellt hat. Wie Shure gezeigt hat, kann man schon Vorschulkinder Fertigkeiten lehren, die ihrer Problemlösefähigkeit zugutekommen. Wir haben diesen Ansatz hier durch eine Reihe eigener Vorstellungen erweitert; insgesamt stehen unsere Ausführungen aber spürbar unter dem Einfluss des Werkes von Myrna Shure.

Erstes Prinzip: Machen Sie vor, wie man Probleme angeht und löst

Immer wieder bestätigt sich, dass unsere Kinder unser Verhalten in und unseren Umgang mit den unterschiedlichsten Situationen aufmerksam beobachten. Im achten Kapitel stellten wir REBECCA vor, die sich davor fürchtete, Fehler zu machen, und deshalb vor Herausforderungen lieber zurückwich. Bei einer unserer Sitzungen mit dieser Familie überraschte Rebecca ihre Mutter mit dem Hinweis darauf, dass diese ja ihrerseits die Aufforderung zu einem Vortrag vor dem örtlichen Rotary Club abgelehnt hatte, und mit der anschließenden Frage, wo denn da der Unterschied zu ihrem, Rebeccas, Verhalten liege.

Nehmen Sie jetzt eine weitere Selbstbefragung vor, wie Sie sie ja schon aus der Lektüre der vorausgegangenen Kapitel kennen. Was würden Ihre Kinder auf die nachstehenden Fragen antworten?

- Wie treffen eure Eltern Entscheidungen, und wie lösen sie Probleme?
- Wie lehren sie euch die Kunst der Entscheidungsfindung, und wie beziehen sie euch in solche Prozesse mit ein?

Es gibt Familien, bei denen das effiziente Problemlösen alltägliche Praxis ist, während die Interaktionen anderer Familien von willkürlichen Entscheidungen gekennzeichnet sind, an denen die Kinder – wenn überhaupt – nur sehr unwesentlich beteiligt sind.

Ein sprechendes Beispiel für diese letztgenannte Konstellation bieten die dreizehnjährige TRUDY und ihr elfjähriger Bruder WAYNE. Ihre Eltern, Mr. und Mrs. Betton, suchten uns auf, weil Trudy »immer rebellischer« wurde, nichts für die Schule tat, sich mit Freundinnen abgab, die einen schlechten Einfluss auf sie ausübten, und nichts von dem erledigte, was ihr im Haus aufgetragen war. In einer unserer Sitzungen machten die Eltern ihrem Ärger darüber Luft, dass Trudy niemals selbst nachdachte und sich immer von ihren Freundinnen beeinflussen ließ. Das Ärgernis an diesem Tag war, dass Trudy den Samstagnachmittag mit ihren Freundinnen in einem Einkaufszentrum verbringen wollte und die Eltern das nicht erlauben wollten.

Trudy sagte: »Nie lasst ihr mich machen, was ich will. Alle meine Freundinnen gehen dorthin, und wir machen doch nichts Schlimmes. Es ist halt schön, dort zusammen herumzulaufen. Ich verstehe nicht, warum ihr mich nicht gehen lassen wollt.«

Mr. Betton meinte: »Du verstehst das nicht? Es gibt eine Menge Gründe dafür, aber du würdest sie dir ja sowieso nicht anhören. Immerzu müssen wir lesen, dass du deine Hausaufgaben nicht gemacht hast – die du ja nachholen musst –, und was du hier im Haus tun solltest, bleibt auch immer liegen. Wir sind nicht der Meinung, dass du in das Einkaufszentrum gehen musst, wenn du deinen Aufgaben nicht nachkommst.«

Trudy fragte: »Dann kann ich also gehen, wenn ich mit den Hausaufgaben und mit der Arbeit hier fertig bin?«

»Nein, auch dann nicht«, antwortete Mrs. Betton. »Du musst da wirklich nicht herumhängen, schon gar nicht mit diesen Freundinnen.«

»Warum denn nicht?«, insistierte Trudy.

»Weil wir glauben, dass sie keinen guten Einfluss auf dich ausüben. Sie schlagen irgendetwas vor, und schon springst du drauf.«

»Was meinst du damit?«, fragte Trudy.

»Zum Beispiel diese Sache damals: Angeblich wolltet ihr alle bei Julie lernen, aber dann sind ein paar von euch ins Kino gegangen.«

»Ich hab doch schon gesagt, das war falsch. Wollt ihr mir das für den Rest meines Lebens vorhalten?«

»Nicht für den Rest deines Lebens«, sagte Mrs. Betton. »Aber du musst uns beweisen, dass man dir vertrauen kann und dass du dich nicht von dem negativen Verhalten der einen oder anderen Freundin anstecken lässt. Du musst schon selber wissen, was richtig ist.«

Sichtlich verärgert sagte Trudy: »Du sagst, ich muss selber wissen, ich muss selber denken, aber wenn du und Papa verschiedener Meinung seid, dann sagt er, dass du im Unrecht bist, und dann fügst du dich eben. Und das Gleiche machst du mit deinen Freundinnen. Ich hab noch nie gehört, dass du deinen eigenen Standpunkt verteidigt hättest, wenn die andere anderer Meinung ist als du.«

Mr. Betton blaffte: »So sprichst du aber nicht mit deiner Mutter!«

»Ich sag ja nur, was ich gesehen habe«, sagte Trudy.

Anfangs verhielten Mr. und Mrs. Betton sich beide sehr defensiv, was Trudys Bemerkungen anging. Im Lauf der nächsten Wochen zeigte sich allerdings, dass Trudy den Nagel auf den Kopf getroffen hatte: Statt Differenzen auszutragen und sich mit Konflikten auseinanderzusetzen, fügte Mrs. Betton sich in aller Regel. Sie und ihr Ehemann konnten nicht als Vorbilder dafür dienen, wie man Probleme angeht und löst. Vielmehr konnten Trudy und Wayne ständig beobachten, dass Mr. Betton die Diskussion abrupt damit beendete, dass er seiner Frau sagte, wie etwas gemacht werden sollte, und dass Mrs. Betton sich damit einverstanden erklärte. In unseren Sitzungen halfen wir ihnen, dieses Familienskript zu modifizieren.

Im Übrigen empfahlen wir der Familie, sich einmal in der Woche zu einer festgelegten Zeit zusammenzusetzen, um über anstehende Probleme zu diskutieren und sich zu überlegen, was jeder Einzelne von ihnen zur Lösung beitragen könnte. Gemeinsam legten wir gewisse Grundregeln für diese Zusammenkünfte fest: So konnte zum Beispiel jeder von ihnen ein Thema auf die von ihnen so genannte »Familienagenda« setzen; jeder hatte eine bestimmte Redezeit und durfte während dieser Zeit nicht unterbrochen werden; Probleme sollten möglichst in gemeinsamer Anstrengung gelöst und Meinungsverschiedenheiten im Wege des Kompromisses beigelegt werden, wobei den Eltern allerdings das letzte Wort zustehen sollte.

Trudy und Wayne waren sehr daran interessiert, an diesen Familientreffen teilzunehmen. Dagegen hatte Mr. Betton Schwierigkeiten, auf die Rolle dessen zu verzichten, der seiner Familie sagte, »wo es langgeht«. Dank unserer Kommentare und unseres Zuspruchs erkannte er dann aber, dass das Mitspracherecht seiner Frau und seiner Kinder ihm nichts von seiner Autorität nahm, sondern einigend und harmonisierend auf das Familienleben wirkte. Mit der Zeit gelang es auch Mrs. Betton, Konflikten nicht einfach aus dem Weg zu gehen, sondern ihre Meinung zu vertreten. Trudys widersetzliches Verhalten besserte sich, als sie feststellte, dass ihre Eltern ihr jetzt aufmerksamer zuhörten.

Es bedurfte einer mehrmonatigen Familientherapie, um das Skript dieser Familie umzuschreiben, aber das Ergebnis war ein neues Skript, in dem die Eltern als Vorbilder in der Kunst des Problemlösens und der Entscheidungsfindung fungierten. Trudy und Wayne lernten aus der Beobachtung ihrer Eltern und zeigten sich ihrerseits sowohl kooperativer als auch offener für den Gedanken, dass Differenzen sich auch auf andere Weise austragen ließen als dies bisher geschehen war.

Denken Sie jetzt in Kenntnis der Erfahrungen der Bettons und ihres neuen Familienmusters noch einmal darüber nach, wie Ihre eigenen Kinder die am Beginn dieses Abschnitts gestellten Fragen beantworten würden: Wie treffen eure Eltern Entscheidungen, und wie lösen sie Probleme? Wie lehren sie euch die Kunst der Entscheidungsfindung, und wie beziehen sie euch in solche Prozesse mit ein?

Ihre wohlüberlegten und fundierten Antworten können Ihnen als Maßstab dafür dienen, welchen Anteil Sie an der Ausbildung einer resilienten Welt- und Lebensorientierung Ihrer Kinder haben.

Zweites Prinzip: Bieten Sie frühzeitig Wahlmöglichkeiten an

Wenn unsere Kinder lernen sollen, Probleme zu lösen und Entscheidungen zu treffen, dann müssen wir eine solide Grundlage für diese Fertigkeiten errichten, indem wir ihnen einfache Wahlmöglichkeiten eröffnen. Die meisten Eltern tun das im Rahmen ihrer üblichen elterlichen Praxis ohnehin. An Beispielen fehlt es nicht:

- »Möchtest du Pizza oder Lasagne zum Abendessen?«
- »Willst du das gelbe oder das blaue Hemd anziehen?«
- »Wie lange vorher soll ich dir Bescheid sagen, dass es Zeit ist, ins Bett zu gehen – zehn oder lieber fünfzehn Minuten früher?« (Das kann mit Hilfe einer Uhr erfragt werden, deren Zeiger das Kind sehen kann.)
- »Möchtest du lieber mit den Bären oder lieber mit den Puppen spielen?«
- »Soll das Nachtlämpchen an- oder ausgeschaltet sein, wenn du ins Bett gehst?«

Oft empfehlen wir, Fragen dieser Art mit dem Zusatz abzuschließen: »Du hast die Wahl.« Dabei legen wir den Akzent auf das Wort »Wahl«, um den Kindern zu vermitteln, dass wir auf ihre Entscheidungsfähigkeit bauen. Einfache Gesten dieser Art können die Problemlösefähigkeiten unserer Kinder auf den Plan rufen und festigen.

Immer wieder fragen Eltern, wie sie reagieren sollen, wenn dem Kind weder der eine noch der andere Vorschlag gefällt. Bei kleinen Kindern passiert das selten, wenn es aber doch der Fall ist, können die Eltern sagen: »Das sind die beiden einzigen Möglichkeiten. Denk mal drüber nach und sag mir dann, was das Beste für dich ist.« Unter Umständen können die Eltern das Kind auffordern, sich selbst eine Alternative auszudenken, und dieser Option zustimmen, wenn sie vernünftig ist. Vergessen Sie nicht, dass die Wahlmöglichkeiten, die Sie bieten, von einer Art sein müssen, mit der auch Sie sich einigermaßen wohlfühlen können.

Drittes Prinzip: Halten Sie sich im Rahmen Ihrer Lösungsversuche an einen bestimmten Ablauf

Die Kunst des Problemlösens und der Entscheidungsfindung stellt sich als Prozess dar, dessen einzelne Komponenten untereinander verbunden sind. Die wichtigsten Facetten dieses Prozesses sollen im Folgenden näher betrachtet werden.

Artikulieren Sie das Problem und werden Sie sich darüber einig, dass es ein Problem ist

Wenn ein Problem nicht klar definiert ist und die Kinder ihren Eltern nicht darin zustimmen, dass es sich um ein Problem handelt, dann werden alle elterlichen Ermahnungen, dass eine Lösung gefunden werden muss, auf taube Ohren stoßen.

Als Eltern müssen wir uns vor Fehlinterpretationen hüten. ROBERTs Eltern zum Beispiel sahen das Problem ihres Sohnes in seinen Wutanfällen, bis sich herausstellte, dass sein störendes Verhalten durch seine Angstträume bedingt war. CINDYs Mutter stellte ihre Tochter als eine Person dar, die eine »persönliche Fehde« mit ihr austragen wollte, während Cindys Verhalten in Wahrheit mit ihrem »schwierigen« Temperament zu tun hatte. SARAH war in den Augen ihrer Eltern ein Kind, das immer aufgab, wobei sie übersahen, dass das Problem in vieler Hinsicht mit ihren eigenen unrealistischen Erwartungen zu tun hatte. JOHNs Vater war der Ansicht, sein Sohn tue nicht genug für die Schule und werde daher niemals ein gutes College besuchen können; Johns Schwierigkeiten waren aber sehr weitgehend durch eine Lernschwäche bedingt, die als solche noch nicht diagnostiziert war.

Das heißt also, unsere Reaktion auf die Probleme unserer Kinder wird sehr weitgehend davon bestimmt, wie wir diese Probleme sehen und verstehen. Wenn wir ein Kind als eigensinnig, manipulativ oder faul wahrnehmen, als jemanden, der immer gleich aufgibt oder der es darauf abgesehen hat, uns »dranzukriegen«, dann wird uns das eher ärgern, und wir werden es mit einem eher autoritären Erziehungsstil versuchen. Wenn wir dagegen ein Gespür für die zugrundeliegenden Faktoren haben, wenn wir erkennen, dass manche Probleme mit dem Temperament oder den besonderen Fähigkeiten eines Kindes zu tun haben, während sich in anderen Problemen der Versuch des Kindes äußert, mit Druck und Belastung fertigzuwerden (GEORGE zündelte, weil seine Eltern es nicht lassen konnten, ihn mit seinen Problemen zu konfrontieren; SARAH gab das Eislaufen auf, weil die Eltern überzogene Erwartungen daran knüpften), dann kommt das unserer Empathiefähigkeit und unserer Bereitschaft zugute, unsere Kinder in die Suche nach sinnvollen Lösungsansätzen einzubeziehen.

Zur Definition eines Problems gehört notwendig, dass Eltern und Kind sich darüber einig sind, dass es sich um ein Problem handelt. GREGORY betrachtete die Unordnung in seinem Zimmer nicht als Problem. Das Problem bestand in seinen Augen darin, dass seine Eltern wegen dieser Unordnung und wegen aller möglichen anderen Übertretungen an ihm herumnörgelten. Für LARISSA bestand das Familienproblem darin, dass ihre Eltern ihr das, was sie haben wollte, nicht kauften, während die Eltern das Problem beharrlich darin sahen, dass ihre Tochter unersättlich und egozentrisch war.

ASHLEY, die wir zu Beginn dieses Kapitels trafen, spielte ihre schulischen Probleme und ihre Schwierigkeiten mit ihren Klassenkameradinnen herunter bzw. leugnete sie und wollte das Problem in der Art und Weise erkennen, in der andere mit ihr umgingen. Anders ihre Eltern, Mr. und Mrs. Satin: Sie sahen das Problem als Ashleys Unfähigkeit, Verantwortung für ihre Handlungen zu übernehmen, und als ihre Neigung, die Schuld auf andere abzuschieben. Bei unserer Arbeit mit den Satins konzentrierten wir uns darauf, zwischen diesen verschiedenen Sichtweisen zu vermitteln. Wir erklärten, wir müssten zuerst Bereiche ausfindig machen, in denen Eltern und Tochter sich einig seien; auf diesen könnten wir dann aufbauen.

»Einig sind wir uns wahrscheinlich nur in einem einzigen Punkt, nämlich darin, dass es ein Problem mit den Freundinnen und mit dem Einsatz für die Schule gibt. Da könnte man ansetzen«, sagte Mr. Satin.

»Also, dann wollen wir damit anfangen. Stellen Sie sich vor, Sie sagen zu Ihrer Tochter: ›Wir wissen, dass du der Ansicht bist, dass wir beide nur immer hinter dir her sind. Wir möchten aber nicht so 'rüberkommen. Wir wollen einfach überlegen, was die Situation verbessern könnte.‹ Was meinen Sie, was Ashley dazu sagen würde?«

»Sie würde wahrscheinlich sagen: ›Es stimmt aber doch, dass ihr die ganze Zeit hinter mir her seid.‹«

»Das ist schon mal gut«, sagten wir. »Zumindest wäre da eine gewisse Übereinstimmung. Vielleicht wäre sie dann eher bereit, sich auch noch andere Dinge anzuhören, die Sie zu sagen haben. Sie könnten Ashley sogar fragen, ob ihr die Probleme mit den Freundinnen und der Schule zu schaffen machen. Wenn sie das verneint, könnten Sie sagen: ›Vielleicht ist das einer der Gründe für diese angespannte Stimmung, die zwischen uns herrscht. Was wir als ein Problem ansehen, ist für dich keines. Wir möchten aber gerne erklären, warum es für uns ein Problem ist. Und zwar möchten wir das, weil uns die Frage umtreibt, wie wir helfen können.‹

Wenn sie andererseits sagt, dass die Sache mit den Freundinnen und der Schule für sie durchaus ein Problem ist, dann können Sie sie fragen, inwiefern das ein Problem ist, und ihr Ihren Eindruck von den Dingen schildern. Wichtig ist, dass Sie sich darin einig sind, dass es ein Problem gibt, und dass Sie dieses Problem definieren. Sobald das erreicht ist, können Sie den nächsten Schritt tun.«

Ziehen Sie gleich zwei oder drei Lösungsversuche in Erwägung und überlegen Sie sich, zu welchem Ergebnis diese Versuche jeweils führen können

Die Anerkennung des Problems und seine Definition leiten dann ganz selbstverständlich zum nächsten Schritt über, zur Präsentation von Lösungsmöglichkeiten. Hier können Sie Kinder zum Mittun bewegen, indem Sie Spekulationen über die verschiedenen Wege anstellen. Soweit wie möglich sollten Sie die Kinder dazu ermutigen, eigene Vorschläge zu äußern. Dabei sollten Sie darauf achten, keinen ihrer Vorschläge einfach »abzutun«, es sei denn, er kollidiert mit einer Regel, die nicht verhandelbar ist. Wenn es zum Beispiel darum geht, wie lange Ihr Kind während der Schulzeit abends aufbleiben darf, und das Kind »bis ein Uhr nachts« vorschlägt, dann haben Sie jedes Recht zu sagen: »Natürlich möchtest du am liebsten so lange aufbleiben, aber wenn du das tätest, könntest du am nächsten Tag nicht rechtzeitig aufstehen; halb zehn oder viertel vor zehn sollte unserer Meinung nach also das Äußerste sein.« Das setzt Parameter, lässt Ihrem Kind aber immer noch eine gewisse Wahlfreiheit. Wenn Sie als Eltern einen kleinen Spielraum einbauen, wird Ihr Kind sehr viel eher bereit sein, einen Kompromiss zu schließen.

Die Oakleys nutzten diese Strategie, als es um die Nachhilfestunden für ANNA ging. Anna sah ein, dass sie im Fach Lesen auf eine gewisse Förderung angewiesen war. Im Beisein der Lehrerin besprachen die Oakleys zusammen mit Anna die verschiedenen Termine, zu denen der Nachhilfeunterricht angeboten wurde. Anna entschied sich für die Lesestunde, die frühmorgens vor Unterrichtsbeginn abgehalten wurde. Das bedeutete, dass sie dafür sorgen musste, morgens rechtzeitig aufzuwachen und aufzustehen. Das ging einige Male schief, aber die Oakleys mischten sich nicht ein; sie sagten sich, dass Anna schließlich auch die Konsequenzen des zu späten Aufstehens an sich erfahren musste. Irgendwann konnten sie Anna dann dazu bringen, dass sie sich eine Lösung ausdachte: Es wurde ein Wecker mit Wiederholfunktion angeschafft.

Im Gedanken an unsere Empfehlungen wandten die Satins eine Methode an, die derjenigen der Oakleys ähnlich war. Sie änderten ihr Skript und konnten ASHLEY zu einem Gespräch bewegen, das sie mit der Feststellung begannen, ihrer Tochter erschienen sie ja vermutlich als Nörgler. Zu ihrer Überraschung erwies sich diese Taktik als erfolgreich.

Mr. Satin erzählte: »Ashley hat tatsächlich zugehört und hat auch zugegeben, dass es mit den Freundinnen ein Problem gibt; sie hat die Schuld dann aber gleich auf die anderen Mädchen geschoben. Wir blieben ruhig und verkniffen uns die Bemerkung, dass sie die Schuld immer bei anderen sucht. Vielmehr hielten wir uns an unseren Plan und sagten: ›Sicher haben die anderen Mädchen auch ihren Anteil an dem Problem, aber vielleicht wäre es gut, wenn du einmal darüber nachdächtest, was du selbst anders machen könntest.‹ Ashley antwortete, sie wisse es nicht so recht. In Ordnung, sagten wir, man braucht ja auch etwas Zeit, um darüber nachzudenken. Dann fragten wir: ›Für den Fall, dass *uns* etwas in diesem Zusammenhang einfällt – möchtest du es überhaupt hören?‹ Ashley lächelte und sagte: ›Solange ihr nicht meckert…‹ Meine Frau meinte: ›Wenn wir es tun, dann sag es uns einfach gleich.‹«

Jetzt nahm Mrs. Satin den Faden wieder auf: »Am nächsten Tag kam Ashley ganz aufgeregt aus der Schule und erzählte, ein Mädchen hätte sie geärgert und gesagt, dass niemand sie mag. Ashley war den Tränen nahe. Das Gute war, dass ich damit einen Aufhänger hatte, um mit ihr ins Gespräch zu kommen. Ich sagte, ich verstünde ihre Trauer gut, ich hätte aber auch schon gesehen, dass sie andere Kinder mit ihrer Art und ihrem Auftreten verärgert. Sie fragte, was ich denn gesehen hätte, und ich wies darauf hin, dass sie die Kinder manchmal mitten in etwas anderem unterbricht und ihnen sagt, was als Nächstes gemacht werden soll. Anfangs wollte Ashley überhaupt nicht hören, was ich zu sagen hatte. Nein, sie hätte niemanden unterbrochen und sich auch nicht befehlshaberisch aufgeführt. Daraufhin sagte ich nur, sie könne ja mal darüber nachdenken. Um sie etwas aus der Defensive zu locken, sprach ich davon, dass wir unterschiedliche Ansichten über das hätten, was da abliefe, dass ich ihr meine Ansicht aber jedenfalls mitteilen wollte.«

Sie fuhr fort: »Ich war überrascht und erfreut, als Ashley sagte, *möglich* sei es schon, dass sie andere bei etwas unterbrochen und ihnen erklärt hätte, was sie zu tun haben. So wie wir es hier besprochen haben, habe ich sie aufgefordert, sich Lösungswege – nicht nur *einen*! – auszudenken und auch gleich zu überlegen, wie das jeweilige Ergebnis aussehen könnte. Ihr erster Gedanke war, überhaupt nichts zu sagen. Ich fragte: Und was meinst du, was dann passieren würde? Sie lachte und sagte, sie sei sich ohnehin nicht sicher, ob sie den Mund halten könne. Manche Kinder würden vielleicht auch denken, dass es wirklich verrückt von ihr wäre, gar nichts zu sagen. Ihr nächster Vorschlag war interessant: Sie würde erstmal bis fünf zählen und sich während des Zählens überlegen, ob sie überhaupt etwas sagen sollte. Ich fand, das war ein erstaunlicher Schritt vorwärts. Am nächsten Tag war sie sehr aufgeregt, als sie aus der Schule nach Hause kam. Sie sagte: ›Manchmal habe ich es vergessen, aber meistens habe ich daran gedacht.‹ Das Wissen, dass *sie* sich eine Lösung für das Problem ausgedacht hatte, hat ihr sehr geholfen.«

Mr. und Mrs. Satin regelten ihre Sache mit Ashley in einer Weise, die dem

Entstehen einer resilienten Orientierung förderlich war: Sie zeigten Empathie, ihre Äußerungen ermöglichten es Ashley, ihnen zuzuhören, anstatt sofort in die Defensive zu gehen, und sie ermutigten sie zu lösungsorientierten Initiativen, die ihr ein Gefühl von Selbstwirksamkeit und eigener Leistung eintrugen.

Lassen Sie sich etwas einfallen, um einander im Bedarfsfall an die gemeinsame Aufgabe zu erinnern

Ein Refrain, den wir von Kindern und Jugendlichen immer wieder hören, lautet, dass ihre Eltern »meckern«. (Vielleicht ist es Teil des genetischen Codes, dass elterliche Ermahnungen an das Kind, dies oder jenes zu tun, sogleich als Zumutung und in dem Sinn interpretiert werden, dass die Eltern an ihm herumnörgeln.)

Selbst wenn die Familie eine Lösung für ihr Problem gefunden hat und alle bereit sind mitzumachen, kann es zu kleinen Aussetzern kommen. Der eine vergisst vielleicht, was ausgemacht worden ist, die andere kommt mit Entschuldigungen, weshalb sie ihren Auftrag eben doch nicht erledigen konnte. Für solche Fälle legt man am besten gleich eine Strategie fest, derzufolge alle sich gegenseitig daran erinnern, dass man den einmal abgesegneten Plan nun auch durchziehen muss.

In unserer klinischen Tätigkeit wie auch bei unseren Elternworkshops schlagen wir Folgendes vor: Sobald eine Familie sich auf einen Plan zur Lösung ihres Problems geeinigt hat, sagen Vater oder Mutter: »Das klingt prima, aber da wir nun mal Menschen sind und vielleicht vergessen, was wir vereinbart haben – wie können wir uns gegenseitig an die Abmachungen erinnern, so dass nicht einer über den anderen meckern muss?« Immer wieder haben Eltern uns bestätigt, dass die Frage an die Kinder, wie eine solche Erinnerung oder Ermahnung aussehen könnte, dem Eindruck entgegenarbeitet, dass die Eltern ihnen ständig im Nacken sitzen – denn die Kinder haben den Plan ja miterdacht.

Wir lernten Mr. und Mrs. Sago und ihren Sohn KURT kennen, einen dreizehnjährigen Jungen mit Aufmerksamkeits- und Lernproblemen und einem Anfallsleiden. Kurt musste viele verschiedene Medikamente einnehmen, vergaß aber häufig seine morgendliche Dosis. Verständlicherweise versuchten seine Eltern es mit Ermahnungen.

Kurt antwortete in solchen Fällen: »Immer seid ihr hinter mir her. Wenn ihr mich nicht ständig ermahnen würdet, hätte ich es leichter, daran zu denken.« Wenn die Eltern sich aber wirklich einmal zurückhielten und ihn nicht an seine Medizin erinnerten, vergaß er eben doch manchmal, sie zu nehmen, und wollte das hinterher nicht wahrhaben.

In einer Sitzung mit der ganzen Familie bewiesen wir ihm unsere Bereitschaft, uns in seine Lage zu versetzen, indem wir sagten: »Du hast das Gefühl, dass deine Eltern an dir herumnörgeln, stimmt's?«

»Ja.«

»Hast du irgendwelche Fragen, weshalb du überhaupt Medikamente nehmen musst?« Fragen dieser Art stellen wir oft, um uns zu vergewissern, dass jedenfalls über das jeweils virulente Thema Einigkeit herrscht. Hätte Kurt geantwortet, dass die Medizin seiner Meinung nach nicht half und er sie deshalb auch nicht nehmen musste, dann hätten wir sagen können: »Gut, dass du uns das sagst. Wir verstehen durchaus, dass du etwas nicht nehmen möchtest, was nach deinem Gefühl sowieso nichts bringt. Aber vielleicht sollten wir mal überlegen, weshalb dein Arzt und deine Eltern es für wichtig halten, dass du die Medizin nimmst.« In diesem Fall bestätigte Kurt allerdings, dass er die Medizin brauchte.

Daraufhin fragten wir: »Hältst du es für nötig, dass deine Eltern dich daran erinnern, deine Medizin zu nehmen?«

»Nein.«

»Das ist sehr gut, Kurt.« Er schien erfreut, und wir warteten noch einen Augenblick, bevor wir hinzufügten: »Kurt, wenn du so gebaut bist wie die meisten Menschen, dann kann es dir passieren, dass du manchmal etwas zu tun vergisst, was du tun solltest.«

»Ich vergesse es nicht.«

»Wahrscheinlich nicht, aber es ist immer gut, noch einen Ersatzplan zu haben, damit deine Eltern nicht schimpfen, falls du es doch mal vergessen solltest.«

Seine Antwort gefiel uns: »Was ich nicht mag: dass sie mit mir *reden*, um mich daran zu erinnern.«

Wir wüssten doch gerne, überlegten wir laut, ob es noch eine andere Möglichkeit gäbe, ihn zu erinnern.

Kurt dachte einen Augenblick nach und sagte dann halb im Scherz und halb im Ernst: »Sollen sie doch ein Schild hochhalten.«

Seine Eltern blickten verblüfft, schienen aber amüsiert. Wir sagten ungerührt: »Das ist eine prima Idee«, und fragten dann die Sagos, was sie dazu meinten.

Glücklicherweise sagten sie nicht, dass sie es für eine verrückte Idee hielten. Stattdessen antworteten sie: »Ja, das ist in Ordnung.«

Die nächsten zwanzig Minuten vergingen mit einem Gespräch darüber, was auf dem Schild stehen sollte und wann genau die Sagos es hochhalten könnten. In der Familientherapie können interessante Themen auftauchen. Diese Familie einigte sich darauf, dass auf dem Schild stehen sollte: »Denk bitte daran, deine Medizin zu nehmen«, und dass die Sagos es nicht vor 7.25 Uhr in die Höhe halten sollten.

Der Plan erwies sich als erfolgreich, und zwar höchstwahrscheinlich deshalb, weil es Kurt gewesen war, der ihn in dieser Form erdacht hatte. Wie zur Bestätigung brachte eine führende Elternzeitschrift wenige Wochen später einen Artikel darüber, dass man Schilder einsetzen kann, um Kinder an ihre kleinen Obliegenheiten zu erinnern. Wir kopierten ihn für Kurt und sagten, als wir ihm die Kopie gaben, im Scherz: »Das Einzige, was uns an diesem Artikel stört, ist, dass sie dich nicht zitiert haben.«

Seine Antwort: »Macht nichts; sie wissen noch nichts von mir, aber eines Tages werden sie von mir wissen.«

Und was ist zu tun, wenn es nicht klappt?

Ebenso wichtig wie das energische Durchziehen des einmal gefassten Plans ist die Überlegung, was zu tun ist, falls sich Hindernisse einstellen, die den Erfolg der gewählten Strategie vereiteln. Hier könnte eingewendet werden: »Warum sollten wir uns Gedanken über potentielle Hindernisse machen? Kann das nicht als das aktive Herbeireden eines Fehlschlags interpretiert werden?« Dass über potentielle Hindernisse geredet wird, hat aber durchaus seinen Sinn: Familien sind dadurch besser darauf vorbereitet, die potentiellen Störstellen zu meiden, sich notfalls mit ihnen auseinanderzusetzen oder aber den Ersatzplan aus der Schublade zu ziehen.

Unsere Arbeit mit Familien hat uns gelehrt, wie nützlich es ist, potentielle Hindernisse in den Blick zu nehmen. Was sich in der Theorie, also in unserem Beratungsraum, als brillante Strategie präsentierte, erwies sich in der Praxis nicht immer als so brillant. Und wir machten noch eine weitere Erfahrung: Wenn eine Strategie, an deren Entwurf die jeweilige Familie mitgearbeitet hatte, nicht »brachte«, was alle von ihr erwarteten, dann drückte das bei den Betroffenen erst recht auf die Stimmung, so dass sie kaum noch geneigt waren, es mit einer neuen und anderen Strategie zu versuchen. Wenn aber im Voraus über potentielle Hindernisse gesprochen wurde und die Beteiligten wussten, dass es, wenn es mit der einen Methode nicht klappen würde, noch weitere und unter Umständen erfolgreichere Methoden gab, dann sorgte das bei ihnen von vornherein für Hoffnung und Durchhaltewillen und bestärkte sie nebenbei in der Überzeugung, dass Fehler eben nicht Rückschläge sind, sondern Erfahrungen, aus denen man lernen kann.

Das Lebensschiff steuern

Nutzen Sie die alltäglichen Probleme und Anforderungen, die im Leben Ihrer Kinder auftauchen, nach Möglichkeit dazu, die Problemlösefähigkeit und Entscheidungskompetenz Ihres Nachwuchses feinzuschleifen. Wenn Kinder imstande sind, Probleme zu artikulieren, über Lösungen nachzudenken, sich in diesem Sinne aktiv zu engagieren und Optionen für den Fall in Erwägung zu ziehen, dass die ursprünglich geplante Lösung nicht funktioniert, demonstrieren sie damit eine resiliente Welt- und Lebensorientierung. Diese Fähigkeiten stärken ihr Gefühl der Selbstwirksamkeit und Selbstbestimmtheit. Solche Kinder werden von alltäglichen Problemen nicht überrannt, weil sie wissen, dass sie dafür gerüstet sind, diese Probleme zu bewältigen und aus ihnen zu lernen. Sie können sich sagen, dass sie die inneren Ressourcen besitzen, um mit jeder Art von Anforderungen fertigzuwerden, die etwa auf sie zukommen könnten. Anders gesagt, sie sind überzeugt, dass sie, am Steuer ihres Lebensschiffes stehend, zugleich die Kapitäne des eigenen Schicksals sein werden.

Als Eltern dürfen wir die Bedeutung unserer Aufgabe, diese Gefühle und Überzeugungen unserer Kinder zu festigen, keinesfalls und zu keinem Zeitpunkt unterschätzen. Wir müssen präsent sein, um unseren Beitrag und unsere Unterstützung zu leisten und erforderlichenfalls Grenzen zu setzen. Wir müssen uns aber auch darauf verstehen, Entscheidungskompetenzen und das Gefühl der Selbstwirksamkeit zunehmend auf unsere Kinder übergehen zu lassen.

11

ERZIEHUNG ZUR DISZIPLIN

Die Fragen, die uns bei unseren Workshops und in unserer klinischen Praxis gestellt werden, drehen sich zum größten Teil um das Thema Disziplin. Die übergroße Zahl von Büchern, die zu diesem Thema verfasst (und verkauft) worden sind, spricht für den Stellenwert, den Eltern ihm zumessen. Es vergeht kaum ein Tag, an dem wir nicht von Eltern, Lehrern oder sonstigen Spezialisten der Kindererziehung und -versorgung über die beste Methode belehrt werden, Kinder zur Disziplin zu erziehen. Fragen Sie eine Runde solcher Fachleute nach ihrer Ansicht zum Thema Disziplin, und Sie werden vermutlich ein breites Spektrum von Meinungen zu hören bekommen. Soweit es Gesetzesübertretungen durch Kinder und Jugendliche angeht, mischen sich oft auch Politiker und die Spezialisten der Rechtsverfolgung und Rechtsdurchsetzung ins Gespräch.

Halb amüsiert und halb verwirrt haben Eltern uns von den diversen Ratschlägen berichtet, die sie von Vertretern der Psychiatrie und der Psychohygiene erhalten haben. Die Mutter eines Vierjährigen, dessen Temperament als »schwierig« galt, verschlang alle Bücher, die sie zum Thema Disziplin nur auftreiben konnte. Sie besuchte zahlreiche Workshops und erschien auch bei uns, um über ihr Los zu klagen: »Ich glaube, ich werde noch verrückt über der Frage, wie ich mit meinem Sohn zurechtkommen soll. Ein Fachmann hat mir geraten, es mit einer Auszeit zu versuchen und meinen Sohn einfach einzuschließen, wenn er sich nicht dran hält. Ein anderer bezeichnete diese Methode als Misshandlung. Irgendwo habe ich gelesen, dass man ein Kind auch mal schlagen darf, solange man dabei nicht die Beherrschung verliert. Dann wieder höre ich, dass Schläge der Psyche des Kindes schaden können und dass Kinder ja nicht per Test feststellen können, ob die Eltern die Beherrschung verloren hatten oder nicht. Andere sind der Ansicht, man muss argumentieren und den Kindern sagen, warum sie dieses oder jenes nicht tun dürfen, und wieder andere sagen, dass viele Kinder das Argumentieren aber doch als ein Zeichen von Schwäche ansehen. Sie selbst sprachen davon, dass man Empathie üben und zeigen soll, aber werden die Kinder es nicht ausnutzen, wenn man allzu empathisch ist? Verstehen Sie jetzt, warum ich das Gefühl habe, ich werde noch verrückt? Na, und überhaupt

– bei meinem Sohn scheint rein gar nichts von dem zu funktionieren, was ich versuche.«

Die übrigen Anwesenden lächelten und nickten wissend. Viele wollten am liebsten gleich die eigenen leidvollen Erfahrungen mit dem Thema Disziplin zum Besten geben. Ein Vater meinte, die Frage der Disziplin sei der größte Stressfaktor in seiner Partnerbeziehung: »Meine Frau sagt, dass ich ihr nicht zu Hilfe komme, wenn sie unseren beiden Söhnen Grenzen setzt, aber ich finde, die Grenzen, die sie setzt, sind zu streng. Wenn wir versuchen, darüber zu reden, welche Grenzen wir denn setzen sollten, werden wir uns nie einig.«

Seine Frau, die neben ihm saß, meinte: »Disziplin sieht für meinen Mann so aus, dass Kinder, die in einer liebevollen Familie aufwachsen, die Regeln eben von selbst lernen, so dass die Eltern eigentlich keine Grenzen setzen müssen. Für meine Begriffe ist das eine Methode, Kinder zu verziehen.«

Ihr Mann unterbrach: »Ich glaube nicht, dass Kinder etwas lernen, wenn die Eltern sie anschreien.«

Sie konterte: »Ich schreie nur, wenn sie außer Rand und Band geraten oder sich respektlos verhalten, und wahrscheinlich wären sie nicht wild oder respektlos, wenn du mir zur Hilfe kommen und etwas energischer mit ihnen umgehen würdest.«

Nachdem das Gezänk eine Zeitlang in dieser Weise weitergegangen war, fragten wir die beiden Eheleute, ob wir hier vielleicht etwas beobachteten, was bei ihnen zuhause die Regel war. Sie stritten zwar, aber es war doch deutlich zu spüren, dass ihnen sehr viel sowohl aneinander als auch an ihrer elterlichen Rolle gelegen war. Zudem verfügten sie über einen gesunden Humor. Auf unsere Frage: »Wie typisch ist denn diese Diskussion?«, sagte der Mann mit einem Lächeln: »Ziemlich typisch, außer dass wir uns an diesem Punkt zuhause wahrscheinlich anschreien würden oder einer das Zimmer frustriert verlassen hätte, ohne dass wir eine Lösung für das Problem gefunden hätten. Aber hier, vor so vielen Leuten, zeigen wir uns von der allerbesten Seite.« Seine Frau lächelte zustimmend.

Im Saal wurde gelacht, aber wie mehrere Eltern anschließend sagten, sorgt das Thema Disziplin zuhause in der Regel nicht für Heiterkeit, sondern eher für eine angespannte und unsichere Atmosphäre.

Hier gehen wir dem Thema Disziplin unter dem Vorzeichen der Resilienz nach. Wenn unsere elterlichen Praktiken darauf abzielen, unseren Kindern zu einer resilienten Welt- und Lebensorientierung zu verhelfen, dann richtet sich unser Verständnis der Funktion von Disziplin und der wirksamsten Formen, Disziplin anzuwenden, ebenfalls an diesem Ziel aus.

Disziplin und Resilienz

Zu unseren wichtigsten Aufgaben als Eltern gehört es, unsere Kinder Disziplin zu lehren. Je nachdem, wie wir diese Aufgabe wahrnehmen, werden wir das Selbstwertgefühl unserer Kinder, ihren Optimismus, ihre Würde und ihr Resilienzvermögen schwächen oder stärken.

Das Wort *Disziplin* stammt aus dem Lateinischen und bedeutet dort unter anderem so viel wie Lehre, Unterricht, aber auch Zucht, Ordnung. Wir verstehen es also am besten als einen Prozess des Lehrens. Als Form der Erziehung und als Korrelativ zum Konzept des discipulus, des Schülers, sollte Disziplin nicht mit sogenannten Erziehungspraktiken assoziiert werden, die ein Kind einschüchtern, demütigen oder in Verlegenheit bringen.

Wenn Disziplin in den Kontext eines Erziehungsprozesses gebracht wird – was ist es dann, das wir unsere Kinder lehren wollen? Disziplin hat zwei Schlüsselfunktionen. Die meisten Eltern, die an unseren Workshops teilnehmen, identifizieren die erste dieser Funktionen rasch: Disziplin gewährleistet, dass die Erwachsenen ein beständiges, geschütztes und sicheres Umfeld bieten, in dem die Kinder nicht nur lernen, dass in der Familie vernünftige Regeln, Grenzen und Konsequenzen gelten, sondern in dem sie auch lernen, dass diese Regeln, Grenzen und Konsequenzen aus einem bestimmten Grund existieren. Die zweite Funktion von Disziplin, ebenso wichtig, aber von Eltern nicht ganz so rasch identifiziert, besteht darin, die Selbstdisziplin und Selbststeuerung der Kinder zu fördern. Daniel Goleman hat Selbstdisziplin als eine der Säulen der emotionalen Intelligenz klassifiziert, eine Gewähr für ein gelungenes Leben und befriedigende interpersonale Beziehungen.

Selbstdisziplin impliziert, dass ein Kind Regeln verinnerlicht hat, so dass es auch in Abwesenheit der Eltern überlegt und besonnen handeln wird. Selbstdisziplin kann als wesentliche Komponente des Gefühls der Selbstwirksamkeit und Eigenverantwortlichkeit verstanden werden. So gesehen müssen Eltern Erziehungspraktiken entwickeln, die die Selbstkontrolle ihrer Kinder in einem sicheren und geschützten Umfeld fördern, nicht aber Ärger und Ressentiments bei den Kindern wecken.

Die Praktiken, die wir in diesem Zusammenhang empfehlen, stehen in engem Zusammenhang mit den Komponenten einer resilienten Welt- und Lebensorientierung. Wirksames Erziehen zur Disziplin setzt voraus, dass die Erzieherpersonen Empathie aufbringen und üben, kommunikative Fertigkeiten einsetzen, negative Skripts bei sich selbst wie bei den Kindern zu modifizieren vermögen und das einmalige Temperament jedes einzelnen Kindes erkennen und mitbedenken. Der Prozess soll eine verantwortungsbewusste und mitfühlende Einstellung der Kinder stärken, und er soll ihre Problemlösefähigkeiten und ihre Entscheidungskompetenz fördern. Disziplin soll die Kinder lehren, über ihre Handlungen zu reflektieren und die wahrscheinlichen Konsequenzen ihres Verhaltens im Voraus zu bedenken. Es dürfte äußerst schwierig sein, zu einer resilienten Welt- und Lebensorientierung zu gelangen, wenn diese Fähigkeiten und Fertigkeiten nicht gegeben sind.

Wer zur Disziplin erzieht, kann auf ungeahnte Unsicherheiten, Zweifel und Ängste stoßen. Sie haben hier schon von vielen wohlmeinenden Eltern gelesen, die Regeln und Konsequenzen für Regelübertretungen festlegten, die aber nicht etwa bewirkten, dass die Kinder etwas lernten, sondern nur Ärger und Ressentiments aufseiten der Kinder nach sich zogen. Mr. und Mrs. Fisher glaubten, BRENDANs schlechte Noten dadurch verbessern zu können, dass sie das Amt des Jugendgruppenvorsitzenden als Köder oder Zuckerbrot ins Spiel brachten. Wie wir gesehen haben, führte dieses Stück Pädagogik nicht dazu, dass Brendan seine schulischen Aufgaben etwa mit mehr Verantwortungsbewusstsein erledigte, sondern es sorgte nur für noch mehr Anspannung und Verärgerung unter den Familienmitgliedern. CINDYs Mutter, die der Ansicht war, ihre Tochter führe »eine persönliche Fehde« gegen sie, reagierte häufig in der Weise, dass sie Cindy anschrie und schlug, was die Mutter-Tochter-Beziehung weiter verschlechterte. Mrs. Cerano half sich damit, LARISSA zu schlagen, wenn ihre Versuche, vernünftig mit der von ihrem Temperament her »unersättlichen« Tochter zu reden, an deren problematischem Verhalten nichts geändert hatten (die Schläge veränderten es ebenso wenig). In allen diesen und in vielen weiteren Fällen waren die Eltern auf der Suche nach wirksameren Formen der Belehrung ihrer Kinder, eben weil ihre üblichen Praktiken die Dinge nicht zum Positiven veränderten. Wenn ihre Maßnahmen überhaupt eine Wirkung hatten, dann bestand sie in der Erosion des Selbstwertgefühls und Resilienzvermögens ihrer Kinder.

Mr. und Mrs. Morris suchten unsere Beratung wegen der Schwierigkeiten mit ihrem siebenjährigen Sohn CHARLIE. Sie beschrieben ihn als »provokatorisch« und »rebellisch« und völlig verschieden von seiner neunjährigen Schwester Marnie. Aus der Vorgeschichte Charlies, die sie vor uns ausbreiteten, ging deutlich hervor, dass Charlie ein »schwieriges« Temperament hatte – unfähig zu Flexibilität und Kompromiss und offensichtlich nie zufriedenzustellen – und dass er die Menschen in seinem Umfeld als unfair wahrnahm, weil sie nicht so handelten, wie er sich das wünschte.

»Zu Marnie brauchten wir nur zu sagen, dies oder jenes darfst du nicht tun, und sie hörte sofort auf«, erklärte Mrs. Morris. »Bei den wenigen Gelegenheiten, bei denen sie dann doch bei einer Sache blieb, die wir nicht wollten, schickten wir sie in ihr Zimmer, und nach ein paar Minuten kam sie wieder heraus und sagte, es täte ihr leid. Wir konnten uns hinsetzen und ihr die Dinge erklären, als sie vier oder fünf war. Bei Charlie ist das alles ganz anders. Er hört niemals zu; er schreit immer herum, behauptet aber gleichzeitig, dass wir ihn die ganze Zeit anschreien. Anscheinend sucht er nach Gelegenheiten, uns zu provozieren. Alles, was wir bisher versucht haben, hat kaum etwas genutzt, außer wenn wir so frustriert waren, dass wir ihn verhauen haben. Aber selbst das hat keine lange Wirkung.«

Mr. Morris: »Wenn jemand mir vor Charlies Geburt gesagt hätte, dass ich mein Kind jemals schlagen würde, dann hätte ich diesen Menschen für verrückt erklärt. Aber das Einzige, auf das Charlie anscheinend noch reagiert, ist eine ordentliche Tracht auf den Hintern. Allerdings, wie meine Frau schon sagte – es nützt nur für kurze Zeit, und dann legt er von Neuem los.«

Wir machten deutlich, dass wir uns in ihre Stimmung einfühlen konnten, und baten sie dann, uns die eine oder andere beispielhafte Situation zu schildern: Was war es, was sie an Charlie so aufbrachte, und was hatten sie bisher unternommen, was nicht funktioniert hatte?

Mrs. Morris stieß ihre Antwort hastig heraus: »Da weiß ich ja gar nicht, wo ich anfangen soll, denn fast alles, was er tut, frustriert uns. Wenn wir sagen, es ist Zeit ins Bett zu gehen, fängt er eine lange Auseinandersetzung an, dass es für ihn zu früh ist, weil er noch nicht müde ist. Wenn wir sagen, er soll sein Zimmer aufräumen, dann wirft er entweder alles unter sein Bett oder sagt, dass er aufgeräumt hat, obwohl doch alles auf dem Fußboden herumliegt. Wenn wir ihm morgens zwei Sorten Müsli hinstellen, dann wirft er uns vor, dass wir keine dritte Sorte im Haus haben, die an diesem Morgen natürlich sein ›Lieblings‹-Müsli gewesen wäre.«

»Und dass er immer lügt, gefällt uns auch nicht«, fiel Mr. Morris ein. »Zum Beispiel leugnet er, heimlich Plätzchen in sein Zimmer geschmuggelt zu haben, während wir doch wissen, dass er *genau das* getan hat. Er behauptet, sich die Hände gewaschen oder die Zähne geputzt zu haben – hat er aber nicht. Neulich hat er vor unseren Augen auf seine Schwester eingeschlagen, die überhaupt nichts getan hatte, und dann gesagt, sie hätte mit dem Schlagen angefangen. Ich war so wütend, dass ich sagte: ›Immer lügst du, ab in dein Zimmer!‹ Ich dachte, ich höre nicht richtig, als die Antwort kam. Er hat gebrüllt: ›Du kannst mich nicht zwingen!‹ Er ist erst sieben! Ich sagte, das könnte ich sehr wohl, versohlte ihn und brachte ihn in sein Zimmer.«

Nachdem wir uns mehrere Beispiele von Charlies negativem Verhalten angehört hatten, fragten wir seine Eltern nach seinen Stärken und nach dem, was er gern tat.

Ironisch sagte Mr. Morris: »Er versteht es sehr gut, uns das Leben schwer zu machen und für eine angespannte Stimmung in der Familie zu sorgen.« Dann räumte er ein: »Er ist sehr gut bei Computerspielen. Und wenn er unsere ungeteilte Aufmerksamkeit hat, dann spielt er auch gern Schach und Dame mit uns – das kann er wirklich gut.«

Mrs. Morris unterbrach ihren Mann, um etwas klarzustellen: »Wenn Sie ihn aber einmal besiegen, dann kann er ganz schnell wieder in seine Jekyll-und-Hyde-Manier verfallen und uns vorwerfen, dass wir ihn betrügen.«

Frustriert wie sie waren, fiel es diesen Eltern nicht leicht, an Charlies Kompetenzinseln zu denken. Wir fragten sie, was sie – außer dem »Versohlen« – sonst noch versucht hatten, um ihn zu disziplinieren.

Mrs. Morris lächelte schwach und sagte: »Ich glaube, alles. Wir haben bestimmt alle Bücher gelesen, die es zu diesem Thema gibt, aber wir haben den Eindruck, Charlie hat sie ebenfalls gelesen und ist uns immer um einen Schritt voraus. Ich sage es nicht gerne, aber manchmal denke ich, dass wirklich rein gar nichts von dem funktionieren wird, was wir tun – dass er *unverbesserlich* ist.«

Bei diesen Worten kamen ihr die Tränen, und sie gab noch etwas preis: »Ich bin so wütend auf Charlie und bin auch selbst so durcheinander. Ich komme mir vor wie eine Versagerin.«

Dann berichteten die Eltern, was sie alles versucht hatten: Sie hatten Charlie in sein Zimmer geschickt, ihm über mehrere Abende das Fernsehen bzw. den PC gesperrt, sie waren nicht mit ihm zum Eisessen gegangen, sie hatten geschimpft, geschrien und ihn geschlagen.

Welche Fragen würden Sie sich – auf der Grundlage dieser kurzen Zusammenfassung unseres Gesprächs mit Mr. und Mrs. Morris – in Bezug auf Charlie und auf das erzieherische Vorgehen seiner Eltern stellen? Was könnten die Eltern anders machen, um Charlie dazu zu bringen, positiv auf sie einzugehen, anstatt ihre Autorität anzugreifen? Wir werden später noch einmal auf die Familie Morris zurückkommen und sehen, dass sie ihr Vorgehen änderten und dadurch die »Erziehung zur Disziplin« immer mehr zu einem Unternehmen machten, das dem Resilienzvermögen ihres Sohnes zugutekam.

Entsprechend dem bisher hier befolgten Schema sollen im weiteren Verlauf dieses Kapitels zunächst die Hindernisse betrachtet werden, die einer wirksamen Erziehung zur Disziplin entgegenstehen; im Anschluss daran folgen die Grundsätze, von denen Eltern sich leiten lassen können, um Selbstdisziplin und Resilienz ihrer Kinder zu fördern.

Hindernisse, die einer Erziehung zur Resilienz entgegenstehen

Wir alle haben unsere ganz bestimmten Vorstellungen von Kindererziehung, die wiederum in unsere Sicht unserer Kinder und in den Stil unserer Interaktionen mit ihnen eingehen. Dabei bedingen bestimmte Vorstellungen ein Elternverhalten, das dem Resilienzvermögen der Kinder dienlich ist, während andere gerade entgegengesetzt wirken. Im vorangegangenen Kapitel haben wir beispielsweise ausgeführt, dass und warum es wichtig ist, dass Eltern ihre Kinder bewusst schon von einem frühen Zeitpunkt an in die Suche nach Problemlösungen einbeziehen, anstatt immer davon auszugehen, dass man Kindern sagen müsse, was sie tun sollen. Wenn wir erfolgreiche »Erzieher zur Disziplin« sein wollen, müssen wir die Vorstellungen und Hindernisse kennen, die diesem Ziel entgegenstehen. Einige dieser Hindernisse kamen schon in vorausgegangenen Kapiteln zur Sprache, vor allem im Rahmen der Diskussion über das Thema Empathie (Kapitel 2) und im Zusammenhang mit den negativen Skripts (Kapitel 4).

Erstes Hindernis: Wir praktizieren, was wir gelernt haben, oder: »Wenn es für mich gut genug war, ist es auch für meine Kinder gut genug«

Viele Eltern befolgen als Erzieher zur Disziplin die gleichen Formen, die sie als Kinder an sich selbst erfahren haben. Das kann durchaus in Ordnung sein, wenn sie ihrerseits Eltern hatten, deren Erziehungspraktiken auf eine resiliente Welt- und Lebensorientierung der damaligen Kinder zielte. Wenn das aber nicht der Fall ist, wenn also die Erziehung zur Disziplin nicht im Sinne der Förderung von Selbstdisziplin und Problemlösefähigkeit gewirkt hat, dann kann es sein, dass Eltern ineffiziente Erziehungsformen wiederholen, ohne es zu wissen. Viele Eltern haben irgendwann zu ihrem Missvergnügen erkannt: »Ich habe mir geschworen, meinen Kindern niemals so etwas zu sagen (oder anzutun), weil ich es gar nicht mochte, dass meine Eltern es mir antaten.« Wie im vierten Kapitel besprochen, ist es aber nicht immer einfach, unsere aus der Kindheit stammenden Skripts abzuwandeln, das heißt, uns von der Last der Vergangenheit zu befreien, die wir mit uns schleppen.

JOHN zum Beispiel, der Siebtklässler, den wir im ersten Kapitel kennenlernten, hatte einen Vater, der sich als Erzieher an seine eigenen Kindheitserfahrungen hielt – nicht aber an das, was John nötig gehabt hätte. John war ein guter Sportler, aber kein guter Schüler. Er hatte ein Aufmerksamkeitsproblem und litt an einer nicht erkannten Lernschwäche. Mr. Kahn war der Ansicht, Johns Schwierigkeiten würden sich mit einer strengen Erziehung, die auch körperliche Züchtigung nicht ausschloss, in den Griff bekommen lassen – die gleiche Art von Erziehung, die er von seinem eigenen Vater erfahren hatte. Erst im Rahmen einer Elternberatung konnte Mr. Kahn von den Schlägen sprechen, die er von seinem Vater erhalten hatte, und von der Wut, die sie bei ihm ausgelöst hatten. Das ermöglichte es ihm, sich von dem Mythos zu befreien, dass diese Schläge ihn zu einem besseren Menschen gemacht hätten.

Zweites Hindernis: Der krisenorientierte und auf Strafe setzende Erziehungsstil

Die Fragen und Kommentare, die zum Thema Erziehung zur Disziplin an uns herangetragen werden, fallen zu einem großen Teil unter »Krisenintervention« oder »Bestrafung«. Es folgt eine repräsentative Auswahl:

- »Was soll ich tun, wenn mein älterer Sohn den jüngeren schlägt?«
- »Ist es richtig, dass ich meine sechsjährige Tochter versohle, wenn sie sich unverschämt benimmt? Das ist die einzige Art und Weise, sie dazu zu kriegen, dass sie ›hört‹.«
- »Mein fünfjähriger Sohn rannte auf eine belebte Straße, nachdem wir ihm gerade gesagt hatten, dass er das nicht darf. Wir haben ihm das Fernsehen für eine Woche gesperrt. Ist das in Ordnung?«
- »Meine sechzehnjährige Tochter ist eine einzige Herausforderung an meine Autorität. Wenn es mal wieder soweit ist, sage ich ihr, dafür darfst du am Wochenende das Auto nicht benützen. Glauben Sie, dass das etwas bringt? Es sind jetzt schon fünf Wochenenden zusammengekommen, an denen sie das Auto nicht bekommt. Sie sagt, dass es ihr egal ist und dass ich gemein bin.«
- »Ich habe meinen fünfzehnjährigen Sohn zusammengeschrien, nachdem ich Hasch in seinem Zimmer entdeckt hatte. Für die nächsten zwei Monate hat er Ausgangsverbot. Hätte ich sonst noch etwas tun können?«

Obwohl das ausnahmslos echte, gewichtige Anliegen sind, die ein erzieherisches Eingreifen notwendig machen, verhalten die Eltern sich in der Regel reaktiv und nicht proaktiv, sie orientieren sich eher am Gedanken der Strafe als an dem der Erziehung. Seltener sind Fragen der folgenden Art:

- »Kann ich irgendetwas tun, damit Probleme gar nicht erst auftauchen?«
- »Lernen meine Kinder etwas aus meinen Erziehungspraktiken, oder lösen diese Maßnahmen eher Ressentiments und Ärger bei ihnen aus?«

Die Eltern des vierjährigen ROBERT versuchten es anfangs mit krisenorientierten, reaktiven und strengen Maßnahmen. Um Roberts allabendlichen Widerstand gegen das Schlafengehen in den Griff zu bekommen, schlugen sie ihn schließlich sogar. In ihren Augen verhielt er sich widerspenstig und manipulativ. Sie fragten nicht danach, was hinter seinem Problem mit dem Schlafengehen stand und was sie unter Umständen anders machen könnten, um seinen Widerstand zu überwinden. Als wir dahinterkamen, dass Robert Angstträume hatte, und ihn in die proaktive Suche nach Lösungsmöglichkeiten einbezogen, die schließlich auch seinen eigenen Vorschlag – ein Foto seiner Eltern neben seinem Bett – hervorbrachte, hörten die Wutanfälle auf.

Ähnlich verlief der Fall Cerano: Mr. und Mrs. Cerano reagierten auf das ewig fordernde und unersättliche Verhalten ihrer sechsjährigen Tochter mit Schlägen. Selbst wenn sie LARISSA entsprechend vorbereiteten, indem sie ihr vor dem Betreten eines Supermarkts oder Kaufhauses sagten, sie solle nicht betteln, dass sie ihr etwas kauften, kamen solche Forderungen dann eben doch. Die Ceranos waren verständlicherweise zunehmend frustriert und entsprechend schneller bereit, Larissa zu bestrafen. Ohne dass sie es merkten, verhielten sie sich auch zunehmend reaktiv, und dies trotz ihrer Bemühungen, sich mit Larissas Forderungen auseinanderzusetzen und sie möglichst herunterzuschrauben. Unter dem Einfluss der Beratung änderten sie dann allerdings ihre Praktiken – statt zu strafen und sich reaktiv zu verhalten, versuchten sie es mit Belehrungen und mit einem proaktiven Ansatz. Sie setzten sich realistischere Ziele – so suchten sie zum Beispiel statt der großen Warenhäuser und Supermärkte jetzt lieber kleinere Geschäfte auf und äußerten sich präziser sowohl über die Alternativen, die Larissa zur Verfügung standen, als auch über die Konsequenzen, die eintreten würden, wenn sie sich nicht angemessen benahm. Ihr neues Vorgehen führte, wenn auch nicht ganz reibungslos, am Ende dazu, dass Larissa sich deutlich besser benahm als früher.

Fragen Sie sich selbst: »Verlasse ich mich in erster Linie auf Strafen und Strafmaßnahmen, um meinem Kind Disziplin beizubringen? Ist das, was ich tue, in der Regel die spontane Reaktion auf das Verhalten meines Kindes?« Wenn Sie eine dieser Fragen mit Ja beantworten, dann sollten Sie Ihr Erziehungs- bzw. Disziplinierungsverhalten ändern.

Wir sollten uns vor Augen halten, dass Strafe *eine* Form der Erziehung zur Disziplin ist. Vielfach ist sie die am wenigsten wirksame Form, da sie Kinder ja nur vermittelt, was sie *nicht* tun sollen, anstatt sie zu lehren, was sie tun sollen. Ein reaktives, krisenorientiertes Vorgehen schwächt in der Regel den Unterweisungsprozess, vor allem da wir gleichzeitig ja oft wütend und aufgebracht sind.

Drittes Hindernis: Ein strenger und demütigender Erziehungsstil (Schläge, verbale Attacken)

Die meisten Eltern geraten manchmal aus der Fassung. Natürlich sollten wir alle versuchen, das zu vermeiden. Unglücklicherweise verbindet sich die Vorstellung von Disziplin beziehungsweise einer Erziehung zur Disziplin bei manchen Eltern mit Härte – sei es physischer oder verbaler Art. Dass das so ist, hat vielfältige Gründe, zu denen ihre eigene Vorgeschichte, ihre Frustrationstoleranz, der Grad ihrer Verärgerung und die irrige Ansicht zählen, dass Kinder am besten lernen, wenn sie ängstlich und eingeschüchtert sind. Als BILLY seine Milch verschüttete, hieß es, er sei ungeschickt; CARL wurde von seinen Eltern geschimpft, weil er morgens trödelte und nicht während der gesamten Dauer der Mahlzeiten am Esstisch sitzen blieb; DANNY wurde von seinem Vater heftig gescholten, weil er sich schlecht benahm; LARISSA wurde wegen ihrer fordernden und unersättlichen Art ständig von den Eltern angeschrien und geschlagen; MICHAEL hörte herabsetzende Kommentare seines Vater, nachdem er es aufgegeben hatte, das Radio zusammenzubauen.

Wenn Erziehung zur Disziplin im Wesentlichen aus Ärger und physischer wie verbaler Bestrafung besteht, werden die Kinder sich eher die Tatsache der Bestrafung selbst merken, nicht aber, *warum* man sie bestraft hat. Mit dieser Verunstaltung der Idee der Disziplinierung besteht kaum Aussicht darauf, dass sich eine resiliente Welt- und Lebensorientierung entwickeln wird, denn unter diesen Umständen werden die Kinder kaum so etwas wie bedingungslose Liebe erfahren, sie werden nicht intuitiv erfassen, wie sie Probleme lösen und Entscheidungen treffen können, und sie werden auch nicht aus Fehlern lernen. Was sie lernen, ist vielmehr: Ein Großer, dem nicht gefällt, was sie tun, wird sie unter Umständen schlagen, anstatt zu überlegen, wie das anstehende Problem gelöst werden könnte.

Wir werden oft nach unserer Einstellung zur körperlichen Bestrafung gefragt. Manche Eltern haben uns berichtet, dass sie ihre Kinder nur auf eine einzige Weise, nämlich durch Schläge, dazu bringen können, ihnen zuzuhören. Mr. und Mrs. Cranston zum Beispiel meldeten sich bei uns, nachdem sie einen unserer Vorträge gehört hatten. Sie hatten Schwierigkeiten mit ihrem zehnjährigen Sohn FRANK und klagten vor allem über seine »Streitsucht, seine Wut vor allem wenn er beim Spiel verliert oder mit den Hausaufgaben nicht zurechtkommt – und seine Weigerung, zuhause mit anzupacken«.

Bei dem Workshop, an dem die Cranstons teilgenommen hatten, rieten wir von Schlägen als Mittel der Bestrafung ab. Schläge schaden nicht nur der Ausbildung einer resilienten Welt- und Lebensorientierung; Studien haben darüber hinaus gezeigt, dass ein Kind sich umso aggressiver gegenüber seinen Altersgenossen verhält, je mehr Schläge es von seinen Eltern bekommt.

In unserem Beratungsgespräch mit den Eltern Cranston kam die Rede rasch auf das Thema Disziplin. Mr. Cranston begann: »Ich muss Ihnen sagen, dass ich Ihren Ausführungen über Disziplin nicht zustimmen kann. Ich glaube nicht, dass es falsch ist, sein Kind zu schlagen, wenn es etwas Unrechtes getan hat. Wenn ich Frank schlage, unterbricht er sein Tun und hört mir zu. Manchmal ist eine anständige Tracht Prügel das Einzige, was Kinder verstehen.«

Im weiteren Verlauf fragten wir Mr. Cranston nach der Häufigkeit, mit der er seinen Sohn schlug. Seine Antwort: »Ich würde sagen, drei- oder viermal in der Woche; dann hört er nämlich. Er muss ja lernen, dass er sich nicht laut beklagen kann und dass er tun muss, was wir ihm sagen.«

»Wenn das Prügeln aber *nützt*, warum müssen Sie dann so oft zu diesem Mittel greifen?«, fragten wir.

Mr. Cranston: »Ich glaube schon, dass es nützt. Überlegen Sie mal, was los wäre, wenn ich es nicht täte.«

Mrs. Cranston wandte sich an ihren Mann: »Ich bin nicht sicher, ob es etwas nützt. Ich glaube, er wird davon nur immer wütender. Du solltest seinen Blick sehen, wenn du auf ihn losgehst – entsetzt und wütend.«

»Ja, dann soll er eben lernen, sich zu benehmen, dann brauche ich ihn nicht zu schlagen. Mir ist es lieber, dass er entsetzt und wütend ist, als dass er sich so unverschämt aufführt.«

Es war deutlich zu sehen, dass das Thema Disziplin in der Familie Cranston die Form eines sehr negativen Skripts angenommen hatte und dass Mr. Cranston in seinen Ansichten über dieses Thema völlig festgefahren war. Wenn wir darauf hinarbeiten wollten, diese Ansichten zu verändern, dann mussten wir ihn Empathie spüren lassen und ihm allmählich Alternativen präsentieren. Also nahmen wir uns zunächst vor, uns Mr. Cranston auf irgendeinem Feld »anzuschließen«.

Wir sagten: »Es ist wichtig, dass Kinder lernen, sich respektvoll und kooperativ zu verhalten und mit den Erwachsenen auszukommen. Da sind wir durchaus Ihrer Meinung. Unterschiedlicher Meinung sind wir anscheinend nur in der Frage, wie sich diese Ziele am besten erreichen lassen.« Indem wir ihn wissen ließen, dass wir seine Ziele durchaus anerkannten, bestätigten wir ihn auch grundsätzlich in seinen elterlichen Bemühungen; vor diesem Hintergrund würde er sich vielleicht aufgeschlossener für andere Ansichten darüber zeigen, wie man diese Ziele am besten erreichen könnte.

Wir fuhren fort: »Eltern glauben oft fälschlicherweise, mit dem Prügeln etwas zu erreichen. Wenn Sie ein Kind schlagen, hört es in der Regel mit seinem Tun auf, aber nur vorübergehend. Was Eltern sich nicht klarmachen: Kaum haben sie das Zimmer verlassen, nimmt das Kind häufig genau das Verhalten wieder auf, das sie ihm austreiben wollten. Viele Eltern, die an die Wirkung von Prügeln glauben, sagen sich dann, dass ihr Kind, wenn die Wirkung nicht anhält, eben *mehr* Prügel braucht. Unseligerweise führen mehr Prügel aber in der Regel zu mehr Wut.«

Hier sagte Mr. Cranston etwas, das wir von vielen Eltern hören: »Aber *mein* Vater hat mich auch geschlagen, und letzten Endes war das gut.«

Wir antworteten: »Jedes Kind ist wieder anders. Mag sein, dass manche Kinder etwas lernen, wenn man sie prügelt, aber Prügel können auch Nebenwirkungen haben, zum Beispiel Ressentiments. Schon aus diesem Grund sind wir der Meinung, dass man Prügel nicht einsetzen sollte. Andere Kinder lernen offensichtlich sehr wenig aus Prügeln. Wenn Sie Frank schon seit Jahren schlagen und er noch immer weitgehend das tut, was Sie ihm austreiben wollen, dann müssen Sie sich doch fragen: Ist Frank ein langsamer Lerner, oder ist meine Lehrmethode vielleicht doch nicht die allerbeste?«

Dieser Kommentar veranlasste Mr. Cranston zum Nachdenken: »So habe ich das eigentlich noch nie betrachtet.«

»Sie haben ja auch erwähnt, dass Sie von Ihrem Vater geschlagen wurden. Vielleicht wäre es ganz nützlich, sich zu überlegen, welche Wirkung das eigentlich auf Sie und auf Ihr Verhältnis zu Ihren Eltern hatte, und ob es wirklich das ist, was Sie für Ihren Sohn wollen.«

»Ich mochte es überhaupt nicht, wenn meine Eltern mich schlugen«, antwortete er, »vor allem dann nicht, wenn sie meinen Hintern mit einem Gürtel bearbeiteten. Aber ich habe gelernt, mich zu benehmen.«

»Wie haben Sie sich gefühlt, wenn Ihre Eltern Sie schlugen?«, fragten wir.

Er antwortete ausweichend: »Ich war sehr wütend, aber ich wusste, dass es zu meinem Besten war.«

An dieser Stelle wandte Mrs. Cranston sich an ihren Mann: »Aber mir hast du doch erzählt, wie wütend du auf deine Eltern warst und dass du anschließend immer Wege gefunden hast, das zu tun, von dem sie nicht wollten, dass du es tust. Und es ist doch auch heute noch so, dass das Verhältnis zwischen dir und deinen Eltern nicht ungetrübt ist.«

Er hörte zu und sagte dann: »Ich weiß. Aber ich glaube, sie haben einfach versucht, mir etwas beizubringen.«

Wir spürten, dass Mr. Cranston sowohl uns als auch der Richtung vertraute, in die wir uns bewegten. Deshalb spitzten wir unsere Fragen nun etwas zu: »Wir wissen, dass das, was wir Sie jetzt fragen werden, vielleicht nicht so einfach zu beantworten ist. Es kann aber nützlich sein, darüber nachzudenken. Nehmen Sie an, wir würden Frank bitten, Sie, seinen Vater, zu beschreiben. Wie würden Sie *hoffen*, dass er Sie beschreibt, und welche Worte würde er *tatsächlich* verwenden? Und weiter: Würden Sie sich wünschen, dass er Sie mit den gleichen Worten beschreibt, die Sie verwenden würden, um *Ihren* Vater und *Ihre* Mutter zu beschreiben?«

Diese Fragen rührten wie bei den meisten Eltern auch bei diesem Gesprächspartner viele Gedanken und Gefühle auf. Schließlich sagte Mr. Cranston: »Solche Fragen haben Sie ja auch bei Ihrem Workshop gestellt, und tatsächlich war mir bis dahin so etwas nie in den Sinn gekommen. Aber inzwischen habe ich darüber nachgedacht. Frank würde wohl sagen, dass ich ihm immer im Nacken sitze, dass ich wenig Geduld für das aufbringe, was er macht, dass ich zu streng bin und dass ich ihm nie etwas Freundliches sage. Meiner Meinung nach sage ich sehr wohl auch Positives, aber ich bin nicht sicher, ob er es hört. Vielleicht ist er zu wütend auf mich. Warum glaube ich, dass er mich in dieser Weise beschreiben würde? Ich weiß es nicht so genau, aber ich denke, so hätte ich meinen eigenen Vater beschrieben, als ich so alt war wie Frank heute.«

Und nach einer Weile fügte er hinzu: »Und dann Ihre Bemerkungen über negative Skripts und darüber, dass man, wenn etwas auf die eine Weise nicht funktioniert, eben einen anderen Weg finden muss. Ich glaube, Sie haben recht. Ich bin derjenige, der zuerst den anderen Weg finden muss.«

Wir ließen erkennen, dass seine ehrliche und gerade Art uns sehr beeindruckte. Mrs. Cranston nahm seine Hand und sagte: »Ich weiß, wie viel Frank meinem Mann bedeutet. Das war ja auch der Grund, weshalb wir hergekommen sind – die Hoffnung, dass sich vielleicht das Verhältnis unter uns allen bessert. Wir wissen ja auch, dass unsere Streitigkeiten mit Frank auf seine Schwester zurückschlagen, und wir wollen doch einfach ein friedlicheres Familienleben.«

Während der folgenden Wochen bezogen sie Frank in die lösungsorientierten Aufgaben ein, wie wir sie im vorangegangenen Kapitel beschrieben haben. Sie überlegten noch einmal, welche Regeln für sie nicht verhandelbar waren, und forderten ihn auf, seinerseits darüber nachzudenken, wie er sie einhalten könnte. Dabei erkannten sie, dass sie ihrem Sohn im Laufe der Zeit immer mehr Regeln auferlegt hatten, so dass er sich allmählich »wie in einen Käfig gesperrt« gefühlt hatte. Das bewog sie jetzt dazu, das eine oder andere »laufen zu lassen« – zum Beispiel die Frage, ob Frank morgens sein Bett machte oder nicht – und ihre Energien dafür auf die wichtigen Dinge zu richten.

Die Cranstons erkannten ferner, dass sie es in ihrem Frust und ihrer Verärgerung an Lob hatten fehlen lassen und dass sie ihren Sohn nur selten zu irgendeiner Sache beglückwünscht oder ermutigt hatten. Vor allem Mr. Cranston suchte und fand jetzt Gelegenheiten, auch positive Gefühle zu äußern, was zu akzeptieren seinem Sohn anfangs nicht ganz leichtfiel, weil es so anders war als alles, was er in der Beziehung zum Vater bisher erlebt hatte. Aber es gelang Mr. Cranston, an dieser eher positiven Linie festzuhalten, und parallel dazu besserte sich Franks Betragen.

Viertes Hindernis: Eine widersprüchliche und inkonsequente Erziehungspraxis

Die meisten Eltern sind zwar durchaus der Ansicht, dass Erziehung und Disziplinierung der Kinder besser gelingen, wenn sie von klaren und vernünftigen Erwartungen bestimmt sind und wenn Konsequenzen sich zuverlässig einstellen; eine entsprechende Erziehungspraxis zu etablieren ist aber oft außerordentlich schwierig. Zwischenfälle aller Art können Eltern daran hindern, sich an faire und konsequente Erziehungs- und Bestrafungsgrundsätze zu halten – so zum Beispiel die Laune der Mutter an einem bestimmten Tag oder das ständige Nörgeln des Kindes. Keine Mutter und kein Vater können immer und überall konsequent sein. Es mag sogar Situationen geben, in denen es angesichts der Umstände vernünftiger ist, eine Regel zu modifizieren.

Um ein Beispiel für eine solche Situation zu nennen: Bei einem unserer Workshops berichteten eine Mutter und ein Vater, sie hielten sich einigermaßen strikt an die einmal festgelegte Schlafenszeit für ihren sechsjährigen Sohn und ihre achtjährige Tochter. Da beide Eltern berufstätig waren, legten sie Wert auf eine Routine, die ihnen Zeit für ihre Kinder, aber auch Zeit für sich selbst ließ. Nachdem die Kinder aber eines Tages von einer Schießerei in ihrer Schule erfahren hatten, »klammerten« beide stärker als zuvor. Ein paar Tage lang nahmen die Eltern sich mehr Zeit für sie als sonst, sprachen mit ihnen darüber, dass so etwas die Gemüter natürlich sehr erregte, sagten aber auch, dass diese Schießerei sich zwar wirklich in der Schule abgespielt hatte, dass so etwas aber sehr selten passiere. Beide waren in diesen Tagen auch toleranter als sonst, wenn eines der Kinder vom Bett aus noch einmal nach ihnen rief und ein Glas Wasser verlangte – es war ihnen klar, dass es diesem Kind im Grunde eher um Beruhigung und Zuspruch zu tun war. In diesen ängstlichen Tagen gingen die Kinder etwas später schlafen als sonst. Die Situation erforderte gewissermaßen mildernde Umstände, die eine vorübergehende Modifizierung der Regeln rechtfertigten.

In vielen Fällen lässt sich allerdings so gut wie kein Grund dafür finden, dass die einmal festgelegten Regeln, Grenzen und Konsequenzen umgestoßen werden: Vielleicht hatte der Vater bloß einen harten Arbeitstag, aber er bestraft das Kind für ein Verhalten, das am Tag zuvor akzeptabel war. Oder die Mutter reagiert heute auf eine Übertretung, indem sie dem Kind ein Privileg sperrt, z. B. das Fernsehen, und eine Woche später wird eine vergleichbare Übertretung mit einer Tracht Prügel beantwortet. Mr. und Mrs. Morris waren mit der Zeit so frustriert über ihren Sohn CHARLIE, dass das einzig Konsequente an ihrer Erziehungspraxis ihre Inkonsequenz war, angetrieben von einem Gefühl vollständiger Ausweglosigkeit. Viele Kinder, vor allem diejenigen, die ein »schwieriges« Temperament haben, legen ein inkonsequentes Verhalten an den Tag; die Eltern müssen allerdings, wenn ihre Maßnahmen überhaupt einen Sinn haben sollen, gerade dann einen ganz konsequenten Kurs einschlagen.

Konsequenz heißt nicht, dass es an Flexibilität fehlen muss, wohl aber, dass Veränderungen, wenn sie denn sein müssen, sorgfältig im Blick auf die Situation erwogen werden sollten. Mr. und Mrs. Fisher zum Beispiel hatten erkannt, dass ihre ursprünglichen Erwartungen ebenso wie die damit verknüpften Konsequenzen dem beabsichtigten Zweck gerade zuwiderliefen. Folglich sagten sie ihrem Sohn BRENDAN, sie hätten ihre Position überdacht und wollten ihm nun erlauben, den Vorsitz in der Jugendgruppe zu übernehmen, obwohl er keinen soliden Zweierschnitt erreicht hatte.

Fünftes Hindernis: Große Unterschiede im Erziehungs- und Bestrafungsverhalten von Vater und Mutter

Es ist nicht ungewöhnlich, dass Mann und Frau aufgrund ihrer individuellen Lebensgeschichten und ihrer eigenen Erfahrungen unterschiedliche Ansichten über Kindererziehung haben und folglich auch ein unterschiedliches Erziehungs- und Bestrafungskonzept befolgen. Als Beispiel dafür kann das zu Beginn dieses Kapitels vorgestellte Ehepaar dienen, das an einem unserer Workshops teilgenommen hatte und eben diese Divergenz der Ansichten zum Ausdruck brachte. Die Frau klagte darüber, dass ihr Mann ihr bei der Erziehung ihrer Söhne nicht zu Hilfe kam, und der Mann meinte das nicht tun zu können, weil sie, wie er sagte, viel herumschrie und zu streng war. Daraufhin verwies sie auf die Überzeugung ihres Mannes, die etwa lautete: Wenn Kinder in einer liebevollen Umgebung aufwachsen, dann werden sie die Regeln schon lernen, und die Eltern müssen ihnen eigentlich gar keine Grenzen setzen; sie selbst war sich dagegen sicher, dass man Kinder mit dieser Methode nur verziehen konnte. Unterschiedliche Ansichten, was die Erziehung zur Disziplin angeht, führen in der Regel zu spürbaren Spannungen zwischen den Eltern und helfen den Kindern nicht, klare Regeln sowie die Konsequenzen für Regelverstöße »an Bord zu nehmen«.

Eltern müssen keineswegs identische Auffassungen haben und bezüglich jeder Entscheidung und jeder Geste übereinstimmen. Andererseits sind in allzu vielen Familien die Differenzen im Erziehungsstil so konstant und so gewichtig, dass sie sich sehr nachhaltig auf die Selbstdisziplin und die Problemlösefähigkeiten der Kinder auswirken. Viele Eltern streiten über Fragen der Disziplin sogar vor ihren Kindern. Kinder können Meister darin sein, ihre Eltern auseinanderzubringen, um ihren eigenen Willen durchzusetzen, und zwar nicht einmal so sehr aus Böswilligkeit, sondern weil Kinder eben häufig von dem Wunsch bestimmt sind, zu bekommen, was sie wollen. Es kommt nicht selten vor, dass man Kinder vom Vater zur Mutter oder von der Mutter zum Vater laufen sieht, um einen von beiden zu etwas zu überreden, das der andere nicht will.

Die Tatsache, dass »Publikum« vorhanden ist, wenn Eltern sich vor ihren Kindern über Erziehungsfragen streiten, verringert häufig die Aussichten auf einen Kompromiss, denn Kompromisse könnten als »Nachgeben« oder als »Gesichtsverlust« gedeutet werden (deswegen werden über den Verlauf sensibler Verhandlungen zwischen einander bekriegenden Parteien häufig Nachrichtensperren verhängt). Sehr viel gescheiter ist es, wenn die Eltern ihre Differenzen ohne Zeugen unter sich austragen und zu einer für beide Teile akzeptablen Position gelangen, bevor sie mit ihren Kindern darüber sprechen.

Das gilt auch dann, wenn die Eltern getrennt leben oder geschieden sind – eine Situation, in der es erst recht passieren kann, dass die Kinder einen Keil zwischen die beiden treiben und damit den Konflikt zwischen ihnen noch vergrößern. Wenn ein Kind die – gerade »diensttuende« – Mutter in Abwesenheit des Vaters damit überfällt, dass es einen Erziehungsgrundsatz in Frage stellt, dann kann die Mutter etwa sagen: »Du bringst da etwas sehr Wichtiges zur Sprache, aber auch etwas, worüber ich nicht gern entscheide, solange ich nicht mit deinem Vater darüber gesprochen habe.«

Im besten denkbaren Fall sollte man Meinungsunterschiede in Fragen der Disziplin als Chancen ansehen, mehr als nur einen einzigen Gesichtspunkt in Erwägung zu ziehen. Anhaltende ernsthafte Streitigkeiten zwischen Eltern über Fragen der Disziplin werden den Kindern nicht helfen, die Kennzeichen einer resilienten Welt- und Lebensorientierung auszubilden.

Sechstes Hindernis: »Ich will, dass mein Kind mich liebt«

Manche Eltern scheuen sich, realistische Erwartungen zu formulieren bzw. realistische Grenzen und Konsequenzen festzulegen, weil sie fürchten, dass ihre Kinder dann ärgerlich auf sie werden und sie nicht mehr lieben. Es ist erstaunlich, wie viele Kinder diese Furcht wittern und sie sich zunutze machen, indem sie etwa sagen: »Ich mag dich nicht« oder »Wenn du mich lieb hättest, würdest du mir keinen Hausarrest geben« oder »Wenn du mich lieb hättest, würdest du erlauben, dass ich dieses Fahrrad bekomme«. Die meisten Kinder fühlen sich zwar sicherer, wenn die Eltern realistische Grundsätze und Konsequenzen formulieren – wir müssen uns aber auch darüber im Klaren sein, dass sie ganz sicher nicht zu ihren Eltern sagen werden: »Ich weiß, dass ihr mir Grenzen setzt, weil ihr mich liebt. Es ist wirklich ein Glück für mich, dass ich solche Eltern habe.«

Als gute Eltern müssen wir es hinnehmen können, dass unsere Kinder zeitweise ärgerlich auf uns sind, wenn und weil wir ihnen Grenzen setzen, zumal wenn wir wissen, dass wir diese Grenzen in fairer und angemessener Weise festgelegt haben. Manche Eltern leiden allerdings unter so starken Zweifeln und Schuldgefühlen, dass sie sich wie gelähmt fühlen, wenn sie Richtlinien festlegen und Konsequenzen energisch durchziehen müssen.

Mr. und Mrs. Brown suchten unseren Rat wegen ihres sechsjährigen Sohnes DREW. Sie schilderten Drew als ein Kind, »dessen Leben von Wutanfällen beherrscht ist und das ein Nein einfach nicht akzeptiert«. Rasch verglichen sie Drew mit seinem jüngeren Bruder, der »mit drei Jahren auf das gehört hat, was wir sagten«.

Mr. Brown klagte: »Drew ist so ein unreifes Kind. Alles sollen wir für ihn tun: sein Essen kleinschneiden, ihm die Schuhe anziehen, sein Spielzeug aufräumen. Wenn wir es nicht tun, dann greint er.«

Wir wollten wissen, was sie taten, wenn Drew sie um Hilfe bat.

»Wir sagen ihm, dass er es selber kann und sich einfach mal ein bisschen anstrengen soll. Aber dann fängt er an zu heulen, und ehe man es merkt, hat man es schon selbst getan.«

»Was würde passieren, wenn Sie Drew sagen würden: Wir wissen, dass du möchtest, dass wir es tun, aber wir finden es wichtig, dass du es selbst tust?«

Mr. Brown antwortete: »Das haben wir versucht, aber er hat einfach den längeren Atem.«

Bei unserem ersten Zusammentreffen mit Drew konnten wir seine Hilflosigkeits-»Masche« live erleben. Er bat darum, die Toilette benutzen zu dürfen. Als er wieder herauskam, konnte er kaum laufen, denn Hose und Unterhose hingen noch auf der Höhe seiner Knöchel. Die Szene hatte etwas Surreales und beinahe Komisches.

Wir fragten: »Drew, weißt du, dass du vergessen hast, dir die Unterhose und die Hose hochzuziehen?«

»Ich kann es nicht.«

Die Therapie begann in diesem Moment, als wir sagten: »Du glaubst vielleicht, es nicht zu können, aber wir meinen, dass du es lernen kannst.« Dann redeten wir ihm zu, die Hosen hochzuziehen, und er tat es, wenn auch anfangs zögernd.

Als wir Drews Eltern davon erzählten, sagten sie, wenn *sie* ihn gebeten hätten, sich die Hosen hochzuziehen, dann hätte er gewinselt und geweint, und am Ende hätten sie es für ihn getan. »Wir wissen, dass wir es nicht tun sollten, aber manchmal ist es einfacher nachzugeben und es selbst zu machen.«

In den nächsten Sitzungen mit Mr. und Mrs. Brown sprachen wir darüber, welche Konsequenzen es hat, wenn man es versäumt, realistische Erwartungen zu formulieren und die Kinder in die Verantwortung zu nehmen. Vernünftige Grenzen und vernünftige Konsequenzen, so sagten wir ihnen, sind der Grundstein einer resilienten Welt- und Lebensorientierung. Was Drews Wutanfälle anging, so rieten wir den Browns, ihm zu sagen, er könne weiter schreien und brüllen, es würde ihm aber nichts bringen. Und für den Fall, dass er in einem Kaufhaus oder einem Restaurant ausflippen sollte, rieten wir ihnen, ihn in aller Ruhe an der Hand zu nehmen und mit ihm nach Hause zu gehen.

Mr. und Mrs. Brown verhielten sich allmählich konsequenter, aber dann passierte etwas, das Mr. Brown vor Aufregung kaum erzählen konnte. Sie waren in einem Kaufhaus gewesen, und Drew hatte eine kleine Gitarre gesehen, die er haben wollte. Mr. Brown sagte ihm, er könne sie nicht haben, und Drew fing an zu schreien, er wolle sie aber doch. Statt sich an das Vorgehen zu halten, auf das wir uns geeinigt hatten, beruhigte Mr. Brown seinen Sohn und kaufte ihm die Gitarre.

»Und was meinen Sie, was Drew daraus gelernt hat?«

Mrs. Brown hatte die Antwort rasch parat: »Dass er mit seinem Geschrei und Geheule kriegt, was er will. Ich habe meinem Mann gesagt, er soll es nicht tun, aber er hat es halt doch getan.«

Mr. Brown sagte: »Ich hatte nicht das Herz, ihn zu enttäuschen. Mein Beruf bringt es mit sich, dass ich viel herumreisen muss, und ich war gerade erst wenige Stunden zuvor nach Hause gekommen. Drew mag es nicht, wenn ich auf Reisen bin. Ich hatte einfach nicht das Herz, Nein zu sagen. Ich hatte Angst, er würde dann noch wütender auf mich werden.«

Ein wiederkehrendes Thema in unserer Arbeit mit dieser Familie war Mr. Browns irrige Vorstellung, wenn er seinem Sohn Grenzen setzen würde, dann würde das die positive Beziehung zwischen ihnen gefährden. Diese Überzeugung wurde dadurch genährt, dass Mr. Brown sich wegen seiner häufigen Abwesenheit schuldig fühlte. Mr. Brown meinte, Drew würde ihn nicht lieben, wenn er ihm auch noch mit Strenge und Konsequenz begegnete. Drew war hellhörig genug, um die Unentschlossenheit seines Vaters, was das Grenzensetzen anging, zu erkennen. Wie viele andere Kinder machte er sich diese Unentschlossenheit zunutze.

In mehreren Gesprächen verhalfen wir Mr. Brown zu der Erkenntnis, dass Drew zwar möglicherweise wütend sein würde, wenn ihm Grenzen gezeigt und Konsequenzen angekündigt würden, dass die Alternative aber lautete, ein Kind großzuziehen, das kein Verantwortungsgefühl kannte. Wie gegenüber anderen Eltern auch unterschieden wir zwischen strenger, willkürlicher Bestrafung einerseits, die zu Wut und Ressentiments aufseiten des Kindes führt, und realistischen und fairen Konsequenzen andererseits, die geeignet sind, dem Kind Selbstdisziplin und Selbstkontrolle zu vermitteln.

Siebtes Hindernis: Das Kind wird für die unrealistischen Erwartungen der Eltern bestraft

Wir haben inzwischen eine ganze Reihe von Beispielen dafür gesehen, dass Eltern die Messlatte zu hoch anlegten, das heißt Dinge von ihren Kindern erwarteten, die diese nicht leisten konnten. In diesen Fällen sah die Reaktion der Eltern so aus, dass sie die Kinder bestraften. CARLs Eltern schrien ihn an, wenn er es nicht fertigbrachte, bis zum Ende der Mahlzeit am Esstisch sitzen zu bleiben; CINDYs Mutter und die Eltern von LARISSA schrien ihre »schwierigen« Töchter ebenfalls an; JOHNs Vater begegnete der vermeintlichen Verantwortungslosigkeit seines Sohnes zunehmend strafend, eine Reaktion, die sich zum einen auf die Schläge zurückführen ließ, die er von seinem eigenen Vater erhalten hatte, zum anderen aber auch auf seine Überzeugung, dass ein Abrücken von den Forderungen an seinen Sohn gleichbedeutend wäre mit Nachgeben.

Es ist nicht fair, Kinder für Handlungen zu bestrafen, über die sie, wenn überhaupt, nur geringe Kontrolle haben. Wenn wir unsere Kinder zur Selbstkontrolle erziehen wollen, müssen wir in unseren Erwartungen an sie realistisch bleiben. Bei unseren Elternworkshops fragen wir die Teilnehmer oft, wie sie sich fühlen würden, wenn ihnen an ihrem Arbeitsplatz Dinge abverlangt würden, die jenseits ihrer Möglichkeiten liegen, und wenn man sie dann dafür bestrafen würde, dass sie die betreffende Aufgabe nicht ausführen konnten. Die Eltern sind schnell mit der Antwort zur Stelle, dass sie in einer solchen Situation sehr wütend wären und dass man ihnen, wenn sie mit einer Aufgabe Schwierigkeiten hätten, zunächst zeigen müsste, wie sie zu erledigen ist.

Selbstverständlich sollten wir unsere Erwartungen steigern, wenn und soweit die Fähigkeiten und Fertigkeiten unserer Kinder zunehmen, aber dieses Höherlegen der Messlatte muss mit Überlegung erfolgen. Wenn deutlich zu sehen ist, dass die Kinder mit der neuen Höhe ihre Schwierigkeiten haben, dann werden wir die Latte zumindest kurzfristig wieder etwas tiefer legen müssen, bis sie auf diesem neuen Niveau Erfolge haben. Wenn die Kinder das Gefühl haben, dass sie unseren Erwartungen nicht gerecht werden können, während wir sie weiterhin antreiben und bestrafen, anstatt sie zu lehren, dann bleiben am Ende Verärgerung, Zweifel an den eigenen Fähigkeiten, Versagensangst und ein dürftiges Selbstwertgefühl – alles Eigenschaften, die ihrer Entwicklung zu resilienten Persönlichkeiten entgegenstehen.

Erziehungsgrundsätze, die es Kindern ermöglichen, eine resiliente Orientierung auszubilden

Wie wir gesehen haben, treffen wir in unseren Bemühungen, gute Erzieher unserer Kinder zu sein, tagein tagaus auf viele Hindernisse. Die gute Nachricht in diesem Zusammenhang lautet, dass es eine Reihe von Grundsätzen gibt, die uns bei der Erziehung unserer Kinder zu resilienten Persönlichkeiten leiten können.

Erster Grundsatz: Selbstdisziplin und Selbstkontrolle als vordringliches Erziehungsziel

Erziehung muss letztlich darauf zielen, dass unsere Kinder Selbstdisziplin und Selbstkontrolle erwerben, die wesentlichen Voraussetzungen für ein gelungenes und erfolgreiches Leben. Was wir im Blick auf dieses Ziel unternehmen, muss dazu beitragen, dass unsere Kinder den Sinn der ihnen gesetzten Grenzen, Richtlinien und Konsequenzen begreifen, und es muss ihnen, wenn nötig, die aktive Teilhabe am Prozess des Erziehens ermöglichen. Mit anderen Worten, mit unserem Zutun und unserer Unterstützung werden unsere Kinder erkennen, dass Grenzen und Konsequenzen berechtigt sind. Wenn sie aufgefordert werden, in Fragen der Disziplin die eigenen Problemlösefertigkeiten in Anspruch zu nehmen, werden sie allmählich ein Gefühl aktiver Teilhaberschaft an den Regeln entwickeln, sie werden diese Regeln als vernünftig und nicht als willkürlich wahrnehmen, und sie werden sich daher schließlich aus eigener Einsicht an diese Regeln halten.

Ein effizientes Erziehungsverhalten hat vieles mit den Grundsätzen gemein, wie sie im vorangegangenen Kapitel im Zusammenhang mit den Themen Problemlösung und Entscheidungsfindung dargelegt wurden. Es ist wichtig, mit den Kindern über bestehende Disziplinschwierigkeiten zu sprechen und die Kinder in entsprechende Lösungsstrategien einzubinden. Wie wir im vorangegangenen Kapitel gesehen haben, kann man sogar Vorschulkinder schon an der Beschreibung der Probleme und an der Suche nach Lösungen beteiligen. Wenn die Sicherheit der Kinder gefährdet ist (sei es, dass sie mit Streichhölzern spielen, sich mit dem Fahrrad auf eine belebte Straße wagen oder auf dem Dach herumklettern), müssen die Eltern selbstverständlich sofort einschreiten. Sobald aber die unmittelbare Gefahr gebannt ist, können sie sich mit den Kindern zusammensetzen, um die Situation zu rekapitulieren und zu überlegen, wie man das Problem in Zukunft abstellen kann.

Im vorangegangenen Kapitel haben wir ASHLEY kennengelernt, die elfjährige Tochter von Mr. und Mrs. Satin, die als impulsiv und befehlshaberisch gegenüber ihren Klassenkameradinnen galt und erhebliche schulische Probleme hatte. Die Satins teilten überdies mit, dass Ashley sich geweigert hatte, mit einer Nachhilfelehrerin zu arbeiten, und andererseits ihre Lernschwierigkeiten als Entschuldigung dafür anführte, dass sie ihren häuslichen Pflichten nicht nachkam. Das Erziehungskonzept der Satins funktionierte nicht: Ashley betrachtete es als den Versuch, ihr Regeln und Bedingungen aufzuzwingen. Erst als die Satins die Vermutung äußerten, dass sie vielleicht wie Nörgler wirkten, und mit ihrer Tochter über ihre Probleme sprachen, ließ Ashleys Abwehrhaltung nach. Das ermöglichte es ihr, über alternative Lösungsmöglichkeiten nachzudenken, und mit der aktiven Teilhabe an diesem Prozess nahm ihr Gefühl der Selbstwirksamkeit zu. Auf diese Weise entwickelte sie Selbstdisziplin und ein eigenes Gefühl der Verantwortung für die Einhaltung von Regeln, statt ihre Eltern als diejenigen zu sehen, die ihr Regeln und Konsequenzen diktierten.

Um die Entwicklung von Selbstdisziplin ging es auch im Fall von LEN und seinem jüngeren Bruder BARRY. Die beiden stritten häufig darüber, was im Fernsehen angesehen werden sollte, oder wer auf dem Beifahrersitz sitzen durfte. Die Eltern stellten fest, dass es wenig Zweck hatte, ihren Söhnen gegenüber laut zu werden, vor allem wenn sie die Schuld an den Streitigkeiten im Wesentlichen Len gaben, weil er der Ältere war. Als sie dann ihr Vorgehen änderten, indem sie den beiden sagten, sie sollten doch versuchen, ihre Probleme jeweils selbst zu lösen, brachten die Jungen das in der Tat zustande. Wenn sie einmal auf Schwierigkeiten stießen, waren die Eltern bereit, ihnen zu helfen, aber der Großteil der Verantwortung blieb bei den Söhnen.

Weiter oben in diesem Kapitel berichteten wir von Mr. und Mrs. Morris und ihrem siebenjährigen Sohn CHARLIE. Diese Eltern waren mittlerweile so frustriert, dass sie Charlie schlugen. Ihnen gegenüber betonten wir vor allem die Notwendigkeit, Charlie an der Formulierung von Regeln und Konsequenzen zu beteiligen: Sie sollten sich in einem ruhigen Moment mit Charlie zusammensetzen, über zwei oder drei der besonders dringlichen Punkte mit ihm sprechen und ihm erklären, warum es sich dabei um Probleme handelte. Anschließend konnten sie herausfinden, ob er diese Bereiche ebenfalls als problematisch betrachtete. Sollte er das verneinen, dann konnten sie noch einmal darlegen, warum sie gerade diese Bereiche als Quellen von Schwierigkeiten ansahen, und ihn dann in einen Dialog über die beste Art der Lösung dieser Konflikte verwickeln. Die Diskussion mit Charlie sollte nach unseren Worten vier Punkte abdecken:

a) Warum ist dieses Problem ein Problem?
b) Welche Lösungsmöglichkeiten gibt es?
c) Wie kann man die einzelnen Familienmitglieder an die neuen Regeln erinnern?
d) Welche Konsequenzen treten ein, wenn eine Regel vergessen wird?

Mr. und Mrs. Morris berichteten, dass sie es mit diesem Vorgehen schon versucht hatten, allerdings ohne großen Erfolg. Als Beispiel führten sie an, dass sie Charlie zwischen zwei Dingen – zwei Sorten Frühstücksflocken – hatten wählen lassen und dass er gesagt hatte, er wolle keine von beiden. Wir sagten ihnen, unserer Ansicht nach hätten sie unsere Empfehlung *zu einem Teil* befolgt, Charlie müsste aber stärker in die Dinge einbezogen werden, da er seine Eltern ja offensichtlich rasch als Kontrolleure wahrnahm, selbst wenn sie ihm eine Wahlmöglichkeit ließen. Eine Diskussion mit ihm über Regeln und Konsequenzen würde seine fordernde und widersetzliche Art nicht verschlimmern, sondern könnte diesem Benehmen entgegenwirken.

Mr. und Mrs. Morris sprachen über einige Punkte mit Charlie – darüber, dass er seine Schwester geschlagen hatte, über die Kämpfe, die er sich bezüglich der Schlafenszeit mit ihnen lieferte, und über das Durcheinander in seinem Zimmer. Sie hatten zunächst überlegt, ob sie auch auf das Problem des Lügens zu sprechen kommen sollten, kamen dann aber im Gespräch mit uns zu dem Schluss, dass das Lügen wohl einen Schutz für ihn darstellte und dass er es vielleicht allmählich aufgeben würde, wenn er erst das Gefühl hätte, die Dinge etwas mehr in der Hand zu haben. Auch beschlossen sie, ihm für den Fall, dass er wieder lügen würde, nicht zu sagen, dass er »immer log«, sondern zunächst ruhig seine Sicht der Dinge zu validieren. Das konnte in der Weise geschehen, dass sie ihm sagten: »Wir wissen, dass du die Dinge so siehst wie du sie beschreibst; wir sehen die Dinge allerdings anders, und es ist wichtig, diesen Unterschieden nachzugehen.« Wir alle waren der Meinung, dieser Ansatz würde Charlies Eindruck, verhört zu werden, zum Schwinden bringen und ihn aufgeschlossener für das machen, was sie zu sagen hatten.

Sie sprachen mit Charlie und sagten unter anderem, sie wollten ihn ja eigentlich gar nicht anschreien oder schlagen, woraufhin er rasch sagte: »Dann macht es doch nicht. Ich verdiene das nicht. Ihr seid nicht fair. Marnie wird nie angeschrien oder geschlagen.«

Eine Antwort der Art, dass seine Schwester sich angemessen benahm und sie sie deshalb auch nicht anschreien mussten, hätte Charlies Ärger und Abwehrhaltung auf den Plan gerufen und sein Gefühl verstärkt, dass sie Marnie lieber hatten als ihn. Stattdessen blieben sie mit ihrer Aufmerksamkeit bei Charlie und sagten: »Wollen wir doch mal sehen, was jeder von uns anders machen kann, damit die Kooperation besser klappt.«

Im Laufe der nächsten Wochen bezogen sie Charlie in lösungsorientierte Diskussionen und damit zugleich in einen seiner Selbstdisziplin förderlichen Prozess ein. *Eine* Lösung für das Problem des rechtzeitigen Zubettgehens sah zum Beispiel so aus, dass Charlie, wenn er abends rechtzeitig in sein Zimmer ging, eine Viertelstunde länger lesen durfte. Sollte er nach Verstreichen dieser zusätzlichen fünfzehn Minuten weiterhin Licht brennen haben, dann bedeutete das, dass ihm die Extrazeit von fünfzehn Minuten am nächsten Abend nicht zugestanden wurde. An einem Abend in der Woche, der von ihm bestimmt werden konnte, durfte er überdies eine halbe Stunde länger fernsehen; sollte er diese Zeit überziehen, dann hatte er das Privileg für die folgende Woche verloren. Anfangs waren Mr. und Mrs. Morris überzeugt, Charlie würde die zusätzliche halbe Stunde ziemlich bald für alle Abende der Woche einfordern, aber zu ihrer Überraschung und Freude tat er das nicht. Dass er selbst an der Festlegung der Regeln beteiligt gewesen war, bewirkte, dass er sich auch stärker dafür verantwortlich fühlte, sie einzuhalten.

Feste Regeln wurden auch für das Schlagen eingeführt, und zwar für alle Familienmitglieder. Charlie hatte etwas provokant gefragt: »Wenn ich Marnie haue und dafür bestraft werde, warum solltet dann nicht auch ihr bestraft werden, wenn ihr mich haut?«

Auch in diesem Fall reagierten die Eltern nicht etwa impulsiv, zum Beispiel mit der Erklärung: »Wir sind deine Eltern, und wenn wir dich schlagen, dann deshalb, weil du es verdient hast; Schläge sind ja anscheinend das Einzige, was du verstehst.« Stattdessen bestätigten sie – auch eingedenk der Tatsache, dass Charlie ihren Umgang mit ihm rasch als »unfair« wahrnahm –, dass Schläge kein Mittel seien, um irgendjemanden von ihnen anständiges Benehmen zu lehren. Alle vier Familienmitglieder einigten sich auf bestimmte Konsequenzen, die eintreten würden, falls wieder geschlagen werden sollte. Sie überlegten auch, wie sie sich am besten gegenseitig daran erinnern konnten, nicht zu schlagen oder zu schreien, und so entstand eine Art Merkzettel, der nach Charlies Empfehlung in der Küche und an den Türen aller Zimmer aufgehängt werden sollte.

Wir arbeiteten mehrere Jahre lang mit der Familie Morris. Es dauerte seine Zeit, bis sich wirksamere Erziehungspraktiken herausgebildet hatten, die schließlich die angestrebte Selbstkontrolle aufkommen ließen. Wie zu erwarten war, verfiel Charlie, wenn er frustriert war, immer wieder einmal in alte Verhaltensmuster. Immerhin war jetzt aber eine Struktur etabliert, die Leitlinien für den Umgang mit diesen alten Mustern bot. Da Charlie an der Errichtung dieser Struktur mitgewirkt hatte, war es für seine Eltern nun einfacher, auf die Grenzen zu verweisen und Konsequenzen in der Tat durchzuziehen, ohne dass er das Gefühl hatte, sie zwängen ihm willkürliche Regeln auf.

Zweiter Grundsatz: Vorbeugen, vorbeugen, vorbeugen

Die Redewendung »Vorbeugen ist besser als heilen« hat weithin Gültigkeit. Es ist sehr wichtig, dass Eltern sich im Umgang mit ihren Kindern und vor allem im Zusammenhang mit Fragen der Disziplin proaktiv und nicht etwa reaktiv verhalten.

Wenn Sie beobachten, dass Ihr Kind sich problematisch verhält, sollten Sie versuchen zu verstehen, wodurch dieses Verhalten ausgelöst wird. Anschließend können Sie fragen: »Gibt es Möglichkeiten, die Situation zu verändern, um mein Kind von diesem speziellen Verhalten abzubringen?«

Erinnern Sie sich: ROBERTs Wutanfälle hörten auf, als seine Eltern ihm ein Nachtlämpchen zugestanden und ein Foto neben seinem Bett aufstellten; CHARLIE hatte das Gefühl, die Dinge eher in der Hand zu haben, seitdem er an einem von ihm zu bestimmenden Abend pro Woche länger aufbleiben durfte. CARL, der hyperaktive Junge, durfte schließlich vom Esstisch aufstehen, wenn er es im Sitzen nicht mehr aushielt, und schaffte es schließlich, während der

Dauer der Mahlzeiten sitzen zu bleiben und sich angemessen zu benehmen; LAURIE konnte sich rechtzeitig auf den Schulweg machen, nachdem ihr die Möglichkeit gegeben worden war, vor Unterrichtsbeginn im Kindergarten auszuhelfen. In allen diesen Fällen setzten die Eltern Strategien ein, die ein schlechtes Benehmen ihres Kindes weniger wahrscheinlich machen sollten, und sorgten damit dafür, dass Bestrafung immer weniger notwendig wurde.

Dieser Prozess des Vorbeugens lässt sich noch erheblich erweitern, wenn die Eltern eine Regelung treffen, der zufolge die ganze Familie sich einmal in der Woche oder alle zwei Wochen zu einer bestimmten Zeit zusammensetzt und darüber spricht, was es in der letzten Zeit an positiven Ereignissen in der Familie gegeben hat und welche Verhaltensweisen (einschließlich der elterlichen) nach einer Modifizierung verlangen. Ein lösungsorientierter, proaktiver Erziehungsansatz lässt sich leichter verfolgen, wenn eine bestimmte Zeit dafür reserviert wird, die Familienangelegenheiten durchzusprechen. Wenn die Familie sich nicht auf eine solche feste zeitliche Regelung verständigt, wird es eher darauf hinauslaufen, dass die Eltern ihre Kinder sozusagen nur im vollen Lauf oder erst in der Krise zu fassen bekommen. Solche Augenblicke eignen sich kaum dazu, Fragen der Disziplin anzuschneiden.

Mr. und Mrs. Morris reservierten Woche für Woche eine bestimmte Zeit für die gemeinsame Besprechung der Familienangelegenheiten. Den Kindern stellten sie diese »Sitzung« als eine Gelegenheit dar, ihre Anliegen vorzutragen. CHARLIE war begeistert von der Idee, denn er hatte eine regelrechte Beschwerdeliste vorzulegen. Die Eltern ermöglichten es ihm, diese Dinge vorzutragen, und nutzten das Forum ihrerseits dazu, die in der Familie bestehenden Spannungen zu verbalisieren und damit vielleicht einer Lösung näherzubringen. So sagten sie zum Beispiel zu Charlie: Es ist uns klar, dass du mit dem Angebot an Frühstücksflocken nicht zufrieden bist; du kannst uns aber in den Supermarkt begleiten und dir zwei Sorten auswählen. Sie sagten ihm auch: Wenn du deine schmutzigen Sachen nicht in den Wäschekorb legst, sondern auf den Fußboden wirfst oder unter dein Bett schiebst, dann wirst du bald nichts Sauberes mehr anzuziehen haben. Mit Charlies Hilfe stellten sie einen kleinen Deckelkorb für Wäsche in seinem Zimmer auf.

Die neue Sicht der Morris' lautete etwa wie folgt: Je mehr Alternativen wir Charlie in »nicht lebensbedrohlichen« Situationen bieten können, desto weniger Konflikte werden wir miteinander haben und desto eher wird er bereit sein, bei wirklich wichtigen Dingen mit uns zusammenzuarbeiten. Dieser Ansatz trug zum Abbau der Spannungen in der Familie Morris bei und führte dazu, dass Charlies Verhalten sich besserte.

Dritter Grundsatz: Eltern sollten als Team auftreten

Weiter oben haben wir darauf hingewiesen, dass Schwierigkeiten eintreten können, wenn Eltern in ihrem Verständnis der Rolle der Disziplin meilenweit auseinander liegen. Wenn divergierende Ansichten zum Thema Disziplin ständig vor den Kindern besprochen werden und überdies zu wiederum divergierenden Erwartungen und Zielvorstellungen der Eltern führen, dann haben die Kinder es schwer, Selbstdisziplin zu entwickeln, und werden sich die Meinungsunterschiede der Eltern wahrscheinlich zunutze machen.

Wir empfehlen allen Eltern dringend, auch Zeit für sich selbst zu reservieren (ähnlich der »Familienzeit«, die wir ebenfalls anraten), um sich gemeinsam über die Erwartungen klar zu werden, die sie an ihre Kinder haben, und darüber zu sprechen, wie sie es mit der Erziehung zur Disziplin halten wollen. Eltern können und müssen keine identischen Meinungen vertreten, sie sollten sich aber auf gemeinsame Ziele und gemeinsame Erziehungspraktiken verständigen können, was höchstwahrscheinlich bedeutet, dass sie miteinander verhandeln und Kompromisse schließen müssen. Wir empfehlen das auch für geschiedene Eltern. Nutznießer eines eher einheitlichen Erziehungsansatzes sind die Kinder. Wir erinnern Eltern immer daran, dass sie es mit anderen Interventionen versuchen können, wenn eine bestimmte Intervention sich als nicht wirksam erweist. Das ist nicht ganz so schwer, wenn sie grundsätzlich am gleichen Strang ziehen.

Mr. Brown neigte dazu, dem Weinen und Wimmern seines Sohnes DREW nachzugeben, weil er wegen seiner häufigen beruflichen Abwesenheit nicht so präsent sein konnte wie er gerne wollte und deshalb Schuldgefühle hatte. Zum Beispiel kaufte er Drew, nachdem dieser gerade einen seiner Wutanfälle »hingelegt« hatte, die gewünschte Gitarre. Mrs. Brown hatte dagegen keine Schwierigkeiten, ihrem Sohn Grenzen zu setzen und seine Ausbrüche zu ignorieren. Folgerichtig lernte Drew rasch, dass er nur zu seinem Vater zu gehen brauchte, wenn seine Mutter sagte, er könne dies oder jenes nicht bekommen – der Vater war schneller bereit, Ja zu sagen. Mrs. Brown war in Drews Augen diejenige, die ihm die Dinge vorenthielt und deshalb »gemein« war, während Mr. Brown der liebe Papa war.

Eine Situation wie die der Familie Brown findet sich in vielen anderen Familien auch und führt zu einem erheblichen Maß an Stress und Spannung. Wir rieten den Browns, sich zu überlegen, welche Verhaltensweisen sie ihrem Sohn denn beibringen wollten, und darüber nachzudenken, ob das, was sie gegenwärtig taten, Drew half, diese Verhaltensweisen zu erlernen – also mehr Verantwortung zu zeigen, flexibler zu sein, sich vernünftiger zu benehmen und seine Ansprüche herunterzuschrauben, wenn er nicht bekommen konnte, was er wollte.

Mrs. Brown sagte: »Wir möchten Nein sagen können, ohne dass er gleich zwei Stunden lang zetert.«

Die Unterschiede im Erziehungsstil waren bei den Browns klar zu erkennen. Mr. Brown gab zu, dass er Drews Forderungen rasch nachgab, aber er erkannte auch, dass das kontraproduktiv war: Letzten Endes lernte Drew daraus, dass er mit seinen Wutanfällen bekam, was er wollte.

Mrs. Brown wiederum war, vielleicht um dem Erziehungsstil ihres Mannes etwas entgegenzusetzen und auch deshalb, weil sie so frustriert war, »zu einer richtigen Brüllerin geworden« und hatte ihrem Sohn auch schon »gemeine« Dinge gesagt.

Ihre offene Selbstkritik hatte zur Folge, dass Mr. Brown sich leichter damit tat, seinem Sohn Grenzen zu setzen, wenn dieser allzu anspruchsvoll war, und dass er es sogar hinnehmen konnte, dass Drew Dinge sagte wie »Du bist ja so gemein« oder »Ich mag dich nicht«.

Mrs. Brown ging mit der Zeit gelassener mit Drew um. Wenn er ihr vorwarf, ihn anzuschreien, ging sie nicht mehr in die Defensive, sondern änderte einfach das Skript. Sie mäßigte sich im Tonfall und sagte: »Gut, dass du mir das sagst. Es wäre ja schwierig für dich, mir zuzuhören, wenn ich schreien würde.« Dieses Skript unterschied sich so stark von dem, was Drew erwartet hatte, dass es ihm den Wind aus den Segeln nahm und er sich bereitwilliger anhörte, was seine Mutter zu sagen hatte.

Für den Fall, dass Drew versuchen sollte, einen Keil zwischen sie zu treiben, einigten sich die Browns überdies darauf, dass einer von ihnen sagen sollte: »Das ist eine sehr wichtige Sache, und es ist etwas, das ich mit deiner Mutter (deinem Vater) besprechen möchte.«

In einem solchen Fall sagte Drew zu seinem Vater: »Kannst du denn nicht allein denken? Immer musst du erst die Mama fragen.«

Mr. Brown antwortete ruhig: »Natürlich gibt es Dinge, die jeder von uns mühelos entscheiden würde, ohne sich mit dem anderen zu beraten, aber daneben gibt es auch Dinge, über die wir gerne miteinander reden möchten, weil wir durch ein solches Gespräch bessere Eltern sein können.«

Überlegen Sie sich vor dem Hintergrund des Arrangements, das die Browns getroffen hatten, wie Sie und Ihr Ehepartner mit Meinungsunterschieden in Fragen der Disziplin umgehen. Verhandeln Sie im Vorfeld miteinander und schließen Sie Ihre Kompromisse, so dass Sie Ihren Kindern gegenüber eine einheitliche Position vertreten können? Oder müssen sich Ihre Kinder in die Auseinandersetzungen ihrer Eltern eingekeilt fühlen?

Vierter Grundsatz: Seien Sie konsequent, aber nicht starr

In unseren Workshops und in unserer klinischen Arbeit haben wir es mit vielen Eltern zu tun, deren Erziehungsstil von einem Augenblick zum anderen wechselt. Eltern sollten aber nicht nur, entsprechend dem dritten Grundsatz, als Team zusammenarbeiten, sondern sie sollten auch längerfristig konsequent auftreten. So wie unsere Kinder sich gelegentlich benehmen, kann Konsequenz in der Tat eine Herkules-Aufgabe sein. Manche Kinder glauben, dass sie es länger aushalten können als ihre Eltern und dass diese sich irgendwann ihrem Gewimmer, ihren Tränen oder Wutanfällen beugen werden. Eindeutig konnten wir das bei Drew beobachten. Die Verhaltenspsychologie kennt das Konzept der intermittierenden Verstärkung, das, auf unser augenblickliches Thema zugeschnitten, etwa Folgendes bedeutet: Wenn wir 25 Mal fest bleiben, aber beim 26. Mal den unangemessenen Forderungen eines Kindes nachgeben, dann wird dieses Kind sich weiterhin unangemessen verhalten, weil es weiß, dass seine Eltern ihm irgendwann seinen Willen eben doch tun.

Wie wir schon sagten, kann Inkonsequenz auch einmal die Folge einer Augenblicksstimmung oder der mehr oder weniger großen Erschöpfung von Mutter oder Vater sein. Wenn wir Richtlinien und Konsequenzen mit Blick auf ein akzeptables Verhalten einmal festgelegt haben, ist es wichtig, dass wir uns daran halten, es sei denn, »mildernde« Umstände erfordern es, dass wir unsere Erwartungen modifizieren.

Konsequenz ist nicht gleichbedeutend mit Starrheit oder mangelnder Flexibilität. Konsequente Erziehung erfordert auch das überlegte Modifizieren der Regeln und der Konsequenzen (ein Beispiel ist das heranwachsende Kind, das an den Wochenenden abends länger als bisher ausbleiben darf). Wenn es notwendig ist, Regeln zu modifizieren, sollte man mit den Kindern darüber sprechen, damit sie die Gründe begreifen und ihre Meinung dazu äußern können.

Fünfter Grundsatz: Bieten Sie ein Vorbild für Gelassenheit und rationales Verhalten

Wenn wir Erziehung und Disziplinierung unserer Kinder als einen Prozess des Lehrens auffassen, dann müssen wir uns fragen, wie gut wir als Lehrer sind und ob wir ihnen das, was wir sie lehren, auch persönlich vorleben. Eltern, die ihr

Kind schlagen und im gleichen Atemzug sagen: »Das wird dich lehren, nicht wieder auf deine Schwester einzuschlagen«, führen damit genau das Verhalten vor, dass sie erklärtermaßen bestrafen.

Hier kommen wir auf die zu Beginn dieses Buches vorgestellten Empathie-Übungen zurück. Was würden Ihre Kinder auf die nachstehenden Fragen antworten, und welche Antwort Ihrer Kinder würden Sie, die Eltern, sich *wünschen*?

- »Wie reagieren deine Eltern, wenn du etwas tust, das nicht richtig ist?«
- »Wenn deine Eltern das, was du getan hast, nicht richtig finden, bleiben sie dann gelassen, oder schreien sie?«
- »Wie lösen deine Eltern Probleme, die zwischen ihnen beiden bestehen?«
- »Schlagen deine Eltern dich gelegentlich? Wenn ja, was lernst du daraus?«
- »Sagen deine Eltern dir etwas Freundliches, wenn du eine Sache gut gemacht hast?«

Wir haben mit vielen Eltern gesprochen, die in Familien aufwuchsen, in denen eine strenge und willkürliche Erziehung geübt wurde. In ihren Erinnerungen wird unweigerlich immer das gleiche Thema lebendig: »Ich weiß nicht mal mehr, wofür meine Eltern mich eigentlich bestraften; ich weiß nur noch, wie wütend ich war und wie gemein sie zu mir waren.« Kinder beobachten eher das, was wir *tun*, als das, was wir sagen. Wenn wir bei unseren Erziehungs- und Disziplinierungsversuchen erkennen lassen, dass wir ärgerlich sind, dass es uns um Bestrafung zu tun ist und dass wir unreflektiert handeln, dann lehren wir sie, das Gleiche zu tun. Wenn wir willkürlich handeln und uns nicht am Ziel der Problemlösung orientieren, dann werden auch unsere Kinder eher willkürlich denken und handeln.

Kinder beobachten auch, wie ihre Eltern aufeinander reagieren und miteinander umgehen. Was sie sehen, hat Einfluss darauf, wie bereitwillig sie ihren Eltern zuhören und wie sie auf deren erzieherische und disziplinierende Bemühungen reagieren. Im zweiten Kapitel war von SIMON die Rede, der von seinen Eltern bestraft wurde, weil er abfällig mit seiner Schwester Lucy redete. In einer unserer Sitzungen mit dieser Familie äußerte Mr. Sailor sich kritisch über die mangelnde Fähigkeit seiner Frau, den Kindern Grenzen zu setzen, und meinte, sie habe eben nicht den Mut, das zu tun. Mrs. Sailor brach in Tränen aus und sagte: »Du tust nichts anderes als mich vor den Kindern herunterzumachen. Nie sagst du etwas Positives. Du bist ein solcher Krittler.«

Das veranlasste Simon, zu seinem Vater zu sagen: »Und mir sagst du, ich soll nett zu Lucy sein – jetzt überleg doch mal, wie du mit der Mama redest.« Kinder sind unglaublich gute Beobachter des Verhaltens ihrer Eltern.

Nicht unähnlich war das, was wir mit der Familie Palmer erlebten. Mr. und Mrs. Palmer beklagten sich über das mangelnde Verantwortungsbewusstsein ihrer Söhne ROY und DUANE. Duane übertrumpfte sie, indem er erzählte, dass seine Eltern ihren Verantwortlichkeiten auch nicht immer nachkamen, dass ihr Schlafzimmer nicht sehr ordentlich war und dass Mr. Palmer häufig spät von der Arbeit nach Hause kam und deshalb sein Versprechen, etwas mit den Söhnen zu unternehmen, manchmal nicht hielt. Es hat etwas von Heuchelei, wenn wir ein Verhalten, das wir uns selbst erlauben, an unseren Kindern tadeln.

Denken Sie noch einmal darüber nach, wie Ihre Kinder Ihren Erziehungsstil beschreiben würden. Im Idealfall würden sie Worte wie *ruhig*, *vernünftig*, *beherrscht* und *liebevoll* benutzen.

Sechster Grundsatz: Überlegen Sie sich gut, was Sie zum Gegenstand von Auseinandersetzungen machen wollen

Wie wichtig ist es, dass Ihr Kind daran denkt, den Verschluss wieder auf die Zahnpastatube zu schrauben? Wenn Eltern sich als Erziehungs-Polizei verstehen, können sie so gut wie ihr gesamtes Leben mit der Suche nach Dingen verbringen, die ihre Kinder falsch gemacht haben. In manchen Familien kommen zehn negative Bemerkungen auf eine positive Äußerung. Kinder, die in solchen Familien aufwachsen, schalten irgendwann ab, frustriert und wütend darüber, dass sie ständig niedergemacht werden und nur negative Kommentare zu hören bekommen.

Wir schlagen folgende nützliche Übung vor: Schreiben Sie eine Woche lang auf, welches Benehmen und welche Handlungen Ihres Kindes dazu geführt haben, dass Sie es bestraften. Fragen Sie sich dann anschließend: »Wie wichtig ist das betreffende Verhalten innerhalb des Lebens meines Kindes, und ist es die Schlacht wert?« Diese Frage ist besonders relevant, wenn es sich um Kinder mit einem schwierigen Temperament handelt, die in der Regel unbeweglicher, starrer und wütender als andere Kinder sind und die Welt als unfair und ungerecht empfinden. Wie Ross Greene in seinem Buch *The Explosive Child* schreibt, müssen Eltern lernen, den Großteil ihrer Aufmerksamkeit und ihrer Energien auf solche Handlungen zu richten, die ein Risiko für die Sicherheit ihres Kindes darstellen, während sie auf weniger wichtige Handlungen des Kindes keine Mühe verschwenden sollten. Das Herumreiten auf weniger wichtigen Verhaltensweisen vermehrt lediglich Stress und Spannung bei allen Beteiligten und schwächt die Bemühungen um Verhaltensweisen, die für das gegenwärtige und zukünftige Leben des Kindes von Relevanz sind.

Der fünfzehnjährige GREGORY wurde für das Durcheinander in seinem Zimmer bestraft. Allerdings trugen seine Eltern, wenn sie ihn wegen seines Zimmers zur Rede stellten, immer gleich ein ganzes Register weiterer Übertretungen vor, die er begangen hatte. Irgendwann wurde Gregory wütend und hörte ihnen überhaupt nicht mehr zu.

Oft werden wir von Eltern gefragt, welche Zuwiderhandlungen oder Regelverstöße ihrer Kinder eine Strafe verdienen. Selbstverständlich erfordern Handlungen, die ein Sicherheitsrisiko darstellen, die unverzügliche Aufmerksamkeit der Eltern. Andere Handlungen werden je nach den Erwartungen und Wertvorstellungen der Eltern in der einen Familie als schwerwiegend angesehen, während sie in einer anderen Familie vielleicht als irrelevant durchgehen. Ihre Erziehungs- und Disziplinierungspraktiken sollten sich – unabhängig von Ihren generellen Leitvorstellungen – in allererster Linie darauf richten, Verantwortungsbewusstsein, Problemlösefähigkeiten und Resilienz Ihres Kindes zu stärken. Wenn Kinder für allzu vieles bestraft werden, wenn ihnen ständig damit zugesetzt wird, was sie zu tun und zu lassen haben, und wenn die Eltern sich nicht die Zeit nehmen, den Standpunkt der Kinder zu begreifen, dann gerät das eigentliche Ziel – Erziehung zur Disziplin mit dem Endzweck der Stärkung einer resilienten Welt- und Lebensorientierung – in Gefahr oder wird überhaupt nicht erreicht.

Siebter Grundsatz: Stützen Sie sich nach Möglichkeit auf natürliche und logische Konsequenzen und nicht auf willkürliche und strafende Maßnahmen

Kinder müssen lernen, dass ihr Verhalten Konsequenzen hat und dass diese Konsequenzen nicht »gemein« und willkürlich sind, sondern in Gesprächen, die ihre Eltern mit ihnen geführt haben, schon vorweggenommen wurden. Dabei können natürliche und logische Konsequenzen sich als sehr wirksame Steuerungsfaktoren erweisen, vor allem wenn die jeweilige Situation keine Bedrohung der Sicherheit des Kindes oder anderer Personen einschließt.

Natürliche Konsequenzen sind nichts anderes als die Resultanten aus einem Verhalten des Kindes; die Eltern brauchen sie nicht in Kraft zu setzen, weil sie sich ganz folgerichtig aus eben diesem Verhalten ergeben. Bei einem unserer Workshops berichtete eine Mutter, dass ihre neunjährige Tochter einmal bei großer Kälte im Freien spielen wollte. Zwischen ihr und dem Kind entspann sich eine Auseinandersetzung über das Tragen von Handschuhen bei starker

Kälte. Schließlich sagte sich die Mutter, dass hier ja nun wirklich kein Sicherheitsproblem bestand und das Kind entweder seine kalten Hände in die Taschen seiner Jacke versenken oder aber irgendwann hereinkommen würde, um seine Handschuhe zu holen. Tatsächlich kam die Tochter nach einer halben Stunde zurück ins Haus und holte ihre Handschuhe, wobei sie die Mutter beiläufig wissen ließ, in der letzten halben Stunde sei die Temperatur ganz erheblich gefallen – eine »gesichtswahrende« Äußerung, die von der Mutter akzeptiert wurde.

Eine natürliche Konsequenz war auch in einer anderen Episode am Werk: Ein Vater hatte seinem Sohn einen neuen Baseball-Handschuh und ein Spezialöl gekauft, mit dem man das Leder geschmeidiger machen konnte. Er sagte dem Sohn, mit dem geölten Handschuh sei es einfacher, den Ball zu fangen. Der Sohn tat nichts und ließ im nächsten Spiel zwei Bälle abtropfen, nicht zuletzt deswegen, weil der Handschuh noch ziemlich steif war. Nach dem Spiel ging er nach Hause und trug als Erstes das Öl auf den Handschuh auf.

Logische Konsequenzen – die sich manchmal mit *natürlichen* Konsequenzen decken – haben in der Regel mit einer Handlung der Eltern in Reaktion auf ein Verhalten des Kindes zu tun. Eine Mutter berichtete uns, dass ihr elfjähriger Sohn sich jeden Morgen vertrödelte, dann den Schulbus nicht mehr erreichte und von ihr oder ihrem Mann in die Schule gefahren werden musste. Sie war überzeugt, dass ihr Sohn sehr wohl imstande war, sich rechtzeitig auf den Weg zu machen, und sie hatte auch erkannt, dass sie und ihr Mann ihn in seiner Trödelei nur noch bestärkten, wenn sie ihn mit dem Auto in die Schule brachten. Also sagten die Eltern ihrem Sohn, wenn er in Zukunft wieder den Bus verpassen sollte, könne er wählen, nämlich entweder die rund eineinhalb Kilometer bis zur Schule (auf einem gefahrlosen Weg) zu Fuß zurücklegen oder aber zuhause bleiben. Was diese zweite Möglichkeit anging, hatten sie keine Bedenken, weil sie wussten, dass ihr Sohn gern in die Schule ging; natürlich wäre eine solche Option bei einem Kind, das nicht gern in die Schule geht, nicht klug gewesen. Zusammen mit dem Sohn überlegten die Eltern auch, wie er sicherstellen könnte, dass er morgens rechtzeitig fertigwurde.

Ungeachtet aller dieser Diskussionen verpasste der Junge den Bus wieder. Die Eltern brachten ihn nicht in die Schule, so dass er tatsächlich zu Fuß gehen musste, zu spät kam und die Lehrerin ihn deswegen ins Klassenbuch eintrug. Von diesem Tag an verpasste er den Schulbus nie wieder.

Um eine *logische* Konsequenz handelte es sich auch bei einer Episode, die ein Vater bei einem unserer Workshops zum Besten gab. Dieser Mann hatte seinen Sohn wiederholt daran erinnern müssen, sein Fahrrad abends in die Garage zu stellen: Das Fahrrad könnte Schaden nehmen, falls es in der Nacht regnen sollte, und es könnte sogar gestohlen werden. Irgendwann war der Mann es leid, seinen Sohn immer wieder erinnern zu müssen, und so sagte er ihm, er müsse von jetzt an selbst daran denken, das Rad in die Garage zu stellen. Der Sohn ließ es auch weiter über Nacht im Freien stehen, und schließlich wurde es in einem Gewittersturm in der Tat beschädigt.

Der Schaden am Fahrrad ließ sich als *natürliche* Folge des Verhaltens des Jungen ansehen. Als der Sohn dann weinte und den Vater bat, das Fahrrad reparieren zu lassen, steckte in dessen Antwort auch eine *logische* Konsequenz. Er sagte nicht: »Ich habe es dir doch gesagt«, sondern meinte auf die Mitteilung des Sohnes, das Rad sei »zerstört«, sie könnten es ja in den Fahrradladen bringen und fragen, ob man es reparieren könnte, die Kosten für die Reparatur müsse aber der Junge selbst tragen, und wenn das Rad nicht mehr zu reparieren sein sollte, müsse er ein neues Rad eben von seinen Ersparnissen bezahlen.

Grundsätzlich sollten die Konsequenzen dem »Vergehen« entsprechen. Kinder sollten sich der jeweils geltenden Regeln und der Konsequenzen einer Regelübertretung nach Möglichkeit im Voraus bewusst sein. Einer Siebzehnjährigen, die am Samstagabend ausgehen möchte, sollte man sehr deutlich einschärfen, was passiert, wenn sie die um Mitternacht endende Ausgehzeit überzieht. In einer Familie, mit der wir es zu tun hatten, war ausgemacht, dass ein Überziehen der Ausgehzeit ein Ausgehverbot für das folgende Wochenende nach sich ziehen würde. Der Junge kam eine halbe Stunde nach Mitternacht nach Haus und erklärte sein Zuspätkommen damit, dass er noch einige Freunde nach Hause gefahren hatte.

Der Vater blieb ruhig und sagte: »Wenn du wieder einmal jemanden heimfahren musst, dann müsst ihr entsprechend früher losfahren, damit du um Mitternacht zuhause sein kannst. Aber du hattest ja die Wahl. Du weißt, auf welche Konsequenzen wir uns geeinigt haben: Am nächsten Samstag kannst du also abends nicht ausgehen.«

Der Junge argumentierte, er habe ja nur seinen Freunden helfen wollen. Der Vater sagte gelassen: »Es ist schön, dass du deinen Freunden einen Gefallen tun willst, indem du sie nach Hause fährst. Aber du musst dir überlegen, wie du das in Zukunft tun kannst, *ohne* deine Ausgehzeit zu überziehen.«

Bei unserem Workshop sandte dieser Vater seiner Geschichte noch einen Nachsatz hinterher: »Ich war schon drauf und dran nachzugeben, aber dann dachte ich mir, mein Sohn ist seiner Verpflichtung nicht nachgekommen, und wenn ich sein Zuspätkommen entschuldige, dann bedeutet das für ihn, dass ich unsere Abmachung nicht ernst nehme. Natürlich, wären irgendwelche erschwerenden Umstände im Spiel gewesen – hätte das Auto zum Beispiel gebockt –, dann wäre ich toleranter gewesen, aber in diesem Fall hatte mein Sohn die Dinge in jedem Augenblick selbst in der Hand. Übrigens glaube ich, dass es gewirkt hat, denn das war das letzte Mal, dass er seine Ausgehzeit überzogen hat.«

Alle diese Beispiele zeigen anschaulich, dass disziplinierende Maßnahmen Resilienz fördernd wirken können. Der Prozess, der hier am Werk ist, besteht aus a) dem Benennen – unter Einbeziehung der Kinder – des speziellen Verhaltens, das verändert werden muss, b) der Suche nach Lösungen für das jeweilige Problem und c) der deutlichen Belehrung der Kinder darüber, dass sie unter den verschiedenen Lösungsmöglichkeiten wählen können, dass aber jede Entscheidung ihre eigenen, jeweils anderen Konsequenzen nach sich ziehen wird. Dieser Prozess stärkt das Gefühl der Eigenverantwortlichkeit und der Bestimmungskompetenz über das eigene Leben.

Bevor wir diese Ausführungen zum Thema der natürlichen und der logischen Konsequenzen abschließen, sollten wir kurz auf die Frage der Wirksamkeit einer sehr verbreiteten Form der Bestrafung oder Disziplinierung zu sprechen kommen – der sogenannten Auszeit. Sie sieht üblicherweise so aus, dass man ein Kind, das sich schlecht benommen hat, aus dem entsprechenden Umfeld herausnimmt und in eine andere Umgebung bringt – auf einen Stuhl setzt oder in sein Zimmer schickt. Dahinter steht der Gedanke, dass die zeitweilige Trennung von wünschenswerten Aktivitäten und von den übrigen daran Beteiligten als Konsequenz des schlechten Benehmens dazu beitragen wird, dass das Kind eben jenes Verhalten ändert, das zur Auszeit geführt hat. Die Auszeit galt ursprünglich als Alternative zum Schlagen des Kindes oder zu anderen demütigenden Praktiken. Sie muss aber, auch wenn sie weniger aversiv ist als das Schlagen und Demütigen, ebenfalls mit Überlegung und Vorsicht gehandhabt werden. Bei manchen Kindern kann dieser Schuss, wie man so sagt, nach hinten losgehen.

Die Botschaft an das Kind, die mit der Auszeit verbunden ist, lautet etwa: Du brauchst Zeit, um dich zu beruhigen. Entwicklungspsychologen empfehlen den Zusatz: Du kannst es mir sagen, wenn du wieder zur Ruhe gekommen bist, denn damit legt man die Kontrolle und die Verantwortung wieder in die Hände des Kindes. Wer mit Kindern arbeitet, macht aber gelegentlich auch die Beobachtung, dass die Auszeit bei Kindern über sieben Jahren, zumal wenn sie von ihrem Temperament her eher störrisch sind, nicht viel bringt. Diese Kinder sagen unter Umständen zu ihren Eltern: »Du kannst mich nicht auf diesen Stuhl zwingen oder in mein Zimmer schicken«, und damit wären weitere Konfrontationen schon programmiert. Wir raten in der Regel von der Auszeit ab, wenn das Kind Opposition betreibt oder wenn es hyperaktiv ist; in solchen Fällen sollten die

Eltern ihm lieber ein Privileg entziehen, denn das ist etwas, das innerhalb ihrer Verfügungsgewalt liegt. Die Mutter könnte zum Beispiel sagen: »Auch wenn du weiter so herumschreist und herumbrüllst, wirst du nicht bekommen, was du willst, und außerdem wird das dazu führen, dass du heute Abend nicht fernsiehst. Du kannst wählen.«

Wenn Kinder die Auszeit als Chance betrachten, sich zu beruhigen und über Alternativen zu ihrem Fehlverhalten nachzudenken, dann kann dieses Mittel eine wirksame Konsequenz darstellen. Wenn es dagegen den Frust und die Konfrontation nur verstärkt, sind andere Strategien angezeigt.

Mehrfach haben Eltern uns auch versichert, dass die Situation sich besserte, wenn *sie selbst* eine Auszeit nahmen, anstatt dem Kind eine Auszeit anzuempfehlen. Eine Mutter berichtete: »Wenn ich merke, dass ich kurz davor bin, meine Tochter anzuschreien, dann sage ich ihr einfach, dass ich Zeit brauche, um abzukühlen, damit ich nicht irgendetwas sage oder tue, was ich später bereue. Dann gehe ich für ein paar Minuten in mein Zimmer und bin anschließend viel ruhiger. Für mich ist das eine gute Methode, und meine Tochter kann daran vielleicht ablesen, dass es bessere Möglichkeiten gibt, seinen Ärger zu verarbeiten.«

Achter Grundsatz: Überlegen Sie sich, was Ihr Kind kann und was es nicht kann, und bestrafen Sie es nicht dafür, dass Ihre Erwartungen unrealistisch waren

Wenn Eltern Verhaltensrichtlinien aufstellen, müssen sie sich überlegen, ob das, was sie damit von ihrem Kind erwarten, a) wichtig ist und b) im Bereich der Möglichkeiten ihres Kindes liegt. Wie wir gesehen haben, gibt es Verhaltensweisen und Verhaltensäußerungen von Kindern, die im Zusammenhang des gesamten Erziehungsprozesses eher unerheblich sind, während andere Verhaltensweisen in der Tat wichtig sein mögen. Wenn allerdings die Messlatte, was diese erwünschten Verhaltensweisen angeht, zu hoch liegt, müssen die Eltern ihre Erwartungen modifizieren. Andernfalls ist das Familienklima von Nörgeleien, Stress und Spannungen gekennzeichnet, und der erzieherische Wert einer disziplinierenden Maßnahme verpufft.

Selbstverständlich müssen Kinder zur Verantwortung angehalten werden, sie können ein Verantwortungsbewusstsein aber nur entwickeln, wenn die Erwartungen der Eltern realistisch sind, das heißt, wenn die Kinder diese Erwartungen tatsächlich erfüllen können. Mit anderen Worten, wir Eltern müssen unsere Erwartungen gegebenenfalls modifizieren. Mit jedem Erfolg des Kindes kann die Messlatte dann wieder höher gelegt werden.

Neunter Grundsatz: Ermutigung und positive Rückmeldungen sind die wirksamsten Instrumente einer Erziehung zur Disziplin

Es ist erhellend, dass die meisten Fragen, die uns zum Thema »Erziehung zur Disziplin« gestellt werden, den Gedanken der Bestrafung einschließen. Seltener werden wir gefragt, was wir für die gewichtigste Komponente dieses Prozesses zumal im Blick auf das Ziel einer resilienten Welt- und Lebensorientierung halten – Ermutigung und positive Rückmeldung. Diesem Erfordernis messen wir den gleichen Wert bei wie anderen in diesem Buch behandelten unerlässlichen Voraussetzungen. Dazu zählt, dass die Eltern die Kompetenzinseln ihres Kindes erkennen und stärken und dass sie das, was sie ihrem Kind an Lob schuldig geblieben sind, nachholen müssen, damit es sich in seiner Individualität wertgeschätzt und angenommen fühlt.

Im fünften Kapitel war mehrfach von Eltern die Rede, die als »charismatische Erwachsene« fungierten, als Menschen, von denen die Kinder, die ihnen begegneten, innere Stärke bezogen. Im täglichen Getriebe passiert es auch wohlmeinenden Eltern, dass sie es nicht wahrnehmen oder nicht eigens bestätigen, dass ihre Kinder sich gut verhalten oder hilfsbereit gezeigt haben. Stattdessen beschränken sie sich darauf, den Kindern zu sagen, was sie ändern müssen. Mrs. Malone zum Beispiel, die wir im neunten Kapitel kennenlernten, betrachtete ihren elfjährigen Sohn MARTY als verantwortungslos, weil er nicht aufräumte und seinen häuslichen Pflichten nicht nachkam. Als wir dann fragten, ob er denn in *irgendeiner* Form Hilfe leistete, erwähnte sie, dass er ihr beim Einkaufen und mehr noch beim Kochen zur Hand ging. Nachdem sie erkannt hatte, dass ihr Sohn ja doch viele nützliche Dinge tat, konnte sie das »Lobdefizit«, das sie hatte entstehen lassen, durch positive Bemerkungen ausgleichen. Das wiederum bestärkte Marty in seiner Kooperationsbereitschaft.

Ähnlich war es im Fall der Lemrows: Dass sie die Kompetenzinseln ihrer neunjährigen Tochter AMELIA entdeckten, führte dazu, dass Amelias Verhalten sich besserte. Amelia war in ihrer Entwicklung zurückgeblieben, hatte aber große Freude daran, anderen zu helfen. Dass sie in einem Pflegeheim aushelfen durfte und positive Rückmeldungen dafür erhielt, erfüllte sie mit Stolz und dem Gefühl, etwas zustande zu bringen, es stärkte ihr Verantwortungsbewusstsein und trug zu einer resilienten Einstellung bei.

Den Eltern Morris empfahlen wir, den Akzent stärker auf CHARLIEs Kompetenzinseln zu legen, die sie auf dem Feld der Computerspiele, des Schach- und Damespiels ausmachten. Hier stellte sich allerdings das Problem, dass Charlie, wenn er verlor, seine Mitspieler beschuldigte, ihn betrogen zu haben.

Wir schlugen also vor, die Eltern sollten Charlie erlauben, als ihr Lehrer zu fungieren: Er sollte ihnen Computerspiele und die besten Züge beim Schach- bzw. Damespiel beibringen. Im Gedanken an das, was sie mit ihrem Sohn schon erlebt hatten, zögerten sie zunächst.

Mr. Morris meinte: »Ich denke, er wird sich aufführen wie ein kleiner Diktator und uns vielleicht sogar sagen, wie blöd wir doch sind.«

Wir wiesen darauf hin, dass Charlie sich ja häufig genug rüde aufführte, dass sie also kaum etwas zu verlieren hätten, wenn sie ihm sagten, dass sie beeindruckt seien von seinen Fertigkeiten beim Spiel und gerne mehr von ihm lernen würden. Schließlich erklärten sie sich bereit, es immerhin zu versuchen.

In der folgenden Woche berichtete Mr. Morris: »Es hat mir Eindruck gemacht, wie gut Charlie uns die Computerspiele erklärt hat. Er hat es sogar akzeptiert, dass wir ihm sagten, wir seien stolz auf sein diesbezügliches Können. Er schien auch weniger ärgerlich zu sein und hat sogar ein bisschen in seinem Zimmer aufgeräumt. Wir wissen, dass er, ebenso wie wir, eine Weile brauchen wird, um etwas zu verändern, aber ich glaube auch, wir hatten gar nicht mehr gesehen, wie negativ wir alles beurteilt haben. In den letzten paar Jahren haben meine Frau und ich kaum noch über etwas anderes miteinander gesprochen als darüber, wie man ihn bestrafen könnte, zum Beispiel auch durch Prügel. Es tat richtig gut, mal darüber nachzudenken, wie man ihm etwas Freundliches sagen könnte, zumal er ja oft das Gefühl hat, dass wir Marnie mehr lieben als ihn und dass sie alle positive Aufmerksamkeit auf sich zieht. Dass das bei uns so gekommen ist, hat viel damit zu tun, dass Marnie es einem so leicht macht.«

Unser Rat an Eltern lautet, ihre Kinder sozusagen bei dem zu »ertappen«, was sie gut und richtig machen, und ihnen das auch zu sagen. Positive Rückmeldungen im richtigen Augenblick, Sympathiebezeigungen und ermutigende Worte sind für das Selbstwertgefühl der Kinder wichtiger als Fleißkärtchen und Belohnungsaufkleber. Wenn Kinder sich geliebt und wertgeschätzt fühlen, wenn sie Ermutigung und Unterstützung erhalten, werden sie sich nicht so leicht negative Verhaltensweisen angewöhnen. Gilt das nicht überhaupt für alle Menschen? Manche Kinder, vor allem solche mit einem schwierigen, weil »unersättlichen« Temperament, brauchen vielleicht mehr positive Rückmeldungen als andere; viele Eltern haben uns allerdings berichtet, dass das Mehr an Zeit, das sie solchen Kindern widmen, die beste Form der Erziehung zur Disziplin darstellt.

Üben Sie Ihre Aufgabe als Erzieher gut aus

Die Qualität dessen, was wir unter dem Oberbegriff »Erziehung zur Disziplin« leisten, ist bestimmend für das Maß an Resilienz, das unsere Kinder entwickeln werden. Disziplin ist ein Prozess des Lehrens und Lernens: Wir hoffen, dass unsere Kinder Selbstdisziplin und Selbstbeherrschung erlernen und es nicht zulassen, dass Ärger, Wut oder Ressentiments an ihnen nagen. Um das zu erreichen, müssen wir sie in den erzieherischen Prozess einbeziehen. Das heißt, wir müssen ihnen begreiflich machen, dass die Grenzen, die wir ihnen setzen, die Regeln, die wir aufstellen, und die Konsequenzen, die sich aus regelwidrigen Handlungen und Verhaltensweisen ergeben, sämtlich ihren Sinn und ihre Bedeutung haben. Wir müssen ihnen zeigen, dass sie lernen können, zwischen Alternativen zu wählen, Entscheidungen zu treffen und ihr Verhalten zunehmend selbst zu steuern.

12

DAS BÜNDNIS ZWISCHEN ELTERNHAUS UND SCHULE

In dem Bestreben, auf die Resilienzfähigkeit unserer Kinder hinzuarbeiten, haben die vorangegangenen Kapitel sich so gut wie ausschließlich mit der Rolle der Eltern befasst. Im vorliegenden Kapitel geht es um den erheblichen Einfluss, den die Schule auf das Resilienzvermögen unserer Kinder ausübt, und um die Bedeutung eines fruchtbaren und von Respekt getragenen Eltern-Lehrer-Verhältnisses.

Schule und Resilienz

Nächst den Eltern sind es die Lehrer, die im Laufe eines Jahres mehr Zeit im Leben der ihnen anvertrauten Kinder besetzen als irgendein anderer Erwachsener. Was das Wachleben der Kinder angeht, sind die Lehrer den Eltern in diesem Punkt manchmal sogar voraus. Häufig füllen sie geradezu die Rolle von Ersatzeltern aus. Das heißt also, auch wenn meistens die Eltern die primär prägenden Figuren im Leben eines Kindes sind, müssen wir doch auch den großen Einfluss sehen und anerkennen, den die Lehrer und das schulische Umfeld auf die emotionale Entwicklung und das Resilienzvermögen unserer Kinder ausüben.

Wie Julius Segal schreibt, handelt es sich bei den »charismatischen Erwachsenen«, von denen Kinder Kraft und Stärke beziehen, »in einer überraschenden Zahl von Fällen« um Lehrer und Lehrerinnen. Angesichts Tausender von Interaktionen, die zwischen Kindern und ihren Eltern und Lehrern ablaufen, ist es unerlässlich, dass diese zentralen Bezugspersonen bei ihren Bemühungen, Kindern zu einer resilienten Welt- und Lebensorientierung zu verhelfen, zusammenarbeiten. Was wir als die wegweisenden Überlegungen für Eltern bezeichnet haben, die ihre Kinder zu resilienten Persönlichkeiten erziehen wollen, gilt genauso für Lehrer. In diesem Kapitel befassen wir uns zunächst mit den Grundsätzen, an die Eltern und Lehrer sich halten können, um ihre Beziehung *zueinander* zu festigen. Im Anschluss daran werden die Möglichkeiten besprochen, die den Lehrern im schulischen Umfeld zur Verfügung stehen, um das Resilienzvermögen der ihnen anvertrauten Schüler zu stärken.

Prinzipien eines produktiven Eltern-Lehrer-Verhältnisses

Erstes Prinzip: Eltern und Lehrer sind Partner

Dieser Leitgedanke ist in den vier folgenden Grundsätzen ebenfalls enthalten. Eltern und Lehrer müssen sich um eine von Respekt getragene, funktionierende Partnerschaft bemühen, eine Partnerschaft, die den Erziehungsprozess bereichert und der Ausbildung einer resilienten Welt- und Lebensorientierung der Kinder zugutekommt. Untersuchungen über herausragende Schulen, in denen die Kinder sich sicher fühlen und erfolgreich lernen, heben diese Partnerschaft als ein ganz wesentliches Element hervor. Wie in anderen Partnerschaften kann es auch in der Eltern-Lehrer-Partnerschaft aufgrund unterschiedlicher Erwartungen und Zielvorstellungen gelegentlich zu Spannungen kommen. In einer Atmosphäre der Zusammenarbeit, in der die beiden Parteien ehrlichen Respekt füreinander bezeigen, lassen solche Spannungen sich allerdings bewältigen und in positive Ergebnisse überführen.

Wir besuchten eine Grundschule, deren Lehrer sich vier Jahre zuvor darauf geeinigt hatten, alle Schüler ihrer jeweiligen Klasse und damit auch deren Eltern einen oder zwei Tage vor Beginn des neuen Schuljahrs anzurufen und willkommen zu heißen. Vorausgegangen war die Überlegung, dass Anrufe bei den Eltern eines Schülers bisher in aller Regel nur erfolgt waren, wenn das betreffende Kind irgendwelche Schwierigkeiten hatte. Da der erste Kontakt also aufgrund irgendwelcher Probleme zustande kam, war ein negativer oder defensiver Ton im Umgang mit den betreffenden Eltern von vornherein programmiert.

Wir fragten diese Lehrer, was sie den Schülern und Eltern bei ihrem Willkommensanruf sagten. Einige von ihnen lachten; einer sagte: »Die Kinder sind häufig so verblüfft, wenn wir anrufen, dass sie ganz schnell erst Hallo und dann Auf Wiedersehen sagen, aber wir haben festgestellt, dass schon ein Hallo ein guter Start unserer Beziehung zu ihnen ist. Den Eltern sagen wir, es sei für das Kind sehr wichtig, dass wir Lehrer mit ihnen zusammenarbeiten. Wir ermutigen sie, Kontakt mit uns aufzunehmen, wenn sie Fragen oder Sorgen haben, und weisen darauf hin, dass wir gegebenenfalls auch von uns aus Kontakt mit ihnen aufnehmen werden. Sie sollen wissen, dass wir ihnen ein offenes Angebot machen, zu uns in die Schule zu kommen. In jedem Fall ermutigen wir sie, sich aktiv an der schulischen Erziehung ihrer Kinder zu beteiligen.«

Wir fragten, wie viel Zeit die Lehrer für diese Telefonanrufe aufbrachten. Fast alle verwiesen auf die relativ kurze Dauer der Gespräche und sprachen von einem Zeitaufwand von insgesamt etwa einer Stunde. Auf unsere Frage, was sie selbst aus dieser Praxis lernten, antwortete einer der Lehrer: »Mein Fazit ist, dass ich mit solchen Anrufen vor Schuljahrsbeginn lieber schon vor 25 Jahren als junger Lehrer hätte anfangen sollen. Heute habe ich ein viel besseres Verhältnis zu den Eltern meiner Schüler. Das überträgt sich auf die Mitarbeit der Schüler im Unterricht, auf ihr Verhalten und auf ihre Lernbereitschaft – alles ist besser geworden.«

Eine Lehrerin meinte: »Ich muss zugeben, dass ich Vorbehalte hatte, als wir zum ersten Mal über diese Idee sprachen.« Lächelnd fügte sie hinzu: »Ich hatte sogar Sorge, die Eltern würden jetzt vielleicht anfangen, mir zu sagen, wie ich den Unterricht gestalten soll, oder dass sie mich im Verlauf des Schuljahrs stundenlang beobachten würden. Es ist aber das Gegenteil eingetreten. Wenn Eltern das Gefühl haben, dass wir ihre Beteiligung und ihren Beitrag *wünschen*, dann arbeiten sie uns eher zu als dass sie sich einmischen. Wenn sie irgendwelche Bedenken im Zusammenhang mit Inhalten oder Methoden unseres Unterrichts haben, dann bringen sie das mit allem Respekt zur Sprache. Das soll nicht heißen, dass es nicht auch immer mal wieder Eltern gibt, die unsere Geduld wirklich strapazieren und alles in Frage stellen, was wir tun, aber im Großen und Ganzen ist unser Verhältnis zu den Eltern in den letzten vier Jahren besser geworden, und die Kinder haben davon sehr profitiert.«

Im Interesse einer erfolgreichen Partnerschaft müssen die Eltern aktiv sein und den Lehrern mit Respekt begegnen. Wir kennen Eltern, die der Lehrerin ihres Kindes am Beginn des Schuljahres schreiben, dass sie ihr gerne in jeder denkbaren Weise zuarbeiten und sich über eine Kontaktaufnahme freuen würden, wenn irgendwelche Fragen auftauchen sollten.

Ein gutes Eltern-Lehrer-Verhältnis bedeutet nicht, dass die beiden Seiten nicht auch einmal unterschiedlicher Meinung sein können. Das wird sogar immer wieder vorkommen. Wenn man sich aber gegenseitig respektiert, lassen solche Differenzen sich in einem vertrauensvollen Klima und unter lösungsorientiertem Vorzeichen zur Sprache bringen, und dann bestehen gute Aussichten, zu einer Einigung zu kommen. Eine solche Atmosphäre kommt den Kindern zugute und fördert ihre Resilienz.

Zweites Prinzip: Bleiben Sie während des Schuljahrs in regelmäßigem Kontakt

Der empfohlene Kontakt vor und am Beginn des Schuljahres muss das ganze Jahr über aufrechterhalten werden. Die meisten Schulen informieren die Eltern schriftlich über schulische Initiativen und über die Unternehmungen der einzelnen Klassen. So bleiben die Eltern in einem eher allgemeinen Sinn immer auf dem Laufenden.

Eine gezieltere Kommunikation besteht zwischen Lehrern und Eltern in der Form von Vierteljahresberichten oder Zeugnissen, in denen die Fortschritte des einzelnen Kindes festgehalten sind. Wenn man an die Arbeitsbelastung der Pädagogen denkt, ist klar, dass sie nicht noch Zeitblöcke außerhalb des Unterrichts für Berichte über die Leistungen des einzelnen Kindes erübrigen können. Es gibt aber gut konzipierte Formblätter, mit denen sich die Dinge präzise und aufschlussreich erfassen lassen. Auf diesen Formblättern sollten neben den Schwierigkeiten, die ein Kind hat, auch seine Kompetenzinseln genannt und Empfehlungen ausgesprochen werden, wie man seine Schwächen angehen und seine Stärken nutzen könnte, damit es sich in der Schule wohler fühlt und den Eindruck gewinnt, auch Erfolge zu erringen.

BRADLEY, ein Neunjähriger mit Lernschwierigkeiten und einem Aufmerksamkeitsdefizit, schaffte es nicht, sich morgens rechtzeitig auf den Schulweg zu machen, und wurde oft auch nicht mit seinen Hausaufgaben fertig. Seine Lehrerin sorgte dafür, dass in seinem Aufgabenheft auch wirklich alle Hausaufgaben eingetragen waren, wenn er nach Unterrichtsschluss nach Hause ging, und kam ihm auch beim Umfang der Hausaufgaben entgegen. Doch das Problem des Zuspätkommens bestand weiter, obwohl Bradleys Eltern, Mr. und Mrs. Dawson, ihn zeitig weckten. Bei einem Informationsgespräch erwähnte die Lehrerin, dass Bradley sich in der Pause mit großer Hingabe um die Pflanzen in der Eingangshalle der Schule kümmerte, eine Beobachtung, die von seinen Eltern bestätigt wurde: Sie berichteten, dass Bradley auch zuhause in seinem Zimmer mehrere Pflanzen hatte und nie vergaß, ihnen Wasser zu geben.

Mr. Dawson sagte stolz: »Mein Sohn mag Schwierigkeiten haben, gewisse Dinge zu lernen, aber er hat einen grünen Daumen.«

Seine Frau lächelte und sagte: »Das hat er von seinem Vater.«

Die Dawsons waren erfreut darüber, dass die Lehrerin auch eine Beschäftigung genannt hatte, mit der Bradley sich (ebenso wie sein Vater) sehr gut auskannte. Sie vereinbarten mit ihr, dass Bradley von nun an jeden Morgen schon etwas früher in der Schule eintreffen sollte, um die Pflanzen zusammen mit dem Hausmeister zu begutachten, sie gegebenenfalls zu gießen und die welken Blätter zu entfernen. Diese Aufgabe veranlasste Bradley in der Tat, sich morgens rechtzeitig auf den Schulweg zu machen. Sie ging auf die Überlegung seiner Lehrerin zurück, auch die individuellen Stärken und Schwächen eines Schülers in den Zwischenzeugnissen und im Jahreszeugnis zu erfassen, damit man sie anschließend mit den Eltern besprechen konnte.

Die anhaltende Kommunikation zwischen Elternhaus und Schule wird noch wichtiger, wenn ein Kind Lernprobleme hat oder im schulischen Umfeld auf soziale Schwierigkeiten trifft. In solchen Fällen wird in der Regel eine »dichtere« Kommunikation erforderlich. Das mag nach zusätzlicher Arbeit aussehen, tatsächlich kann der häufigere Kontakt aber im Endeffekt sogar Zeit sparen, da er eine vorbeugende Maßnahme darstellt.

Für den größtmöglichen Nutzen der schriftlichen oder mündlichen Kommunikation zwischen Lehrerin und Eltern sollte diese Verständigung alles einschließen: die Stärken des Kindes und die Möglichkeiten, sie gewinnbringend einzusetzen; die Schwächen des Kindes und die Möglichkeiten, sie abzustellen; die Zielvorstellungen und Erwartungen, wie sie für die Klasse insgesamt bestehen; und schließlich die Überlegung, was Eltern und Lehrer tun können, um sich gegenseitig zu unterstützen.

Drittes Prinzip: Üben Sie Empathie, Empathie, Empathie...

Dieser Punkt hängt eng mit dem ersten Grundsatz zusammen, demzufolge die Eltern-Lehrer-Beziehung als partnerschaftliches Verhältnis angesehen werden soll. So wie es uns sehr viel leichterfällt, empathisch auf unsere Kinder einzugehen, wenn ihr Verhalten sich mit unseren Wünschen deckt, so werden Eltern und Lehrer leichter zu wechselseitiger Empathie finden, wenn ihre Ansichten mehr oder weniger übereinstimmen. Dass dies leichter mit Bezug auf Kinder gelingt, die gern in die Schule gehen und gute Schüler sind, kann nicht überraschen. Spannungen zwischen Eltern und Lehrern sind eher wahrscheinlich, wenn ein Kind über längere Zeit in der Schule »nicht gut tut«, ob sich das nun auf seine Leistungen oder auf sein Verhalten bezieht.

Genau dann allerdings, wenn ein Kind immer wieder Rückschläge erfährt, müssen Eltern und Lehrer mehr Zeit und Energie aufwenden, um die Perspektive des jeweils anderen wirklich verstehen und validieren zu können. Dieses Verstehen und Validieren bedeutet nicht, dass sie in ihrer Sicht der Dinge übereinstimmen müssten; es bedeutet nur, dass sie sich über möglicherweise zwischen ihnen bestehende Meinungsunterschiede im Klaren sind. Im Interesse des Kindes arbeiten sie an der möglichst weitgehenden Auflösung dieser Differenzen mit dem Ziel, das effektivste schulische Programm für das betreffende Kind zu erarbeiten. Wenn es dabei an Empathie fehlt, dann entwickelt sich das Eltern-Lehrer-Verhältnis in eine konfliktträchtige Richtung, und es ist in erster Linie das Kind, das darunter zu leiden hat.

In unserer klinischen Arbeit konnten wir beobachten, wie nachteilig sich ein

Mangel an Empathie zwischen Eltern und Lehrern auswirkt. Die Eltern eines neunjährigen Mädchens, das sich jeden Morgen vor der Schule ängstigte und über Kopf- und Magenschmerzen klagte, begannen ein Informationsgespräch mit der Lehrerin des Mädchens mit den Worten: »Voriges Jahr ist unsere Tochter sehr gern in die Schule gegangen, war nicht nervös und hatte nicht jeden Morgen Kopf- oder Magenschmerzen. Was haben Sie mit ihr gemacht? Was tun Sie in Ihrer Klasse?«

Wie man sich denken kann, ging die Lehrerin in die Defensive, und binnen weniger Sekunden war die Spannung im Raum mit Händen zu greifen. Möglicherweise hatte das Auftreten dieser Lehrerin wirklich zur Angst des Kindes beigetragen (sie war in ihrer ganzen Art weniger herzlich und entgegenkommend als die Lehrerin, die das Kind im Jahr zuvor gehabt hatte); der Empathiemangel der Eltern erstickte aber schon die Möglichkeit der Entstehung einer funktionierenden Partnerschaft im Keim. Da keine Partnerschaft zustande kam, konnten die Probleme des Kindes nicht erfolgreich angegangen werden.

Sie werden sich vielleicht fragen, warum diese Eltern das Zusammentreffen mit einer Bemerkung einleiten mussten, die eindeutig richtend und durchaus geeignet war, eine defensive Reaktion auszulösen. Es kommt immer wieder vor, dass Ängste und Ärger uns in unserer Empathiefähigkeit behindern und einer erfolgreichen Bewältigung von Problemen entgegenstehen. Hätten diese Eltern sich vor dem Gespräch mit der Lehrerin die nachstehenden Fragen gestellt, dann wären sie wohl anders vorgegangen:

- Was erhoffen wir uns von dem Zusammentreffen mit der Lehrerin?
- Wie können wir die Dinge so formulieren, dass die Lehrerin sich unsere Botschaft wirklich anhört und dann auch eng mit uns zusammenarbeitet?

Diese Eltern wussten, dass ihre häufig etwas scheue und unsichere Tochter sich in der Schule leichter tun würde, wenn jemand sich täglich etwas Zeit dafür nehmen würde, sie zu stützen und ihr gut zuzureden. Sie spürten, dass die jetzt zuständige Lehrerin, anders als ihre Vorgängerin, keine Anstrengungen in dieser Hinsicht unternahm. Zwar waren sie sich darüber im Klaren, was sie erreichen wollten – mehr Ermutigung vonseiten der Lehrerin –, aber der Ton, mit dem sie dieses Ziel vermitteln wollten, löste Ärger, Ressentiment und Abwehr aus. Wenn solche Gefühle den Raum erfüllen, ist es aus mit der Empathie und mit den tauglichen Lösungsversuchen.

Ein weiteres Beispiel liefert die Lehrerin von DENNIS. Unser »Klient« Dennis, sechs Jahre alt, war hyperaktiv und impulsiv. Die Lehrerin eröffnete das erste Zusammentreffen mit seinen Eltern, bei dem auch wir zugegen waren, sehr zu unserem Befremden mit den Worten: »Ich unterrichte jetzt seit dreizehn Jahren, und Ihr Kind ist das schlimmste Kind, mit dem ich es je zu tun hatte.« Wir alle fühlten uns verständlicherweise vor den Kopf gestoßen, und die Eltern, Mr. und Mrs. Vintor, regten sich sichtbar auf und gingen in die Defensive. Das Gespräch war insgesamt geprägt von Anschuldigungen und misstrauischen Bemerkungen, von einem Willen zur Problemlösung war nichts zu spüren. Nachdem die Lehrerin gleich zu Beginn so ausfällig geworden war, konnte sich ein freundlicherer Ton nicht mehr einstellen.

Im Anschluss an dieses Zusammentreffen sprachen wir kurz mit der Lehrerin, wobei wir uns um Empathie bemühten in der Hoffnung, wenigstens in Zukunft zu einem besseren Miteinander zu kommen. Wir erwähnten auch ihre anfängliche Bemerkung.

»Ich habe halt versucht, ehrlich zu sein«, sagte sie. »Wenn ein Schüler Schwierigkeiten hat, spielen wir das vor den Eltern nur zu oft herunter. Diese Unaufrichtigkeit holt uns Jahre später ein, wenn der Schüler nämlich weiterhin Schwierigkeiten hat. Dann wollen die Eltern wissen, warum wir ihnen nicht gleich anfangs ehrlich gesagt haben, dass es sich um ein gewichtiges Problem handelt. Ich wollte den Vintors gegenüber deutlich darauf aufmerksam machen, dass ihr Sohn erhebliche Probleme hat.«

Wenn man die beiden oben angeführten Fragen auf diese Situation anwendet, also: »Was erhoffe ich mir von dem Zusammentreffen mit den Eltern?« und »Formuliere ich die Dinge so, dass die Eltern sich meine Botschaft wirklich anhören und dann auch mit mir zusammenarbeiten können?«, dann hat die Lehrerin offenbar gewusst, was ihre Ziele waren: die Eltern über die Schwere der Probleme ihres Sohnes zu informieren. Allerdings hatte sie sich keine Gedanken darüber gemacht, ob diese Information so bei den Adressaten ankommen würde, dass diese ihr bereitwillig zuhören und sich auf eine positive und von Respekt getragene Beziehung einlassen würden, in der man die Probleme dingfest machen und miteinander über mögliche Lösungen nachdenken konnte.

Viertes Prinzip: Die Erziehung zur Resilienz ist der Leitgedanke in der Zusammenarbeit zwischen Eltern und Lehrern

Alle Interaktionen von Eltern mit ihren Kindern sollten darauf gerichtet sein, das Resilienzvermögen der Kinder zu stärken. Das gleiche Ziel gilt für die Zusammenarbeit von Eltern und Lehrern im Blick auf ein bestimmtes Kind. Wir werden immer wieder gefragt: »Wenn die Lehrer viel Zeit und Aufmerksamkeit auf sogenannte soziale und emotionale Angelegenheiten in ihrer Klasse verwenden, also auch darauf, das Resilienzvermögen der Kinder zu fördern, geht dann nicht wertvolle Zeit für die Vermittlung des Lernstoffs verloren?«

Unseligerweise hat sich in vielen Köpfen eine Dichotomie etabliert, die etwa lautet: Die Förderung von Selbstwertgefühl und Resilienz hat mit der Vermittlung elementarer schulischer Fertigkeiten und Inhalte nichts zu tun. Diese Dichotomie wird hin und wieder unabsichtlich von Leuten verstärkt, die im emotionalen Wohlbefinden eines Kindes ein wesentliches Merkmal des schulischen Umfeldes erkennen. Sie verkünden zwar, dass Kinder, die sich ihrer selbst sicher sind, eher als andere motiviert sind zu lernen, aber die Art und Weise, in der sie versuchen, das Selbstwertgefühl von Kindern zu stärken, wirkt der Entstehung eines positiven Selbstbildes gerade entgegen.

Wir wissen von Pädagogen, die Kindern ein falsches Lob aussprechen oder die das Problem, mit dem ein Kind sich konfrontiert sieht, kleinreden beziehungsweise überhaupt leugnen. Sie greifen so schnell ein, dass das betreffende Kind gar nicht merkt, dass es beinahe einen Fehler gemacht hätte, anstatt dass sie ihm zu der Erkenntnis verhelfen, dass man aus Fehlern lernen kann. In einer bestimmten Schule bekamen die Kinder Ansteckknöpfe mit der Aufschrift »Ich kann es und ich bin liebenswert« als Heilmittel gegen ein geringes Selbstwertgefühl. Kinder sind, was diese verschiedenen Formen falscher positiver Rückmeldungen angeht, sehr viel hellhöriger als manche Erwachsene glauben. Solche alles andere als ehrlichen Versuche, ihnen das Gefühl von Kompetenz zu vermitteln, sorgen allenfalls für Verstimmung.

Selbstwertgefühl und Resilienz erfahren *auf jeden Fall* eine Stärkung, wenn die Kinder in der Schule und zuhause echte Erfolge registrieren, wenn sie wirklich lernen und wirklich »gewinnen«. Der Fokus auf dem sozialen und emotionalen Leben eines Kindes bedeutet nicht, dass für schulische Leistungen weniger Zeit zur Verfügung stände; vielmehr kommt er dem Lernprozess zugute. Erfolg erzeugt Wertschätzung der eigenen Person, Selbstvertrauen und die Überzeugung, etwas zustande gebracht zu haben – Gefühle, die Kindern helfen, sich von Fehlern wieder zu erholen, Gefühle auch, die die Problemlösefähigkeit von Kindern stärken und die Kinder motivieren, weiter zu lernen und sich um weitere Erfolge zu bemühen. Wir müssen den Kindern helfen, ihre unbestreitbaren Erfolge als Voraussetzung einer resilienten Welt- und Lebensorientierung zu erleben.

Fünftes Prinzip: Eltern und Lehrer verhalten sich proaktiv

Lernerfolge spielen in der kindlichen Entwicklung eine große Rolle, und daher ist es unbedingt erforderlich, dass Eltern und Lehrer sich der Komponenten einer resilienten Welt- und Lebensorientierung bewusst sind, wenn sie gemeinsam an Strategien für gute schulische Leistungen arbeiten. Ihre Partnerschaft muss so weit wie möglich unter einem proaktiven – nicht reaktiven – Vorzeichen stehen.

Damit die Zusammenarbeit sowohl proaktiv als auch reibungslos und fruchtbar ausfällt, sollten Lehrer und Eltern sich auf ihre Kontakte vorbereiten, ob diese nun telefonischer Art sind oder – der Idealfall – als persönliche Begegnungen stattfinden. Die Vorbereitung sollte die folgenden Punkte umfassen:

1. Die Lehrer sollten den Eltern die Stärken und Schwächen ihres Kindes eindeutig bezeichnen können. Einschlägige Informationen sollten vom Beginn des Schuljahres an gesammelt werden, zunächst im direkten Gespräch mit den Eltern und dann durch die anhaltende Beobachtung des Kindes. Parallel zur Formulierung der Stärken und Schwächen des jeweiligen Kindes sollten die Lehrer einen Plan aufstellen, der drei Teile umfasst: Vorschläge, wie mit den Schwierigkeiten des Kindes umgegangen werden soll, Möglichkeiten der Evaluation dieser Interventionen, mögliche Ersatzstrategien, falls die ursprünglich ins Auge gefassten Interventionen sich als unwirksam erweisen sollten. Zu den Interventionen soll auch jede Form der aktiven Nutzung der Stärken des Kindes im Rahmen des schulischen Programms zählen.

2. Die Eltern sollten das, was sie im häuslichen Umfeld beobachten, parat haben. Zu diesen Beobachtungen können Kommentare des Kindes über die Schule gehören, aber auch Hinweise über die Zeit, die das Kind in der Regel für seine Hausaufgaben braucht, über das Maß an Hilfestellung, das die Eltern ihm geben, oder spezifische Arbeiten, die das Kind erledigt. Bei unseren Workshops melden sich immer wieder Eltern mit der Mitteilung, dass ihre Kinder in der Schule überhaupt keine Verhaltensprobleme zeigen, aber herumbrüllen und schreien, sobald sie zuhause ankommen. Das muss keineswegs bedeuten, dass das schulische Umfeld etwa mehr Unterstützung liefert als das häusliche. Vielmehr verwenden manche Kinder ihre gesamte Zeit und Energie darauf, es in der Schule irgendwie auszuhalten, nur um beim Nachhausekommen »zusammenzubrechen«. Es ist also ganz dringend erforderlich, dass alle Beteiligten wissen, »was läuft«, denn nur dann kann man überlegen, wie der Druck in der Schule reduziert werden könnte (z.B. durch Nachhilfeunterricht oder durch eine

Modifizierung der Anforderungen in einem bestimmten Fach), und gleichzeitig zuhause ein paar zusätzliche Sicherungen einbauen (etwa indem man dem Kind eine halbe Stunde Zeit lässt, sich zu entspannen, bevor es mit den Hausaufgaben anfängt).

3. Bei jedem Zusammentreffen sollten die Lehrer zunächst die Stärken des Kindes und dann die schwierigen Bereiche Revue passieren lassen, ohne dabei zu fachsimpeln. Lehrer und sonstige schulische Funktionsträger sollten sicherstellen, dass die Eltern die diskutierten Konzepte verstehen. Eltern kann zu Beginn des Treffens gesagt werden, dass sie sich melden sollen, wenn ihnen irgendwelche Begriffe nicht klar sind; die Lehrer werden sie ihnen dann gerne erklären. Ein Elternpaar, das unseren Rat suchte, berichtete, beim letzten Informationsgespräch in der Schule sei mit Begriffen wie *sensorische Integration*, *auditive Wahrnehmung*, *Raumlagebeziehungen* etc. hantiert worden, sie hätten aber nicht so genau gewusst, was diese Begriffe bedeuteten und welche Rolle sie im schulischen Programm ihres Kindes spielten. Der Vater fügte noch hinzu: »Wir haben die Lehrerin und die Schulpsychologin mehrmals gebeten, uns diese Ausdrücke zu erklären, aber wir hatten dann immer noch Schwierigkeiten damit, und nach dem dritten Mal fanden wir es blöd, noch weiter nachzufragen.« Die Schulverantwortlichen müssen bei solchen Treffen für ein Klima sorgen, in dem niemand sich scheut, Fragen zu stellen. Wenn Lehrer über die Stärken und Schwächen eines Kindes sprechen, sollten sie ständig die Rückmeldung der Eltern einholen, um sicherzugehen, dass sie sich klar und verständlich ausgedrückt haben. Im Anschluss daran wird man sich mit den vorgeschlagenen Strategien beschäftigen. Das können viele und sehr unterschiedliche Maßnahmen sein, die mit den einzelnen Schulfächern, vielleicht aber auch mit sozialen und emotionalen Sachverhalten zu tun haben.

4. Zugleich mit der Begutachtung der möglichen Vorgehensweisen und der Einigung auf die aller Voraussicht nach am besten geeigneten Strategien sollten Lehrer und Eltern fragen: a) Stehen diese Strategien weitgehend unter dem Leitgedanken der Erziehung zur Resilienz? b) Wie lässt sich die Wirksamkeit der Interventionen im schulischen und häuslichen Umfeld feststellen? c) Welche Ersatzmaßnahmen gibt es für den Fall, dass die ursprünglich geplanten Interventionen nicht zum gewünschten Erfolg führen? Die evaluativen Kriterien lassen sich auf ein weites Spektrum von Verhaltensäußerungen anwenden: auf die Fortschritte auf einem bestimmten Lernsektor (z. B. im schriftlichen Dividieren oder im Entziffern unbekannter Wörter), auf die Ausdauer, die das Kind

bei einer spezifischen Aufgabe erkennen lässt; auf die Frage, ob es inzwischen wartet, bis es aufgerufen wird, anstatt ungefragt mit seinen Antworten herauszuplatzen; ob es inzwischen rechtzeitig in der Schule ankommt; ob es aufgehört hat, den Unterricht zu schwänzen oder seine Klassenkameraden zu quälen. Zur Feststellung der Fortschritte in einem bestimmten Fach kann ein entsprechender Test dienen; und was die Frage der Pünktlichkeit angeht, so braucht der Lehrer nur täglich festzuhalten, ob das Kind bei Unterrichtsbeginn anwesend war. Mit Hilfe von Strichlisten lässt sich feststellen, ob ein Kind mit der Zeit seltener schwänzt oder seltener ungefragt mit seiner Antwort herausplatzt.

Damit die Stärken eines Kindes nicht etwa aus dem Blick geraten, sollten auch seine Kompetenzinseln mit Hilfe entsprechender Maßnahmen und Kriterien identifiziert und genutzt werden. Zur Illustration kann das Beispiel der fünfzehnjährigen LAURIE dienen: Sie schaffte es, rechtzeitig im Unterricht zu erscheinen, weil man sich ihre Liebe zu kleinen Kindern zunutze machte und ihr die Möglichkeit gab, morgens noch vor Schulbeginn im benachbarten Kindergarten auszuhelfen.

5. Parallel zur Aufstellung dieser Bewertungskriterien sollten Eltern und Lehrer darüber befinden, wie viel Zeit erforderlich ist, um die Wirksamkeit der vorgesehenen Interventionen zu »messen«. Unbedingt nötig ist auch, dass Eltern und Lehrer sich auf ein System der wechselseitigen Übermittlung ihrer Beobachtungen und Fragen einigen, sich also über die folgenden Fragen klar werden:

- Wer ist der designierte Ansprechpartner für die Eltern in der Schule? Das ist vor allem dann wichtig, wenn das Kind mehrere Lehrer hat und die Beratungslehrerin oder der Schulleiter ebenfalls involviert sind.
- Ist es einfacher und folglich vorzuziehen, wenn die Lehrerin bei den Eltern anruft, und wann kann sie Mutter oder Vater am besten erreichen? Für manche Eltern ist es schwierig, am Arbeitsplatz einen persönlichen Anruf entgegenzunehmen.
- Wenn die Eltern getrennt oder geschieden sind, sollten beide angesprochen werden? Die Antwort auf diese Frage wird weitgehend von der Sorgerechtsregelung bestimmt sein.
- Wie sollen die eher förmlichen Rückmeldungen über die schulischen Fortschritte des Kindes, vor allem in den ausgewiesenen Problembereichen, übermittelt werden?
- Wann soll das nächste Zusammentreffen stattfinden? In der Regel ist es einfacher, diesen nächsten Termin festzulegen, wenn alle Beteiligten sich im gleichen Raum befinden.

6. Wir werden häufig gefragt, ob Kinder an den Eltern-Lehrer-Besprechungen teilnehmen sollten. In vielen amerikanischen Bundesstaaten verlangt das Gesetz, dass Heranwachsende zu diesen Gesprächen eingeladen werden. Unserer Ansicht nach sollten Kinder, auch wenn keine entsprechenden gesetzlichen Bestimmungen existieren, unbedingt aktiv am eigenen Erziehungsprozess beteiligt sein. Das schließt ihre Anwesenheit bei solchen Besprechungen ein. Zu den Schlüsselkomponenten einer resilienten Welt- und Lebensorientierung gehört nun einmal das Gefühl der Verantwortung für das eigene Leben.

Es gibt bestimmte Parameter, die man bedenken muss, wenn man Kinder und Heranwachsende zur Teilnahme an solchen Eltern-Lehrer-Gesprächen auffordert. Dazu gehört zum einen, dass man ihnen den Zweck eines solchen Treffens erläutert. Wir sagen den Kindern, mit denen wir arbeiten, was wir uns von einem solchen Treffen erhoffen: dass nämlich Eltern, Lehrer und das betreffende Kind das aktuelle schulische Programm miteinander durchgehen und daraufhin betrachten, ob es den Bedürfnissen des Kindes optimal gerecht wird. Wenn das nicht der Fall ist, müssen alle Beteiligten sich Gedanken darüber machen, wie das Programm verbessert werden könnte.

Wenn ein Kind, nachdem ihm Zweck und Ziele des Treffens erklärt worden sind, dennoch nicht daran teilnehmen will, sollte man es nicht zwingen, man sollte es aber fragen, weshalb es zögert. Ein Zehnjähriger, den wir kennen, sagte auf diese Frage: »Ich habe keine Lust, dort zu sitzen und zu hören, dass alle sagen, wie doof ich bin und dass ich nicht einmal versuche, meine Arbeit zu machen.« Wir erklärten diesem Jungen, dass es nicht Zweck des geplanten Treffens war, über seine Dummheit zu reden, sondern dass es um die Frage ging, welche Veränderungen seinen individuellen Bedürfnissen am besten entsprächen und was er selbst tun könnte, um in der Schule erfolgreicher zu sein. Wir betonten, dass ein solches Gespräch kein Forum für demütigende Kommentare ist, sondern dass es der Problemlösung dienen soll.

Auch in Kenntnis dieser Parameter und Grundsätze kann es sein, dass ein Kind an einem solchen Gespräch nicht – und nicht einmal nur eine Zeitlang – teilnehmen möchte. In solchen Fällen empfiehlt es sich, im Vorhinein mit ihm zu bereden, was es bei diesem Zusammentreffen gerne besprochen sähe – was ihm an der Schule gefällt, wo seiner Ansicht nach seine Stärken liegen, wo es Schwierigkeiten hat und was ihm seiner Meinung nach zu schulischen Erfolgen verhelfen könnte. Schon fünf- oder sechsjährige Kinder können etwas zu ihrem schulischen Programm sagen. Wenn das Kind nicht an dem Gespräch teilnimmt, sollten Vater oder Mutter, die Lehrerin oder auch die Beratungslehrerin ihm anschließend darüber berichten und ihm Mut zu einem eigenen Beitrag machen.

Kinder müssen nicht während der gesamten Dauer des Gesprächs anwesend sein. Das gilt zumal für kleinere Kinder, die eine Aufmerksamkeitsspanne von fünf bis zehn Minuten haben. Ob ein Kind nur einige Minuten lang an dem Treffen teilnimmt oder den größten Teil miterlebt – es sollte auf jeden Fall vorbereitet sein auf das, was dort abläuft, vor allem wenn es das erste Treffen dieser Art ist.

Kinder sollten auch als aktive Teilnehmer an dem Gespräch betrachtet werden. Wenn Schwierigkeiten zur Sprache kommen, sollten Eltern und Lehrer sich vergewissern, dass das Kind die Art dieser Schwierigkeiten begreift, und seine Ansicht erfragen, wie man das Problem angehen könnte. Die neunjährige MELISSA, die wir im achten Kapitel vorstellten, kam zum Beispiel auf zwei mögliche Lösungen, was ihre Angst vor Klassenarbeiten anging. Als die erste Idee – bei der nächsten Klassenarbeit ganz vorne zu sitzen – sich als untauglich erwies, ging sie zu ihrem zweiten Plan über, der darin bestand, dass sie den Test in einem separaten Raum schrieb. Damit umging sie die Angst, die sie sonst befiel, wenn sie ihre Klassenkameradinnen sah, die ihrer Ansicht nach alle Antworten wussten und die Arbeit schneller und besser abschlossen als sie. Auch ANNA (Kapitel 10) verschaffte sich eine Wahlmöglichkeit; sie entschied sich für einen von mehreren Terminen, zu denen Nachhilfe angeboten wurde. Einen solchen »Plan B« zu haben, bedeutet für Kinder, dass sie, wenn die eine Lösung nichts bringt, aus diesem scheinbaren Fehler lernen können, statt sich entmutigen zu lassen, weil der Erfolg nicht sofort eingetreten ist.

Die Beteiligung unserer Kinder an einem solchen Prozess der »Begutachtung« ihrer eigenen Erziehung sowie an der Formulierung von Lösungsvorschlägen darf in ihrer Bedeutung keinesfalls unterschätzt werden. Es ist genau dieses Gefühl, einbezogen zu sein und selbst Verantwortung und einen Handlungsspielraum zu haben, das wir in ihnen hegen und pflegen müssen.

Schulische Interventionen

Wenn Eltern und Lehrer sich bei ihrem gemeinsamen Anliegen an die Grundsätze und Praktiken halten, die wir im vorangegangenen Abschnitt dargelegt haben, dann können die in der Schule zu inszenierenden Interventionen den gleichen Prinzipien folgen, wie wir sie auch für die Eltern in ihrer häuslichen Umgebung aufgestellt haben.

Erstes Prinzip: Praktizieren Sie Empathie

Im zweiten Kapitel ging es um das Thema der Empathie. Wenn Eltern das Resilienzvermögen ihrer Kinder stärken wollen, so schrieben wir dort, müssen sie die eigene Empathiefähigkeit trainieren. Das Gleiche gilt für Lehrer im Umgang mit ihren Schülern. Unsere pädagogischen Workshops konzentrieren sich auf die Frage, wie Schüler die Schule und ihre Lehrer wahrnehmen. Im zweiten Kapitel war auch von den Übungen die Rede, die wir Eltern anempfehlen, um ihr Empathievermögen den eigenen Kindern gegenüber zu steigern. Ähnliche Fragen stellen wir auch den Lehrern:

Denken Sie an einen Lehrer, den Sie als Kind hatten und den Sie mochten: Was war es, was Ihnen an diesem Lehrer gefiel? Mit welchen Worten würden Sie diesen Lehrer beschreiben? Denken Sie jetzt an einen Lehrer, den Sie nicht leiden konnten: Was war es, was Ihnen an diesem Lehrer missfiel? Mit welchen Worten würden Sie diesen Lehrer beschreiben?

Anschließend sagen wir: »So wie Sie bestimmte Worte haben, um Ihre damaligen Lehrer zu beschreiben, so haben auch Ihre Schüler Worte, um Sie zu beschreiben. Welche Worte *erhoffen* Sie sich für die Beschreibung, die Ihre Schüler von Ihnen abgeben würden? Welche Worte würden Ihre Schüler *tatsächlich* benutzen?«

Natürlich stellen wir diese Fragen, um die Lehrer auf etwas aufmerksam zu machen, was auf der Hand liegen dürfte: dass die Schüler sich anhand dessen, was sie, die Lehrer, in der Klasse tun und sagen, eine Meinung von ihnen bilden. Diese Erkenntnis ist wichtig, denn die Meinung der Kinder von ihren Lehrern hat Einfluss darauf, wie motiviert, wie respektvoll und wie diszipliniert die Schüler sich in der Schule verhalten und wie sicher, beschützt und wohl sie sich in der Klasse fühlen.

Der sechsjährige DENNIS zum Beispiel, von seiner Lehrerin als das schlimmste Kind bezeichnet, mit dem sie es jemals zu tun hatte, wusste sehr wohl, wie sehr er dieser Lehrerin missfiel. In einer unserer Therapiestunden sagte er: »Die Lehrerin denkt eben, dass ich ein böses Kind bin. Ich kann ihr nichts recht machen.« Bei seinem Alter und seiner Impulsivität war es für Dennis nicht leicht einzusehen, dass und wie sein Verhalten die Wahrnehmung seiner Lehrerin von ihm bestimmte. Wäre die Lehrerin nicht so verärgert oder frustriert gewesen, dann hätte sie vielleicht eine empathischere Position eingenommen und sich überlegt: »Ich wüsste doch gern, wie Dennis sich in der Klasse fühlt« oder »Ich wüsste gern, wie Dennis mich beschreiben würde« oder »Ich möchte doch mal wissen, ob Dennis meint, dass ich irgendetwas Positives über ihn sage?« Hätte die Lehrerin mehr Empathie erkennen lassen, dann hätte das nach unserer Überzeugung die Beziehung zu den Eltern verbessert. Gemeinsam hätten sie dann die Stärken des Kindes anpeilen und in sein schulisches Programm einbinden können.

In diesem Fall allerdings erreichten es die Eltern, dass ihr Sohn in eine andere Klasse und damit zu einer anderen Lehrerin kam. Die neue Lehrerin verstand es, »hinter« sein unmittelbar zutage liegendes Verhalten zu sehen. Beim ersten Gespräch mit den Eltern und uns fragte sie, was wir als Dennis' Stärken ansahen. Wir wiesen darauf hin, dass er, ähnlich wie die meisten Kinder, Freude daran hatte, anderen zu helfen, und brachten den Gedanken ins Spiel, dass man seine Hyperaktivität vielleicht in diesem positiven Sinne einsetzen könnte. Die Lehrerin ging sofort darauf ein und schlug vor, Dennis sollte morgens ein paar Minuten früher kommen und dafür sorgen, dass die Tische und Stühle im Klassenzimmer alle in Ordnung waren. Sie würde Dennis sagen, dass es ihr eine große Hilfe wäre, wenn er das täte. Angesichts der Tatsache, dass Aktivität als solche ihm ein Bedürfnis war, sagte sie weiter, sie würde ihn bitten, jeweils morgens und nachmittags eine Nachricht ins Büro des Schulleiters zu bringen. Im Übrigen führte sie ein Gespräch mit Dennis, in dem es um seine Neigung ging, ungefragt mit seinen Antworten herauszuplatzen. Gemeinsam dachten sie sich ein spezielles Signal aus, um dieses Verhalten einzudämmen.

Alle diese Interventionen wirkten im Sinne der Ausbildung einer resilienten Orientierung: Sie nutzten Dennis' Stärken, sie veränderten das negative Skript, wie es in der alten Klassengemeinschaft bestanden hatte, sie berücksichtigten sein angeborenes Temperament und ließen realistischere Erwartungen bezüglich seines Verhaltens aufkommen, sie lehrten ihn Verantwortung durch Beteiligung, und sie bezogen ihn in den Prozess der Entscheidungsfindung ein, so dass sein Gefühl für die eigene Leistung und sein Engagement zunahmen.

Wenn wir in Schulen beratend tätig werden und das gesamte Kollegium an den Veranstaltungen teilnimmt, arbeiten wir oft mit Empathie-Übungen. Nach unseren Feststellungen kommt es dank der Anwesenheit des gesamten Personals in der Regel zu einer fruchtbaren Diskussion und in der Folge zu einer Gruppenenergie, die ihrerseits dafür sorgt, dass die Einstellungen sich wandeln. Diese Veränderungen wirken sich positiv auf das schulische Klima aus.

Zweites Prinzip: Ändern Sie negative Skripts, wenn Sie das von den Schülern ebenfalls erwarten

Wenn ein Kind Anpassungsschwierigkeiten hat und in der Schule nicht mitkommt, die Lehrer und die Schulleitung aber an ihren immer gleichen Praktiken und immer gleichen Erwartungen festhalten, dann kann man voraussagen, dass auch die Ergebnisse weiterhin die gleichen sein werden. Wir erinnern uns: Wenn Kinder ihr Verhalten ändern sollen, ist es an den *Erwachsenen*, zunächst ihr eigenes Verhalten zu ändern. Negative Skripts – voraussehbar unwirksame Kommunikations- und Verhaltensweisen – müssen modifiziert werden, wenn ein besseres Ergebnis erzielt werden soll.

Wir berieten einmal ein Team von Highschool-Lehrern, die Schwierigkeiten mit einem neuen Schüler hatten, der sein Klassenzimmer nicht finden konnte und immer herumstreifte. Sie nannten ihn den »WANDERER«, weil er immer wieder durch die Korridore wanderte. Belohnungen und Strafen hatten so gut wie keine Wirkung auf sein Verhalten. Da wir mit diesen Lehrern schon seit Monaten arbeiteten und sie unsere Methode des Abwandelns negativer Skripts kannten, hatten wir keine Bedenken zu sagen: »Dass die üblichen Konsequenzen hier nur von begrenzter Wirkung sind, hat vielleicht auch damit zu tun, dass es diesem Jungen ein Bedürfnis ist zu wandern.«

Einer der Lehrer fragte: »Ein Bedürfnis zu wandern?«

Wir erklärten uns näher: »Unserer Ansicht nach ist das ein sehr aktiver Junge. Er braucht die körperliche Aktivität nicht nur morgens, wenn er hier ankommt, sondern auch zu anderen Zeiten im Schulalltag.«

Um die Dinge weiter in Richtung einer Abwandlung des Skripts zu treiben, sagten wir: »Und sein Wanderbedürfnis könnte ja sogar seine Kompetenzinsel sein. Wenn wir ihn anhalten, nehmen wir ihm vielleicht die Möglichkeit, seine Stärke zur Schau zu stellen.«

Leicht amüsiert fragte eine andere Lehrerin: »Glauben Sie nicht, dass Sie die Dinge ein bisschen übertreiben?«

»Vielleicht. Aber warum sollten wir uns nicht überlegen, wie wir sein Wanderbedürfnis konstruktiv nützen können? Dann nervt er Sie nicht, tut etwas Nützliches für die Schule, und Sie wissen, wo er ist, auch wenn er gerade wandert.«

Was wir schon mit anderen Lehrern erlebt hatten, denen es gestattet war, auch ungewöhnliche Schritte in Erwägung zu ziehen, geschah auch hier: Die Lehrer wirkten zunehmend gelöster, als sie nun überlegten, wie sie das Wanderbedürfnis dieses Schülers sozusagen öffentlich machen konnten. Er wurde zum

»Anwesenheitswächter« berufen, eine Position, in der er jeden Morgen, ausgerüstet mit einer vom Direktor gelieferten Klemmtafel, die Eingangshalle abzulaufen hatte. Der Direktor sagte ihm, es wäre eine große Hilfe, wenn er, während die Lehrer die Schüler abzählten, seinerseits sozusagen die Lehrerpräsenz prüfen und feststellen würde, dass sich in jedem Klassenzimmer ein Lehrer befand. Diese Intervention, wenn auch recht verschieden von den üblichen, half dem Jungen, sich jeden Morgen in das schulische Leben einzugliedern und an die Anforderungen des Schulalltags anzupassen.

Statt diesen Jungen weiterhin als widerspenstigen oder oppositionellen Schüler anzusehen, der zuerst einmal das eigene Verhalten ändern solle, hatten die Lehrer an dieser Schule den Mut zu fragen, was sie ihrerseits anders machen konnten, und sich dann an die Abwandlung ihres Skripts zu machen. Wie wir gehofft hatten, trug die Möglichkeit, jeden Morgen die Rolle des Anwesenheitswächters zu spielen, zu einem ruhigeren und konzentrierteren Verhalten des Jungen bei. Eine amüsante Fußnote zu dieser Geschichte ist, dass der junge Mann sich mit Erlaubnis des Direktors einen weiteren »aktiven« Schüler als »Assistenten« holte, der ihn auf seiner morgendlichen Runde begleitete.

Wenn ein Schema, das über eine relativ lange Zeit erprobt wurde, sich nicht bewährt, dann müssen Lehrer und Eltern, oft in Zusammenarbeit mit dem betreffenden Schüler, dieses Schema ändern.

Drittes Prinzip: Sorgen Sie dafür, dass alle Schüler sich willkommen und wertgeschätzt fühlen

Schüler lernen dann am besten von ihren Lehrern, wenn sie sicher sind, dass die Lehrer sich Gedanken um sie machen und ein persönliches Interesse an ihnen haben. In dieser Überzeugung fragten wir mehr als 300 Schüler im Alter zwischen fünf und achtzehn Jahren, was die Lehrer ihrer Ansicht nach jeden Morgen tun könnten, damit sie, die Schüler, sich in der Schule willkommen fühlen. Die beiden häufigsten Antworten, die wir bekamen, lauteten unabhängig vom Alter der Schüler: »mich mit meinem Namen begrüßen« und »lächeln«.

Müssen wir noch darauf hinweisen, dass das etwas anderes ist als das morgendliche Ansprechen eines Schülers mit Kommentaren wie »Na, Jimmy, sollte das heute wieder so ein miserabler Tag werden?« oder »Susi, hast du endlich mal daran gedacht, deine Hausaufgaben zu machen?«.

Lächeln schafft eine wunderbare Verbindung zwischen Menschen, und deshalb kann es kaum überraschen, dass die Schüler es so häufig als Zeichen dafür nannten, dass sie den Lehrern wichtig sind. Aus dieser Antwort geht im Übrigen auch hervor, dass die Schüler es sehr wohl registrieren, wenn das Lächeln fehlt. Wir konnten das ganz unmittelbar bei unserer Arbeit mit ROLAND beobachten, einem siebzehnjährigen Schüler der Mittelstufe, der Lernschwierigkeiten und ein Aufmerksamkeitsproblem hatte.

Bald nachdem wir begonnen hatten, mit Roland zu arbeiten, erwähnten wir, dass wir einen Besuch in seiner Schule vorhatten, um mit seinen Lehrern zu sprechen. Vor solchen Terminen bitten wir die Kinder oft, uns ihre Lehrer zu beschreiben, damit wir uns eine Vorstellung davon machen können, wie sie die Lehrer wahrnehmen, und bei der Umwandlung negativer Skripts behilflich sein können. Roland wollte zwar nicht einmal zeitweise an dem Gespräch mit seinen Lehrern teilnehmen, präsentierte uns aber eine faszinierende Agenda, die er, impulsiv wie er war, wie ein Schnellfeuer abarbeitete, ohne dass uns viel Raum für Fragen blieb.

»Ich mag fünf von meinen sechs Lehrerinnen, und ich weiß, dass sie mich auch gern haben. Eine Lehrerin kann mich nicht ausstehen, und ich mag sie auch nicht. Wenn Sie zu dem Gespräch gehen, würden Sie mir einen Gefallen tun? Würden Sie denen eine von Ihren lustigsten Geschichten erzählen?«

Wir fragten nach dem Warum.

Roland antwortete: »Die fünf Lehrerinnen, die mich gern haben und die ich gern habe, die werden alle lächeln oder lachen. Die Lehrerin, die mich nicht leiden kann, die wird nicht mal lächeln.«

»Und warum nicht?«, fragten wir.

»Sie kann nicht. Ich glaube, sie hat eine Mundlähmung.«

Wir hatten große Mühe, nicht loszulachen, denn Roland hatte das sehr ernst gesagt.

Da er uns nun einmal gebeten hatte (und auch weil wir zugegebenermaßen neugierig waren zu sehen, was passieren würde), erzählten wir bei dem Gespräch mit den Lehrerinnen eine unserer besonders beliebten »Kriegsgeschichten«, die immer Gelächter hervorruft. Es war, als hätte Roland das Drehbuch der Reaktion darauf geschrieben: Fünf Lehrerinnen waren amüsiert, lachten und steuerten eigene Geschichten bei; auf dem Gesicht der sechsten malte sich so etwas wie permanente Missbilligung. Mehr als einmal waren wir versucht zu fragen: »Entschuldigen Sie, aber leiden Sie vielleicht an einer Mundlähmung?«

Die nächste Sitzung mit Roland nach dem Gespräch in der Schule war denkwürdig. Er fragte sofort: »Na, habe ich recht gehabt mit dem Lächeln?«

»Oh ja.«

Er zog die Sache ins Lächerliche und fragte mit einer Piepsstimme: »Können Sie ihr helfen?«

Wir nahmen seinen Ton auf und antworteten: »Wir wissen es nicht so genau; Mundlähmung ist schwer zu heilen, und wir sind ja keine plastischen Chirurgen.«

Diese ganze Sitzung war von einer spielerischen Atmosphäre geprägt, und zugleich war ganz deutlich, dass ein freundliches Lächeln – und übrigens auch sein Ausbleiben – von weitreichender Wirkung auf Kinder (und ebenso auf Erwachsene) sein kann.

Viertes Prinzip: Formulieren Sie realistische Erwartungen, die individuell auf das Kind zugeschnitten sind, und nehmen Sie gegebenenfalls Änderungen daran vor

Thema des sechsten Kapitels war die Erkenntnis, dass Kinder mit ihrem je eigenen Temperament, mit ihrem individuellen Lern- und Aufmerksamkeitsstil, ihrem individuellen Aktivitätspegel und ihren einmaligen Kompetenzinseln auf die Welt kommen. Eltern müssen bei dieser einmaligen Ausstattung ansetzen, um Erwartungen und Zielvorstellungen zu formulieren, die realistisch, nämlich speziell auf dieses Kind zugeschnitten sind. In den hier versammelten Fallgeschichten ist deutlich geworden, dass die Erwartungen der Eltern nur allzu häufig nicht im Einklang mit den Möglichkeiten und Fähigkeiten der Kinder stehen. Wenn die Messlatte zu hoch gelegt wird, kann das leicht zu Frustration und Misserfolg führen.

Wenn die Lehrer auf eine resiliente Orientierung ihrer Schüler hinarbeiten wollen, ist es unerlässlich, dass die Kinder im schulischen Milieu Erfolge verzeichnen können. In manchen Fällen bedeutet das, dass die Lehrer wohlüberlegte Anpassungen sowohl in ihrem Lehrverhalten als auch in ihren Erwartungen an Arbeitsweise und Arbeitsergebnis der Schüler vornehmen müssen. Das soll nicht heißen, dass sie sich für jedes einzelne Kind in ihrer Klasse wieder ein anderes Programm überlegen müssten; ein breites »Mittelfeld« wird den Lernbedürfnissen der Mehrheit der Kinder entsprechen. Was wir empfehlen, sind Modifikationen, die keinen unangemessenen Zeitaufwand erfordern und durch das Zutun aller – der Lehrer, der Eltern und des betreffenden Schülers – zustande kommen. Um diese Anpassungen in Gang zu bringen, müssen wir den betreffenden Kindern verständlich machen, was es mit dem auf sie zugeschnittenen »etwas anderen« Lernen auf sich hat und warum diese oder jene Modifikation in ihrem schulischen Programm ihnen zum Erfolg verhelfen wird.

Für Kinder mit Lern- und Aufmerksamkeitsproblemen empfehlen sich zum Beispiel die folgenden Anpassungen des Programms:

- Kein Zeitlimit bei Klassenarbeiten.
- Festlegen maximaler Zeitspannen für die Anfertigung der Hausaufgaben. Wenn die meisten Kinder zum Beispiel acht Rechenaufgaben in dreißig Minuten lösen können, dann kann man dreißig Minuten als das Maximum an Zeit festlegen, das auf Rechenaufgaben verwendet werden sollte. Wenn ein Kind in dieser Zeit nur drei Aufgaben schafft und die Eltern ihm eine schriftliche Nachricht an die Lehrerin mitgeben, dass es dreißig Minuten lang gearbeitet und in dieser Zeit drei Aufgaben bewältigt hat, dann ist es oft besser, diese drei fertiggestellten Aufgaben zu akzeptieren, als auf der Lösung aller acht Aufgaben zu bestehen, denn länger als dreißig Minuten zu arbeiten wirkt eher frustrierend auf das Kind und bringt nichts.
- Ein Papierausdruck mit den Hausaufgaben oder, wenn die Hausaufgaben an der Tafel stehen, eine Kontrolle durch den Banknachbarn, ob das Kind die Aufgaben richtig notiert hat. Das ist vor allem im Fall von Schülern wichtig, die sich mit dem Abschreiben von der Tafel schwertun.
- Die Erlaubnis zur Benutzung des PC für die Abfassung von Aufsätzen. Manchen Schülern fällt es schwer, ihre Gedanken auf ein Blatt Papier zu bringen. Die meisten Lehrer gestatten das Arbeiten mit dem PC, es gibt aber noch immer Kollegen, die der – nicht durch Studien erhärteten – Ansicht sind, Kinder sollten einen Füller oder einen Bleistift benutzen. Unserer Meinung nach sollten die Möglichkeiten der Technik genutzt werden dürfen, wenn sie das Lernen erleichtern.
- Körperliche Bewegung als Teil der Unterrichtsroutine für Kinder, die wie der »WANDERER« eher aktiv sind.

Selbstverständlich sind noch viele weitere Anpassungen oder Abwandlungen des Programms denkbar. Jede derartige Anpassung sollte sich in ihrem Zuschnitt wie in ihrer praktischen Anwendung an den Stärken und Schwächen des betreffenden Schülers ausrichten. Im Übrigen dient es dem wechselseitigen Verständnis und dem Einfühlungsvermögen (und wirkt der Vorstellung von Anpassungen als »unfair« entgegen), wenn die Lehrer am Beginn des Schuljahres offen mit ihren Schülern darüber reden, dass sie ja alle unterschiedlich lernen und dass der »gerechteste« Ansatz eben darin besteht, diese Unterschiedlichkeit zu berücksichtigen und entsprechende Modifikationen vorzunehmen. Wenn man den Lernproblemen von Schülern ihr »geheimnisvolles« Element nimmt, dann ergibt sich als zusätzlicher Vorteil ein Gefühl der Bemeisterung und des eher aktiven Einbezogenseins in Entscheidungsprozesse, die von Einfluss auf ihren weiteren Bildungsweg sind. Sorgfältig geplante Veränderungen erhöhen die

Wahrscheinlichkeit des Erfolgs und stärken das Gefühl, diesen Erfolg aus eigener Kraft errungen zu haben. Das alles sind Kennzeichen einer resilienten Welt- und Lebensorientierung.

Fünftes Prinzip: Sprechen Sie über die Bedeutung von Fehlern im Lernprozess

Wie im achten Kapitel dargelegt, nehmen resiliente Kinder ihre Fehler als *Erfahrungen* wahr, aus denen sie lernen können, nicht aber als Niederlagen. Sie schreiben ihre Fehler und Niederlagen nicht durchweg irgendwelchen Dingen zu, die sie nicht ändern können, etwa einer geringen Intelligenz. Vielmehr sind sie überzeugt, dass Lernen zwar manchmal schwierig ist, dass sie aber mit der Hilfe und dem Zutun von Erwachsenen imstande sind zu lernen. Sie sind insofern auch realistisch, als sie sich sagen, dass sie vielleicht nicht einmal mit der Unterstützung Erwachsener imstande sein werden, ihr Pensum zu hundert Prozent zu bewältigen, dass sie aber dennoch einen Großteil des Stoffes aufnehmen können.

Unseligerweise ist die Schule ein Ort, an dem häufig gerade das deutlich sichtbar wird, was Kinder *nicht* wissen oder *nicht* können. Wenn ein Kind Schwierigkeiten damit hat, vor der ganzen Klasse zu lesen, wenn es Angst davor hat, aufgerufen zu werden und eine Frage beantworten zu müssen, wenn es eine schriftliche Arbeit verhaut oder sich im Sportunterricht ungeschickt anstellt, dann stehen diese Schwächen allen anderen Kindern unmittelbar vor Augen. Da Selbstwertgefühl und Resilienz an die Reaktion eines Kindes auf Fehler und Misserfolge gebunden sind, müssen die Erzieher Wege zur Übermittlung der Botschaft finden, dass Fehler ein Teil des Lernprozesses sind. Sie müssen den Schülern vermitteln, dass nicht die *Fehler* das Problem sind – das Problem ist vielmehr die *Furcht*, Fehler zu machen und sich dann gedemütigt zu fühlen.

Die Furcht, vor der ganzen Klasse einen Fehler zu machen, gleicht dem sprichwörtlichen Elefanten, über den niemand spricht, von dem aber alle wissen, dass er anwesend ist: eine unsichtbare Präsenz, die einen großen Schatten auf alles wirft, was in der Klasse vorgeht. Auch hier gilt also, dass alle »gewinnen«, wenn die Lehrer offen mit ihren Schülern über die Furcht vor Fehlern reden. Die beste Zeit dafür ist der Beginn des neuen Schuljahres, bevor noch irgendwelche Aufgaben verteilt worden sind.

Ein solches Gespräch lässt sich mit der Frage einleiten: »Wer von euch hat das Gefühl, in diesem Jahr vielleicht Fehler zu machen oder manche Dinge nicht zu verstehen?« Bevor noch irgendein Schüler antworten kann, empfehlen wir, dass der Lehrer schnell selbst die Hand hebt. Dann kann er die Klasse in eine lösungsorientierte Initiative einbinden, indem er fragt, was er selbst und was die Schüler tun können, um die Furcht, einen Fehler zu machen und sich dumm vorzukommen, so weit wie möglich abzubauen. Lehrer, die in dieser Weise verfahren, haben uns bestätigt, dass das offene Eingeständnis dieser Furcht vor Fehlern ihr etwas von ihrem Gewicht nimmt.

Eine Grundschullehrerin sagte ihren Schülern am ersten Schultag, sie würden jetzt das ganze Jahr über Fehler feiern – wenn ihre Schüler nämlich keine Fehler machten, dann würde sie ihren Job verlieren, denn das würde ja bedeuten, dass sie schon alles wüssten, was sie sie lehren sollte. Sie stellte einen Glaskrug und einen Behälter mit Steinen auf ihr Pult und erklärte: »Immer wenn jemand – ihr oder ich – einen Fehler macht, soll einer von euch nach vorn kommen und einen Stein in den Krug werfen. Sobald der Krug voll ist, bringe ich Popcorn mit, und dann feiern wir.« Der Krug war recht klein, die Steine waren eher groß, und damit konnte die erste Party immer schon im Laufe der ersten Schulwoche stattfinden. Kinder, die sich in der Regel nicht meldeten, weil sie Angst hatten, etwas Falsches zu sagen, wollten jetzt unbedingt antworten, denn wenn die Antwort falsch ausfiel, brachten sie ihre Klasse doch zumindest der nächsten Party einen Schritt näher.

Mit dieser Idee gelang es der Lehrerin, die Furcht vor Fehlern in ein erfreuliches und positives Moment zu verwandeln. Mit dem Ritual des Fehler-»Feierns« unterstrich sie den Gedanken, dass Fehler ein selbstverständlicher Teil des Lernprozesses sind und nicht etwas, das man fürchten muss. Im weiteren Verlauf des Schuljahres zeigte sich, dass das Leistungsniveau ihrer Klasse sehr gut war und sie mit der Disziplin ihrer Schüler so gut wie keine Probleme hatte. Das überrascht nicht, denn viele Disziplinprobleme wurzeln in der Furcht, »dumm dazustehen«; mit anderen Worten, manche Schüler fallen lieber unangenehm auf, geben sich aggressiv oder spielen den Klassenclown, nur um nicht als dumm zu gelten. Die besagte Lehrerin hatte klar erkannt, dass ein Erzieher, der seinen Schülern zur Resilienz verhelfen will, als Allererstes die Furcht vor Fehlern und Demütigungen bannen muss.

Sechstes Prinzip: Fördern Sie Verantwortungsbereitschaft und Mitgefühl

Die Schule eignet sich ganz besonders dazu, Kinder zu Verantwortungsbereitschaft und Mitgefühl zu erziehen. Wie wir im neunten Kapitel zeigen konnten, erinnern viele Erwachsene sich gern an die Aufforderung eines Lehrers, in irgendeiner Weise zum Funktionieren des schulischen Umfelds beizutragen. Wenn wir mit Lehrern über einzelne Schüler sprechen, fragen wir nach den

Kompetenzinseln dieser Kinder und bitten sie dann zu überlegen, wie das betreffende Kind seine Stärken einsetzen kann, um anderen zu helfen und sein eigenes Lernen zu fördern.

In diesem Zusammenhang fallen uns die fünfzehnjährige LAURIE und der siebenjährige RYAN ein. Beiden wurde ein vor Unterrichtsbeginn abzuleistender »Job« angeboten, und beide waren von da an interessiert daran, morgens rechtzeitig in der Schule anzukommen. Laurie wurde gebeten, im Kindergarten auszuhelfen (sie veröffentlichte sogar einen Artikel in der Schülerzeitung, in dem sie über diese Erfahrung berichtete), und Ryan avancierte zum Assistenten des Hausmeisters. Der junge »WANDERER«, der zum »Anwesenheitswächter« bestellt wurde, ist ein weiteres Beispiel dafür, dass man einen Schüler Verantwortung lehren kann, indem man ihn um seine Mithilfe bittet.

Das bringt uns zu WILLIAM, einem aggressiven Neunjährigen mit Lernschwierigkeiten. Wenn William morgens aus dem Schulbus stieg, versteckte er sich erst einmal hinter den Büschen, anstatt das Schulgebäude zu betreten. In unserer ersten Sitzung erklärte er dieses Verhalten ganz ohne Umschweife: »Das Gebüsch ist mir lieber als die Schule.« Anstatt uns auf eine Debatte über die Vorteile von Büschen verglichen mit Schulen einzulassen, fragten wir William nach Dingen, die er gern tat. Sein Gesicht hellte sich auf, als er erzählte, dass er sich gern mit seinem Hund abgab. Wir riefen daraufhin den Direktor seiner Schule an und fragten, ob die Schule vielleicht Bedarf an einem »Kleintierbeauftragten« hätte. Als der Direktor verwundert fragte, was denn ein Kleintierbeauftragter sei, warteten wir rasch mit einer entsprechenden Jobbeschreibung auf.

Am nächsten Tag traf der Direktor – ein Pädagoge mit dem Mut, ein offensichtlich negatives Skript zu verändern – mit William zusammen und sagte, er brauche seine Hilfe als »Kleintierbeauftragter«. Er händigte ihm sogar eine Karte des Verbandes der Kleintierbeauftragten aus. Auf Williams Fragen nach diesem Amt sagte der Direktor, zunächst würde von William erwartet, dass er morgens immer schon zehn Minuten vor Unterrichtsbeginn da wäre, um einen Hasen zu versorgen, den die Schule unlängst angeschafft hatte. Innerhalb kurzer Zeit übernahm William die Pflege weiterer Tiere. Seine Lehrerin sagte, sie sei beeindruckt von seinen Tierkenntnissen, und redete ihm zu, doch ein Handbuch über Tierpflege zu verfassen. Zunächst verwies William auf seine Schwierigkeiten mit dem Schreiben, woraufhin die Lehrerin versprach, ihm zu helfen. Als das Buch fertig war, wurde es gebunden und in die Bücherei der Schule eingestellt, und am Ende des Schuljahres hatte William in sämtlichen Klassen seines Schulpavillons über die Pflege von Haustieren »referiert«. Nie wieder peilte er das Gebüsch vor der Schule an, denn er hatte an Selbstvertrauen und Resilienz gewonnen.

Auch ein Tutorenamt oder die Einbeziehung in eine Art Lernkooperative, in der alle Beteiligten ihr jeweiliges Wissen und Können in die Ausführung einer Aufgabe investieren, kann Kindern vermitteln, dass sie ihrem Umfeld etwas zu geben haben. Der potentielle Nutzen solcher Initiativen hat sich in einer Untersuchung bestätigt, die der Psychiater Michael Rutter und seine Kollegen in britischen Schulen durchführten. In dem entsprechenden Bericht heißt es:

> *Wenn man Kindern ausreichend Gelegenheit gibt, Verantwortung zu übernehmen und einen Beitrag zum schulischen Leben zu leisten, dann wirkt sich das positiv auf ihre Leistung, ihre Präsenz und ihr Verhalten aus ... Es spricht einiges dafür, dass eine verantwortliche Aufgabe in der Schule auch der Lernbereitschaft der Schüler zugutekommt.* (Rutter 1980, S. 216)

Wir sind der Ansicht, dass jeder Schüler zumindest eine Aufgabe übernehmen sollte, die dem schulischen Umfeld als solchem zugutekommt. Wie unsere Beispiele zeigen, kann schon dieses eine Stück Verantwortung das Selbstwertgefühl, die Fähigkeit zum Mitempfinden und das Resilienzvermögen steigern.

Siebtes Prinzip: Vermitteln Sie Problemlösefähigkeit und Entscheidungskompetenz

Die Schule eröffnet den Kindern zahlreiche Möglichkeiten, Problemlösefähigkeiten zu entwickeln. Viele Lernaufgaben bieten sich für problemlösende Aktivitäten geradezu an. Dabei denken wir nicht nur an Rechenaufgaben, sondern auch daran, ob und wie eine bestimmte Figur in einem Buch die beschriebene Situation auch anders hätte lösen können, für welchen Weg eine historische Gestalt sich gegebenenfalls hätte entscheiden können oder wie man ein wissenschaftliches Experiment plant.

In einer Schule, die wir aufsuchten, hielten die Lehrer sich ganz praktisch an die Erkenntnis, dass die Einbeziehung der Schüler in Entscheidungsprozesse ihre Motivation und ihr Gefühl der eigenen Leistung stärkt. Diese Lehrer stellten fest: Wenn sie sich bei der Vergabe der Hausarbeiten von ihrer üblichen Routine trennten – also nicht mehr einfach eine Reihe von Aufgaben diktierten, die abends abzuarbeiten waren – und stattdessen sagten: »Hier sind acht Hausaufgaben. Seht sie euch an und erledigt dann fünf Aufgaben, von denen ihr meint, dass ihr am meisten daraus lernt«, dann wurden ihnen weit mehr Hausaufgaben abgeliefert als früher, und die Qualität der Arbeit besserte sich. Einer der Lehrer fasste die Erfahrung zusammen: »Mit der Wahlmöglichkeit, die sie hier hatten, empfanden die Schüler das Ganze als *ihre* Hausaufgabe, nicht unsere.«

Problemlösung und Entscheidungsfindung müssen überdies nicht auf Lernaufgaben beschränkt werden. Wir wissen von Lehrern, die mit ihren Schülern über Möglichkeiten der Lösung sozialer Probleme – Stichwort: Ausgrenzung, Mobbing, Sündenbockdenken etc. – diskutieren. Eine Lehrerin hatte sich, um den Demütigungen und herabsetzenden Bemerkungen in ihrer Klasse ein Ende zu machen, ein System von Belohnungen und Strafen ausgedacht, das allerdings wenig Wirkung zeigte. Als sie dann aber eine Diskussion darüber in Gang brachte, dass und vor allem warum das Sündenbockdenken ein Problem ist, anstatt ihren Schülern nur zu sagen, es sei kein angebrachtes Verhalten, und sich die Zusage der Schüler sicherte, über geeignete Kontrollmöglichkeiten nachzudenken, war die Klasse motiviert, eine Lösung zu finden. Die Schüler beschlossen, dass jeder von ihnen ein »Anti-Sündenbock«-Plakat gestalten sollte und alle diese Plakate in einiger Höhe an den Wänden des Klassenzimmers aufgehängt werden sollten. Die Lehrerin, so erklärten sie, brauche jetzt nicht mehr zu »meckern«, sondern könne einfach »nach oben« weisen und würde damit in jedem Fall auf ein Poster zeigen, das die Klasse an ihr Vorhaben erinnerte, keinen Mitschüler mehr »niederzumachen«. Da die Lösung von den Schülern selbst kam, war es keine Überraschung, dass die Maßnahme sich als erfolgreich erwies.

Achtes Prinzip: Setzen Sie disziplinierende Maßnahmen ein, um die Selbstdisziplin zu fördern

Disziplinierende Maßnahmen in der Schule sollten immer im Gedanken daran erfolgen, dass die Schüler eine geschützte und sichere Umgebung brauchen, um Selbstdisziplin und Selbstkontrolle zu erlernen. Damit diese Ziele erreicht werden, sollten die Lehrer am Beginn des Schuljahrs auch über Regeln und über die Konsequenzen von Regelverstößen mit ihren Schülern sprechen. Sie können bestimmte »nicht verhandelbare« Regeln definieren, die dem Schutz und der Sicherheit der Schüler dienen, anschließend aber die folgenden Fragen stellen:

- Welche Regeln brauchen wir eurer Meinung nach in dieser Klasse, damit alle Kinder sich wohl und sicher fühlen und optimal lernen können?
- Wie kann man sicherstellen, dass die Regeln auch tatsächlich erinnert und

befolgt werden, so dass nicht der Eindruck entsteht, dass ich an euch herumnörgle oder umgekehrt?
- Welche Konsequenzen soll es haben, wenn ich eine Regel vergesse oder wenn ihr eine Regel vergesst?

Lehrer haben uns versichert, dass Schüler, die selbst sagen dürfen, wie sie an die Einhaltung von Regeln erinnert werden wollen, kaum noch das Gefühl haben, dass an ihnen herumgenörgelt wird. Ein Beispiel dafür sind die kaum zu übersehenden »Anti-Sündenbock«-Plakate, von denen im letzten Abschnitt die Rede war.

Zur Frage der Konsequenzen von Regelübertretungen wurde uns berichtet, dass Schüler, anstatt zu versuchen, irgendwie davonzukommen und sich der Verantwortung zu entziehen, häufig Konsequenzen vorschlugen, die härter waren als die Lehrer es für vertretbar hielten. Eine Lehrerin sagte: »Meine schwierigste Aufgabe bestand darin, den Schülern eine weniger strenge Haltung nahezulegen.«

Die Beschäftigung mit solchen Fragen stärkt die Entscheidungskompetenz, sie fördert Selbstdisziplin und Verantwortungsbewusstsein und lässt ein Gespür für die eigene Leistung entstehen. In diesem Zusammenhang muss auch daran erinnert werden, dass Ermutigung und positive Rückmeldung wirkungsvolle Formen der Erziehung zur Disziplin sind. Lehrer sollten keineswegs in den Fehler verfallen, ihren Schülern etwa zu wenig Lob zu spenden. Ein Lächeln, eine schriftliche Mitteilung oder ein Anruf können ganz erheblich zur Überzeugung eines Schülers beitragen, dass er bei seinem Lehrer »wohlgelitten« ist.

Zahlreiche Untersuchungen sprechen für den hier postulierten Zusammenhang: Wenn Schüler wissen, dass es in ihrer Schule zumindest *einen* Menschen gibt, der sie gut kennt, der an sie glaubt und der sich als ihr Anwalt versteht, dann haben sie eine bessere Chance, sich in ihrer schulischen Umgebung erfolgreich zu behaupten, und sind weniger in Gefahr, ins Abseits zu geraten oder ganz aus dem System herauszufallen.

Den Besucherteppich ausrollen

In unserer klinischen und beratenden Tätigkeit in Schulen haben wir die großen Vorteile einer partnerschaftlichen Zusammenarbeit von Eltern und Lehrern mit dem Ziel, Kindern zu einer resilienten Welt- und Lebensorientierung zu verhelfen, unmittelbar beobachten können. In einem Bericht des Erziehungsministeriums des Staates Massachusetts heißt es:

> *Da sowohl die Eltern als auch die Schule mit der Sorge um das Kind befasst sind, ist ihre anhaltende Kooperation und Kommunikation von größter Bedeutung für die Entwicklung der kognitiven und affektiven Fähigkeiten und Fertigkeiten, die für schulische Erfolge unerlässlich sind. Untersuchungen haben gezeigt, dass diese kooperative Bemühung gelingt, wenn die schulische Umgebung den Eltern entgegenkommt und sie zur Beteiligung und zum eigenen Beitrag anregt.*
>
> (Massachusetts Department of Education, 1989, 9)

Wir möchten diese Verlautbarung in der Weise ergänzen, dass wir nicht allein die freundliche Ansprache und Einladung der Eltern durch die Lehrer betonen, sondern ebenso die Einstellung und Haltung der Eltern gegenüber den Lehrern. Wenn Eltern und Lehrer in einer Atmosphäre gegenseitiger Achtung zusammenarbeiten und sich in ihren Interaktionen mit den Kindern vom gleichen Prinzip der Förderung der Resilienzfähigkeit leiten lassen, dann wird diese von Energie, Produktivität und Begeisterung geprägte Partnerschaft sich segensreich auf das ganze Leben der betreuten Kinder auswirken.

13

MUT UND HOFFNUNG

Auf dem Flug von Salt Lake City nach Cincinnati im vergangenen Frühjahr wurde der Zweitautor mit Ed bekannt. Der Erstautor lernte Lisa schon vor einigen Jahren kennen, als sie ihm zur Therapie überwiesen wurde. Wir leiten dieses abschließende Kapitel mit den Geschichten von Ed und Lisa ein, weil sie die Themen dieses Buches so eindrucksvoll veranschaulichen.

Eds Geschichte

ED gehörte zu den Menschen, die einem sofort auffallen – in einer Gesellschaft, in einem Geschäft, in dem Augenblick, in dem sie irgendwo zur Tür hereinkommen. Er war ein großer Mann mit schönen, wie gemeißelten Gesichtszügen, einem ansteckenden Lächeln und einem festen Händedruck. Die meisten Leute hätten ihn vermutlich für einen Sportler gehalten. So wie er aussah und sich hielt, fühlte man sich an einen Basketballspieler erinnert, der gewohnt ist, seiner Mannschaft mit dem entscheidenden Wurf zum Sieg zu verhelfen.

Der Flugbegleiter lächelte und grüßte, als Ed an Bord kam. Es stellte sich heraus, dass ihm der Platz neben mir zugewiesen war, und wir begrüßten uns freundlich.

Als die Maschine in Richtung Startbahn rollte, kamen wir ins Gespräch. Ich erfuhr, dass er in seiner Firma rasch aufgestiegen war, es mittlerweile zum Leiter der Verkaufsabteilung gebracht hatte und auf dem Weg zu einem Kongress war. Auf seine Frage nach meiner Tätigkeit erklärte ich, dass ich Psychologe bin und mit Familien und ihren Kindern arbeite, die alle möglichen gesundheitlichen Schwierigkeiten und Entwicklungsstörungen zeigen. Ed war nicht verheiratet und hatte keine Kinder, aber er äußerte Interesse an meiner Arbeit und daran, wie man solchen Kindern helfen könne. Angeregt von unserem Gespräch fing er schließlich an, mir von seinem eigenen Leben zu erzählen.

»Als ich dreizehn war«, sagte er, »wären Sie jede Wette eingegangen, dass aus mir nichts werden würde. Ich schwänzte die Schule, ich trank, und sie hatten mich auch schon bei illegalen Spritztouren erwischt.«

»Das klingt, als hätten Sie es nicht einfach gehabt.«

»Wirklich nicht«, sagte Ed. »Mein Vater war bei der Army. Wir sind fünfmal umgezogen, bevor ich zwölf Jahre alt war. Immer wenn ich irgendwo Freunde gefunden hatte, zogen wir wieder weg. Ich war kein besonders guter Schüler, aber Ballspielen konnte ich immer.«

Aus Eds Worten konnte man schließen, dass es vielleicht der Sport war, den er als seine Kompetenzinsel gepflegt hatte, um mit seinen schwierigen Lebensumständen fertigzuwerden. Ich nahm die Gelegenheit wahr, über das Resilienzkonzept und über das zu sprechen, was mein Kollege und ich zu tun versuchen. Er hörte aufmerksam zu und nahm dann seinen Bericht wieder auf.

»Schließlich zogen wir in den Mittleren Westen. Mein Vater hatte Schwierigkeiten, auf Dauer Arbeit zu finden, und wir lebten im Wesentlichen von dem Ruhegeld, das er von der Army bekam. Er hatte den Alkohol schon immer gemocht, aber jetzt fing er an, richtig heftig zu trinken, und wenn er trank, dann kamen seine ganze Frustration und Wut auf dem Weg über die Fäuste zum Ausdruck. Er hat nicht nur *uns* geschlagen; er hat auch auf so gut wie alle Gegenstände im Haus eingeschlagen. Ich weiß nicht, warum meine Mutter bei ihm geblieben ist. Wahrscheinlich dachte sie, dass sie allein eben doch nicht zurechtkommen würde; sie hatten sehr jung geheiratet.

Am Ende sah Vaters Tag so aus, dass er aufstand, im Haus herumhing, sich betrank und darauf wartete, dass wir nach Hause kommen würden, damit er Streit anfangen konnte. Schließlich ging ich gar nicht mehr nach Hause. Ich ging auch nicht mehr in die Schule. Deshalb ist das, was Sie gerade über Resilienz und über Kompetenzinseln sagten, sehr interessant für mich. Ich glaube, ich verstehe jetzt nicht nur, *wie* ich es geschafft habe, das Steuer herumzureißen, sondern auch, *warum* ich es überhaupt schaffen konnte.«

Ich fragte ihn, was die Wende in seinem Leben herbeigeführt hatte. Die Antwort überraschte mich nicht.

»Meine Eltern waren es bestimmt nicht. Meine Mutter versuchte zwar, uns zu schützen und die Familie zusammenzuhalten, aber je schlimmer es mit meinem Vater wurde, desto größer wurden auch die Schwierigkeiten, in die mein jüngerer Bruder und ich gerieten. Dann, irgendwann, traf ich meinen Football-Trainer aus der Highschool.«

»Ich dachte gleich, dass Sie aussehen wie ein Sportler.«

»Das sagt man mir immer wieder«, antwortete Ed.

»Wie hat Ihr Trainer Ihnen geholfen?«, fragte ich.

»Er sah mich – ich war damals in der neunten Klasse – bei einem spontan anberaumten Touchfootball-Spiel, das wir im Sportunterricht spielten. Es ist verrückt – meistens habe ich den Sportunterricht nämlich geschwänzt, aber aus irgendeinem Grund habe ich an diesem Tag daran teilgenommen. Er fragte mich, ob ich Interesse hätte, im Football-Team mitzuspielen, was ich damals ganz sicher nicht hatte. Aber dann sagte er etwas, an das ich mich bis heute erinnere: Er sagte, er hätte nie jemanden mit einem derartigen Ballgefühl gesehen wie mich. Ich dachte, vielleicht will er sich über mich lustig machen, aber er schien ganz ernsthaft.«

»War das eine Art Übergangsmoment für Sie?«, fragte ich, »ein Geschehen, das Ihr Leben sozusagen in die entgegengesetzte Richtung lenkte?«

»Ganz sicher. Ich dachte über sein Angebot nach, sagte mir, dass ich ja nichts zu verlieren hatte, und ging am nächsten Tag wieder hin. Er meinte, ich würde einen tollen Quarterback abgeben, und fragte, ob ich an drei Tagen in der Woche nach der Schule mit ihm arbeiten wollte. Ich sagte zu. Im darauffolgenden Sommer nahm ich an den Probespielen teil und wurde Quarterback des neuen Zehntklässler-Teams. Im letzten Schuljahr wurde ich als Quarterback für das All-State-Team nominiert.«

»Und wie ging es zuhause weiter?«

»Da änderte sich eigentlich nichts. Mein Vater trank weiter und hat sich schließlich, vor drei Jahren, zu Tode getrunken. Aber mein Trainer hat mich nicht nur im Spielen weitergebracht, sondern er hat auch an mich geglaubt. Ich war schließlich immer häufiger bei ihm und immer seltener zuhause.«

»Anscheinend war er so etwas wie eine Vaterfigur für Sie.«

»Oh ja, das war er. Er ist das Risiko mit mir eingegangen. Er wusste, dass ich in Schwierigkeiten steckte und dass ich nicht in die Schule ging. Am Ende bekam ich ein Vier-Jahres-Stipendium für das College und hätte in Profi-Teams mitspielen können, aber im letzten Studienjahr habe ich mir eine Schulterverletzung zugezogen und wusste, dass ein Leben als Berufsspieler nicht mehr drin war.«

Hier schwieg Ed und starrte vor sich hin. Es war deutlich zu sehen, dass ihn etwas beschäftigte. Ich wartete ab.

Nach einer Weile sagte er: »Jetzt verstehe ich endlich, warum mein Bruder es so schwer hatte in seinem Leben.« Dann erzählte er, dass der Bruder, der zwei Jahre jünger war als er, sein Leben nie auf die Reihe gebracht hatte. Er hatte die Highschool nicht beendet, hatte mehrfach im Gefängnis gesessen und war drogenabhängig.

»Mein Bruder hat nie etwas gefunden, was er gut konnte, niemanden getroffen, der an ihn glaubte, keine Gelegenheit gehabt, das zu pflegen, was Sie als Kompetenzinseln bezeichnen. Ich dagegen habe das gehabt. Und nicht nur das.

Ich habe einen Menschen getroffen, der mir weitergeholfen und an mich geglaubt hat. Mein Trainer hat mir die Hoffnung auf ein besseres Leben gegeben und mir Mut gemacht, darauf hinzuarbeiten.«

Die Sitzungen mit Lisa

In einer meiner ersten Sitzungen mit der zehnjährigen LISA und ihrer Mutter, Mrs. Newman, wurden die Themen dieses Buches – Hoffnung, Mut und Resilienz – auf dramatische Weise und ganz unmittelbar lebendig. Lisa hatte es mit ihren Lernschwierigkeiten, ihren dürftigen Peerbeziehungen und einer hormonal bedingten Wachstumsstörung nicht leicht. Wegen dieses letztgenannten Problems wirkte sie um Jahre jünger als sie tatsächlich war und bekam fünfmal pro Woche eine Hormonspritze (am Ende erfolgten diese Hormongaben sogar täglich).

In dieser Sitzung fragte ich Lisa, was sie ihrer Meinung nach gut konnte, um mir ein Bild von dem zu machen, was sie als ihre Kompetenzinseln ansah.

»Nichts«, antwortete Lisa.

Ich stellte die gleiche Frage noch einmal und bekam die gleiche Antwort. Beim dritten Mal sagte Lisa, mittlerweile aufgebracht: »Dr. Brooks, wissen Sie, wie man sich fühlt, wenn man immer als Allerletzte in ein Team gewählt wird? Ich weiß auch nicht, warum das andere Team immer in solche Begeisterung gerät, wenn es mein Team besiegt hat. Sehen Sie doch, wen sie da besiegen.«

Ihre Worte verrieten den Schmerz, den sie darüber empfand, dass sie kaum irgendwelche Stärken besaß und unter ihren Schulkameradinnen ein wirklicher Outcast war. Beide – Lisa wie ihre Mutter – sahen traurig aus. Dann aber, während ich noch nach einer Antwort suchte, die ihr vielleicht hilfreich erscheinen könnte, hellte Lisas Gesicht sich zu einem Lächeln auf. Das Lächeln wurde breiter, und sie sagte mit offensichtlichem Vergnügen: »Ich habe noch nie wirklich über Ihre Frage nachgedacht. Gerade habe ich an etwas gedacht, das ich besser kann als alle anderen in der ganzen Schule.«

Das war in der Tat interessant. Im Zeitraum von nicht einmal einer Minute hatte Lisa den Sprung von der Aussage, sie fühle sich wertlos, zu der Mitteilung gemacht, dass es etwas gab, das sie besser konnte als alle anderen Schüler.

Ich hakte sofort nach: »Was meinst du besser machen zu können als irgendjemand sonst in der Schule?«

Ihre Augen funkelten, als sie sagte: »Spritzen stecke ich besser weg als alle anderen.«

Auf Mrs. Newmans Gesicht breitete sich Freude aus. Sie sah erst Lisa und dann mich an und sagte aus tiefster Überzeugung: »Dr. Brooks, wenn Sie mit meiner Tochter arbeiten, werden Sie sehen, dass sie eines der mutigsten Kinder ist, die Ihnen überhaupt begegnen können. Sie hat so viel durchgemacht, aber die Hoffnung hat sie nicht verloren.«

Lisa drückte ihrer Mutter liebevoll den Arm. Es war deutlich zu sehen, dass Mrs. Newman die charismatische Figur war, von der ihre Tochter Stärke bezog.

Dass Mrs. Newman das Wort »mutig« benutzt hatte, machte mir einen tiefen Eindruck. Deutlicher als je zuvor wurde ich mir bewusst, mit welchem Mut viele Kinder den Herausforderungen begegnen, auf die sie Tag für Tag in der Schule, beim Sport, ja selbst bei Geburtstagseinladungen treffen.

Die Arbeit und der Kontakt mit Lisa hielten über mehrere Jahre an. Zu Beginn unserer letzten Therapiesitzung platzte Lisa heraus: »Wissen Sie *was*? Ich bin die Hormonschüsse los. Wissen Sie, um wie viel ich gewachsen bin?«

»Nein, um wie viel?«

»Ich bin jetzt ganz knapp 1,50 m groß. Angepeilt hatte ich zwei bis drei Zentimeter mehr.«

Ich war drauf und dran zu sagen: »Na ja, es fehlen also nur Zentimeter.« Aber Lisa kam mir zuvor und sagte tröstend: »Halb so schlimm, es sind ja nur Zentimeter.«

Wir erinnerten uns gegenseitig an unsere ersten Sitzungen und an die Schwierigkeiten, die sie damals zu mir geführt hatten. Anschließend sprachen wir über die beeindruckenden Fortschritte, die sie inzwischen gemacht hatte. Aus dem traurigen Kind, das Schwierigkeiten mit dem Lernen, Schwierigkeiten mit den Klassenkameradinnen und Schwierigkeiten mit seinem Selbstbild gehabt hatte, war eine Heranwachsende mit ausgezeichneten Noten geworden, die gute Freundinnen hatte und sich etwas zutraute (sie war sogar in die Theater-AG eingetreten, um an Aufführungen mitzuwirken). Lisa hatte sich alle Merkmale einer resilienten Welt- und Lebensorientierung in Reinkultur zu eigen gemacht: Sie war eine gute Problemlöserin, sie rechnete sich die eigenen Erfolge durchaus an, sie hatte akzeptiert, was sie nicht ändern konnte, und konzentrierte sich auf das, was innerhalb ihres Einflussbereiches lag, sie ließ sich durch Fehler und Misserfolge nicht aus der Bahn werfen, sie fühlte sich geliebt und wertgeschätzt, sie suchte und fand Möglichkeiten, anderen zu helfen, und sie zog Freude und Befriedigung aus ihrem Leben.

Mitten in unserem Gespräch über die Veränderungen, die seit unserem ersten Zusammentreffen in ihrem Leben eingetreten waren, sagte Lisa etwas, das jeder Erwachsene liebend gerne von einem Kind hören würde, weil es ein so deutliches Licht auf den positiven Einfluss wirft, den Erwachsene auf Kinder haben können. Ihre Worte waren zwar an mich gerichtet, aber sie schlossen mit Sicherheit auch ihre Eltern ein:

»Wir haben es ihnen gezeigt, Dr. Brooks. Wir haben es ihnen wirklich gezeigt. Vielen Dank.«

Was wollen und was brauchen Kinder?

Ed gehört zu den glücklichen Individuen, die das gefunden haben oder – um es zutreffender auszudrücken – denen das begegnet ist, was es ihnen überhaupt erst ermöglicht, das eigene belastete und von Tragik bedrohte Leben in Richtung Glück und Erfolg umzulenken. Lisa hatte starke, kooperative Eltern, die hinter der Oberfläche aus Frustration, Pessimismus und Tränen das mutige Kind mit seinen vielen ungenutzten Stärken erkannten. Beiden – Ed wie Lisa – standen Erwachsene zur Seite, die entschlossen waren, sie nicht aufzugeben, und die ihnen als Kräftereservoir zur Verfügung standen.

Kinder brauchen Hoffnung und den Mut, ihre Ziele zu verfolgen. Diese Eigenschaften helfen ihnen, die innere Stärke und Resilienz zu entwickeln, mit der allein sie ihren Weg trotz der Widrigkeiten machen werden, die ihnen begegnen können und in vielen Fällen tatsächlich begegnen. Um eine resiliente Einstellung auszubilden, brauchen Kinder mehr als nur Unterstützung und freundliche Zuwendung. Sie brauchen die tägliche Bestätigung und Ermutigung, sie brauchen die aktive Beteiligung der Eltern an ihrem Leben, sie brauchen die eigene aktive Teilhabe an der Gemeinschaft und ein stützendes nachbarliches Umfeld. Kinder brauchen Grenzen, Werte, realistische Erwartungen, und sie brauchen Schulen, denen wirklich an ihnen gelegen ist. Eine präzise Formel existiert nicht, wohl aber gemeinsame Themen, Sachverhalte und Chancen, die alle Eltern ihren Kindern bieten müssen.

Allzu lange haben wir unter dem Einfluss eines von unserer Kultur bestimmten defizitorientierten Denkmodells gestanden, mit der Folge, dass unsere Bemühungen sich darauf richteten, die immer größeren, immer zahlreicheren Probleme unserer Kinder irgendwie zu »reparieren«. Diese Orientierung hat sich als kontraproduktiv erwiesen. Es ist Zeit, die Aufmerksamkeit auf das zu richten, was an unseren Kindern »richtig« oder »in Ordnung« ist, es ist Zeit, sie in ihren Stärken und Fähigkeiten zu unterstützen, statt sich auf die Reparatur ihrer Probleme und Schwachpunkte zu konzentrieren. Es ist Zeit, dass unsere Kinder in ihren erwachsenen Bezugspersonen nicht Richter und Kritiker sehen, denen man aus dem Weg gehen muss, sondern Menschen, die ihnen helfen und die etwas für sie tun können.

Was an Erkenntnissen zum Thema Resilienzfähigkeit und Bewältigungskompetenz unserer Kinder bisher zusammengetragen worden ist und weiterhin zusammengetragen wird, spricht dafür, dass gewichtige Faktoren am positiven Ergebnis beteiligt sind. Viele dieser Faktoren werden in der Qualität der Eltern-Kind-Beziehungen manifest. Resiliente Kinder, glückliche und erfolgreiche Kinder also, kennen sozusagen einen gemeinsamen Nenner, in dessen Präsenz sie lernen, ihre Gefühle, ihre Gedanken und ihr Verhalten zu steuern. Dieser gemeinsame Nenner ist der Umstand, dass sie von stets ansprechbaren, an ihrem Wohl interessierten Erwachsenen erzogen werden und mit diesen Erwachsenen leben und arbeiten. Es gibt fraglos noch weitere resilienz- und kompetenzfördernde Prozesse, aber auch sie kommen im Wesentlichen durch das Wirken von Eltern und Lehrern ins Spiel. Armut, Katastrophen und der Stress des alltäglichen Lebens lassen sich durch die schützende Umgebung auffangen, die Eltern und Lehrer für die Kinder bereithalten.

Einschlägige Studien belegen immer wieder, wie wichtig die Eltern-Kind-Beziehungen für die Ausbildung von Resilienz und Kompetenz der Kinder sind. Das gilt nicht nur für Kinder, die sich mit außergewöhnlichen Schwierigkeiten konfrontiert sehen, sondern für alle Kinder. Von Zuneigung getragene, zugleich aber strukturierte Erziehungspraktiken ebnen in vielen Bereichen des kindlichen Lebens den Weg zum Erfolg und lassen eine resiliente Welt- und Lebensorientierung entstehen. Wenn ein Kind sich mit widrigen Umständen konfrontiert sieht und »tüchtige« Erwachsene nicht präsent sind, dann ist die Gefahr groß, dass dieses Kind in seinem weiteren Leben auf ernsthafte Probleme treffen wird. Es kann kein Zweifel daran bestehen, dass eine resiliente Welt- und Lebensorientierung sich nur entwickeln kann, wenn engagierte und liebevolle Erwachsene bereitstehen. Solche Erwachsenen verfügen über die innere Einstellung und über die erforderlichen Fähigkeiten und Fertigkeiten, um die Resilienzfähigkeit von Kindern zu wecken und zu stärken.

Warum haben wir als Gesellschaft erst so spät erkannt, welche zentrale Bedeutung dem Resilienzkonzept in der Erziehung zukommt? Vielleicht lag, wie soeben erwähnt, wirklich zu viel Gewicht auf dem Gedanken des Reparierens und nicht auf dem des Stärkens und Unterstützens. Oder, was auch möglich ist, wir haben eine Gefahr nur für eine bestimmte Anzahl von Kindern gesehen.

In Deutschland leben heute über zwei Millionen Kinder und Jugendliche in einer Familie, in der mindestens ein Elternteil Suchtprobleme hat. Die Jugendlichen in der Altersgruppe der 12–15-Jährigen nehmen pro Woche durchschnittlich 15,3 Gramm reinen Alkohol zu sich, 16–17-Jährige sogar durchschnittlich 89,1 Gramm. Unter den Heranwachsenden zwischen 12 und

17 Jahren hatten laut der Deutschen Hauptstelle für Suchtfragen 2014 etwa 15 % mindestens eine sogenannte »Binge-Drinking-Erfahrung« innerhalb der zurückliegenden dreißig Tage gemacht, also eine große Menge Alkohol in kurzer Zeit zu sich genommen. Ein weiterer Punkt ist die Zunahme der Kinderarmut. Nach Schätzungen des Paritätischen Gesamtverbandes lebten 2014 rund 19 % der deutschen Kinder in Armut.

Es fällt auf, dass Mädchen deutlich häufiger zu Schmerzmitteln greifen als Jungen, hauptsächlich zur Behandlung von Kopfschmerzen. Jeder fünfte Schulabgänger in Deutschland gilt heute als nicht ausbildungsreif. Rund sieben Prozent der deutschen Jugendlichen unter 18 haben schon einmal Cannabis konsumiert. Laut einer Befragung fügen sich 22 % der Jugendlichen gelegentlich, acht Prozent sogar wiederholt selbst Verletzungen zu. Mädchen sind dabei doppelt so häufig betroffen wie Jungen. Insgesamt verletzen sich 10 % der Jungen und 20 % der Mädchen selbst. Die Schule wird zunehmend als belastend und perspektivlos erlebt. Psychische Krankheiten bei Kindern und Jugendlichen sind der Bundesärztekammer zufolge auf einem »bedrohlichen Vormarsch«. Der Anteil lernschwacher Schüler bleibt auf hohem Niveau und korreliert in Deutschland zudem am stärksten mit der Familiensituation. Nach den Ergebnissen der PISA-Studie ist die familiäre Situation der Risikofaktor Nummer Eins.

In einem Bericht der amerikanischen *Casey Foundation* von 1999 über gefährdete Kinder hieß es, dass mehr als neun Millionen Kinder in Amerika in schwierigen Familienverhältnissen lebten und mithin der Möglichkeit beraubt waren, funktionierende und erfolgreiche Mitglieder der Gesellschaft zu werden. Jedes siebte Kind in Amerika, so lautete eine der Schätzungen, sah sich mindestens vier Risikofaktoren gegenüber, die seine Erfolgschancen beeinträchtigten. Dazu zählten das Aufwachsen in einem Ein-Eltern-Haushalt, das Aufwachsen bei Eltern ohne höhere Schulbildung und/oder ohne Vollzeitjob und der Umstand, dass die Eltern sich nicht um ihre Kinder kümmerten. Kinder, die diesen Risiken ausgesetzt waren, mussten mehr Misserfolge hinnehmen als andere. Der gleichen Studie zufolge war das Risiko, Konzentrationsschwierigkeiten, Kommunikationsprobleme oder gesundheitliche Schwierigkeiten zu entwickeln, für Vierjährige aus mehrfach belasteten Familien zwei- bis fünfmal so hoch wie für andere Kinder.

Mit alldem ist nicht gesagt, dass Faktoren wie etwa das Aufwachsen in einem Ein-Eltern-Haushalt ein Kind für ein entsagungsreiches und erfolgloses Leben prädestinieren, oder dass man einem solchen Kind nicht zu Erfahrungen verhelfen könnte, die es ihm ermöglichen, eine resiliente Orientierung zu entwickeln. Vielmehr besagen diese Studien, dass alleinerziehende Väter oder Mütter in der

Regel zusätzliche Unterstützung brauchen, um so mit ihren Kindern umgehen zu können, dass deren Resilienzvermögen gestärkt wird.

Die genannten Befunde erwecken vielleicht hier und da den Eindruck, dass die Dinge für unsere Jugend nicht gut aussehen; man kann die Szene aber auch aus einem anderen Blickwinkel betrachten. Es könnte zum Beispiel sein, dass wir uns als Gesellschaft zu langsam bewegen, was die Veränderungen angeht, die notwendig sind, um unsere Kinder zu resilienten und erfolgreichen Mitgliedern der Welt von morgen zu machen. Denkbar ist andererseits, dass wir mit unseren Modifizierungsbemühungen gar nicht besonders langsam sind, dass die Welt sich aber so rasch verändert, dass wir – Eltern, Lehrer und die Gesellschaft insgesamt – einfach Schwierigkeiten haben, mit diesem Tempo mitzuhalten. Diese letztere Erklärung dürfte der Wahrheit am nächsten kommen.

Viele Statistiken legen den Gedanken nahe, dass die Probleme mit unserer Jugend sich allein durch die Risikofaktoren nicht zufriedenstellend erklären lassen. Bezogen auf die vorausgegangenen Jahre verzeichnet die genannte Studie sogar einen Rückgang der Zahlen für Armut, Gewaltverbrechen, Teenagerschwangerschaften und alkoholbedingte Verkehrsunfälle mit tödlichem Ausgang. Auf jeden Fall tun unsere Kinder sich aber eindeutig schwer mit einer Welt, die sich, angetrieben von einer immer komplizierteren Technologie, mit halsbrecherischer Geschwindigkeit verändert.

Das heißt also, die Lösung liegt nicht allein in der Reduzierung der Risikofaktoren, sondern auch in einem Sinneswandel, den wir vollziehen müssen, um uns an die rapiden Veränderungen unserer Gesellschaft anzupassen. Wir müssen unsere Sicht verlagern und unsere Kräfte und Energien auf das richten, was nötig ist, um resiliente Kinder großzuziehen. Zu diesem Zweck müssen wir die Stärken unserer Kinder fördern, anstatt uns auf die Reduzierung ihrer Schwächen zu konzentrieren. An allererster Stelle unserer elterlichen Zielvorstellungen muss das Resilienzvermögen unserer Kinder stehen. Keinesfalls dürfen Rumpelstilzchen oder die Rote Königin unsere elterlichen Praktiken beeinflussen.

Rumpelstilzchen und die Rote Königin

In Lewis Carrolls klassischem Kinderbuch *Alice im Wunderland* trifft Alice auf die Rote Königin. Die Königin ermahnt Alice, schneller zu laufen. Aber je schneller Alice läuft, desto deutlicher stellt sich heraus, dass sie nirgendwohin kommt. Als Alice sich darüber beklagt, weist die Königin darauf hin, dass dieses Tempo gerade ausreicht, um nicht hinter den anderen zurückzubleiben; voranzukommen ist etwas völlig anderes. Als Eltern müssen wir uns hüten, zu Roten Königinnen zu werden.

Unser persönliches, unser berufliches und unser Familienleben ist prallvoll mit Verantwortlichkeiten, die uns die Zeit nehmen, die wir für uns selbst und erst recht für unsere Kinder haben müssten. In Reaktion darauf handeln viele Eltern wie Rumpelstilzchen. Rumpelstilzchen verlangt im Märchen immer mehr von der Müllerstochter, damit es ihr Stroh zu Gold spinnt. Jedes Mal, wenn die Müllerstochter das Verlangte liefert, schraubt Rumpelstilzchen seine Forderungen höher.

Der tägliche Stress veranlasst viele Eltern, ständig mehr von ihren Kindern zu erwarten und zu verlangen. Wir müssen darauf achten, dass wir nicht zu einer modernen Roten Königin oder zu einem Rumpelstilzchen werden, gefangen in einem negativen Skript, das von unrealistischen Erwartungen und einem Mangel an Empathie bestimmt ist. Wenn wir uns in einem solchen Skript verheddern, wird das, was wir tun, bei unseren Kindern als die Botschaft ankommen, dass ihre Leistungen in der Schule, beim Spiel oder zuhause niemals genügen können und dass wir enttäuscht von ihnen sind. Wie Rumpelstilzchen werden wir womöglich ärgerlich reagieren, wenn unseren Erwartungen nicht entsprochen wird, was bei unseren Kindern zu Angst und Frustration führt. In diesem traurigen Szenario wirken unsere elterlichen Bemühungen den Zielen, um die es uns eigentlich geht, gerade entgegen: Anstatt sie für ein glückliches und erfolgreiches Leben sozusagen fit zu machen, nehmen wir den Kindern mit unseren oft verzweifelten Versuchen, ihnen zu helfen und sie zu motivieren, unabsichtlich ihre Resilienz.

Unseligerweise steckt ein Stück Rumpelstilzchen in uns allen. Je mehr Stress und Druck auf uns lastet, desto stärker wird unser Elternverhalten an diesen Kobold erinnern. Wir müssen den Mut aufbringen, Rumpelstilzchen und der Roten Königin das Eindringen in unsere elterlichen Praktiken zu verwehren, und uns stattdessen von realistischen Erwartungen, von Akzeptanz und Optimismus leiten lassen, um das Resilienzvermögen unserer Kinder zu stärken. Unser Ziel muss sein, sie auf ein glückliches, produktives und erfolgreiches Erwachsenenleben vorzubereiten.

Unser Vermächtnis für die nächste Generation

Auch angesichts berechtigter Sorgen um unsere Kinder und ihre Zukunft haben wir Grund zu der Hoffnung, den negativen Einflüssen auf ihr Leben entgegenarbeiten zu können. Das Erziehungsziel Resilienz ist von größter Bedeutung sowohl für das gelungene Leben jedes einzelnen Menschen als auch für die kollektive Kultur, die wir uns geschaffen haben. Resilienz bewirkt Optimismus, Kontrollüberzeugung und ein Gefühl für die eigene Leistung. In einem Artikel von William Raspberry aus dem Jahr 1994 heißt es mit Bezug auf die Träger und Protagonisten der Kinderrechtsbewegung:

> *Ich wollte, ich wüsste, durch welche chemischen Prozesse sich diese individuellen und lokalen Anstrengungen in eine Bewegung verwandeln ließen, deren Wirkkraft über Zeit und Ort hinausreicht und unseren Kindern … vermittelt, dass sie geliebt und wertgeschätzt werden und dass wir auf sie bauen.* (Raspberry 1994)

Unsere Zukunft liegt nicht in neuen technischen Entwicklungen, sondern in unseren Kindern – Kindern, denen von ihren Eltern, von ihren Lehrern und von anderen Erwachsenen jene resilienten Eigenschaften vermittelt werden, die sie brauchen, um sich ein Leben in Zufriedenheit und Optimismus aufzubauen. Wir alle können charismatische Figuren im Leben unserer Kinder sein: indem wir an sie glauben und es ihnen ermöglichen, ihre Kompetenzinseln und ihr Selbstwertgefühl zu stärken. Das ist nicht nur ein wunderbares Geschenk an unsere Kinder, sondern auch ein wichtiger Baustein für die Zukunft, ein Bestandteil unseres Vermächtnisses an die nächste Generation.

14

ANHANG: DIE RATSCHLÄGE AUS DEN EINZELNEN KAPITELN IM ÜBERBLICK

Kapitel 1 Die Träume und Wunschvorstellungen der Eltern

Zehn Wegweiser

1. Lehren und vermitteln Sie Empathie.
2. Hören Sie zu, versuchen Sie zu lernen und zu verstehen, und nehmen Sie Einfluss, um wirksam zu kommunizieren.
3. Wählen Sie andere Worte, und schreiben Sie Ihre negativen Skripts um.
4. Versuchen Sie, Ihrem Kind Ihre Liebe in der Weise zu zeigen, dass es sein »Besonderssein« spürt und weiß, dass es wertgeschätzt wird.
5. Akzeptieren Sie Ihr Kind so wie es ist, und helfen Sie ihm, realistische Erwartungen und Zielvorstellungen zu entwickeln.
6. Befestigen Sie Inseln der Kompetenz: Jedes Kind braucht die Erfahrung des Erfolgs.
7. Aus Fehlern wird man klug.
8. Helfen Sie Ihrem Kind, Verantwortungsbereitschaft, Mitgefühl und soziales Empfinden zu entwickeln.
9. Legen Sie besonderen Wert auf die Fertigkeiten des Problemlösens und der Entscheidungsfindung.
10. Fördern Sie die Selbstdisziplin und das Selbstwertgefühl Ihres Kindes.

Kapitel 2 Empathie lehren und vermitteln

Hindernisse, die einer empathischen Reaktion entgegenstehen können

1. Wir praktizieren, was wir gelernt haben.
2. Empathie aufzubringen fällt schwer, wenn Sie wütend sind.

3. »Mein Kind hat nichts anderes im Sinn als mich zu ärgern.«
4. Widerspricht Empathie nicht dem elterlichen Erziehungsauftrag?

Richtlinien, die Ihre Empathiefähigkeit fördern

1. Beginnen Sie mit Empathie.
2. Lassen Sie sich von Ihrer Erfahrung leiten.
3. Setzen Sie Ihre Empathie in die Tat um.

Kapitel 3 Wirksames Kommunizieren

Hindernisse auf dem holprigen Weg zur erfolgreichen Kommunikation

1. Wir praktizieren, was wir gelernt haben.
2. Ärger trübt die Kommunikation.
3. Der Eindruck, dass unsere Kinder uns «fertigmachen« wollen.

Zehn Schritte zur wirksamen Kommunikation: Zuhören – lernen und verstehen – Einfluss nehmen

1. Fangen Sie mit dem Augenblick der Geburt Ihres Kindes an.
2. Gehen Sie proaktiv, also handlungsorientiert vor.
3. Hören Sie aktiv zu.
4. Sagen Sie unbedingt: »Ich habe dich gehört.«
5. Ein fairer Ton.
6. Äußern Sie sich nicht wie ein Richter oder Ankläger.
7. Kommunizieren Sie kurz und verständlich.
8. Seien Sie ein Vorbild für Würde und Ehrlichkeit.
9. Bleiben Sie geduldig, wenn Ihre Kinder die gleichen Fragen mehrmals stellen.
10. Machen Sie Humor zu einem Bestandteil Ihrer Kommunikation.

Kapitel 4 Erziehungsauftrag und Wortwahl

Fehleinschätzungen, aus denen negative Skripts entstehen

1. Eine Größe passt allen; Kinder sind im Grunde alle gleich.
2. Wenn ich plötzlich anders mit meinem Kind spreche, verziehe ich es.
3. Für mich war es gut genug, oder: Aus mir ist ja schließlich auch etwas geworden.
4. Unsere Kinder wissen unsere harte Arbeit und unsere elterlichen Bemühungen nicht genügend zu schätzen.
5. Ich bestimme, was ein realistisches Ziel ist.
6. Das Übergepäck aus der Vergangenheit.

Fünf Leitsätze für die Abfassung positiver Skripts

1. Akzeptieren Sie den Gedanken, dass Sie sich ändern müssen.
2. Das Problem kennen – Das Ziel kennen.
3. Machen Sie sich klar, was Sie bisher getan haben und warum es nicht funktioniert hat.
4. Suchet, so werdet ihr finden – Für jedes Problem gibt es eine befriedigende Lösung.
5. Wenn Sie beim ersten Mal keinen Erfolg sehen, versuchen Sie es erneut.

Kapitel 5 Liebe und Wertschätzung

Hindernisse

1. Lieben ist schwer, wenn man selbst keine Liebe empfangen hat.
2. Liebe oder Schlendrian?

Wie Sie Ihren Kindern das Gefühl vermitteln können, dass sie geliebt und als sie selbst geschätzt sind

1. Lassen Sie sich von den Erinnerungen an Ihre eigene Kindheit leiten.
2. Schaffen Sie Traditionen und »Extra-Zeiten«.
3. Lassen Sie bedeutsame Anlässe nicht ungenutzt verstreichen.

4. Zeigen Sie offen, dass Sie Ihr Kind lieben.
5. Aufbauen, nicht wegmeißeln.
6. Akzeptieren Sie Ihr Kind um seiner selbst willen.

Kapitel 6 Das Kind akzeptieren – so wie es ist

Vier Schritte zur Akzeptanz

1. Machen Sie sich kundig.
2. Nehmen Sie Ihre Einstellung und Ihre Erwartungen unter die Lupe.
3. Nehmen Sie erforderliche Anpassungen vor.
4. Lassen Sie sich auf einen Prozess der Zusammenarbeit ein.

Kapitel 7 Erfolgserfahrungen

Hindernisse, die der Festigung von Kompetenzinseln entgegenstehen

1. Die Unfähigkeit, Freude am eigenen Erfolg zu empfinden.
2. Das Festhalten an einem dürftigen Selbstwertgefühl.
3. Die Entscheidung für negative Aktivitäten.
4. Die Messlatte wurde zu hoch gelegt.
5. Nur die Eltern bestimmen, was Erfolgserfahrungen sind.

Wie stärken wir die Erfolgserfahrung unserer Kinder?

1. Freuen Sie sich an den Leistungen Ihrer Kinder, und zeigen Sie diese Freude offen.
2. Betonen Sie das, was Ihre Kinder von sich aus zu ihrem Erfolg beitragen.
3. Identifizieren und verstärken Sie die Kompetenzinseln Ihrer Kinder durch »Umfeldpflege«.
4. Lassen Sie Ihren Kindern Zeit zur Entwicklung ihrer Stärken.
5. Akzeptieren Sie die einmaligen Stärken und Erfolge jedes Kindes.

Kapitel 8 Aus Fehlern lernen

Hindernisse, die den produktiven Blick auf eigene Fehler verstellen

1. Temperamentsmerkmale und biologische Faktoren.
2. Negative Kommentare der Eltern.
3. Die Eltern hängen die Messlatte zu hoch.
4. Der falsche Umgang mit der Angst vor Fehlern.

Wie können wir unseren Kindern helfen, mit Fehlern und Misserfolgen umzugehen?

1. Gehen Sie mit gutem Beispiel voran.
2. Seien Sie realistisch in Ihren Erwartungen, und hinterfragen Sie sie.
3. Vermitteln Sie so klar und nachdrücklich wie möglich, dass Fehler nicht nur akzeptiert, sondern sogar erwartet werden.
4. Knüpfen Sie Ihre Liebe nicht an Bedingungen.

Kapitel 9 Verantwortungsbereitschaft, Mitgefühl und soziales Empfinden

Der Mythos vom mangelnden Verantwortungsgefühl

1. Die gedankenlose Gleichsetzung von routinemäßigen Arbeiten mit »Verantwortung«.
2. Der Tunnelblick.
3. Das Ungleichgewicht zwischen Erwartungen und Fähigkeiten.

Wie können wir unseren Kindern helfen, Verantwortung, Mitgefühl und soziales Empfinden auszubilden?

1. Seien Sie ein Vorbild für Verantwortungsbewusstsein.
2. Sorgen Sie dafür, dass Ihre Kinder sich als Helfer fühlen können.
3. Machen Sie karitatives Engagement zur Familientradition.
4. »Das Grobe« bleibt uns nicht erspart – verteilen wir diese Arbeiten also auf faire Weise.
5. Betrachten Sie das Leben Ihres Kindes aus der Vogelperspektive.

Kapitel 10 Problemlösefähigkeit und Entscheidungskompetenz

Hindernisse, die der Ausbildung von Problemlösefähigkeit und Entscheidungskompetenz entgegenstehen

1. Die Annahme, dass jüngere Kinder noch nicht selbst imstande sind, Entscheidungen zu treffen.
2. Die Erwartungen übersteigen die Fähigkeiten der Kinder.
3. Kinder dürfen Entscheidungen treffen – wenn sie sich für das entscheiden, was *wir* für das Beste halten.

Wie stärken wir die Problemlösefähigkeit und Entscheidungskompetenz unserer Kinder?

1. Machen Sie vor, wie man Probleme angeht und löst.
2. Bieten Sie frühzeitig Wahlmöglichkeiten an.
3. Halten Sie sich im Rahmen Ihrer Lösungsversuche an einen bestimmten Ablauf:
   - Formulieren Sie das Problem und werden Sie sich darüber einig, dass es ein Problem ist.
   - Ziehen Sie zwei oder drei Lösungsversuche in Erwägung und überlegen Sie sich, zu welchem Ergebnis diese Versuche jeweils führen können.
   - Lassen Sie sich etwas einfallen, um einander im Bedarfsfall an die gemeinsame Aufgabe zu erinnern.
   - Und was ist zu tun, wenn es nicht klappt?

Kapitel 11 Erziehung zur Disziplin

Hindernisse, die einer Erziehung zur Resilienz entgegenstehen

1. Wir praktizieren, was wir gelernt haben, oder: »Wenn es für mich gut genug war, ist es auch für meine Kinder gut genug«.
2. Der krisenorientierte und auf Strafe setzende Erziehungsstil.
3. Ein strenger und demütigender Erziehungsstil (Schläge, verbale Attacken).
4. Eine widersprüchliche und inkonsequente Erziehungspraxis.
5. Große Unterschiede im Erziehungs- und Bestrafungsverhalten von Vater und Mutter.

6. »Ich will, dass mein Kind mich liebt.«
7. Das Kind wird für die unrealistischen Erwartungen der Eltern bestraft.

Was ermöglicht es Kindern, eine resiliente Orientierung auszubilden?

1. Selbstdisziplin und Selbstkontrolle als vordringliches Erziehungsziel.
2. Vorbeugen, vorbeugen, vorbeugen …
3. Eltern sollten als Team auftreten.
4. Seien Sie konsequent, aber nicht starr.
5. Bieten Sie ein Vorbild für Gelassenheit und rationales Verhalten.
6. Überlegen Sie sich gut, was Sie zum Gegenstand von Auseinandersetzungen machen wollen.
7. Stützen Sie sich nach Möglichkeit auf natürliche und logische Konsequenzen und nicht auf willkürliche und strafende Maßnahmen.
8. Überlegen Sie sich, was Ihr Kind kann und was es nicht kann, und bestrafen Sie es nicht dafür, dass Ihre Erwartungen unrealistisch waren.
9. Ermutigung und positive Rückmeldungen sind die wirksamsten Instrumente einer Erziehung zur Disziplin.

Kapitel 12 Das Bündnis zwischen Elternhaus und Schule

Prinzipien eines produktiven Eltern-Lehrer-Verhältnisses

1. Eltern und Lehrer sind Partner.
2. Bleiben Sie während des Schuljahrs in regelmäßigem Kontakt.
3. Üben Sie Empathie, Empathie, Empathie …
4. Die Zusammenarbeit zwischen Eltern und Lehrern sollte unter dem Leitgedanken der Erziehung zur Resilienz stehen.
5. Eltern und Lehrer verhalten sich proaktiv.

Schulische Interventionen

1. Praktizieren Sie Empathie.
2. Ändern Sie negative Skripts, wenn Sie das von den Schülern ebenfalls erwarten.
3. Sorgen Sie dafür, dass alle Schüler sich willkommen und wertgeschätzt fühlen.

4. Formulieren Sie realistische Erwartungen, die auf das individuelle Kind zugeschnitten sind, und nehmen Sie gegebenenfalls Änderungen daran vor.
5. Sprechen Sie über die Bedeutung von Fehlern im Lernprozess.
6. Fördern Sie Verantwortungsbereitschaft und Mitgefühl.
7. Vermitteln Sie Problemlösefähigkeit und Entscheidungskompetenz.
8. Setzen Sie disziplinierende Maßnahmen ein, um die Selbstdisziplin zu fördern.

ÜBERSICHT ÜBER DIE GESCHICHTEN DER EINZELNEN KINDER

LITERATUR

California State Department of Education (1990). Toward a State of Esteem: The Final Report of the Task Force to Promote Self-Esteem in Personal and Social Responsibility. The California Self-Esteem Report, 31. Sacramento, California.

Casey Foundation (1999). At Greatest Risk: Identifying America's Most Vulnerable Children. Kids Count Data Book. Baltimore (Casey Foundation).

Collins, W. A., E. E. Maccoby et al. (2000). Contemporary Research on Parenting: The Case for Nature and Nurture. *American Psychologist* (Februar), 228.

Covey, S. (1989). Seven Habits of Highly Successful People. New York (Simon and Schuster, Inc.).

Donahue, D. (1998). Struggling to Raise Good Kids in Toxic Times: Is Innocence Evaporating in an Open Door Society? *USA Today*, 1. Oktober.

Frank, A. (1993). Anne Frank: The Diary of a Young Girl. New York (Bantam Books). Dt.: Das Tagebuch der Anne Frank. (Edition Metis), 2022.

Massachusetts Department of Education, Bureau of Student Development and Health (1989). Educating the Whole Student: The School's Role in the Physical, Intellectual, Social and Emotional Development of Children. Massachusetts Department of Education Report, 9.

Raspberry, W. (1994). A Crusade for America's Children: They Need to Know They're Valued, Loved, and Counted on. *The Washington Post*, 18. Februar.

Rutter, M. (1980). School Influences on Children's Behavior and Development. *Pediatrics* 65, 216.

Stargell, W. (1983). Yes I Am Ready. *Parade*, 3. April.

Weltner, L. (1997). Ever so Humble: Kids Need to Give as Well as Get. *Boston Globe*, 11. Dezember.

Empfohlene Literatur

Berndt, Christina: Resilienz. Das Geheimnis der psychischen Widerstandskraft. Was uns stark macht gegen Stress, Depressionen und Burnout. München: Deutscher Taschenbuch Verlag, 5. Auflage 2015.

Boss, Pauline: Verlust, Trauma und Resilienz. Die therapeutische Arbeit mit dem »uneindeutigen Verlust«. Stuttgart: Klett-Cotta, 2008.

Brazelton, T. B.: Kleine Schritte, große Sprünge – ein Kind wächst auf. Stuttgart: Klett-Cotta, 1998.

Brazelton, T. B. und S. I. Greenspan: Die sieben Grundbedürfnisse von Kindern. Weinheim-Basel: Beltz, 2002.

Brooks, R.: The Self-Esteem Teacher. Loveland, OH: Treehaus Communications, 1991.

Friederichs, Petra und Edgar Friederichs: Es muss nicht immer ADHS sein. Lern- und Verhaltensstörungen frühzeitig erkennen und erfolgreich behandeln. Stuttgart: Klett-Cotta, 2021.

Goldstein, S. und N. Mather: Overcoming Underachieving: An Action Guide to Helping Your Child Succeed in School. New York: Wiley, 1998.

Greenspan, S. und N. B. Lewis: Das große Erziehungshandbuch für die ersten sechs Lebensjahre. Düsseldorf/Zürich: Walter, 2001.

Hart, Angie: Die alltäglichen kleinen Wunder. Bindungsorientierte Therapie zur Förderung der psychischen Widerstandsfähigkeit (Resilienz) von Pflege- und Adoptivkindern. In: Brisch, Karl Heinz und Theodor Hellbrügge (Hrsg.): Kinder ohne Bindung. Deprivation, Adoption und Psychotherapie. Stuttgart: Klett-Cotta, 2006.

Kipker, Marion: Kinder, die nicht aufgeben: Förderung der Resilienz in der pädagogischen Praxis. Heidelberg: Tectum, 2008.

Kunterding, Tanja: Frühförderung: Was Kinder stark macht! Bindung – Risiko – Resilienz. Saarbrücken: Vdm, 2008.

Laucht, Manfred: Vulnerabilität und Resilienz in der Entwicklung von Kindern. In: Brisch, Karl Heinz und Theodor Hellbrügge (Hrsg.): Bindung und Trauma. Risiken und Schutzfaktoren für die Entwicklung von Kindern. Stuttgart: Klett-Cotta, 2003.

Opp, Günther und Michael Fingerle (Hrsg.): Was Kinder stärkt. Erziehung zwischen Risiko und Resilienz. München: Reinhardt, 2008.

Phelan, T. W.: Die 1 – 2 – 3-Methode: konsequent zum Lernen motivieren und Störungen vermeiden. Mülheim: Verlag a. d. Ruhr, 2005.

Pollack, William: Jungen: Was sie vermissen, was sie brauchen. Ein neues Bild von unseren Söhnen. Weinheim-Basel: Beltz, 2008.

Rutter, Michael: Die psychischen Auswirkungen früher Heimerziehung. In: Brisch, Karl Heinz und Theodor Hellbrügge (Hrsg.): Kinder ohne Bindung. Deprivation, Adoption und Psychotherapie. Stuttgart: Klett-Cotta, 2006.

Short, Dan und Claudia Wienspach: Hoffnung und Resilienz. Therapeutische Strategien von Milton H. Erickson. Heidelberg: Carl-Auer, 2017.

Strüber, Nicole: Risiko Kindheit. Die Entwicklung des Gehirns verstehen und Resilienz fördern. Stuttgart: Klett-Cotta, 2019.

Welter-Enderlin, Rosemarie und Bruno Hildenbrand (Hrsg.): Resilienz – Gedeihen trotz widriger Umstände. Heidelberg: Carl-Auer, 5. Auflage 2016.

Werner, E. und S. Smith: Overcoming the Odds: High Risk Children from Birth to Adulthood. Ithaca, NY: Cornell University Press, 1992.

Wustmann, Corina: Resilienz. Widerstandsfähigkeit von Kindern in Tageseinrichtungen fördern. Berlin: Cornelsen Verlag Scriptor, 2004.

Robert Brooks, Ph. D., unterrichtete an der medizinischen Fakultät der Harvard Medical School und war Mitarbeiter des Maclean Hospitals. Er gilt als einer der führenden Referenten und Autoren zum Thema Selbstbewusstsein, Belastbarkeit, Motivation, Schule und Familienbeziehungen.

Sam Goldstein, Ph. D., lehrt an der Universität von Utah und ist Klinischer Direktor des »Neurology Learning and Behavior Center.« Er ist Chef-Herausgeber des »Journal of Attention Disorders« und sitzt im Beirat von sechs peer reviewten Fachzeitschriften. Darüber hinaus ist er ein international bekannter Referent und Autor zahlreicher Bücher über Kinderentwicklung.

Unseren Kindern helfen, selbstsicher durchs Leben zu gehen

Wie kommt es, dass ein Kind Nackenschläge oder eine Niederlage gut wegsteckt, ein anderes dagegen daran zerbricht? Wieso gelingt es manchen Kindern, aus Krisen sogar gestärkt hervorzugehen? Welche Eigenschaften bringen diese Kinder mit, und welche Weichen für seelische Widerstandskraft werden schon in der Kindheit gestellt? Die Autoren, zwei erfahrene Kindertherapeuten beschreiben, was die Eltern und Erzieher dafür tun können, dass die Kinder »stark« werden und die entscheidenden Ressourcen erwerben, die es ihnen ermöglichen, ihre Lebensbelastungen erfolgreich zu bewältigen. Sie vermittelt Eltern und Erziehern die Zuversicht, dass sie ihren Kindern vieles mit auf den Lebensweg geben können, was ihnen die seelische Widerstandskraft gibt, die sie benötigen, um später auch selbstständig ihren Weg im Leben zurückzulegen.

Stimmen zum Buch:

»Es ist vor allem die einfache und verständliche Sprache, die die psychischen Zusammenhänge durchschaubar macht. Ganz besonders zeichnet sich die Publikation durch den engen Praxisbezug aus. Die vielen Beispiele und Fallgeschichten untermauern das praktische Interesse und machen die Überlegungen lebendig und spannend.«
Michael Schnabel, www.socialnet.de

»Es ist das perfekte Buch für Eltern, die nach einer liebevollen Methode suchen, um ihren Kindern dabei zu helfen, zu gesunden, glücklichen, liebenden und reifen Erwachsenen zu werden.«
William F. Pollack, Autor von »Jungen: Was sie vermissen, was sie brauchen.«